Sven Frotscher

unter Mitarbeit von Johannes Frotscher

Das stählerne Herz von Halle

Lindner/Waggonbau Ammendorf/MSG

Band III: 1955–1961

mitteldeutscher verlag

Bestellen Sie direkt beim Autor Bände dieser Reihe versandkostenfrei:

Sven Frotscher
Carl-Robert-Str. 24
06114 Halle
T: 0345-1711204
F: 0345-17112070
E: frotscherbuch@googlemail.com

Bibliografische Information der Deutschen Nationalbibliothek
Die Deutsche Nationalbibliothek registriert diese Publikation in der Deutschen Nationalbibliografie; detaillierte bibliografische Daten im Internet unter http://d-nb.de.

Fachlektorat: Dieter Schultz, Halle (Saale)
Lektorat: Birgit Frotscher, Halle (Saale).

Gesamtherstellung: Mitteldeutscher Verlag, Halle (Saale)

ISBN 978-3-95462-592-5

Printed in the EU

Vorwort zum ersten Band

Da sitze ich nun und überlege, wie ich Sie auf die fast 200-jährige Geschichte vom Waggonbau Ammendorf einstimmen kann.
Wir schreiben das Jahr 2014. Von dem ehemaligen, die Stadt Halle repräsentierenden industriellen Großbetrieb ist nicht viel übrig geblieben.
Und doch schlägt das stählerne Herz wieder.

Als ich im Jahr 1977 meine Ausbildung im damaligen Waggonbau Ammendorf begann, hätte ich nicht gedacht, dass ich eines Tages das Vorwort für die Edition der Geschichte des Waggonbaus schreiben würde. Damals war auch nicht zu ahnen, mit dem Betrieb einmal so verbunden zu sein, dass ich die letzten Jahrzehnte mit all seinen Höhen und Tiefen hautnah miterleben und gestaltend eingreifen konnte.

Unvergessen ist der Umbruch des Unternehmens in der Wendezeit 1989–1990 und die Aufbruchstimmung danach. Mit unbeschreiblichem Engagement gingen Mitarbeiter und Führungskräfte mit Hilfe von Politik, Gewerkschaft und Treuhandanstalt an die gewaltige Aufgabe, einen volkseigenen Betrieb erfolgreich in die Marktwirtschaft zu führen. Alle schienen nur ein Ziel zu verfolgen: das Unternehmen zu erhalten und es erfolgreich für die Zukunft aufzustellen. Die Privatisierung erfolgte schließlich im Jahr 1996.
Die Übernahme durch den Bombardier-Konzern im 1998 nährte Hoffnung bei den Beschäftigten, am weltweit tätigen Konzern zu partizipieren. Trotz sehr viel Engagement und notwendiger Anpassungen wurde der Waggonbau am 31. 12. 2005 geschlossen.
Über die wahren Gründe ließ sich damals nur spekulieren, dieses Buch wird dazu beitragen, Licht in das Dunkel zu bringen.
Jedoch, Ammendorf erlebte eine Auferstehung. Mit 40 Mitarbeitern startete 2006 die Maschinenbau und Service GmbH – seit 2009 erneut mit dem Namenszug Waggonbau Ammendorf im Firmenlogo. Die Schienenfahrzeugbautradition wird heute wieder mit mehr als 200 Mitarbeitern aufrechterhalten. Dem Herzblut einiger ehemaliger Waggonbauer ist es zu verdanken, dass der Waggonbau Ammendorf nicht nur in den Geschichtsbüchern zu finden ist, sondern auch wieder in den Tageszeitungen.

Aber war es nicht schon immer so, dass sich seit dem Firmengründer Gottfried Lindner alle Nachfolger wieder und wieder an neue Situationen anpassen mussten?
In der heutigen hastigen Zeit beschränken sich unsere Erinnerungen auf die letzten 25 Jahre. Doch was geschah alles in den 191 Jahren seit der Gründung des Waggonbau Ammendorf im Jahre 1823?

Dieses Buch wird auch diese Fragen beantworten können.

Uwe Albrecht
Geschäftsführer MSG/Waggonbau Ammendorf

Danksagung

Zahlreiche Personen und Institutionen haben wertvolle Hilfe für das vorliegende Werk geleistet. Ihnen soll hier gedankt werden:

Uwe Albrecht, Geschäftsführer MSG Waggonbau Ammendorf, Halle
Tahmine Bastany, Universität Hamburg
Landesarchiv Berlin
Dr. Christina Böttcher, ehemals Martin Luther Universität Halle-Wittenberg
Prof. Dr. Burchard Brentjes †, Berlin
db-Museum Nürnberg
Birgit Frotscher, Halle
Johannes Frotscher, Halle
Eberhard Heinicke, Halle
Gerald Heise, Landeshauptarchiv Sachsen-Anhalt, Merseburg
Siegfried Herber, Ammendorfer Heimatfreunde
Jana Holenstein, Landeshauptarchiv Sachsen-Anhalt, Merseburg
Annegret Jungnickel, Landeshauptarchiv Sachsen-Anhalt, Merseburg
Fred Keitel, Halle
Matthias Koch, db-Museum Halle
Uwe Küster, Vorstandsvorsitzender AWO Sachsen-Anhalt
Dr. Hildegard Labenz, Stadtbibliothek Halle
Angelika Laibl, Halle
Reinhardt Lindner, Halle
Deutsche Nationalbibliothek, Leipzig
Prof. Dr. em. Hans-Jürgen Pandel, Martin-Luther-Universität Halle-Wittenberg
Prof. Dr. Martin Petrick, IAMO Halle
Claudia Schreiner, mdr-Programmchefin Kultur/Wissenschaft
Sabine Schulz, Halle
Dieter Schultz, Halle
Stadtarchiv Halle
Prof. Dr. Manfred Straube, Leipzig
Oberstudiendirektorin Marianne Strenge, Halle
Universitäts- und Landesbibliothek Halle
Christian Wriedt, Vorstandsvorsitzender der Körber-Stiftung Hamburg

Einführung 3. Band

Der 2. Band kam 2015 auf Markt und war stante pede innerhalb eines Monats beim Verlag ausverkauft. Das war ein großartiger Erfolg! Vielen Dank, liebe Leser!
Gleichzeitig gab es wieder viele Leserzuschriften mit Lob und kritischen Hinweisen. Wir haben uns deshalb dazu entschlossen, einige Änderungen ab dem 3. Band vorzunehmen:

1. Auf vielfachen Wunsch wird es ein **Fachlektorat** durch den langjährigen Abteilungsleiter Verkauf des VEB Waggonbau Ammendorf, Herrn Dieter Schultz, geben.
2. Soweit möglich, werden **Zeitzeugenberichte** in die zukünftigen Bände integriert.
3. Die behandelten Jahre werden durch **große Jahreszahlen** unterhalb der Seitenzahl angegeben, um sich schneller zurecht zu finden.
4. Es gibt für jedes Jahr eine **Zusammenfassung**, so dass eilige Leser sich schnell einen Überblick verschaffen können.
5. Im Laufe der Forschungen kommen immer wieder Neufunde zutage, die eigentlich in einen früheren Band gehört hätten. Diese werden als **Nachträge** eingearbeitet.

Das Material ist immer noch sehr füllig und so müssen wir auch nach wie vor viel kürzen. Auf 1 gedruckte Seite kommen etwa 10 vorbereitete Seiten und über 100 zu sichtende Archivalien. Dafür erhält der Leser für etwa 11 Cent pro Seite eine gute Leistung, denken wir. Für kaum einen Betrieb in Deutschland liegen so detaillierte Informationen vor. Die Entwicklung des Betriebes kann deshalb sehr anschaulich dargestellt werden.

Die 50er und 60er Jahre des 20. Jahrhunderts waren geprägt von Optimismus und hoher Selbsteinschätzung. Gleichzeitig gab es noch eine Offenheit und einen Humor, den man später vermissen sollte. Es zeigen sich erste Tendenzen der Kombinatsbildung, die das sozialistische Gegenstück zu den Konzernen mit adäquater Schlagkraft darstellen sollten.

Erst in den 70er Jahren sollte die Öl-Krise auch der DDR-Wirtschaft einen Schlag versetzen, der zu noch größerer Sparksamkeit und NSW-Import-Substitutions-Wellen führen sollte, doch das ist bereits vorgegriffen auf die nächsten Bände.

Autor und Lektoren wünschen den Lesern eine angenehme Lektüre, sei es beim Stöbern oder aber beim Durchlesen.

Wie immer, ist der Autor für Lob und Kritik offen.

Mein besonderer Dank gilt Herrn Siegfried Herber von den Ammendorfer Heimatfreunden, der mit Enthusiasmus und Tatkraft Dokumente, Bilder und Materialien gefunden und bereitgestellt hat.

Sven Frotscher
Halle, an der Saale, Februar 2016

Inhaltsverzeichnis

Vorwort

Nachträge

Zeitzeugen

1955

1956

1957

1958

1959

1960

1961

Anhang

1951 Nachtrag

Aus dem Jahr 1951 haben sich eine Urkunde und Bilder des Volkspolizei-Präsidiums Halle erhalten, die den Bau und das Geschenk eines Einsatzwagens für die Polizei dokumentieren (Abb. 1–6).[1]

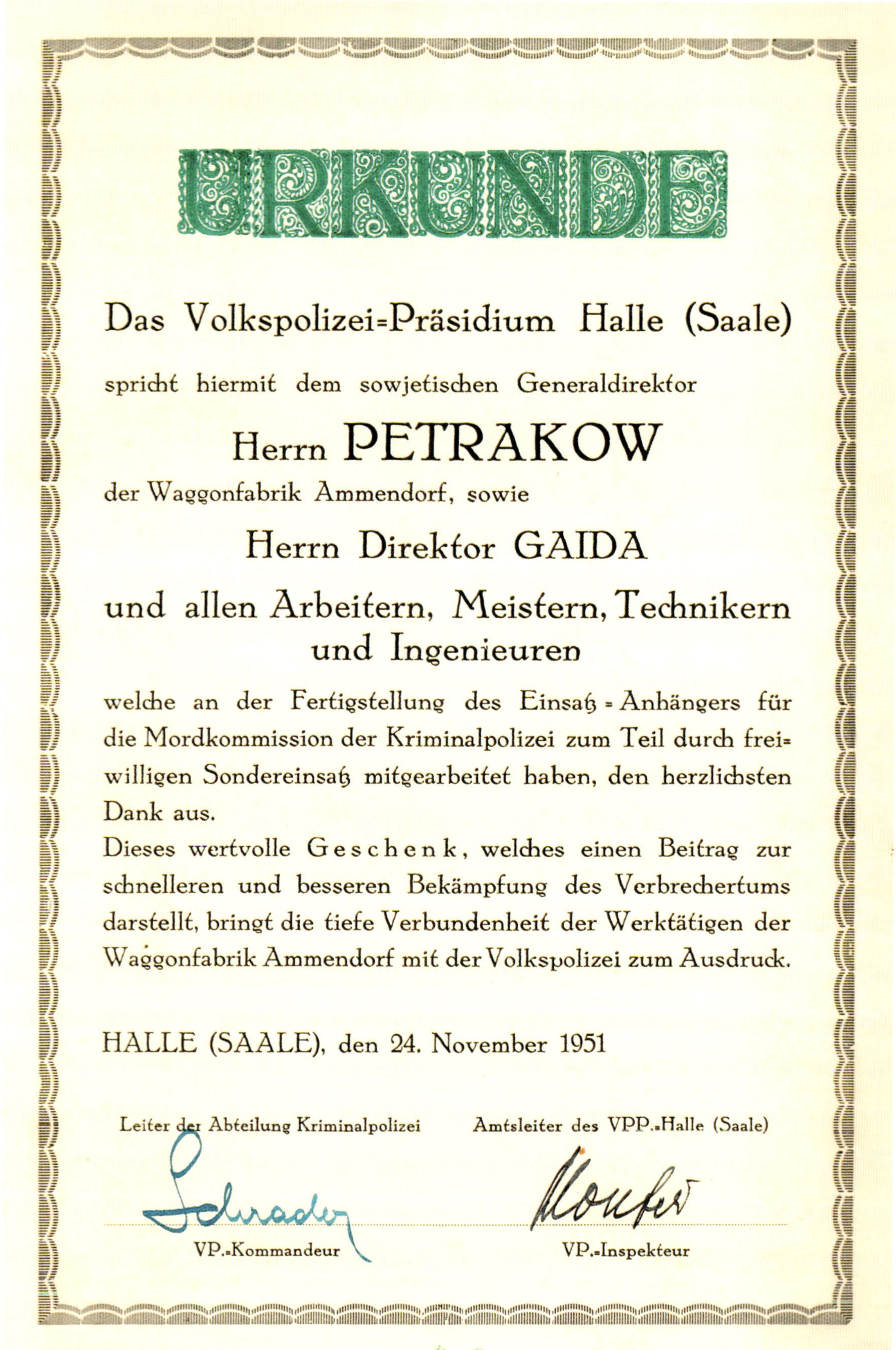

URKUNDE

Das Volkspolizei=Präsidium Halle (Saale)

spricht hiermit dem sowjetischen Generaldirektor

Herrn PETRAKOW

der Waggonfabrik Ammendorf, sowie

Herrn Direktor GAIDA

und allen Arbeitern, Meistern, Technikern und Ingenieuren

welche an der Fertigstellung des Einsatz = Anhängers für die Mordkommission der Kriminalpolizei zum Teil durch frei=willigen Sondereinsatz mitgearbeitet haben, den herzlichsten Dank aus.

Dieses wertvolle Geschenk, welches einen Beitrag zur schnelleren und besseren Bekämpfung des Verbrechertums darstellt, bringt die tiefe Verbundenheit der Werktätigen der Waggonfabrik Ammendorf mit der Volkspolizei zum Ausdruck.

HALLE (SAALE), den 24. November 1951

Leiter der Abteilung Kriminalpolizei	Amtsleiter des VPP.=Halle (Saale)
Schrader	Koufer
VP.=Kommandeur	VP.=Inspekteur

Abb. 1: Urkunde der Kriminalpolizei Halle, Ammendorf 1951.

1. Fotoalbum, Archiv Ammendorfer Heimatfreunde.

1951 Nachtrag 2

Die Bilder zeigen eine ausgeklügelte, sehr flexible Lösung auf dem engen Raum eines einachsigen Anhängers (Abb. 2–6).[2]

Abb. 2: Einsatz-Anhänger für die Polizei, Ammendorf 1951.

Abb. 3: Einsatz-Anhänger von der Seite, Ammendorf 1951.

Abb. 4: Einsatz-Anhänger von hinten mit aufgezogenem Kasten, Ammendorf 1951.

Abb. 5: Einsatz-Anhänger geöffnet von hinten, Ammendorf 1951.

Abb. 6: Einsatz-Anhänger von hinten mit Doppel-Liege, Ammendorf 1951.

2. Fotoalbum, Archiv Ammendorfer Heimatfreunde.

1952 Nachtrag

Der DIA war der 1950 gegründete Deutsche Innen- und Außenhandel. Er betrieb auch das Marketing für die DDR-Volkswirtschaft. Ein LOWA-Katalog zeigt einen Speisewagen aus dem Waggonbau Görlitz, den Ammendorf ab den 60er Jahren weiter entwickelte und auch fertigte (Abb. 7–8).[3]

Abb. 7: Speisewagen aus Görlitz, Berlin 1952.

3. Katalog Schienenfahrzeuge DIA, Berlin 1952, Archiv Dieter Schultz.

1952 Nachtrag 2
Die Löcher links zeigen die Befestigung im Ordner (Abb. 7).[3] Auf weiteren Seiten der Produktvorstellung werden der Wagen und seine Spezifika genauestens beschrieben (Abb. 8, mit 2 Einblend-Bildern).[4]

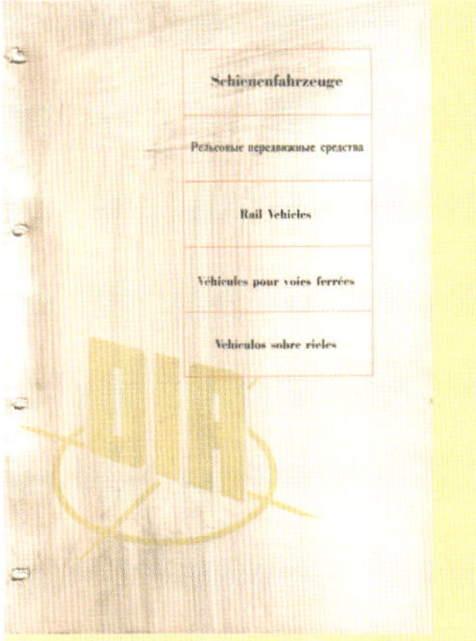

Titelblatt des Kataloges

Technische Daten:

Ausführung	Breitspur
Länge über Puffer	24670 mm
Kastenlänge	23600 mm
Höhe von SO bis Dach	4356,5 mm
Kastenbreite über Brüstungsleisten	3106 mm
Drehzapfenabstand	17000 mm
Drehgestellachsstand	2700 mm
Pufferstand (St-Puffer) v. SO	1085 mm
Pufferstand (M-Puffer) v. SO	1070 mm
Laufkreis-Durchmesser der Räder	1050 mm
Wagengewicht betriebsfertig	60 t

Technische Daten des Speisewagens

Der Zugang von den Einstiegräumen in den Korridor bzw. in den Seitengang erfolgt durch nach innen aufgehende Drehtüren. An dem einen Wagenende beiderseits des Korridors befinden sich ein Ofenraum mit dahinterliegendem Vorratsraum, ein Waschraum und daneben der Raum für die Aufbewahrung der Oberkleider des Personals, der außer einer Gepäckablage auch einen Klappsitz enthält. Der am anderen Wagenende befindliche Seitengang verläuft längs der Küche und der Anrichte.

Sowohl vom Korridor wie vom Seitengang her führt je eine Pendeltür in den Speisesaal, der durch eine mittlere Scheidewand mit Pendeltür in zwei Räume unterteilt ist.

Auf den isolierten Wagenfußböden mit Blechunterboden im Korridor und Personalraum, im Speisesaal und im Seitengange ist Linoleum auf Igelitbasis verlegt. In den vorgenannten Räumen sind außerdem Teppiche ausgelegt. Die Fußböden der Küche, Anrichte und des Waschraums sind mit Fliesen belegt, auf denen ein Lattenrost liegt. Die Holzbekleidung der inneren Längs- und Querwände ist gestrichen, im Korridor und im Speisesaal sind die Wände mit farbigem Linkrusta auf Igelitbasis und die Innendecke mit Waggontapete verkleidet.
Die Seitenfenster sind als Doppelfenster ausgeführt und horizontal unterteilt. Die Einsteigetürfenster erhalten einfache, ungeteilte Rahmen aus Leichtmetall.
Vor den Fenstern im Speisesaal und im Seitengang sind dunkelfarbige Vorhänge und außerdem weiße Sonnenschutzgardinen in halber Höhe angeordnet. Zum Schutze der Fensterscheiben in den äußeren Eingangstüren und in den Stirnwandtüren sind Schutzgitter angebracht.

Der Speisesaal enthält 12 mit Linoleum belegte und mit Leichtmetalleisten eingefaßte hochklappbare Tische für die Fahrgäste und einen etwas kleineren Tisch für den Zugaufsichtsleiter. Eichenholzstühle mit leicht gepolsterter und mit Kunstleder bezogener Sitzfläche bieten 48 Fahrgästen Platz. Am Speisesaalende, an der an die Anrichte angrenzenden Wand, ist ein kaltes Büfett angeordnet. Die obere Füllung der Trennwand im Speisesaal ist verglast, so daß der Durchblick gewährleistet ist. Oberhalb der Pendeltür sind an jeder Seite dieser Wand eine Uhr und darüber ein Lautsprecher angeordnet.

In Küche und Anrichte sind außer dem Herd mit eingebautem Trinkwasserkochkessel, Wärmeschrank, Kühlschränken usw. alle Einrichtungen eingebaut, die den Anforderungen an moderne Wirtschaftsräume in Fernreisezügen entsprechen.

Im Seitengang befinden sich ein Schaltschrank, ein Schrank für gebrauchte Wäsche und ein Besenschrank. Ferner sind an geeigneter Stelle angeordnet: kleine Schränkchen für Verbandszeug und Werkzeug sowie ein Feuerlöscher. Unter dem Wagen hängen Vorratsbehälter, die auch vom Wageninnern her durch im Fußboden befindliche Klappen zugänglich sind.

Die Versorgung des Wagens mit elektrischem Strom erfolgt durch einen am Untergestell aufgehängten und von der Wagenachse aus angetriebenen Generator für 52 V Spannung und einer Bleiakkumulatorenbatterie mit 26 Zweivoltzellen. Ausreichende Anordnung von Beleuchtungskörpern sowie eine Rufanlage sind vorgesehen.

Die Be- und Entlüftung des Wagens erfolgt durch Sauglüfter System „Kuckuck“ in der Wagendecke und durch eine Druckbelüftungsanlage. Im Ofenraum ist ein Heizkessel untergebracht, der die Warmwasserheizanlage des Wagens speist.

Die Abbremsung des Wagens erfolgt durch eine automatisch betätigte Druckluftbremse System „Westinghouse“, die auch von den im Wageninnern angebrachten Notbremsgriffen aus betätigt werden kann, und durch eine Handbremse von einem Wagenende her.

Der Wagen ist mit einer umfangreichen Wirtschaftsausrüstung versehen, welche in ausreichender Weise das zur Versorgung der Fahrgäste mit Speisen, Getränken, Gebäck usw. erforderliche Geschirr, Bestecke, Gläser, Tischtücher, Servietten usw. und die hierfür in der Küche nötigen Geräte und Einrichtungen umfaßt.

Für die Reinigung des Wagens ist ein Staubsauger mit Zubehör vorgesehen.

Abb. 8: Speisewagen aus Görlitz, Berlin 1952.

4. Katalog Schienenfahrzeuge DIA, Berlin 1952, Archiv Dieter Schultz.

Zeitzeugen
Fred Keitel berichtet …

Fred und Ingrid Keitel

Fred Keitel war lange Produktionsdirektor in Ammendorf. 2005 berichtete er über die Nachkriegszeit. Fred wollte ursprünglich etwas mit Sport machen, kam dann aber nach dem Krieg zur Tischlerei:

Wie kamen Sie zu ihrem Beruf?

»Und dann kam ich zu dem Beruf Tischler. Erst dachte ich, das mit dem Sport wird jetzt nichts mehr, in der Armee war ja weniger Sport dran. Ja und da ich auch früher bei meinem Großvater, der Tischler war, schon ein wenig Tischlern probiert hatte, dachte ich: ‚wenns alles nichts wird, dann wirst du eben Tischler' Und das war unser Glück …«

Wo haben Sie das gelernt?

»Ja und dann gab es bei uns die Gutjahr-Schule, die wurde eingerichtet von den städtischen Lehrwerkstätten. Da gab es die Tischlerei, da gab es die Steinmetze, da gab es Schlosser, da gab es Uhrmacher und vieles mehr. Jedenfalls war das ein Auffang für die Jugend und alles, was von der Straße kam …«

Wie war ihr Lehrmeister?

»Der war Meister bei einer Möbelfirma. Und ich war froh, das war ein ruhiger, pedanter und gewissenhafter Mann, der malen und entwerfen konnte. Der hatte schon sehr viel Erfahrung gehabt, er machte Möbel auf Bestellung, er handelte mit Möbeln und so weiter. Der hat auch Möbel von Kunden repariert und war menschlich, so kann man sagen ‚auf zack'. Den letzten Abschluss von der 10. Klasse hatte ich nicht. Und da sagte ‚Na ja zum Tischler reichts'. Wobei ich immer sagen muss, dass man als Tischler Mathematik und Zeichnen können musste. Nun ja, Mathe war mein Lieblingsfach und Zeichnen hat er mir beigebracht …«

Wie kamen Sie nach Ammendorf?

»Parallel dazu ergaben sich all diese Fußballgeschichten. Da kam es dann dazu, dass die Truppe aufsteigen wollte, die Reichsbahner … Und dann habe ich mit denen das Trainingslager mitgemacht. Und damit habe ich dann die Zeit bis zum 1. September in Ammendorf überbrückt. Das war 1950, als ich Lehrausbilder war, nachdem ich Geselle geworden war. Ja, nun kam der Gedanke, nach Ammendorf zu gehen. Und da sagte der Meister:
‚Fred, wie kannst du denn nach Ammendorf gehen, da wirst du Waggonbauer, du bist doch Möbeltischler? Die schrauben doch nur Leisten an, du mit deinen handwerklichen Fähigkeiten? …
Da sagte ich: ‚Lehrwerkstatt ist doch nicht schlecht, hinterher kann ich doch immer noch sehen, ob ich das in Ammendorf noch weiter machen will oder nicht …«

Wie kamen Sie zurecht mit Lehrlingen?

»Aber das war eben überhaupt kein Kraftakt mit den Lehrlingen. Ich sage immer wieder: das Vorbild!
Wir haben nicht geraucht, ich habe Sport getrieben mit denen, wir haben als Mannschaft – da gab es noch so einen Reichswettbewerb, so die Holzwürmer gegen die Schlosser oder so, na ja da waren wir überall dabei. Klassenfahrten gemacht. Schneeballschlachten gemacht. Zwei Mannschaften gebildet, uns gegenseitig verprügelt, aber alles im Rahmen … Männlein und Weiblein hat im Stroh geschlafen …«

Freds Frau korrigiert ihn …

»Ha ha …
geschlafen haben wir da nicht, weil wir die ganze Truppe da drinnen hatten … Aber es hat wunderbar geklappt!
…«

Und wann sollten Sie die Konsumgüter bauen, war das schon in den 50er Jahren?

»Man kann sagen, dass es ungefähr 1954 angefangen hat, es gab ja auch nichts, es war ja nötig. Und dann hatte ich Glück, da war der Meister, der Konstrukteur – der kam eben mit den Arbeitern überhaupt nicht zurecht und die haben ja nun unheimlich viele Defizite, die waren schlecht bezahlt. Die Handwerker, die dort waren, dachten sich: ‚Gut, als Waggonbauer verdienste viel Geld'. Und dann haben wir Radio-Kästen gebaut … Im Hauptwerk wurden dann Handwagen und Ähnliches gebaut … Aus Abfällen bestand dann die Hauptproduktion … Und so fing das eben an, mit Nachtschränken, Flurgarderoben und Kleiderschränken …«

Was hat sich am besten verkauft?

»… die Flurgarderoben sind am besten gelaufen …«

Was und wie viel am Tag wurde noch hergestellt?

»Da kam dann die Polsterei dazu, und diese Liege hier … Die haben wir dann bei Möbelhauptmann ausgestellt, denn wir sind mit dem Geschäftsführer gut in Kontakt gekommen. Der kam mal auf uns zu und sagte: ‚Wir bräuchten mal noch ein paar Möbel. Mensch, eine Liege müsste man machen'. Und da habe ich mir die Maße geholt … und da haben wir die Liege hier gemacht. Die Rahmen und die Polster entstanden in einer Kooperation mit der Blindenschule hier in Halle. Die haben sich verkauft in Mengen, wie Sand am Meer …
Wir hatten so 4–5 Liegen pro Tag ungefähr gemacht. Ich habe immer mit zugefasst …«

Haben Sie Gewinn oder Verlust gemacht?

»Und – wie ich schon gesagt habe – kam dann letztlich raus, dass wir aus dem Verlust Massenbedarf einen Gewinn gemacht hatten. Ungefähr 70.000 bis 80.000 Mark pro Jahr Gewinn gemacht mit so einer kleinen Bude. Die Flurgarderobe mit der Hutablage, haben wir reingerechnet als Eiche, indem wir Kalkulationen gemacht haben. Ja, das hat uns nicht einen Pfennig gekostet. Da haben wir noch gar nichts angefasst, da hatten wir schon den Gewinn in der Hand. Mit dem Schneidebrett war es dasselbe, das hat uns zwei bis drei Minuten Bearbeitung gekostet, mit Pressen und ein bisschen bearbeiten. Und da es uns nicht so viel gekostet hatte, kam ein Gewinn von 50 bis 60 Pfennige pro Schneidebrett für uns heraus, da auch die Designs unterschiedlich waren …«

Was haben Sie noch gebaut?

»Und dann kam eben der nächste Knüller, wo wir eben auch Gewinn gemacht haben, das war die Schlosserei, wie zum Beispiel Spiegel. Ein bisschen fräsen und lackieren, also die haben wir auch in Massen gemacht. Die haben wir erst neulich wieder beim Friseur gesehen. Und dann haben wir Treppengeländer gebaut … Und dann kam natürlich der nächste Clou, wie wir darauf gekommen sind, weiß ich bis heute nicht. Die Eier waren knapp, weil die Hühner so schlecht gehalten werden und zu sehr zusammen gepfercht werden. Und durch irgendeine Literatur kam ich dann zu einer Veranstaltung von Hühnerzüchtern und da stand das auch zur Debatte und dann haben wir gesagt: 'Halt, das ist es: Eierlegebatterien'.
Und dann habe ich aus der Literatur erfahren, dass es das im Ausland schon gab und so haben wir eben Hühnerlegebatterien gemacht. Dann sind wir es dann so angegangen, dass wir sie bis zur Inbetriebnahme selber einbebaut haben … damit war ich dann der Konsumgütermann im ganzen Kombinat …«

Zeitzeugen

Eberhardt Heinicke berichtet …

Eberhardt Heinicke

Eberhardt Heinicke hat Stahlbauer gelernt und viele Jahre in Ammendorf gearbeitet, zuletzt in der Betriebsorganisation. Sein Bericht stammt ebenfalls aus dem Jahr 2005:

Wo gingen Sie zur Schule?

»Und dann vor Kriegsschluss, da war es dann ganz ungünstig, da hatten wir mal da Schule und mal dort Schule. Ich hatte ja fast alle Schulen durch in Halle. Die Huttenschule, die Lutherschule … war sogar mal in Trotha gewesen … … mit 14 Jahren bin ich aus der Schule raus. Ja und nun meine Mutter verdiente auch nicht so viel Geld … da musste ich mir einen Arbeitsplatz suchen«

Was wollten Sie werden?

»So, da gab es ja damals schon so eine Art Berufsberatung; das Arbeitsamt hatte da eine Nebenstelle, die machten dann einige Vorschläge und man konnte sich beraten lassen. Alle wollten Autoschlosser werden …«

Sie auch?

»Na ja … he he, ich habe das schon gar nicht mehr gesagt. Das war klar, das begreift jeder, dass nicht jeder Autoschlosser werden kann … Und dann … ich wollte eigentlich nach BUNA, also Laborant … aber na ja, das funktionierte nicht …«

Wie kamen Sie nach Ammendorf?

»Dann dachte ich so an Postfernmeldemechaniker, aber die waren dann schon ausgebucht. Und dann haben sie mir noch Ammendorf vorgeschlagen. Und so bin ich nach Ammendorf gekommen. Ammendorf hatte eine große Berufsausbildung. Wir hatten – und da kann ich bloß von mir aus reden – eine schöne große Lehrwerkstatt … da wo das Betriebsrestaurant war, war das früher …«

Wie sah die Lehre damals aus?

»Bei uns gab es eine Betriebsberufsschule. Also den praktischen Teil hatten wir in der Lehrwerkstatt und den theoretischen Teil in der Betriebsberufsschule. Das war die ehemalige Friedensschule. Ja die Klassen waren relativ groß, wir waren ungefähr 30 bis 35 Leute. Wir hatten drei Klassen Stahlbauschlosser, eine Klasse Blechschlosser und zwei Klassen Werkzeugmacher.«

Wie hoch war der Lohn?

»Aber um zum Lohn einmal etwas zu sagen, als Lehrlinge gehörten wir der Lohnarbeitergruppe 5 an, bekamen also 1,56 Mark pro Stunde und dazu kam dann noch, wenn ich in einer vorgegebenen Zeit gearbeitet habe, ein Leistungslohn dazu. Und da konnte ich je nach Leistung auch mehr Geld verdienen …«

Was haben Sie in den Ferien gemacht?

»Da habe ich eine schöne Anekdote: Zur Lehrzeit – in der Betriebsberufsschule – da sollte ich mal zum Direktor kommen. Ich fragte mich ‚Was habe ich denn nun schon wieder ausgefressen?‘
Beim Direktor dann, sagte dieser:
‚Na, du weißt ja sicher, warum ich dich gerufen habe?‘ Ich: ‚Nee, das weiß ich nicht …‘ Und dann stellte er solche komischen Fragen:
‚Mein Junge, du hast doch keinen Vater mehr, oder?‘ Ich: ‚Nee‘.
‚Fährst du denn mal in den Urlaub?‘
Ich: ‚Nee‘
Das war übrigens 1952.
‚Hast du ein Fahrrad?‘
Ich: ‚Nee, ein Fahrrad habe ich nicht‘.
‚Hat deine Mutter ein Fahrrad?‘
Ich: ‚Ja‘
Er: ‚Und würde die dir das mal leihen?‘
Ich: ‚Ja, das würde sie machen‘.
Er: ‚Na ja, pass mal auf, wir haben einen Ferienplatz, meine Familie. Und wir haben zwei Zimmer. Meine Frau und ich, und mein Junge, der

Klaus. Da ist noch ein Bett frei in dem Zimmer von meinem Jungen, da kannst du mal mit kommen …
Wir haben dann die Fahrräder mitgenommen und sind dort, in der Nähe von Dresden an einer Talsperre immer so rum gefahren …
Wir waren da auch mal in Dresden, und was mich da beeindruckt hat, nachdem man aus dem Bahnhof raus war, alles zerstört, da stand nicht ein Haus mehr.«

Und wie lange waren Sie da?
»Zwei Jahre … da wurde ausgewählt, ob man schon Gesellenprüfung machen konnte oder nicht …«

Und Sie wurden ausgewählt?
»Ja, man muss dazu sagen, die Mehrheit wurde dazu vorgeschlagen, man musste dann halt nur ein Jahr länger machen und dann war man Geselle. Dann konnte man nach drei oder fünf weiteren Jahren Meister werden. Das war aber nicht unbedingt von Vorteil, weil man als Meister eben weniger Geld bekam.«

Haben Sie auch schon während der Lehre gearbeitet?
»Im Prinzip haben wir während der ganzen Lehrzeit gearbeitet, das lief eigentlich beides parallel. Da hatten wir zwei Tage Lehre und wieder zwei Tage Arbeit gehabt, es wechselte also. Manchmal gab es auch ganze 14 Arbeitstage bzw. Lehrtage. Man wurde dort einem Lehrfacharbeiter zugeteilt, bei dem man dann eben viele Sachen … gelernt.
Das kann man sich ungefähr so vorstellen: die Lehrwerkstatt war meine Grundausbildung inklusive Feilen, Schleifen, Hämmern etc. und auf der Arbeit hat man dies dann praktisch umgesetzt.«

Was war der Unterschied zur Tischlerei?
»Bei uns Stahlbauern muss man sehr genau sein, bei den Holzfertigern nicht so. Diese ‚Holzwürmer' – wie wir sie immer nannten – haben statt mit Millimetern einfach mit Zentimetern gearbeitet. Wenn man dann zu einem Zimmermann kam und sagte ‚Machen Sie mal für Fünfzig', da schnitt der 50 Zentimeter ab und nicht 50 Millimeter …«

Was kam danach?
»Ja dann habe ich ausgelernt. Und wir haben dann alles Mögliche gebaut, Omnibusse zum Beispiel …«

Wie war es mit den Weitstreckenwagen?
»In Ammendorf haben wir ja praktisch viele Weitstreckenpersonenwagen gemacht, dadurch hatten wir natürlich die Möglichkeit, die Produktion richtig aufzubauen. Nach der Wende hatten wir mal ein Gespräch mit Leuten von Linke Hoffmann Busch, die haben gestaunt, was wir für einen Vorrichtungsplatz hatten. Da kann man aber nicht, wenn man ungefähr 4 Wagen am Tag machen muss, mit abmessen, anreißen und hineinlegen hantieren. Da muss es eine Vorrichtung geben, mit der man das auf dem allerschnellsten Wege bewerkstelligen kann …«

Wo waren Sie dann in Ammendorf tätig?
»Alles, was so mit Rohbau zu tun hatte, wie zum Beispiel Gestelle haben wir auch gebaut. Also praktisch bis zur Rohbauabnahme, in dem Bereich war ich tätig … Und damals hatten wir auch Kühlwagen gebaut, natürlich für die Sowjetunion. Und da gehörte zu jedem Kühlzug ein Mannschaftswagen dazu, da war ein großer Arbeitsanfall bei den Rohrschlossern, wodurch ich dann eine Zeit lang bei den Rohrschlossern gearbeitet habe. Und nachdem diese Arbeit getan war, habe ich 9 Jahre bei der Türenfertigung gearbeitet. Später ist ist dann auch der Sonnabend als Arbeitstag allmählich abgeschafft worden …«

Einführende Zusammenfassung 1955

Das Jahr 1955 war für den Waggonbau Ammendorf ein turbulentes Jahr. Während Franz Gaida noch unter der Führung der Russen eher Verwalter war, merkte man nun, dass die Dinge aus dem Ruder liefen. Eine Werksanordnung jagte die andere. Alles wurde mehr oder weniger über solche Dekrete geregelt. Zahlreiche Personaländerungen und -rochaden zeugen nicht gerade von einer ruhigen Entwicklung im Werk. Am 11. Juni 1955 entband schließlich die Regierung der DDR qua Hauptverwaltung Lokomotiv- und Waggonbau Franz Gaida von seiner Verantwortung als Werkleiter mit folgender Begründung (Abb. 10)[5]:

> *»Dieser Beschluß wurde notwendig, um nunmehr eine qualifizierte Leitung des Werkes zu gewährleisten.«*

Zunächst wurde kommissarisch der technische Leiter Otto Schiller eingesetzt. Es sollte noch bis zum 17. Oktober 1955 dauern, einen neuen Leiter zu finden. Bernhard Weigel gab umgehend ein Interview in der Betriebszeitung Bahn frei! (Abb. 9).[6] und erklärte darin, woher er kam: vom VEB ABUS in Dessau, einem Betrieb, der Ausrüstungen und Getriebe für die Schwerindustrie herstellte.

1955 entstand auch das neue Warenzeichen. 46 Entwürfe wurden eingereicht, keiner genügte den Ansprüchen der Prüfkommission, vier Entwürfe jedoch wurden als Anregungen zur Grundlage für das neue Warenzeichen mit dem großen W und dem darunter stehenden und nach oben strebenden A für Ammendorf ausgewählt. Noch heute ist dieses Zeichen bekannt.

Bahn frei!

BETRIEBSZEITUNG DER BELEGSCHAFT DES VEB WAGGONBAU AMMENDORF

5. Jahrgang / Nr. 43 — Erscheint wöchentlich / Preis 5 Pf — 27. Oktober - 2. November 1955

Was erwarten wir von Genf?

Es ist wohl keinem Werktätigen unserer Republik unbekannt geblieben, daß heute, dem 27. Oktober 1955, in Genf die Konferenz der Außenminister der UdSSR, USA, Frankreichs und Großbritanniens stattfindet Auf der Tagesordnung stehen Fragen der Entspannung der internationalen Lage. Eines dieser zu behandelnden Probleme ist das Deutschlandproblem. Nun gibt es aber immer noch Leute in unserer Republik, die glauben, daß die Herstellung der Einheit Deutschlands in erster Linie Angelegenheit der Außenminister sei, beziehungsweise der vier Großmächte. Das ist ein Irrtum. Genosse N. S. Chruschtschow, Mitglied des Obersten Sowjets und Sekretär der KPdSU, sagte am 19. September 1955 vor den Mitgliedern der Regierungsdelegation der UdSSR und der Deutschen Demokratischen Republik in Moskau folgendes:

„Es erhebt sich die Frage: Wie werden die Hoffnungen des deutschen Volkes auf Wiedervereinigung befriedigt; soll denn die bestehende Lage immer so bleiben? Darauf antworten wir exakt und bestimmt: Die Deutschen müssen selbst diese Frage lösen. Deutsche an einen Tisch! Die Deutschlandfrage kann niemand besser lösen als die Deutschen selbst. Die Wiedervereinigung Deutschlands muß so vollzogen werden, daß der einheitliche deutsche Staat friedliebend und demokratisch wird, daß sich die Kräfte des deutschen Staates nicht gegen andere Staaten richten. Zu einer solchen Lösung der Deutschlandfrage werden wir mit allen Kräften beitragen."

Wir erwarten, daß der Geist der Verständigung, der in Genf geboren wurde, auch weiter die internationalen Beziehungen der Länder untereinander bestimmt. Die Genfer Konferenz muß alle Bestrebungen nach Fortsetzung des kalten Krieges verurteilen.

Wir erwarten, daß die Beratungen für die kollektive Sicherheit zu positiven Ergebnissen führen. Die Entspannung der internationalen Lage durch ein System der kollektiven Sicherheit ist die Voraussetzung, um auch die deutsche Frage friedlich im demokratischen Sinne zu regeln.

Wir erwarten, daß die westlichen Länder begreifen, daß in Deutschland zwei Staaten existieren, mit denen man verhandeln muß, um in der Deutschlandfrage zu fruchtbaren Ergebnissen zu kommen.

Wir erwarten, daß auch endlich die Westmächte energische Schritte zur Abrüstung und zur Auflösung der militärischen Stützpunkte unternehmen.

Wir erwarten von der Genfer Außenministerkonferenz, daß sie dem Wunsch aller Werktätigen, auch unserer Waggonbauer, nach Frieden und Sicherheit erfüllt.

Paul Dolg, Sekretär der GO 2

Menschen unseres Werkes

Heute stellen wir unseren neuen Werkleiter, Genossen Bernhard Weigel, vor. Genosse Weigel, im Bild, gab dazu der Redaktion ein Interview.

Frage: „Genosse Weigel, sagen Sie uns bitte, in welchem Werk Sie bisher tätig waren."

Antwort: „Bis zu meiner Einführung als Werkleiter im VEB Waggonbau Ammendorf, am Montag, dem 17. Oktober 1955, war ich in Dessau im VEB ABUS als Werkleiter tätig."

Frage: „Welche Aufgaben haben Sie sich in Ihrer Tätigkeit als Werkleiter unseres Werkes gestellt?"

Antwort: Vor allem möchte ich mir das Vertrauen der gesamten Belegschaft erwerben. Gestützt auf dieses Vertrauen wird es uns gelingen, die Kapazität des Werkes voll auszunutzen und unsere Volkswirtschaftspläne zu erfüllen. Schließlich wollen doch auch wir Waggonbauer dazu beitragen, auch fernerhin unseren Arbeiter-und-Bauern-Staat zu festigen. Ich bin gern bereit, bei meinen Rundgängen durch die Abteilungen des Werkes Fragen der Kollegen zu beantworten. Gleich, ob das Fragen aus Politik, Wirtschaft oder auch persönliche sind. Jeden Donnerstagnachmittag ab 14 Uhr wird darüber hinaus Gelegenheit sein, mich zu jeder Angelegenheit persönlich zu sprechen. Gibt es dringende Angelegenheiten, und man glaubt, ohne meine Hilfe nicht auskommen zu können, kann das auch an jedem anderen beliebigen Tag sein. Aber eins möchte ich doch noch sagen. Wegen Nichtigkeiten, sei es wegen Beschaffung eines Lichtschalters oder anderer derartiger Kleinigkeiten, braucht keiner zu mir zu kommen. Praktizismus ist mir verhaßt. Dazu gibt es in der Materialversorgung genug Verantwortliche und gut bezahlte Wirtschaftsfunktionäre. Aber — unter Führung der Parteiorganisation wurde noch jede Schwierigkeit überwunden. Und ich denke, daß wir auch in Zukunft unter Führung unserer stolzen Partei neue Produktionserfolge erringen werden."

Ist der Schlußstrich wirklich gezogen?

Abb. 9: Interview mit Bernhard Weigel, Ammendorf 1955.

5. Bahn frei!, 5. Jahrgang, Nr. 43, Ammendorf 1955, S. 1.

49

A b s c h r i f t

Regierung der
Deutschen Demokratischen Republik
Ministerium für Allgemeinen Maschinenbau
HV Lokomotiv- und Waggonbau
- Der Leiter -

W e r k a n o r d n u n g Nr. 72/55

Betr.: Kommissarische Leitung des Werkes VEB Waggonbau Ammendorf

Am 11. Juli 1955 wurde der Werkleiter des VEB Waggonbau Ammendorf - Koll. Franz G a i d a - durch Unterzeichneten als Vertreter der Leitung der HV Lokomotiv- und Waggonbau persönlich von folgender Neuregelung in der Leitung des Werkes in Kenntnis gesetzt.

Demnach ist mit Wirkung vom 11. Juli 1955 der Kollege G a i d a von seiner Funktion als Leiter des Werkes entbunden. Dieser Beschluß wurde notwendig, um nunmehr eine qualifizierte Leitung des Werkes zu gewährleisten. Über den weiteren Einsatz des Koll. G a i d a außerhalb des Betriebes verfügt die HV.

Mit der kommissarischen Leitung des Werkes beauftrage ich bis zur Neubesetzung der Funktion eines Werkleiters den Technischen Leiter, Koll. G[redacted] [redacted], unter gleichzeitiger Beibehaltung seiner Aufgaben als Technischer Leiter.

Zur erfolgreichen Lösung der dem Waggonbau Ammendorf gestellten Aufgaben wird die gesamte Belegschaft gebeten, den Kollegen G[redacted] vollstens zu unterstützen.

i.V.
gez. R o s s n e r

Für die Richtigkeit der Abschrift:
[redacted]
(F[redacted])
Kaderleiter

20. Juli 1955

Abb. 10: Werksanordnung Entbindung Franz Gaida, Ammendorf 1955.

6. Frotscher-Archiv, Halle.

1955

Protokoll über die Werkleitungssitzung am 3. 12. 1954
I. Kulturarbeit im Betrieb
II. Strukturplan
III. Arbeitsnormen
IV. Einführung neuer Technik
V. Produktionsberatungen
VI. Plan 1956

I. Kulturarbeit im Betrieb

»Kollege … gab in seinem Bericht einen Überblick über den Stand der kulturellen Arbeit im Betrieb. daraus ging hervor, daß diese ungenügend ist, dies trifft auch für das Klubhaus zu. Die Gründe hierfür liegen in einer Reihe von Mißständen, zum Beispiel hat es die Gewerkschaft nicht verstanden, an die Massen der Menschen heranzukommen und nur deshalb, weil auch hier eine Unterschätzung der Qualifizierung entsprechender Kollegen vorlag.«[7]

Maßnahmen zur Verbesserung

»1.) Benennung einiger Referenten für das Vortragsaktiv.
2.) Durchsprache des Planes im Meisterkollektiv.
3.) Umsetzung der Kollegin … und Einsetzung einer anderen Kraft.
4.) Kündigung des Hausverwalters Kollege … mit der Begründung, daß er sich weigert, in die Wohnung einzuziehen und Einsetzung eines Klubhausverwalters, der die Fähigkeiten dazu besitzt.
5.) Zurverfügungstellung von 3 Reinemachefrauen, die gleichzeitig im Schichtbetrieb die Garderobe mit übernehmen.
6.) Eröffnung eines eigenen Kontos für das Klubhaus, auf das alle dem Klubhaus zur Verfügung stehenden Mittel überwiesen werden.
7.) Freimachung der Wohnungen, so daß die Räume dem Klubhaus zur Benutzung zur Verfügung stehen.
8.) Beschaffung von besserem Mobiliar (quadratische Tische) für den Klubhaussaal. Ferner sollte man beraten, in die Mitte des Saales Parkett zu legen, das während der Mittagszeit mit Läufern belegt wird.
9. Einrichtung eines Büros mit verschließbaren Schränken.
10.) Neueinrichtung der Bücherei.«[8]

8. LHASA, MER, VEB Waggonbau Ammendorf, Nr. 51795.

Kampfgruppen ins Klubhaus!

Offenbar gab es an Wochenenden Probleme mit Schlägereien:

»Kollege … wies daraufhin, daß kein Sonnabend oder Sonntag vergeht, wo nicht im Klubhaus Schlägereien vorkommen und das Überfallkommando erscheint. Um diesen Zustand zu verändern, machte er den Vorschlag, an diesen Tagen einige Genossen der Kampfgruppe hinzuschicken.«[9]

Protokoll über die Werkleitungssitzung am 23. Januar 1955, mehr Bierkästen Leute!

»Ammendorf ist der schlechteste Betrieb bei der Erfüllung der Produktion der Massenbedarfsgüter innerhalb der HV. Wir sind beauftragt worden, die festgelegte Summe in großem Maße zu überschreiten. Großer Bedarf besteht an Bierkästen.«[10]

Unregelmäßige Protokolle

In der Folge finden sich in den Protokoll-Heftern des Landesarchivs Merseburg nur noch unregelmäßige Protokolle. Woran dies liegt, kann aus heutiger Sicht nicht mehr festgestellt werden. Möglicherweise hängt es mit Wechseln im Sekretariat der Werkleitung zusammen, so dass die Archivierungsarbeit der Protokolle darunter litt. Außerdem zeigte sich im Nachhinein, dass die Zeit des alten Werkleiters Franz Gaida gekommen war und dieser sich den Vorwürfen, eine unqualifizierte Arbeit zu leisten, erwehrte. Am Ende half aber alles nichts, die Haupt-Verwaltung in Berlin senkte den Daumen und setzte im Oktober 1955 einen neuen Werkleiter ein, der versuchte, Plan und Realität besser zu verbinden.

9–10. LHASA, MER, VEB Waggonbau Ammendorf, Nr. 51795.

Werksanordnung vom 5. März 1955

Die unten abgebildete Werksanordnung zeigt die Problematik. Der Finanzplan 1954 wurde nicht erreicht. Es kam in Berlin zu wenig Geld aus Ammendorf an bzw. wurden Verluste gemacht. Werkleiter GAIDA reagiert mit Verweis, Verwarnung und 50%iger Kürzung der Prämie (Abb. 11).[11]

Werksanordnung 26/55

Halle/S., S 11, den 5. März 1955
L Ga/Eck.

Wie unserer Belegschaft bekannt ist, wurde im Jahre 1954 der Finanzplan von unserem Werk nicht in vollem Umfange erfüllt. Wir konnten unserem Staat von uns nicht die notwendigen Mittel zur noch schnelleren Hebung des Lebensstandardes unserer Bevölkerung zur Verfügung gestellt werden.

Die Ursachen für die Nichterfüllung des Finanzplanes sind neben der ungenügenden Steigerung der Arbeitsproduktivität, dem Überschreiten des Lohnfonds und der ungenügenden Beachtung des Sparsamkeitsprinzips auch schwerwiegende Fehler bei der Ausarbeitung des Planes 1954.

Die Planungsfehler wurden verursacht:

a) durch mangelhafte technische Unterlagen, auf deren ordnungsgemäße Ausarbeitung oftmals - schon seit längerer Zeit - hingewiesen wurde.
Für die Ausarbeitung einwandfreier Unterlagen ist der technische Direktor und der Hauptkonstrukteur verantwortlich.

b) durch mangelhafte Anleitung und Kontrolle der Materialplanung.
Für diese Arbeiten trägt der kaufmännische Direktor und der Leiter der Materialversorgung die Hauptverantwortung.

c) durch ungenügende Anleitung und Kontrolle bei der Ausarbeitung des gesamten Planes und zwar mangelhafte Koordinierung der einzelnen Planteile.
Verantwortlich hierfür ist der Planungsleiter.

Für die Vernachlässigung ihrer Dienstobliegenheiten wurden nachstehende Kollegen des Werkleitungskollektivs wie folgt bestraft:

1.) der Technische Direktor Koll. [redacted] und
2.) der Kaufmännische Direktor Koll. [redacted]

mit einem Verweis;

3.) der Hauptkonstrukteur Koll. [redacted]

mit einer Verwarnung.

Außerdem werden dem Kollegen [redacted] [redacted] und [redacted] bei der nächsten Zahlung einer Quartalsprämie - ganz gleich, zu welchem Zeitpunkt dieselbe erfolgt - 50 % der gesetzlich zustehenden Prämie in Abzug gebracht.

Abb. 11: Verweis, Verwarnung und Prämienkürzung, Ammendorf 1955.

11. Frotscher-Archiv, Halle

Lesen wir noch oder produzieren wir schon?
Die Nichteinhaltung des Finanzplanes für 1954 hatte Sparanstrengungen zur Folge. Jeder Stein wurde umgedreht. Brauchen wir noch so viele Zeitschriften, Broschüren und Zeitungen? Nein, sagte die Werkleitung und benannte Verantwortliche für jede der 47 Presseerzeugnisse (Abb. 12).[12]

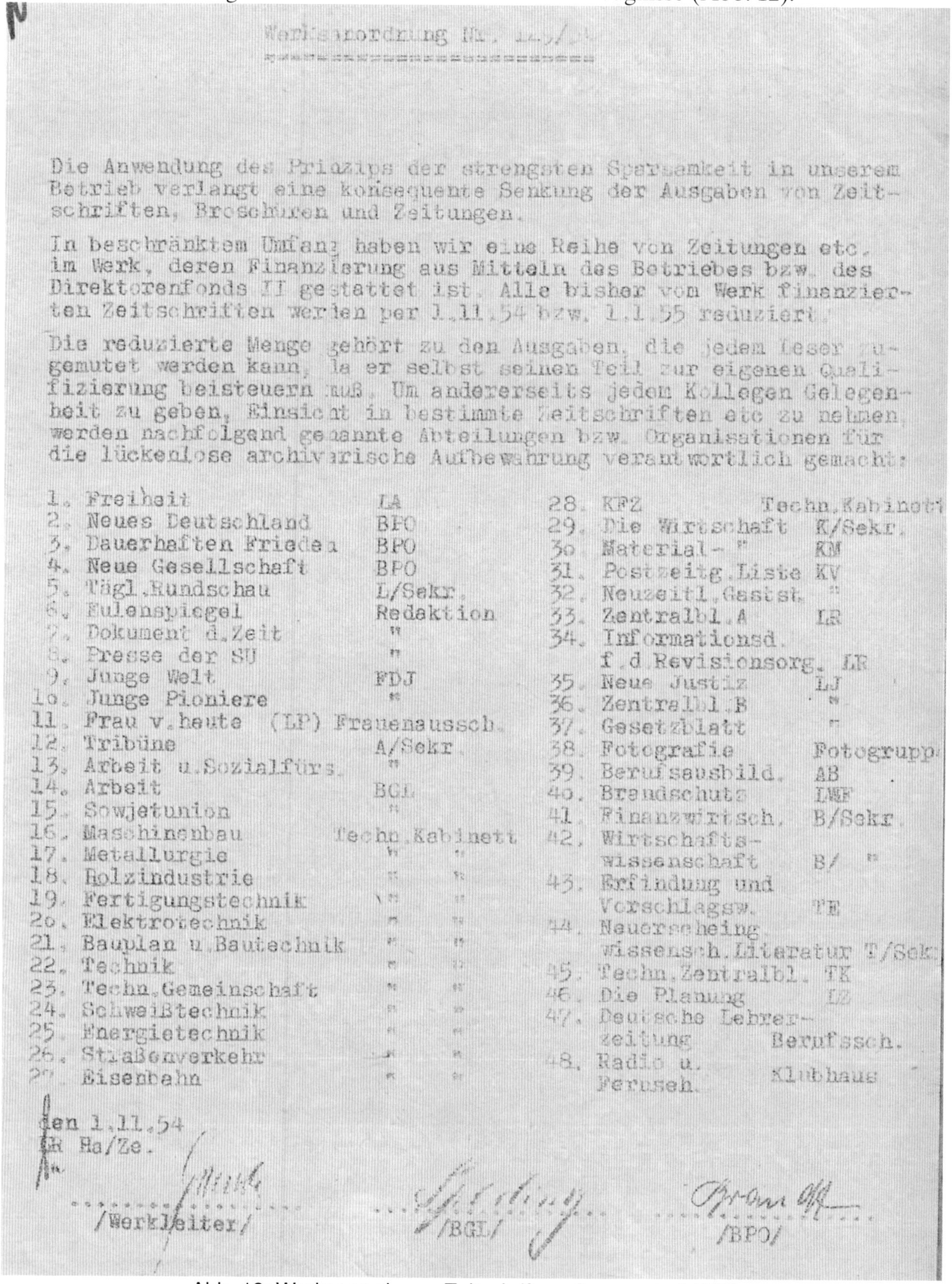

Werksanordnung Nr. [illegible]

Die Anwendung des Prinzips der strengsten Sparsamkeit in unserem Betrieb verlangt eine konsequente Senkung der Ausgaben von Zeitschriften, Broschüren und Zeitungen.

In beschränktem Umfang haben wir eine Reihe von Zeitungen etc. im Werk, deren Finanzierung aus Mitteln des Betriebes bzw. des Direktorenfonds II gestattet ist. Alle bisher vom Werk finanzierten Zeitschriften werden per 1.11.54 bzw. 1.1.55 reduziert.

Die reduzierte Menge gehört zu den Ausgaben, die jedem Leser zugemutet werden kann, da er selbst seinen Teil zur eigenen Qualifizierung beisteuern muß. Um andererseits jedem Kollegen Gelegenheit zu geben, Einsicht in bestimmte Zeitschriften etc zu nehmen, werden nachfolgend genannte Abteilungen bzw. Organisationen für die lückenlose archivarische Aufbewahrung verantwortlich gemacht:

1.	Freiheit	LA
2.	Neues Deutschland	BPO
3.	Dauerhaften Frieden	BPO
4.	Neue Gesellschaft	BPO
5.	Tägl. Rundschau	L/Sekr.
6.	Eulenspiegel	Redaktion
7.	Dokument d. Zeit	″
8.	Presse der SU	″
9.	Junge Welt	FDJ
10.	Junge Pioniere	″
11.	Frau v. heute (LP)	Frauenaussch.
12.	Tribüne	A/Sekr.
13.	Arbeit u. Sozialfürs.	″
14.	Arbeit	BGL
15.	Sowjetunion	″
16.	Maschinenbau	Techn. Kabinett
17.	Metallurgie	″ ″
18.	Holzindustrie	″ ″
19.	Fertigungstechnik	″ ″
20.	Elektrotechnik	″ ″
21.	Bauplan u. Bautechnik	″ ″
22.	Technik	″ ″
23.	Techn. Gemeinschaft	″ ″
24.	Schweißtechnik	″ ″
25.	Energietechnik	″ ″
26.	Straßenverkehr	″ ″
27.	Eisenbahn	″ ″
28.	KFZ	Techn. Kabinett
29.	Die Wirtschaft	K/Sekr.
30.	Material- ″	KM
31.	Postzeitg. Liste	KV
32.	Neuzeitl. Gastst.	″
33.	Zentralbl. A	LR
34.	Informationsd. f. d. Revisionsorg.	LR
35.	Neue Justiz	LJ
36.	Zentralbl. B	″
37.	Gesetzblatt	″
38.	Fotografie	Fotogrupp.
39.	Berufsausbild.	AB
40.	Brandschutz	LWF
41.	Finanzwirtsch.	B/Sekr.
42.	Wirtschaftswissenschaft	B/ ″
43.	Erfindung und Vorschlagsw.	TE
44.	Neuerscheing. wissensch. Literatur	T/Sek.
45.	Techn. Zentralbl.	TK
46.	Die Planung	LZ
47.	Deutsche Lehrerzeitung	Berufssch.
48.	Radio u. Fernseh.	Klubhaus

den 1.11.54
LR Ha/Ze.

/Werkleiter/ /BGL/ /BPO/

Abb. 12: Werksanordnung Zeitschriften, Ammendorf 1955.

12. Frotscher-Archiv, Halle.

Wo keine Verschwendung, da kein Mangel! Diese Werksanordnung zeigt die Probleme der DDR. Insbesondere Metalle und Holz waren knapp. Der Werkdirektor verlangte, dass die »Engpaßmaterialien« nur für die Produktion verwendet werden, als Hilfsstoffe durften sie nur mit Genehmigung benutzt werden (Abb. 13).[11]

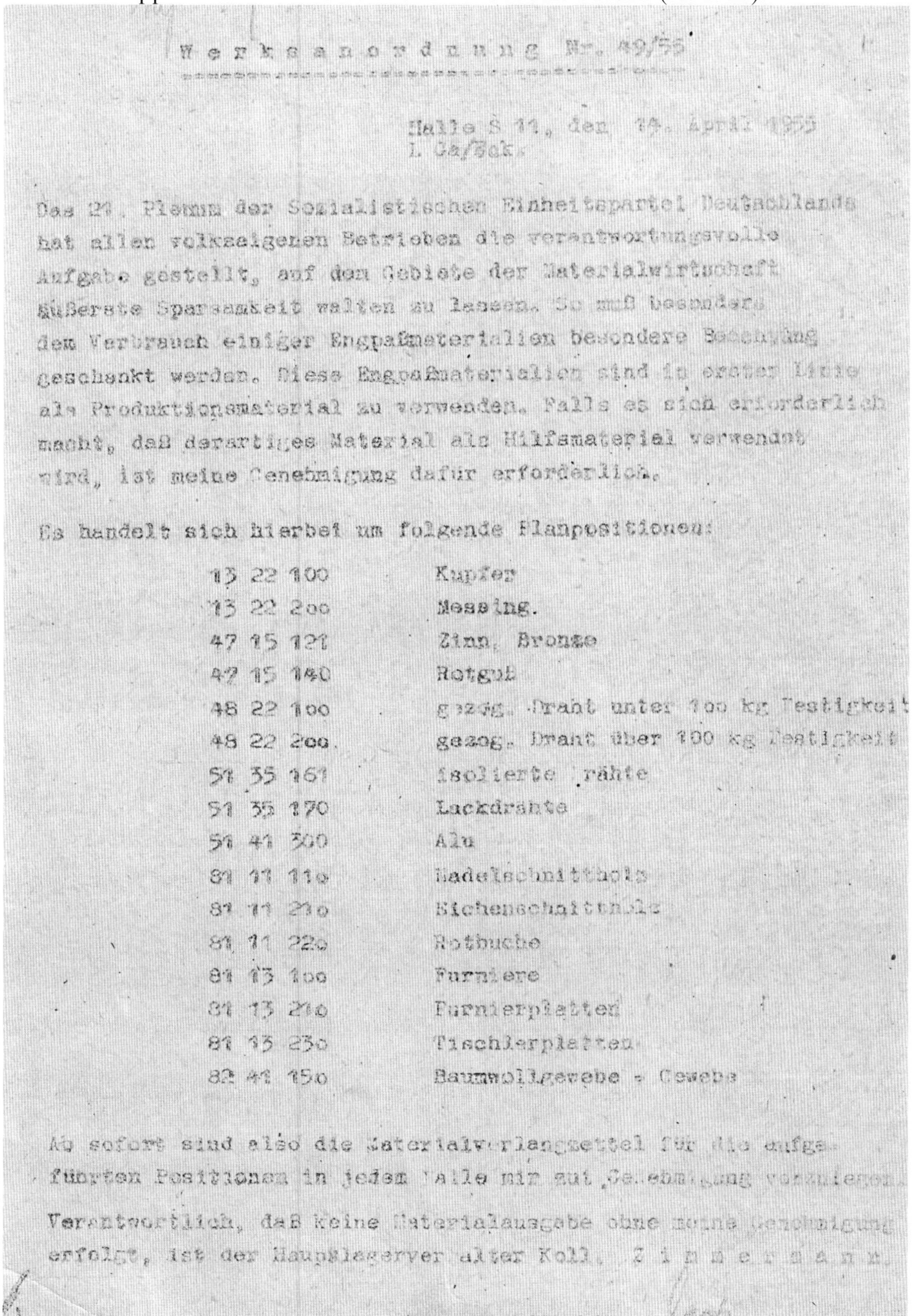

W e r k s a n o r d n u n g Nr. 49/55

Halle S 11, den 14. April 1955
I. Ga/Sck.

Das 21. Plenum der Sozialistischen Einheitspartei Deutschlands hat allen volkseigenen Betrieben die verantwortungsvolle Aufgabe gestellt, auf dem Gebiete der Materialwirtschaft äußerste Sparsamkeit walten zu lassen. So muß besonders dem Verbrauch einiger Engpaßmaterialien besondere Zuwendung geschenkt werden. Diese Engpaßmaterialien sind in erster Linie als Produktionsmaterial zu verwenden. Falls es sich erforderlich macht, daß derartiges Material als Hilfsmaterial verwendet wird, ist meine Genehmigung dafür erforderlich.

Es handelt sich hierbei um folgende Planpositionen:

13 22 100	Kupfer
13 22 200	Messing.
47 15 121	Zinn, Bronze
47 15 140	Rotguß
48 22 100	gezog. Draht unter 100 kg Festigkeit
48 22 200	gezog. Draht über 100 kg Festigkeit
51 35 161	isolierte Drähte
51 35 170	Lackdrähte
51 41 300	Alu
81 11 110	Nadelschnittholz
81 11 210	Eichenschnittholz
81 11 220	Rotbuche
81 13 100	Furniere
81 13 210	Furnierplatten
81 13 230	Tischlerplatten
82 41 150	Baumwollgewebe - Gewebe

Ab sofort sind also die Materialverlangzettel für die aufgeführten Positionen in jedem Falle mir zur Genehmigung vorzulegen.

Verantwortlich, daß keine Materialausgabe ohne meine Genehmigung erfolgt, ist der Hauptlagerverwalter Koll. Z i m m e r m a n n.

Der Werkdirektor:

Abb. 13: Werksanordnung Rohstoff-Verwendung, Ammendorf 1955.

13. Frotscher-Archiv, Halle

Schneider wird kaufmännischer Leiter

Dass der Finanzplan nicht erfüllt wurde, fiel auch dem kaufmännischen Leiter auf die Füße, er wurde von Franz Gaida seines Amtes entbunden uns musste alle Obliegenheiten übergeben. Sein Nachfolger, Helmut Schneider sollte später sogar Werkleiter werden (Abb. 14).[14]

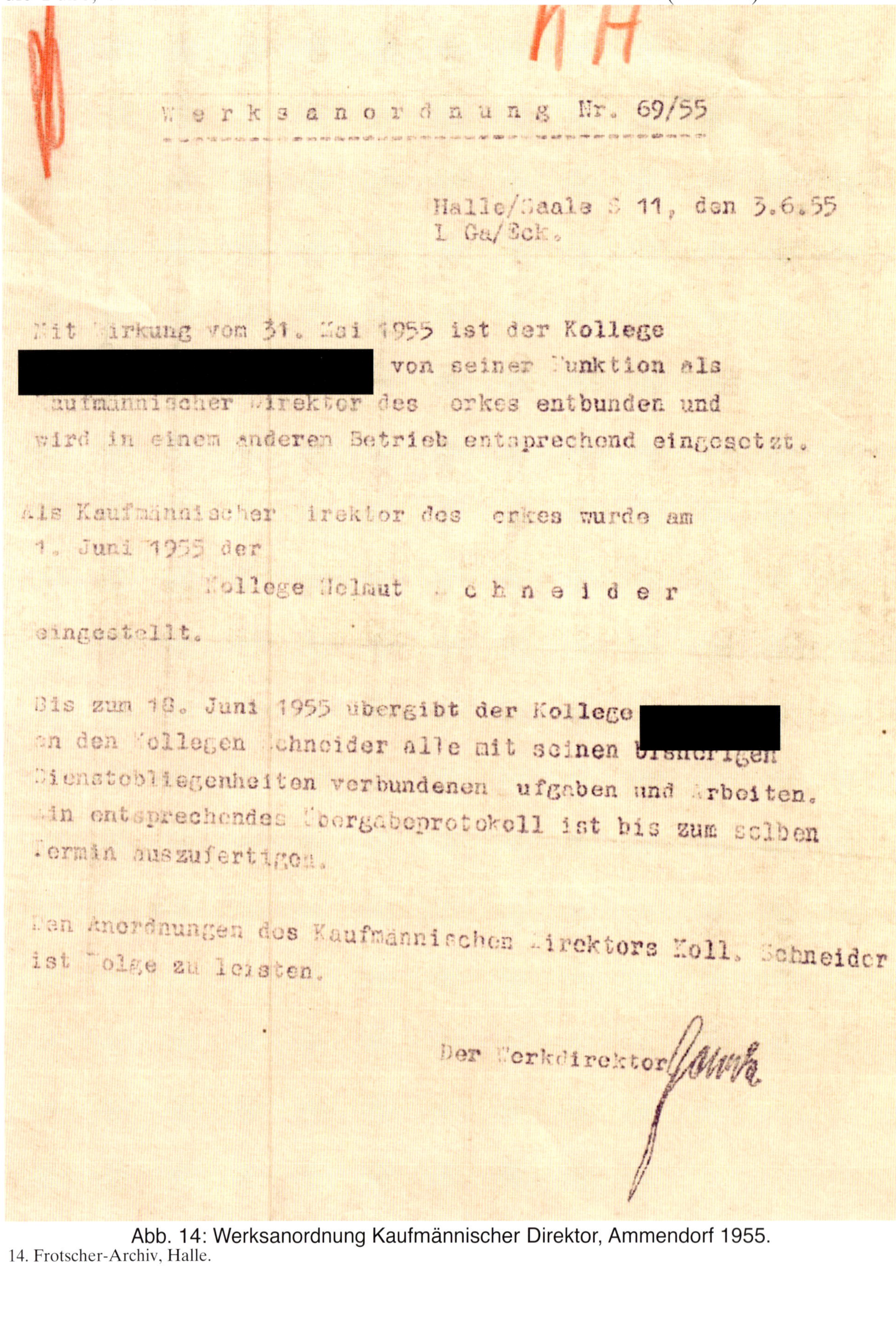

Werksanordnung Nr. 69/55

Halle/Saale S 11, den 3.6.55
I Ga/Eck.

Mit Wirkung vom 31. Mai 1955 ist der Kollege [redacted] von seiner Funktion als Kaufmännischer Direktor des Werkes entbunden und wird in einem anderen Betrieb entsprechend eingesetzt.

Als Kaufmännischer Direktor des Werkes wurde am 1. Juni 1955 der

Kollege Helmut S c h n e i d e r

eingestellt.

Bis zum 18. Juni 1955 übergibt der Kollege [redacted] an den Kollegen Schneider alle mit seinen [redacted] Dienstobliegenheiten verbundenen Aufgaben und Arbeiten. Ein entsprechendes Übergabeprotokoll ist bis zum selben Termin auszufertigen.

Den Anordnungen des Kaufmännischen Direktors Koll. Schneider ist Folge zu leisten.

Der Werkdirektor

Abb. 14: Werksanordnung Kaufmännischer Direktor, Ammendorf 1955.

14. Frotscher-Archiv, Halle.

Bildung ist nicht alles!
Obwohl noch gar nicht lange im Amt, wurde der Produktionsleiter schon wieder mit Wirkung vom 1. September 1955 abgelöst. Bei der Auswahl des neuen Produktionsleiters ging es weniger um Diplome als vielmehr um praktisch gezeigte Leistungen (Abb. 15).[15]

Werksanordnung Nr. 95/55

Betr.: Umbesetzung der Funktion des Produktionsleiters

Um einem Großbetrieb als Produktionsleiter vorzustehen, gehört zur Ausübung dieser Funktion eine theoretische Grundlage und eine ausreichende praktische Erfahrung.

Von der Werkleitung wurde der Koll. [redacted] hierfür eingesetzt, da er durch Diplomabschluß die entsprechenden Kenntnisse als Voraussetzung nachweisen konnte.

Die in Koll. [redacted] gesetzten Erwartungen wurden nicht erfüllt, da ihm für die Durchführung dieser Aufgabenstellung eine ausreichende Betriebserfahrung fehlte. Trotz der von dem Werkleitungskollektiv ständig gegebenen Hinweise verstand es Koll. Meinicke nicht, diese in die Tat umzusetzen, so daß eine Ablösung notwendig wurde.

Für die Neubesetzung der Funktion als Produktionsleiter ist daher der Kollege

[redacted], Rudolf

infolge der von ihm im letzten Halbjahr gezeigten Leistungen mit Wirkung vom 1. 9. 1955 eingesetzt worden.

Seinen Anordnungen ist Folge zu leisten.

Mit Wirkung vom 1. 9. 1955 übernimmt der Koll. Meinicke die Funktion des Leiters der Abt. Oper. Technologie.

Halle S 11, den 22. 9. 1955
A Mi/Pr

Werkdirektor
/ i.V. [redacted]

Abb. 15: Werksanordnung Produktionsleiter, Ammendorf 1955.

15. Frotscher-Archiv, Halle

1955

Bahn frei! diskutiert offen …

1955 änderte sich das Titelbild der Bahn frei! (Abb. 16).[16] Weitere Abbildungen belegen, dass damals die Mitbestimmung ernst genommen wurde. Die Zeichnungen des neuen Omnibus wurden den Mitarbeitern zur Bewertung vorgelegt (Abb. 17).[17] Das neue Warenzeichen wurde im Wettbewerb von Mitarbeitern entworfen (Abb. 18).[18] Selbst bei den Kampfgruppen wurden konkret Mitarbeiter kritisiert (Abb. 19).[19]

BETRIEBSZEITUNG DER BELEGSCHAFT DES VEB WAGGONBAU AMMENDORF

6. Jahrgang / Nr. 35 — Erscheint wöchentlich / Preis 5 Pf — 1.-7. September 1955

Abb. 16: Bahn frei! 6. Jahrgang Nr. 35, Ammendorf 1955.

Aufgabe der Woche

„Vorderansicht des Omnibusses"

Die Vorderpartie unseres Omnibusses entspricht nicht den Anforderungen, die man gegenwärtig in bezug auf Aussehen und Formschönheit an ein modernes Straßenfahrzeug stellt und soll deshalb neu gestaltet werden. Es wurde aus diesem Grunde bereits von einem Spezialisten ein Entwurf angefertigt, der in der Abbildung gezeigt wird.

Vorderansicht — Seitenansicht

Die Kollegen werden um ihre Meinung zu diesem Entwurf gebeten. Entspricht dieser Enwurf den gestellten Anforderungen? Welche Aenderungen oder Ergänzungen zu diesem Entwurf werden vorgeschlagen?

Für den besten Vorschlag, der zur Verwirklichung angenommen wird, ist eine Prämie von 100 DM vorgesehen.

Vorschläge zu dieser Aufgabenstellung sind bis 17. September 1955 beim BfE einzureichen.

BGL
Werkleiter gez. Schiller — Kom. f. Rationalisierung und Erfindungswesen gez. Rühlemann — BfE gez. Arnhold

Abb. 17: Bahn frei! 6. Jahrgang Nr. 35, Ammendorf 1955.

Das neue Warenzeichen

Eine lebhafte Beteiligung war bei der Aufgabenstellung „Ein neues Warenzeichen für den VEB Waggonbau Ammendorf" festzustellen. Bis zum festgesetzten Termin wurden 46 Entwürfe eingereicht, mit denen sich eine besonders zu diesem Zweck gebildete Prüfungskommission eingehend beschäftigt hat. Als Ergebnis dieser Prüfung wurde festgestellt, daß kein Entwurf in der vorliegenden Form geeignet war, als Warenzeichen angenommen zu werden. Es wurden deshalb vier Entwürfe ausgewählt, die gute Anregungen enthielten und der Werkleitung vorgeschlagen, diese als Grundlage für ein neues Warenzeichen zu verwenden. Die für den besten Entwurf ausgesetzte Prämie von 100,— DM wurde in folgender Weise aufgeteilt:

Koll. Krampe TVB (Entwurf Nr. 20 und 24) = 40,— DM.
Koll. Kramer TKE (Entwurf Nr. 29) = 30,— DM.
Koll. Mennecke Pf 4 (Entwurf Nr. 45) = 30,— DM.

Nachfolgende Kollegen wurden für ihre als gute Arbeiten zu bezeichnenden Entwürfe mit Buchprämien ausgezeichnet:

Koll. Schötzau ABL, Koll. Werner TAR I, Koll. Bach BfE, Koll. Brandt TK, Koll. Werner KMp, Koll. Bartl TVS, Koll. Jungk KF, Koll. Barth Fg.

Arnhold

Wir danken

Die Kinder des Betriebskindergartens danken recht herzlich allen Spendern des Schrebergarten-Vereins für das schöne Obst. Wir haben es mit den Krippe- und Hortkindern geteilt.

Betriebskindergarten

Kolleginnen und Kollegen!

Während der Durchführung des Kinderferienlagers in Kipsdorf wurden von den Kindern eine große Anzahl Bekleidungsgegenstände vergessen. Wir fordern alle Eltern nochmals auf, diese Sachen bei der BGL abzuholen.

Betriebsgewerkschaftsleitung

Abb. 18: Bahn frei! 6. Jahrgang Nr. 39, Ammendorf 1955.

Kampfgruppen – Ausdruck der Stärke unserer Arbeiter-und-Bauern-Macht

Am Freitag, dem 7. Oktober 1955, dem 6. Jahrestag der Gründung der Deutschen Demokratischen Republik, hat es sich erneut bestätigt: Die Werktätigen unserer Republik sind bereit, ihre in zehn Jahren unter aufopferungsvoller Arbeit geschaffenen Errungenschaften zu schützen und zu verteidigen.

War es nicht ein stolzes Bild, als die Genossen unserer Kampfgruppen aus den halleschen Betrieben, auch aus dem VEB Waggonbau Ammendorf, an der Spitze ihrer Marschblöcke zur machtvollen Kundgebung zum Hallmarkt marschierten? Die Maschinenpistolen mit fester Hand ergriffen, die Blicke geradeaus gerichtet. Doch wohl nur wenige mag es gegeben haben, die nicht stolz auf die Genossen in ihren blauen Kombinationen und der roten Armbinde gewesen wären. Manchem „kleinen Spießer" wird es angesichts der Maschinenpistolen in Arbeiterfäusten sicher recht mulmig in der Magengegend geworden sein. Jawohl — die Zeit ist vorbei, wo man ungestraft seine üblen Hetzreden gegen unsere Deutsche Demokratische Republik und Sabotage an unseren Errungenschaften ausüben konnte. Vielleicht glauben einige dieser Spießer, daß nach der Genfer Konferenz keine Kampfgruppen mehr nötig seien — nun, dann haben sie im Geiste amerikanischer Geldsäcke gedacht.

Wenn auch die Genfer Konferenz eine wirkliche Entspannung gebracht hat, so ist es trotzdem notwendig, unsere Kampfbereitschaft zu erhöhen, da die Bonner Machthaber nach wie vor an ihrer bisherigen Politik, der Politik des kalten Krieges, festhalten. Nach wie vor werden in Westdeutschland Friedenskämpfer verfolgt und mit Freiheitsstrafen belegt. Nach wie vor suchen die Machthaber in Bonn eine Verständigung mit Vertretern der Deutschen Demokratischen Republik aus dem Wege zu gehen. Im Gegenteil: ihre Entsendung von Agenten und Spionen wird weiterhin fortgesetzt mit dem Ziel, unseren Aufbau zu stören. Deshalb ist es eine der vornehmsten Aufgaben unserer Kampfgruppen, in gemeinsamer Arbeit mit den Sicherheitsorganen dafür zu sorgen, daß der Werktätige in unserer Republik in Ruhe seiner Arbeit nachgehen kann. Unsere Kampfgruppen müssen nicht nur bestehen bleiben, sondern weiter gestärkt und gefestigt werden, um den Schutz unserer Errungenschaften auch in Zukunft mit zu übernehmen.

Kampfgruppen unseres Betriebes bei der Kundgebung am 6. Jahrestag unserer DDR. (Bild entnommen aus ND.)

Für alle, die in dieser Frage noch unklar sind, seien diese Zeilen gedacht:

„In Anbetracht der verstärkten Kriegsvorbereitungen der imperialistischen Mächte und der ernsten Bedrohung des Friedens durch die Ratifizierung der Pariser Kriegsverträge im Bonner Bundestag und Bundesrat ist es notwendig, auf der Grundlage der Moskauer Deklaration beschleunigt alle Maßnahmen zur wirksamen Verteidigung der Republik und des Friedens zu schaffen. Im Rahmen dieser Maßnahmen müssen die Kampfgruppen der Partei zu einem wirksamen Instrument der Heimatverteidigung entwickelt werden." („Neuer Weg", Heft 11, Seite 655.)

Die Aufgabe entspricht den Klasseninteressen der gesamten deutschen Arbeiterklasse und den nationalen Interessen des deutschen Volkes. Der größte Teil der Genossen unseres Betriebes hat diese Aufgabe verstanden und setzt sich dafür ein. Aber es gibt auch noch Genossen, die von der Partei dazu ausersehen waren, ihren ehrenvollen Dienst in den Kampfgruppen zu tun, die diese Aufgabe noch nicht verstanden haben. Wie hätte es sonst vorkommen können, daß Genosse Walter Gängel, Leitungsmitglied der Grundorganisation 9, erst einmal am Waffenunterricht teilnahm und die Meinung vertritt: „Grundausbildung kommt für mich nicht in Frage, ich mache doch nicht links- und rechtsum."

Auch Genosse Böringer, der zwar im Moment mit familiären Dingen belastet ist, war noch zu keiner Ausbildung, jedenfalls ist mir davon nichts bekannt. Desgleichen die Genossen Witzke und Schmidt. Die drei letztgenannten Genossen sind aus der Elektrowerkstatt.

Befremdend ist auch, daß Genosse Weiß, Beifahrer und Mitglied unserer Kampfgruppen, am Geburtstag unserer Republik nicht am Aufmarsch teilnahm, weil, wie er sagte, auch er Geburtstag gehabt hätte.

Wie denken sich die Genossen ihre weitere Mitarbeit in den Kampfgruppen? Dazu sollten sie in der nächsten Mitgliederversammlung unserer Grundorganisation sprechen. Allen Genossen sollte es klar sein:

Unter unseren Bedingungen gewährleisten die Kampfgruppen gemeinsam mit allen bewaffneten Organen der Staatsmacht den Schutz unseres Arbeiter-und-Bauern-Staates. Entwickeln wir die Kampfgruppen zu einem solchen Instrument, wie es die Partei fordert, damit kein Feind es wagt, unsere Deutsche Demokratische Republik anzutasten.

Sesselmann, Gruppenführer

Abb. 19: Bahn frei! 6. Jahrgang Nr. 41, Ammendorf 1955.

16–19. Bahn frei!, Ammendorf 1955.

Lehr-Comics sollen erziehen …

Mit Such-Bildern versuchte die Werkleitung, die Mitarbeiter zu sorgfältiger Arbeit zu erziehen (Abb. 20–22).[20–22] So benutzten wohl noch zu wenig Mitarbeiter eine Schutzbrille. Außerdem war der Ofen nicht ordnungsgemäß angeschlossen. Eine Scheibe war defekt. Der Deckel des Schaltkastens war offen. In der rechten Ecke stand Gerümpel. Man sollte 8 Fehler finden. Im Bild darunter waren es 6 Fehler. Im nächsten Bild 5 Fehler (Nitro, offen niesen, trinken, rauchen in der Nähe von Benzin und nicht einzeln eingetreten). Die Zeit der 50er Jahre war vom Vergleich mit Westdeutschland geprägt: direkte Vergleiche wurden grafisch aufgearbeitet, wenn sie zum Vorteil der DDR gerieten wie hier im Beispiel die Leistungen der Krankenversicherung in der BRD und der DDR im grafischen Vergleich (Abb. 23).[23]

Suchbild Nummer 2. Es enthält acht Fehler

Abb. 20: Bahn frei! 6. Jahrgang Nr. 38, Ammendorf 1955.

Suchbild Nummer 3. Es enthält sechs Fehler

Abb. 21: Bahn frei! 6. Jahrgang Nr. 38, Ammendorf 1955.

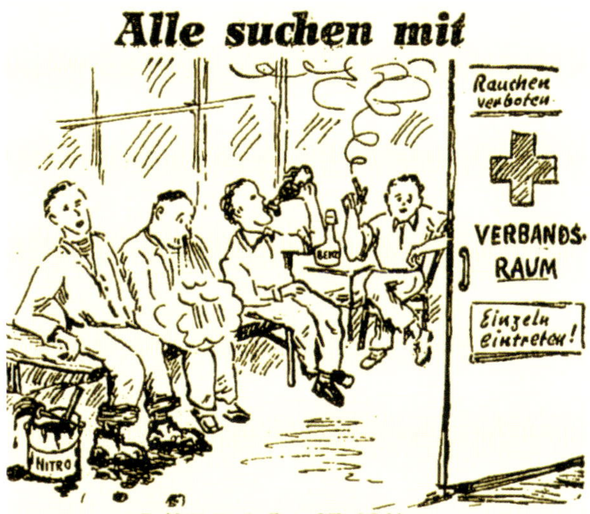

Suchbild Nr. 4. Es enthält 5 Fehler

Abb. 22: Bahn frei! 6. Jahrgang Nr. 39, Ammendorf 1955.

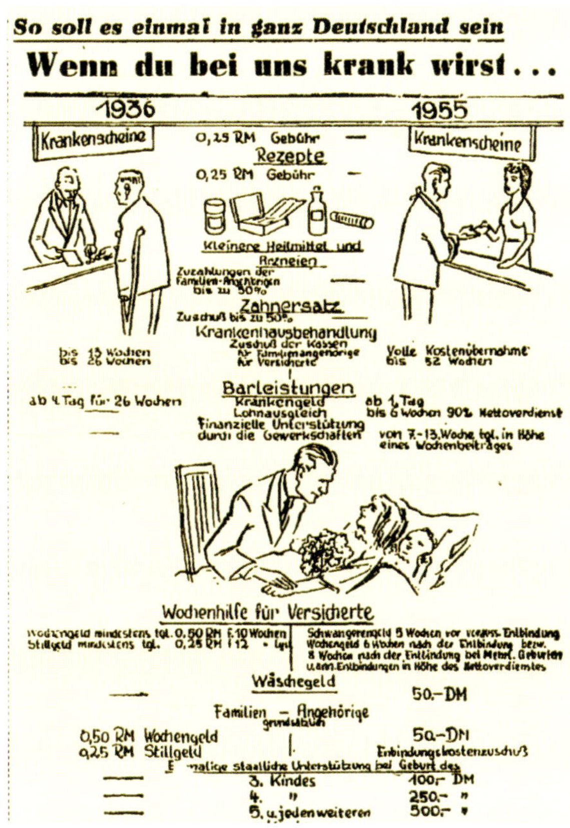

Abb. 23: Bahn frei! 6. Jahrgang Nr. 40, Ammendorf 1955.

20–23. Bahn frei!, Ammendorf 1955.

An den Pranger gestellt!

Gaida musste im Jahr 1955 sehr oft mit Missbilligungen, Verwarnungen und Verweisen arbeiten. Um die Arbeitsdisziplin war es schlecht bestellt. Auch dies war wohl ein weiterer Grund, warum der Werkleiter noch im Jahr 1955 durch einen neuen Werkleiter abgelöst wurde (Abb. 24).[24]

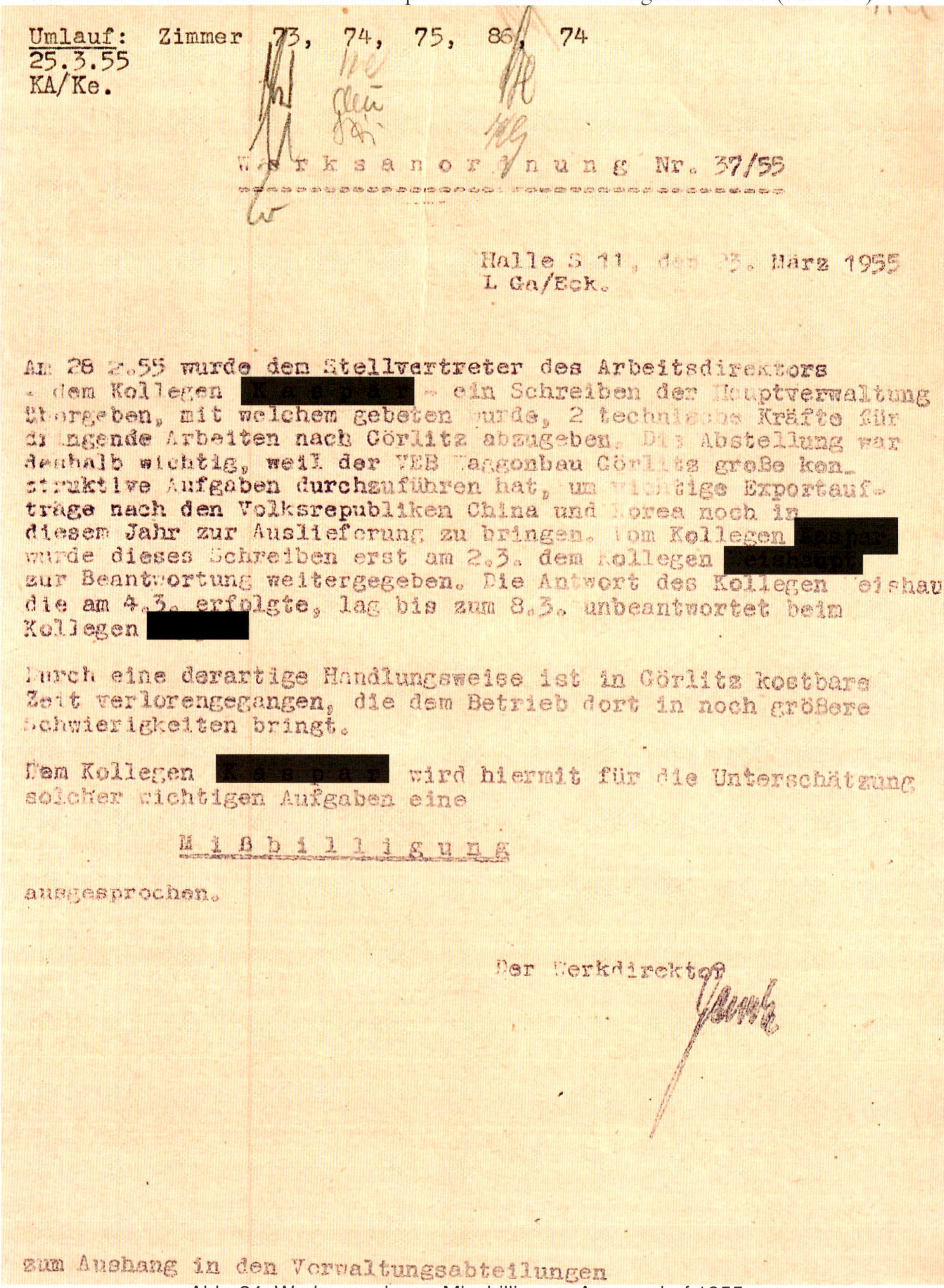

Umlauf: Zimmer 73, 74, 75, 86, 74
25.3.55
KA/Ke.

Werksanordnung Nr. 37/55

Halle S 11, den 23. März 1955
L Ga/Eck.

Am 28.2.55 wurde dem Stellvertreter des Arbeitsdirektors – dem Kollegen [redacted] – ein Schreiben der Hauptverwaltung übergeben, mit welchem gebeten wurde, 2 technische Kräfte für dringende Arbeiten nach Görlitz abzugeben. Die Abstellung war deshalb wichtig, weil der VEB Waggonbau Görlitz große konstruktive Aufgaben durchzuführen hat, um wichtige Exportaufträge nach den Volksrepubliken China und Korea noch in diesem Jahr zur Auslieferung zu bringen. Vom Kollegen [redacted] wurde dieses Schreiben erst am 2.3. dem Kollegen [redacted] zur Beantwortung weitergegeben. Die Antwort des Kollegen Weishau die am 4.3. erfolgte, lag bis zum 8.3. unbeantwortet beim Kollegen [redacted].

Durch eine derartige Handlungsweise ist in Görlitz kostbare Zeit verlorengegangen, die dem Betrieb dort in noch größere Schwierigkeiten bringt.

Dem Kollegen [redacted] wird hiermit für die Unterschätzung solcher wichtigen Aufgaben eine

M i ß b i l l i g u n g

ausgesprochen.

Der Werkdirektor

zum Aushang in den Verwaltungsabteilungen

Abb. 24: Werksanordnung Missbilligung, Ammendorf 1955.

24. Frotscher-Archiv, Halle.

Der Neue will wissen, wer bei ihm arbeitet
Eine der ersten Amtshandlungen des neuen Werkleiters, der erst am 17. Oktober seinen ersten Tag im Amt war, bezog sich auf die Kadersituation. Bereits am 25. Oktober des gleichen Monats gab er die Werksanordnung heraus, Personalbögen und Lebensläufe aller Mitarbeiter zu erlangen (Abb. 25).[25]

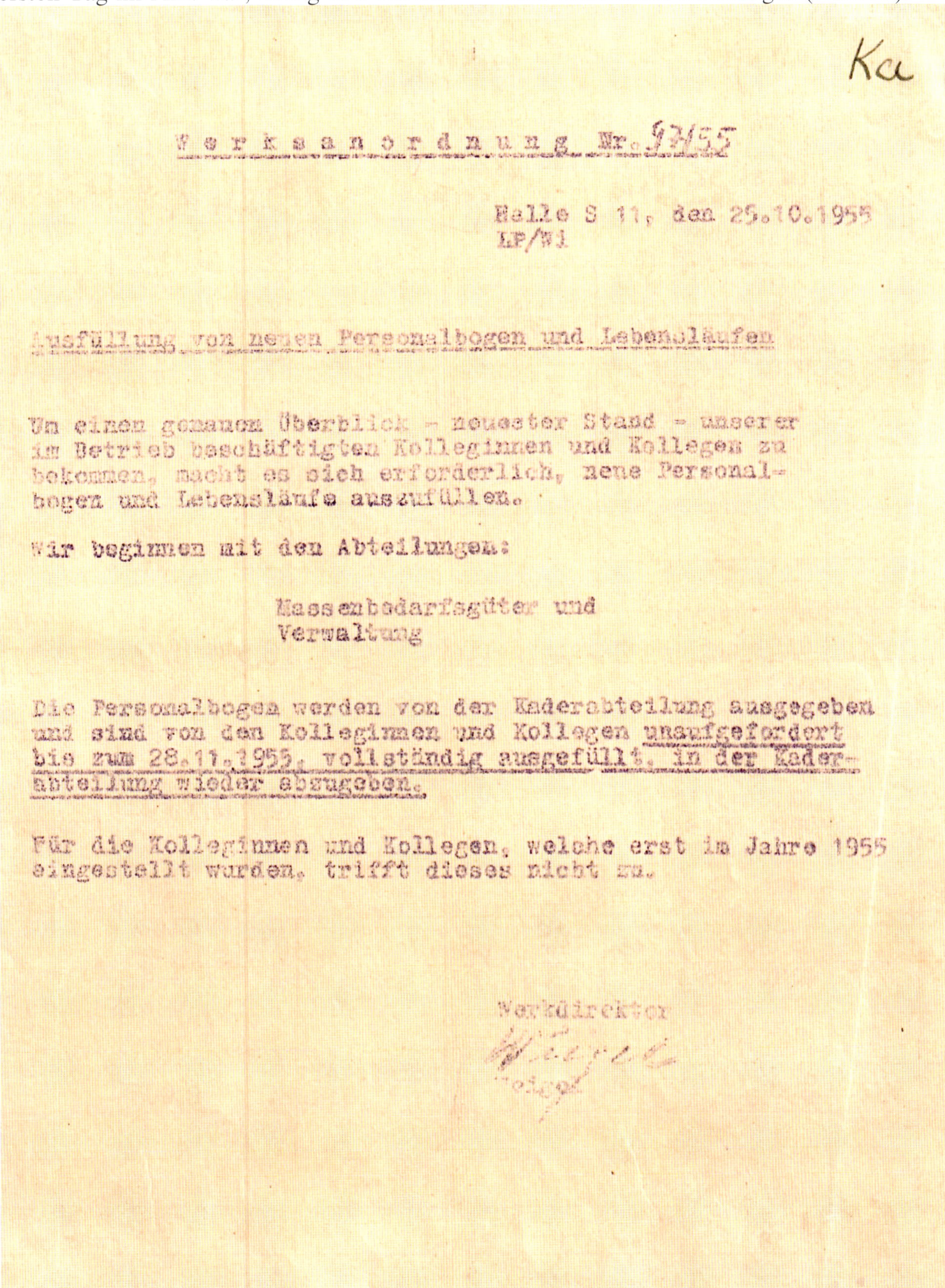
Ka

W e r k s a n o r d n u n g Nr. 97/55

Halle S 11, den 25.10.1955
LP/Wi

Ausfüllung von neuen Personalbogen und Lebensläufen

Um einen genauen Überblick – neuester Stand – unserer im Betrieb beschäftigten Kolleginnen und Kollegen zu bekommen, macht es sich erforderlich, neue Personalbogen und Lebensläufe auszufüllen.

Wir beginnen mit den Abteilungen:

Massenbedarfsgüter und
Verwaltung

Die Personalbogen werden von der Kaderabteilung ausgegeben und sind von den Kolleginnen und Kollegen unaufgefordert bis zum 28.11.1955, vollständig ausgefüllt, in der Kaderabteilung wieder abzugeben.

Für die Kolleginnen und Kollegen, welche erst im Jahre 1955 eingestellt wurden, trifft dieses nicht zu.

Werkdirektor

Abb. 25: Werksanordnung Lebensläufe, Ammendorf 1955.

25. Frotscher-Archiv, Halle

1955

Patente 1955

Trotz aller Schwierigkeiten wurden weiter Patente eingereicht. Man sieht die Zeichnung von der Patentanmeldung »**Einachsiger Anhänger mit kippbarem Wagenkasten mit Hebezeug**« von einem Mitarbeiter aus Ammendorf (Abb. 26).[26] Sie wurde wegen Neuheitsschädlichkeit abgelehnt.

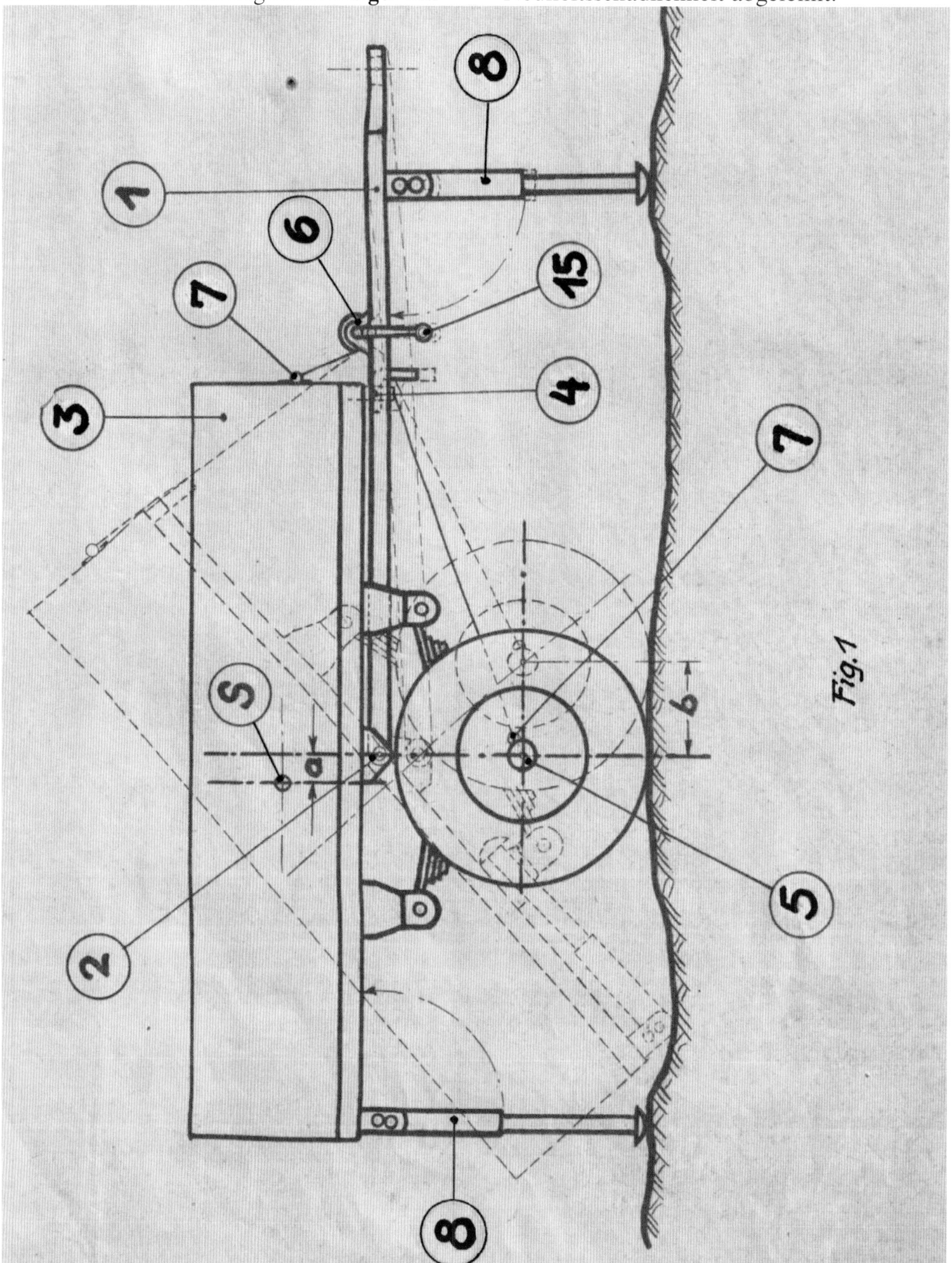

Abb. 26: Patent, Ammendorf 1955.

26. Frotscher-Archiv, Halle.

Eine weitere Patentanmeldung betraf eine **»Kombinierte Federung von Fahrzeugen«** (Abb. 27).[27] Auch hier lehnte das Amt ab:

»Wie im Prüfbescheid vom 31. 12. 1957 näher ausgeführt, kann in dem Anmeldegegenstand keine Leistung auf erfinderisch-technischem Gebiet erkannt werden«.[28]

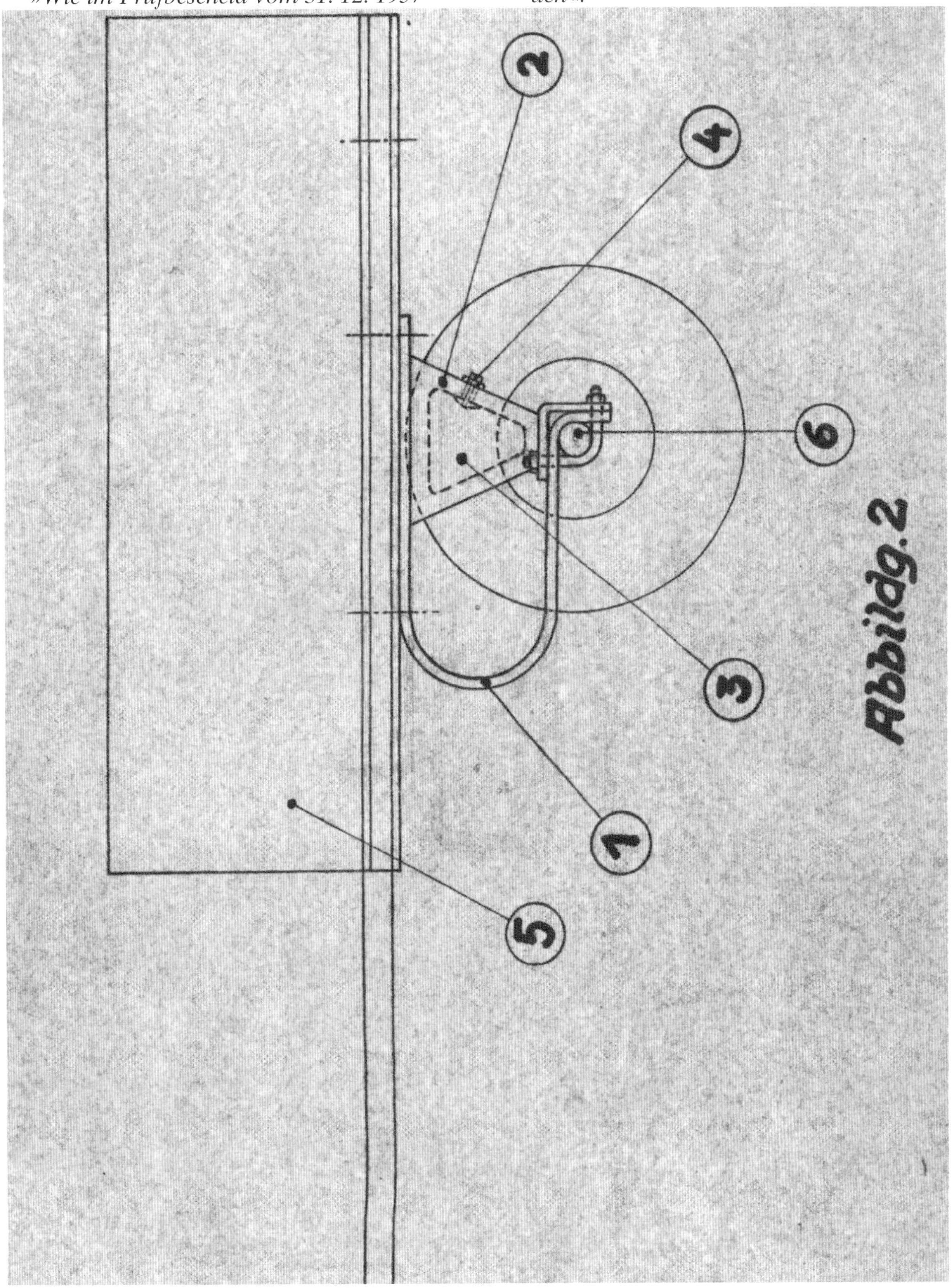

Abb. 27: Patent, Ammendorf 1955.

27. Frotscher-Archiv, Halle
28. Frotscher-Archiv, Halle

Der 500. Omnibus wird gefeiert

Nach wie vor wurden auch Omnibusse gebaut (Abb. 28).[29] Die Abbildung zeigt einen Artikel aus der Bahn frei!, die den 500. Omnibus feiert. Er wurde für die Leipziger Verkehrsbetriebe gebaut:

> *»Am 10. November 1955, 11 Uhr, wurde der 500. Omnibus … übergeben …«*[30]

Am Sonnabend, dem 19. November 1955, 11 Uhr, wurde der 500. Omnibus in feierlicher Form dem Auftraggeber, den Leipziger Verkehrsbetrieben, übergeben. Nachdem die Schalmeienkapelle einige Musikstücke zu Gehör gebracht hatte, sprach der Leiter der AGL 2a, Kollege Schubert, den Dank der BGL allen am Bau Beteiligten aus. Er brachte dabei zum Ausdruck,

daß die Omnibusbauer trotz aller Schwierigkeiten ihren Verpflichtungen nachgekommen sind und entscheidend für die Erfüllung des Planes beigetragen haben.

Im Namen der Werkleitung dankte der Kollege Schneider für die großen Leistungen unserer Omnibusbauer. Er betonte in seinen Ausführungen, daß es die Waggonbauer waren, die den Aufruf unseres Zentralkomitees und der Regierung der Deutschen Demokratischen Republik zur Verbesserung des Berufsverkehrs sofort aufgriffen und den Bau von Omnibussen in Angriff nahmen. Auch er betonte, daß trotz aller Schwierigkeiten die Omnibusbauer mithalfen, den Berufsverkehr zu verbessern. „Der 500. Omnibus, der heute unser Werk verläßt, ist ein Beweis dafür. Wir als Herren unserer Betriebe", so sagte Kollege Schneider, „können stolz auf unsere Erfolge sein".

Der Kollege Dähne als Abteilungsleiter sprach die Erwartung aus, daß die Kollegen der Leipziger Verkehrsbetriebe durch ihre Erfahrungen mit den in ihrem Bereich eingesetzten Omnibussen mithelfen sollen, etwaige Mängel beim Bau der Fahrzeuge festzustellen, damit sie ihre Arbeiten in Zukunft noch verbessern können. Er wünschte den Leipzigern mit dem 500. Fahrzeug Hals- und Beinbruch.

Der Leipziger Kollege dankte für die termingerechte Lieferung und versprach, die Anregungen der Omnibusbauer zu beachten.

Wie uns der Kollege Richter, Brigadier im Omnibusbau, mitteilte, ist eine Werksdelegation mit diesem Omnibus bei unserem Staatspräsidenten gewesen anläßlich der Namensverleihung des Lehrkombinats „Wilhelm Pieck". Unter den Klängen der Schalmeienkapelle verließ der Omnibus unser Werk, um zur Verbesserung des Berufsver-

Abb. 28: Der 500. Omnibus wird gefeiert, Ammendorf 1955.

29. Bahn frei!, 5. Jahrgang, Nr. 47, Ammendorf 1955.

30. Bahn frei!, 5. Jahrgang, Nr. 47, Ammendorf 1955.

Sozialpolitik 1955

Die Betriebe waren in der DDR das Zentrum nahezu des gesamten Lebens. Selbst als Versorger knapper Waren fungierten sie, wie das Beispiel Kaffee zeigt (Abb. 29):

»Die Menge reicht aus, um jedem Werksangehörigen ein Päckchen zu sichern.«[31]

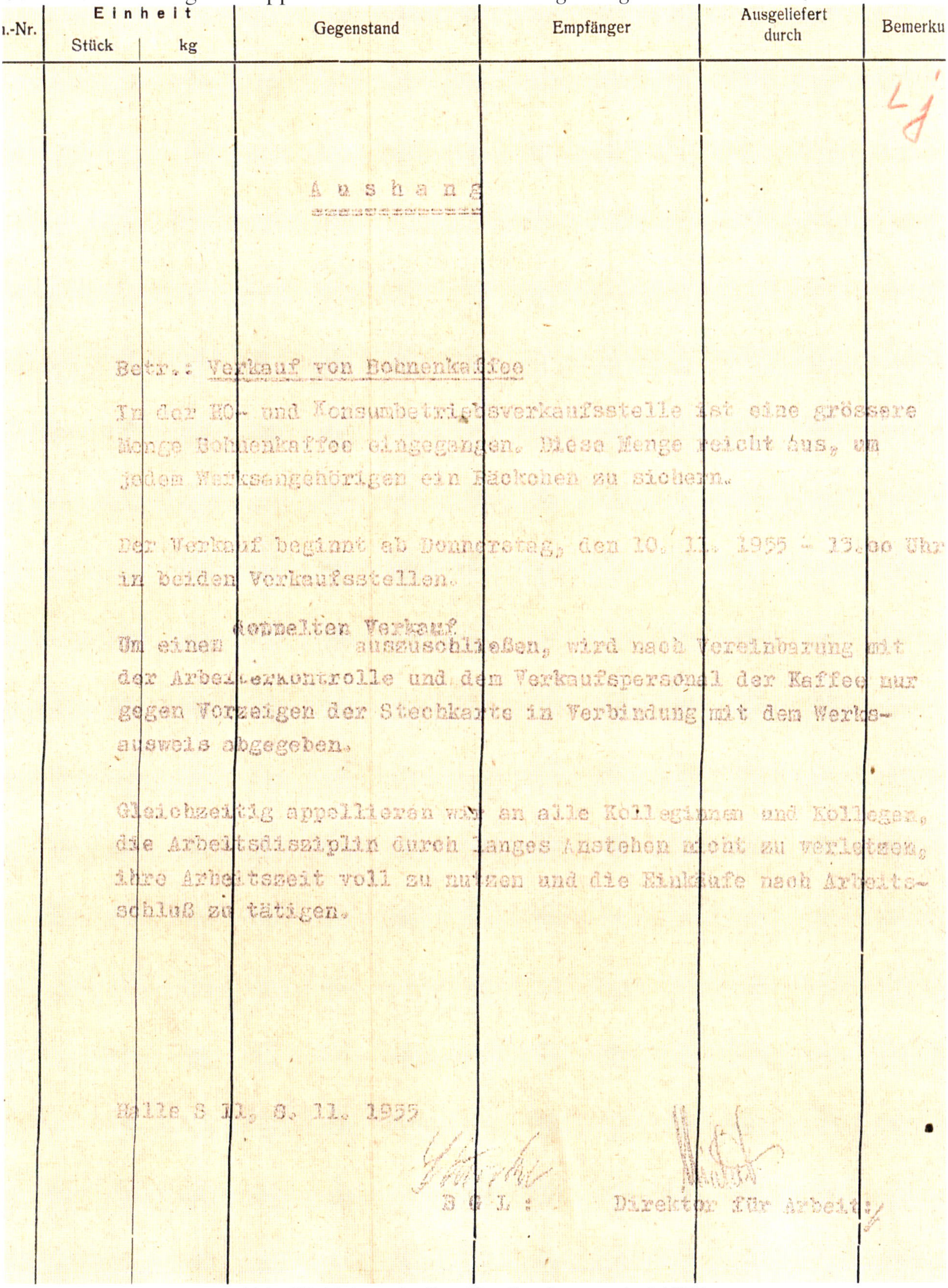

…-Nr.	Einheit Stück	kg	Gegenstand	Empfänger	Ausgeliefert durch	Bemerku…

Lj

A u s h a n g

Betr.: Verkauf von Bohnenkaffee

In der HO- und Konsumbetriebsverkaufsstelle ist eine grössere Menge Bohnenkaffee eingegangen. Diese Menge reicht aus, um jedem Werksangehörigen ein Päckchen zu sichern.

Der Verkauf beginnt ab Donnerstag, den 10. 11. 1955 – 13.oo Uhr in beiden Verkaufsstellen.

Um einen doppelten Verkauf auszuschließen, wird nach Vereinbarung mit der Arbeiterkontrolle und dem Verkaufspersonal der Kaffee nur gegen Vorzeigen der Stechkarte in Verbindung mit dem Werksausweis abgegeben.

Gleichzeitig appellieren wir an alle Kolleginnen und Kollegen, die Arbeitsdisziplin durch langes Anstehen nicht zu verletzen, ihre Arbeitszeit voll zu nutzen und die Einkäufe nach Arbeitsschluß zu tätigen.

Halle S 11, 8. 11. 1955

B G L : Direktor für Arbeit:

Abb. 29: Bohnenkaffee für alle, Ammendorf 1955.

31. Frotscher-Archiv, Halle

Technische Betriebsschule 1955

Insgesamt 55 Lehrgänge und Kurse bot die Technische Betriebsschule für das Lehrjahr 1955/56 an (Abb. 30).[32] Die Bandbreite reichte von den zu erwartenden Klassikern Schweißer, Schlosser und Tischler bis zu weniger bekannten Lehrgängen wie dem Pittlerdreher-Lehrgang oder dem Kurs zur Kowaljow-Methode, mit der die Normen sprunghaft erhöht werden sollten.

Übersichtsplan der Technischen Betriebsschule des VEB Waggonbau Ammendorf zum Lehrabschnitt 1955/56

Folgende Lehrgänge und Kurse finden statt:

AUSBILDUNG	
Art des Lehrganges	**Ziel des Lehrganges**
1. **Ausbildung der nicht vom Plan der Berufsausbildung erfaßten Jugendlichen.**	Qualifizierung in einen Anlernberuf Lohngruppe 1—4
2. **Vom ungelernten zum angelernten Arbeiter** Lohngruppe 1—4. Werktätige über 18 Jahre.	Qualifizierung in den Lohngruppen 1—4 entsprechend den Rahmenausbildungsunterlagen
3. **Vom angelernten zum Facharbeiter für Metall und Holz.**	Ablegung der Facharbeiterprüfung
4. **Qualifizierung für einen zweiten Beruf.**	Erlangung von Kenntnissen und Fertigkeiten in einem zweiten Beruf, mit dem Ziel einer besseren Einsatzmöglichkeit für die Arbeitskräfte zu schaffen
HÖHERQUALIFIZIERUNG FÜR DEN DERZEITIGEN ARBEITSPLATZ	
Produktionstechnisch	
Qualifizierung der Anlernberufe 5. Bohrwerker 6. Pittlerdreher 7. Hobler und Fräser 8. Stanzer 9. Maschinenarbeiter für Holz 10. Galvaniseure 11. Lackierer, Spachtler und Spritzer 12. Satfler 13. Kranführer 14. Kraftwagenführer	Qualifizierung in der zur Zeit arbeitenden Lohngruppe und in eine höhere bis Lohngruppe 4, entsprechend den Rahmenausbildungsunterlagen
Qualifizierung der Facharbeiter 15. Vom Blechschlosser zum Blechtreiber 16. Schlosser 17. Schmiede 18. Schweißer 19. Anreißer 20. Tischler 21. Stellmacher	Qualifizierung in der zur Zeit arbeitenden Lohngruppe und in eine höhere bis Lohngruppe 6—8
22. **Lehrgang für Brigadiere und deren Stellvertreter**	Erwerb von Kenntnissen in der Planung (Aufteilung des Produktionsplanes auf die Brigade), Arbeitsnormen, Abrechnungswesen, technologischer Ablauf der Produktion, Organisation der Arbeit und Wettbewerbe
Qualifizierung der Gütekontrolleure 23. Grundlehrgang 24. Aufbaulehrgang	Ablegung der Prüfung als Gütekontrolleur
25. **Lehrgang für Meister und Abteilungsleiter**	Erwerb und Vertiefung von Kenntnissen in wirtschaftlicher Rechnungsführung und Arbeitsrecht
TECHNISCHES FACHWISSEN	
26. Vorbereitung zum Technologenlehrgang	Vorbereitung für den am 1. 2. 56 beginnenden Technologenlehrgang
27. **Lehrgang für Produktionslenker** (Dispatcher)	Erwerb der Grundkenntnisse eines Produktionslenkers
28. **Lehrgang für Planer** (umfaßt sämtliche Teile des Betriebswesens)	Erweiterung und Vertiefung der Kenntnisse eines Planers
29. Lehrgang für Arbeitsnormer	Erlangung der Kenntnisse zur Erarbeitung technisch begründeter Arbeitsnormen auf wissenschaftlicher Grundlage
30. Lehrgang für die Abteilung Arbeit	Erwerb und Vertiefung der Kenntnisse auf dem Gebiet Arbeitskraft, Lohn- und Sozialwesen, Kultur, Arbeitskräfteplanung und Statistik
31. Sonderlehrgang für Meister in der Gruppe M 3 und M 4 32. Sonderlehrgang für Techniker 33. Sonderlehrgang für Ingenieure	Ablegung der Meister-, Techniker- und Ingenieurprüfung (Sonderprüfung)

KAUFMÄNNISCHES FACHWISSEN	
Art des Lehrganges	**Ziel des Lehrganges**
34. **Schulung in Wirtschaftlicher Rechnungsführung** für die Abteilungen des Arbeits-, kaufmännischen, Produktions- und technischen Direktors sowie des Rechnungswesens	Erlangung der für den jeweiligen Arbeitsbereich erforderlichen Kenntnisse in der Wirtschaftlichen Rechnungsführung
35. Technologie für Wirtschafter (auch für Kolleginnen und Kollegen aus der Produktion)	Erlangung der Grundkenntnisse über die Materialien und die wichtigsten Fertigungsprozesse, die mit ihrer Arbeit in Zusammenhang stehen
Schulung im Rechnungswesen 36. Lehrgang für Rechnungsprüfung und Kontokorrentbuchhaltung	Erlangung der Kenntnisse für den gesamten Rechnungsdurchlauf (Eingangs- und Ausgangsrechnungen einschließlich Buchungen)
37. Lehrgang für Lohnbuchhalter	Erwerb von Kenntnissen in der Brutto- und Nettobuchhaltung einschl. Buchungen
38. Grundlehrgang für Anfänger der Buchhaltung — Allgemein	Erwerb von Grundbegriffen und einfachen Zusammenhängen in der Buchhaltung (Beispiele)
39. Betriebsabrechnung für Anfänger	Beherrschung von Grundrechnungen, BAB I und II, Nachkalkulationen, Eigenleistungen, sonstige produktionsbedingte Abteilungen
40. Betriebsabrechnung für Fortgeschrittene	Erwerb von Kenntnissen über die BAB, den Finanzplan und seine Abrechnung, FM-Bericht, Kontrollberichtsformulare J 9 — J 12 und J 5, Auswertung und Analysen
41. Buchhaltung für Fortgeschrittene	Beherrschung der Bilanz und ihre Zusammenhänge, Durcharbeitung der Buchungsaufgaben aus Sonderheft 25
42. Arbeitsgemeinschaft für Abteilungs- und Gruppenleiter des Rechnungswesens	Erweiterung der Kenntnisse durch aktuellste Neuerungen auf dem gesamten Gebiet des Rechnungswesens
43. **Stenografie für Werkangehörige** Verkehrsschrift, Anfänger Verkehrsschrift, Fortgeschrittene Diktatlehrgang I Eilschrift Diktatlehrgang II	Beherrschung der Verkehrsschrift Vorbereitung zur Stenotypistenprüfung
44. **Maschineschreiben für Werkangehörige** Anfänger — Fortgeschrittene	Beherrschung des Zehnfingersystems
SONSTIGE QUALIFIZIERUNG	
Fachschulabendstudium 45. Meisterlehrgang 46. Technikerlehrgang 47. Ingenieurlehrgang	Ablegung der Meister-, Techniker- und Ingenieurprüfung an der Fachschule für Schienenfahrzeuge Görlitz — Außenstelle Halle
48. Vorbereitungslehrgang für Fachschule und ABF	Aufnahmeprüfung an der Fachschule oder ABF
Politökonomie für Wirtschaftsfunktionäre 49. Für Anfänger 50. Für Fortgeschrittene	Erwerb und Vertiefung der Kenntnisse in der Politökonomie auf Grund der Durcharbeitung des Lehrbuches
Aktivistenschulen 51. Für Abt. Schmiede 52. Für Abt. Dreherei 53. Für Abt. Autobusbau 54. Für Abt. mechanische Holzbearbeitung 55. Für Kowaljowmethode	Erwerb von Kenntnissen über die im Beruf bestehenden Neuerermethoden und Durchführung derselben

Abb. 30: Übersichtsplan Technische Betriebsschule, Ammendorf 1955.

32. Bahn frei!, 6. Jahrgang Nr. 33, Ammendorf 1955.

Die neue Werkleitung in der Bahn frei!
Die Einsetzung einer neuen Werkleitung wurde den Mitarbeitern in den Gründen nicht bekannt gemacht. Deshalb gab es zahlreiche Anfragen bezüglich der Mitglieder der neuen Werkleitung (Abb. 31–34)[33].

Hier muß die Werkleitung sofort helfend eingreifen

Die neu eingesetzte Werkleitung, die bemüht ist, in gemeinsamer Arbeit mit den Kollegen der Produktion und der Verwaltung neue Erfolge zu erzielen, hat unser Vertrauen.

Wir sind uns darüber im klaren, daß nicht alle bestehenden betrieblichen Mängel von heute auf morgen beseitigt werden können.

Doch bezüglich der Arbeit der Brigadiers muß vordringlich einiges verändert werden.

Warum?

Ganz gleich, zu wem wir Brigadiers hier im Werk auch gehen mögen, überall bekommen wir die Antwort:

„Jawohl, ihr habt Anspruch auf eine gerechte Entlohnung auf Grund eurer Leistung."

Nun möchte ich aber die Werkleitung fragen: Wo sollen wir Brigadiers unseren Verdienst hernehmen, wenn wir den ganzen Tag wegen der noch bestehenden betrieblichen Mängel umherlaufen müssen?

Die Kollegen in den Brigaden verlangen ihr Geld.

Sollen wir uns des Betrugs schuldig machen? Auch wir als Brigadiers möchten gute produktive Arbeit leisten. Wir wollen uns nicht nachsagen lassen, daß das Kollektiv der Brigade uns „ernähren" muß. Wir bitten deshalb die Werkleitung, mit uns Brigadiers eine Aussprache herbeizuführen, damit die uns interessierenden Probleme eine entsprechende Klärung finden können. Es muß sofort etwas verändert werden!

Goosfeld, Abteilung Stellmacherei

Abb. 31: Hier muss die Werkleitung helfend eingreifen, Bahn frei, 6. Jahrgang Nr. 33, Ammendorf 1955.

Des öfteren fragen Kollegen aus den Produktionsabteilungen berechtigterweise danach, wer eigentlich alles zu der neuen Werkleitung gehört. Es ist klar, selbst wenn die Genossen sich am Tag mehrere Stunden im Betrieb aufhalten, daß sie nicht allen Kollegen bekannt sein können. Das kommt mit der Zeit. Die Redaktion unserer Betriebszeitung kommt unseren Kollegen dadurch entgegen, indem sie in der heutigen und den kommenden Ausgaben das Kollektiv der Werkleitung unter der Rubrik „Menschen unseres Werkes" vorstellt.

Abb. 32: Menschen unseres Werkes, Bahn frei, 6. Jahrgang Nr. 35, Ammendorf 1955.

Genosse Schiller, unser Technischer Direktor

„Ich wurde 1920 geboren und besuchte die Volks- und Bürgerschule in Reichenberg in der CSR. Ich bin von Beruf Werkzeugschlosser. Da ich der Beste in der Berufsschule war, wurde ich zum Ingenieur-Studium vorgeschlagen und studierte acht Semester in Reichenberg und Außig. Kurz vor Kriegsende — am 17. April 1945 — legte ich meine Ingenieurprüfung ab.

Im Elmo-Werk in Dessau fand ich dann als Konstrukteur ein neues Betätigungsfeld. Auf Grund meines Wissens wurde ich Assistent des Werkleiters. Nach Besuch der Wirtschaftsschule berief man mich als Fertigungsbereichsleiter ins Elmowerk. Da ich inzwischen reichlich Erfahrung besaß, wurde ich als Technischer Leiter im VEB Waggonbau Ammendorf eingesetzt.

Schon nach kurzer Zeit meines Hierseins bemerkte ich, daß die Werkleitung kein Kollektiv war. Mein Ziel war es, dies schnellstens zu ändern. Als dann die Kollegen Mischel und Schneider in unser Werk kamen, halfen diese tatkräftig mit. Heute kann man von einem guten Kollektiv in der Werkleitung und auch im technischen Sektor sprechen.

Ich bin als Technischer Direktor besonders an der technischen Weiterentwicklung unseres Betriebes interessiert. Mir ist bereits die Mechanisierung der Schweißtechnik gelungen. Ich bemühe mich nun, noch in diesem Jahr mit der automatischen Schweißung zu beginnen.

Auf dem Gebiete der technischen Weiterentwicklung hat die technische Leitung bereits begonnen, die Mängel in der Haupterzeugung, der Omnibusse und der Weitstreckenwagen zu korrigieren, damit im nächsten Jahr besser produziert werden kann. Die Qualität der Technologie und der Konstruktion sind Voraussetzungen für einwandfreies Arbeiten. Es werden deshalb Projekte ausgearbeitet, nach denen im nächsten Jahr im Omnibusbau und Weitstreckenwagenbau nach den fortschrittlichen Kenntnissen gearbeitet werden kann.

Das Wesentliche ist aber, daß wir alle gemeinsam an unserem Plan arbeiten. In diesem Punkt, das heißt Zusammenarbeit mit unseren Produktionsarbeitern, habe ich mir sehr viel vorgenommen.

Ich hoffe, daß das zuständige Ministerium bald für einen Werkleiter Sorge trägt, damit sich das Kollektiv speziell den Aufgaben widmen kann, die der technischen Leitung zukommen."

Abb. 33: Genosse Schiller, unser Technischer Direktor, Bahn frei, 6. Jahrgang Nr. 35, Ammendorf 1955.

33. Bahn frei, 6. Jahrgang, passim, Ammendorf 1955.

Genosse Schneider, unser kaufmännischer Direktor

Dem Wunsche vieler Kollegen entgegenkommend, stellen wir in unserer heutigen Ausgabe Genossen Schneider, unseren kaufmännischen Direktor vor.

Genosse Schneider, der erst einige Zeit in unserem Werk ist, gewährte uns dazu ein Gespräch.

Frage: Genosse Schneider, können Sie uns kurz sagen, wo Sie herstammen und welche berufliche Entwicklung Sie hatten?

Antwort: Ich stamme aus einer Arbeiterfamilie — mein Vater war Sprengstoffarbeiter — und habe die soziale Not in meinen Jugendjahren am eigenen Leibe kennengelernt. Nach dem Besuch der Volksschule lernte ich im VEB Waggonbau Bautzen und besuchte die Handelsfachschule. Die Lehre konnte ich mit Auszeichnung abschließen. Ich war dann im Waggonbau Bautzen als Sachbearbeiter und später als Gruppenleiter tätig. Einige Zeit später wurde ich als Assistent des kaufmännischen Direktors bei der VVB Lowa nach Wildau berufen. Diese Tätigkeit übte ich zwei Jahre aus. 1952 wurde ich als kaufmännischer Leiter im VEB Förderwagenbau Vetschau eingesetzt und war da bis zum 1. Juli 1955.

Frage: Sicher haben Sie in dieser Zeit staatliche Auszeichnungen erhalten?

Antwort: Wenn Sie schon danach fragen, kann ich Ihnen sagen, daß ich vierfacher Aktivist des Fünfjahrplans bin. Ich wurde 1951, 1952, 1953 und 1955 als Aktivist ausgezeichnet. Darüber hinaus bin ich Träger des Abzeichens „Für gutes Wissen" in Silber. In diesem Zusammenhang möchte ich nicht verfehlen, Ihnen zu sagen, daß ich im Fernstudium an der Humboldt-Universität Berlin Wirtschaftswissenschaft studiere und im 5. Semester stehe — auch das ist für mich eine Auszeichnung. Vor einiger Zeit wurde ich dann zum VEB Waggonbau Ammendorf versetzt.

Frage: Welche Aufgaben haben Sie sich nun für ihre zukünftige Arbeit in unserem Werk gesetzt?

Antwort: Mein Wunsch ist es, als Fachdirektor mit dazu beizutragen, daß ein starkes, auf der Höhe seiner Aufgaben stehendes Leitungskollektiv in unserem Werk besteht. Ich weiß, daß es auf einigen Gebieten viel aufzuholen gibt. Daraus schlußfolgernd werde ich besonders im Bereich der kaufmännischen Direktion darauf bedacht sein, starke und arbeitsfähige Wirtschaftsabteilungen zu entwickeln. Für dieses Ziel werde ich meine praktischen Erfahrungen und mein theoretisches Wissen einsetzen. Ich werde dazu beitragen — und es würde für mich eine große Freude sein — daß man recht bald in unserer Republik und darüber hinaus wieder in Anerkennung und Achtung von unserem Werk sprechen wird.

Genosse Schiller, unser technischer Direktor

In der Nummer 35 unserer Betriebszeitung ist es infolge von Hast und unsachgemäßer Redaktionsarbeit bei der Vorstellung unseres technischen Direktors, Genossen Schiller, zu bedauerlichen Fehlern gekommen. Dabei wurden sowohl ein großer Teil unserer Kollegen durch die fehlende Bildunterschrift irregeführt und auch Genosse Schiller nicht richtig beschrieben. Wir bitten unsere Leser, diese Fehler zu entschuldigen und geben die Versicherung ab, die Möglichkeit solcher Fehler in Zukunft auszuschalten. Da aber jeder Fehler wieder gutgemacht werden muß, bringen wir an dieser Stelle nochmals eine Wiederholung bzw. Richtigstellung. Genosse Schiller ist uns dabei weitgehendst entgegengekommen. Doch lesen wir nun, was uns Genosse Schiller zu sagen hat.

Der in der Nummer 35 erschienene Artikel „Genosse Schiller, unser technischer Direktor" ist das Opfer von Wortverdrehungen, Hör- und Schreibfehlern des 2. Redakteurs, Genossen Neumann, geworden. Was am Ende von dem, was unter dem Begriff Interview steht, übrig blieb, ist bestenfalls geeignet, falsche Vorstellungen zu schaffen. Im nachfolgenden sei mir gestattet, einiges zu meiner beruflichen Entwicklung, einiges zur technischen Entwicklung unseres Werkes und schließlich einige Informationen zu dem zu sagen, was nach dem 31. Dezember 1955 kommt, wenn die augenblicklichen Vorstellungen, Pläne und Kontrollziffern Realität werden.

1920 wurde ich in Kratzau bei Reichenberg geboren, besuchte die Volks- und Bürgerschule und wurde Werkzeugschlosserlehrling. Nach erfolgreicher Gesellenprüfung besuchte ich die Ingenieurschule und konnte 1945 die Ingenieurprüfung ablegen. Im Elmo-Werk Dessau war ich als Konstrukteur tätig, anschließend wurde ich Gruppenführer im Konstruktionsbüro. Hier erfolgte auch meine Auszeichnung als Aktivist. Nach einem dreimonatigen Kreisparteischul-Lehrgang war ich als Betriebsassistent tätig. Später konnte ich dann für drei Monate die Wirtschaftsschule besuchen und wurde Fertigungsbereichsleiter. Die Bezirksleitung unserer Partei berief mich in ihre Abteilung Wirtschaftspolitik. Von hieraus wurde ich zum Waggonbau Ammendorf delegiert.

Diese wenigen Sätze über meinen Lebenslauf mögen genügen. Nun etwas zur Perspektive für unseren Betrieb.

Das Kollektiv der technischen Leitung und der Technische Rat haben sich für die Perspektive die Hauptaufgaben in einem wissenschaftlich-technischen Maßnahmeplan festgelegt. Die wesentlichsten Aufgaben sind: Verbesserung des Arbeitsablaufes, Ausbau der Taktstraße im Omnibusbau, Mechanisierung verschiedener Arbeiten, die z. Z. noch von Hand ausgeführt werden, zum Beispiel Schweißen, Spachtelschleifen, Polieren u. a., Modernisierung der Omnibusse und der Weitstrecken-Personenwagen, Entwicklung der Leichtbauweise, welche allerdings erst 1956 konstruktiv zum Abschluß kommen wird.

Nun einiges zur Vorschau auf das Jahr 1956:

Eine Vorschau auf einen längeren Zeitraum birgt stets die Gefahr von Aenderungen in sich. Das nachfolgend Aufgeführte bitte ich deshalb unter diesen Gesichtspunkten zu betrachten:

Im Weitstreckenwagenbau liegt die Kontrollziffer (Stückzahl) für das nächste Jahr höher als 1955, Aufträge sind für das I. Quartal 1956 im Hause, das bedeutet also, daß der Anschluß gesichert ist.

Ab der 2. Hälfte des Jahres 1956 wird der Weitstreckenwagen in einer anderen, modernen Ausführung gebaut. Die Leichtbauweise findet allerdings hier noch keine Berücksichtigung.

Im Omnibusbau ist die Kontrollziffer ebenfalls höher als in diesem Jahr. Auch hier ist der Anschluß gesichert, da fast alle Aufträge für das I. Quartal 1956 im Werk sind. Im II. Quartal 1956 wird unser Omnibus ein moderneres Aussehen bekommen. Auch werden z. Z. alle bis jetzt erkannten Mängel konstruktiv beseitigt, wodurch erreicht wird, daß ab dem II. Quartal unsere Omnibusse auch qualitätsmäßig eine entscheidende Verbesserung erfahren. Aufbauten werden wir 1956 weniger bauen als in diesem Jahr. Bei der gesamten Planung für das Jahr 1956 sind wir von den Faktoren Raum und Zeit ausgegangen.

Im Jahre 1956 wollen wir ein kontinuierliches Arbeiten erreichen, kleine Stückzahlen vermeiden, aber gleichzeitig beharrliche Entwicklungsarbeit leisten und Fertigungsmuster von U-, S- und Straßenbahntriebwagen bauen.

Der Plan wird in Kürze in den Abteilungen mit der Belegschaft beraten werden, und wir bitten alle, daß sie, beseelt von der großen Verantwortung, die jeder von uns auf seinem Platz trägt, mitarbeiten.

Abb. 34: Menschen unseres Werkes, Bahn frei, 6. Jahrgang Nr. 36, Ammendorf 1955.

Einführende Zusammenfassung 1956

Neue Besen kehren gut. Das dachte sich wohl auch der neue Werkleiter Bernhard Weigel und ließ zunächst eine Übersicht über seine Mitarbeiter anfertigen und begann nun, die Struktur des Betriebes komplett zu verändern:

> »*Nach Festlegung im Werkleitungskollektiv wird im Einvernehmen mit der Parteileitung und Betriebsgewerkschaftsleitung im Rahmen der Reorganisation des Betriebes ab 1. 7. 1956 die Struktur und Verantwortlichkeit in den Fertigungsbereichen wie nachstehend angegeben neu festgelegt. Die Bezeichnung ‚Abteilungsleiter' entfällt in den Fertigungsbereichen …*«[34]

Selbst der Kopf der Betriebszeitung Bahn frei änderte sich. 10 Jahre nach Kriegsende war die vorher allgegenwärtige Vereinigungssymbolik wohl nicht mehr modern genug (Abb. 35).[35] Leser der »Freiheit«, die jetzt Mitteldeutsche Zeitung heißt, werden sich erinnern, dass genau dieser Schriftstil bis zur Wende auch den Kopf dieser Tageszeitung zierte.

1956 war auch das 10. Jahr nach der Verstaatlichung der Wirtschaft in der DDR. Dies wurde gefeiert, wie ein großes Schaubild aus der Bahn frei zeigt (Abb. 36, rechte Seite).[34]

In diesem Kapitel werden auch wieder auszugsweise Protokolle der Werkleitungssitzungen veröffentlicht. Sie zeigen ein hartes Ringen um Wirtschaftlichkeit. 3 Schichten wollte der Werkleiter durchsetzen. Er musste jedoch Ausnahmen zulassen.

Die Russen zeigen sich begeistert von den Waggons aus Ammendorf und wollen mehr.

Ein Speiseplan zeigt, was man damals so in der Kantine bekam für 60 Pfennige …

Der Krankenstand machte Sorgen: 9,24%, das ist fast jeder Zehnte.

Wieder gab es künstliche Wettbewerbe und wieder gab es daran Kritik – schon damals!

Die Leser der ersten beiden Bände werden die Konsumgüter schon kennen, hier lernen sie einen Anhänger für Motorräder und ein Sofa kennen, beides aus Ammendorf. Schließlich auch ein Bild eines Doppel-Busses mit Zahlpult, was extra in der Bahn frei erwähnt wurde.

BETRIEBSZEITUNG

Bahn frei

Organ der Parteileitung der SED im VEB Waggonbau Ammendo

7. Jahrgang / Nr. 1 — Erscheint wöchentlich / Preis 5 Pf — 5.-11. Januar 1

Brüderliche Kampfesgrüße den Genossen Delegierten und Gäste

Wir grüßen die Teilnehmer der Betriebs-Delegiertenkonferenz unserer Betriebspartei-organisation zur Wahl der neuen Parteileitung. Die Genossinnen und Genossen der Betriebs-parteiorganisation des VEB Waggonbau Ammen- einer Verbesserung der Arbeit in der Produkti auf dem Gebiete der Einführung der neu Technik und der politischen Massenarb führen. Möge die Delegiertenkonferenz dazu b tragen, daß auch unser Betrieb einen noch g ßeren Anteil als bisher bei der Schaffung d

Abb. 35: Der neue Kopf der Bahn frei, Ammendorf 1956.

34. Frotscher-Archiv, Halle.
35. Bahn frei!, 7. Jahrgang Nr. 1, Ammendorf 1956.

Abb. 36: 10 Jahre VEB, Ammendorf Juli 1956.

36. Bahn frei, 7. Jahrgang Nr. 26, Ammendorf 1956

Die neue Struktur des Betriebes 1956

Die neue Struktur basiert auf 6 Fertigungsbereichen:

1. Eisenbearbeitung
2. Holz und Sattlerei
3. Rohbaumontage Schienenfahrzeuge
4. Innenausbau Schienenfahrzeuge
5. Straßenfahrzeuge
7. Massenbedarfsartikel, Batteriekästen, Eisenarbeiten, Omnibusreparaturen.

Auffallend ist das Fehlen eines sechsten Fertigungsbereiches, das nicht erklärt werden kann. Es könnte sich um einen Schreibfehler handeln oder um einen älteren Bereich, der aufgeteilt wurde (Abb. 37 rechts).[37]

Im Folgenden wurde die neue Struktur des VEB Waggonbau Ammendorf grafisch dargestellt (Abb. 37–41).[38] Die Hauptverantwortung für die Übergabe einer Schicht an die andere lag bei den Obermeistern. Diese hatten auch die Pflicht, bei Krankheit von Meistern oder Obermeistern Verantwortliche zu benennen.

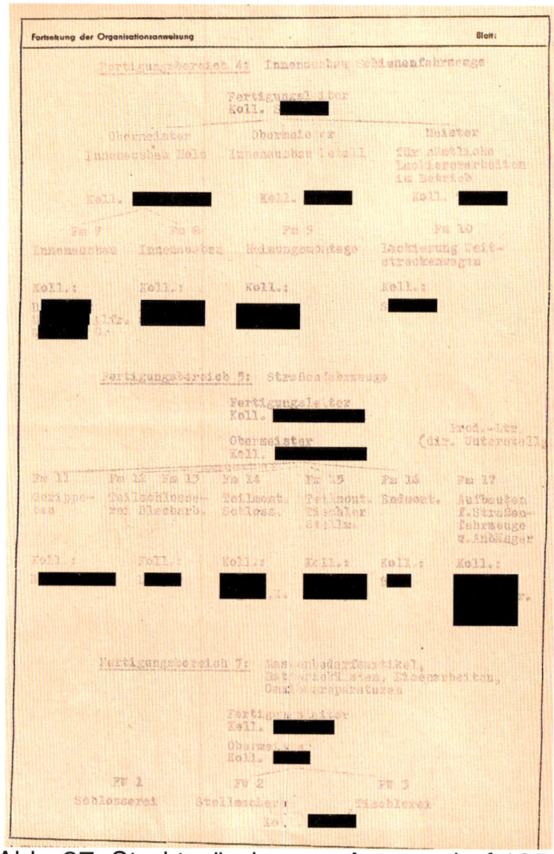
Fortsetzung der Organisationsanweisung Blatt:

Fertigungsbereich 4: Innenausbau Schienenfahrzeuge

Fertigungsleiter
Koll. [redacted]

Obermeister Innenausbau Holz — Koll. [redacted]
Obermeister Innenausbau Metall — Koll. [redacted]
Meister für sämtliche Lackierarbeiten im Betrieb — Koll. [redacted]

Fm 7 Innenausbau — Koll.: [redacted]
Fm 8 Innenausbau — Koll.: [redacted]
Fm 9 Heizungsmontage — Koll.: [redacted]
Fm 10 Lackierung Weitstreckenwagen — Koll.: [redacted]

Fertigungsbereich 5: Straßenfahrzeuge

Fertigungsleiter
Koll. [redacted]

Obermeister
Koll. [redacted]

Prod.-Ltr. (dir. Unterstell…

Fm 11 Gerippebau — Koll.: [redacted]
Fm 12 Teilschlosserei Blechbearb. — Koll.: [redacted]
Fm 13
Fm 14 Teilmont. Schloss. — Koll.: [redacted]
Fm 15 Teilmont. Tischler Stellm. — Koll.: [redacted]
Fm 16 Endmont. — Koll.: [redacted]
Fm 17 Aufbauten f. Straßenfahrzeuge u. Anhänger — Koll.: [redacted]

Fertigungsbereich 7: Massenbedarfsartikel, Batteriekästen, Eisenarbeiten, Omnibusreparaturen

Fertigungsleiter
Koll. [redacted]

Obermeister
Koll. [redacted]

FW 1 Schlosserei
FW 2 Stellmacherei
FW 3 Tischlerei
Koll. [redacted]

Abb. 37: Strukturänderung, Ammendorf 1956

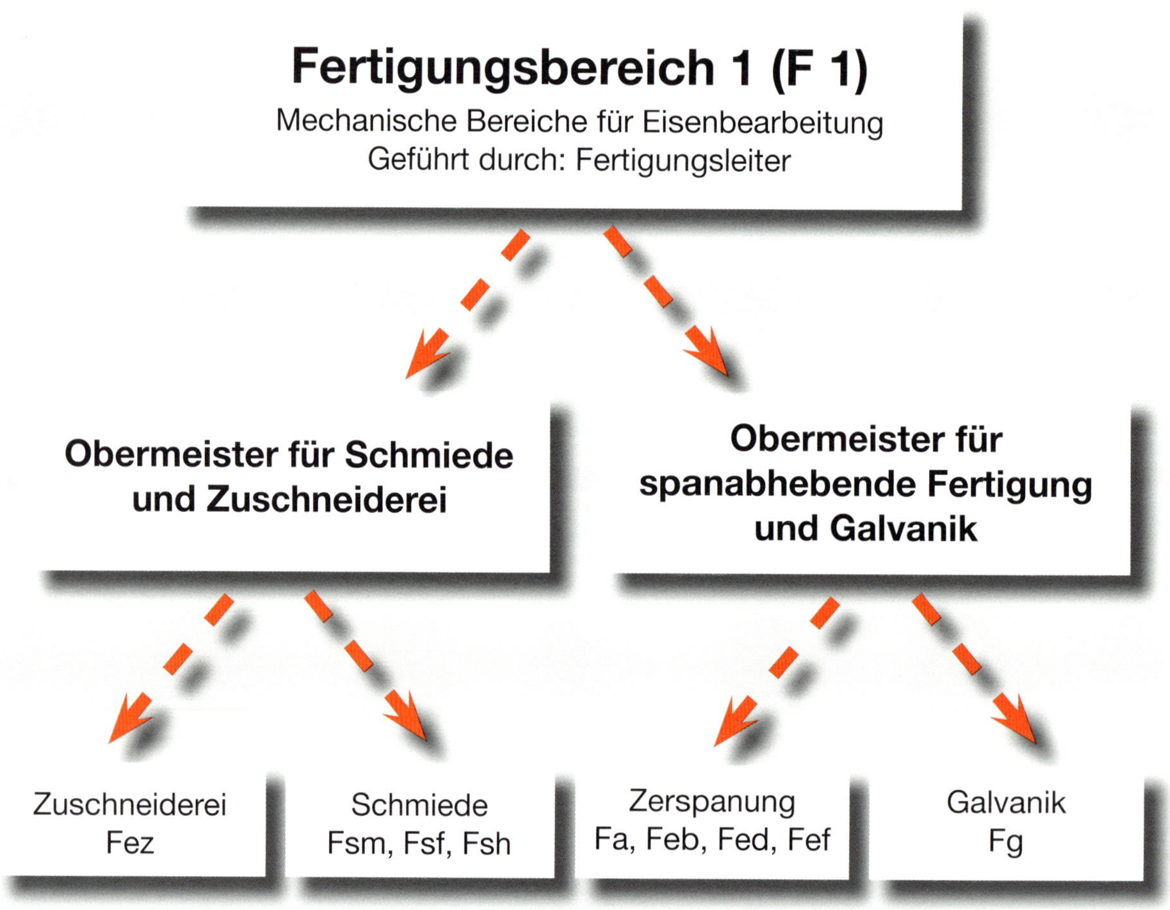

Abb. 38: Die neue Struktur des Betriebes, Ammendorf 1956.

37–38. Frotscher-Archiv, Halle.

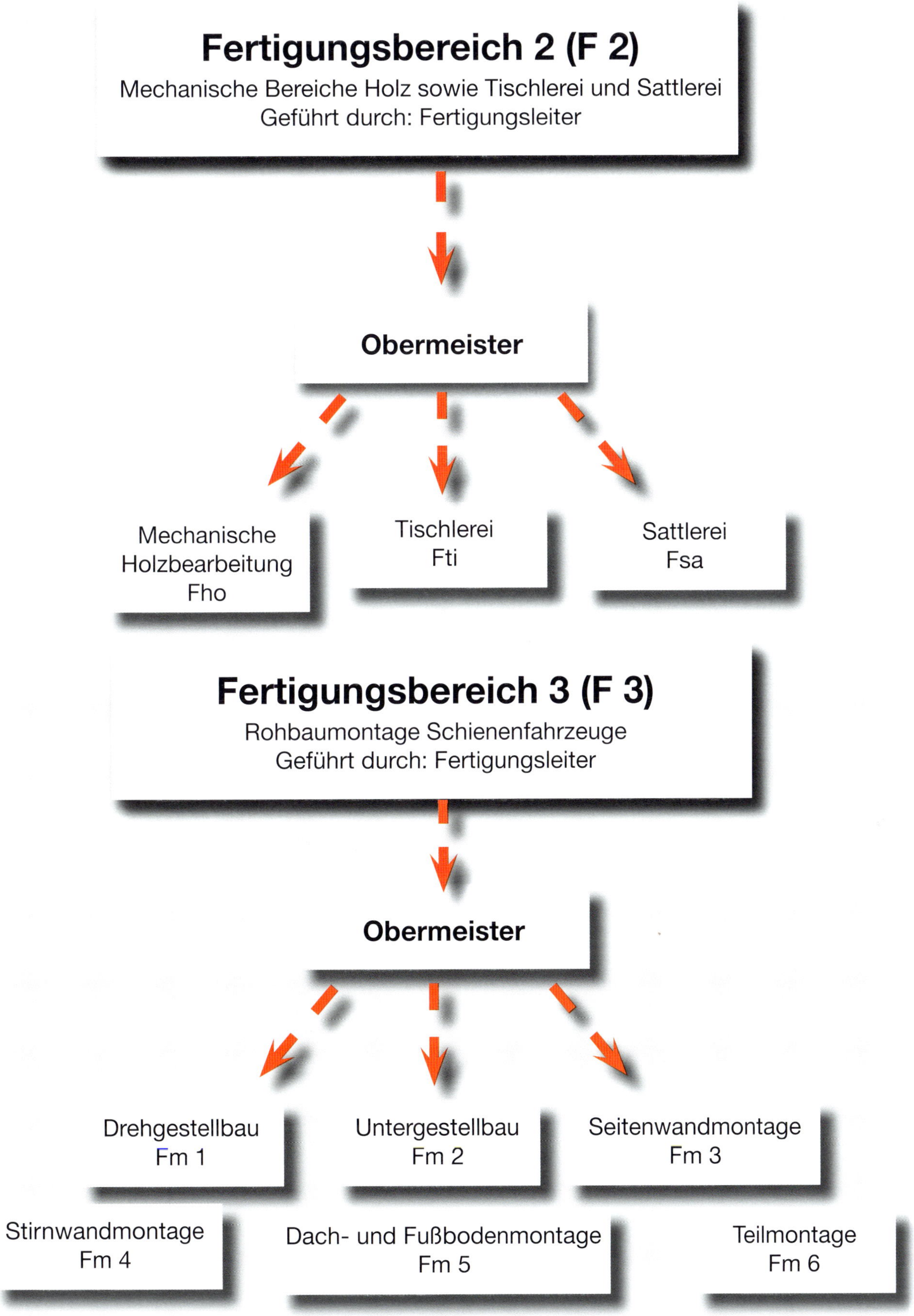

Abb. 39: Die neue Struktur des Betriebes, Ammendorf 1956.

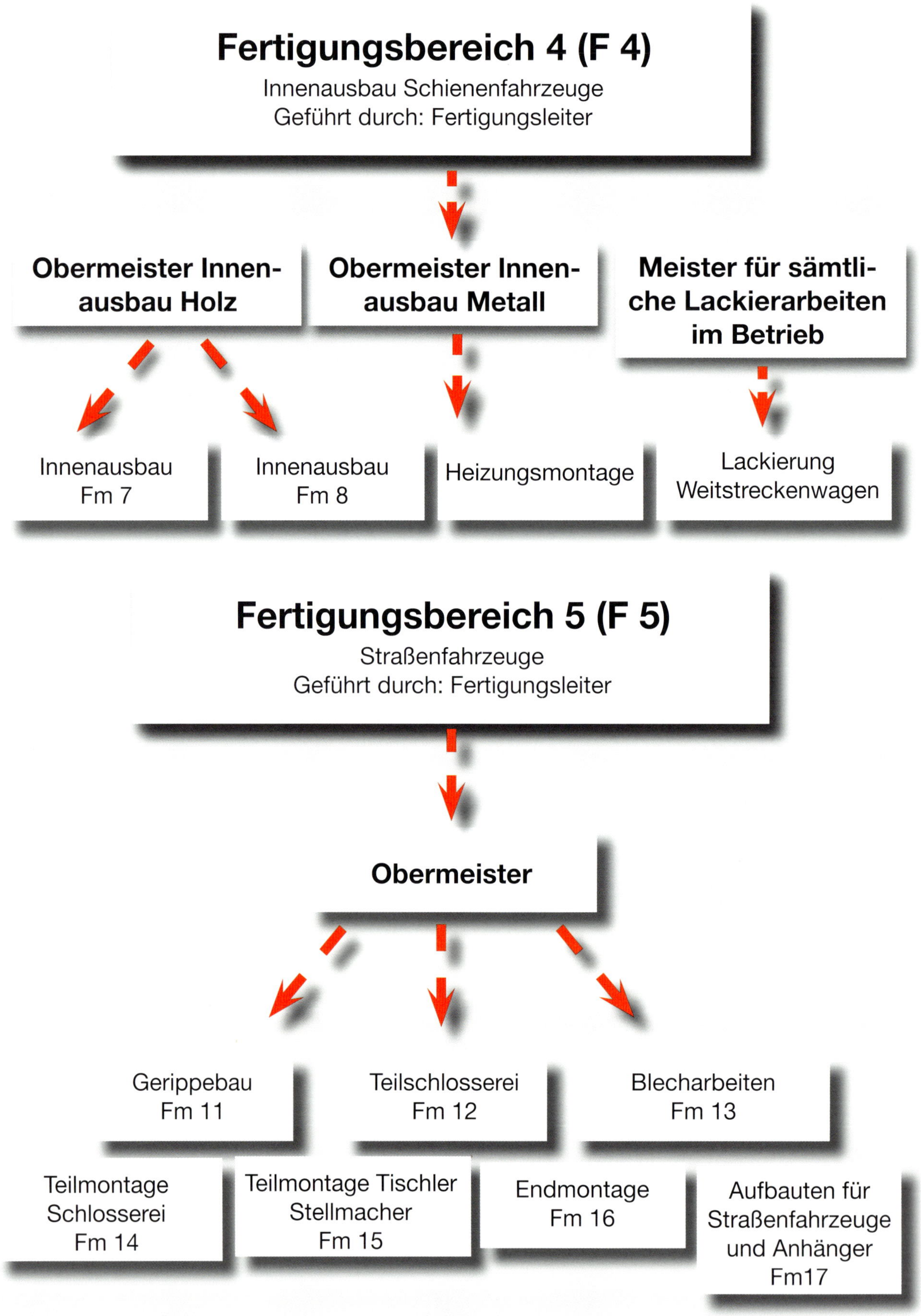

Abb. 40: Die neue Struktur des Betriebes, Ammendorf 1956.

Fertigungsbereich 7/6? (F 7/F 6?)

Massenbedarfsartikel, Batteriekästen, Eisenarbeiten, Omnibusreparaturen
Geführt durch: Fertigungsleiter

Abb. 41: Die neue Struktur des Betriebes, Ammendorf 1956.

Die Protokolle 1956

Die Protokolle dieses Jahres sind geprägt von Testberichten über die Omnibusfahrten, die Notwendigkeit der dritten Schicht wegen der Energie-Kontingentierung sowie ein Ringen um die Kollektivität der Leitung, die der Werkleiter Bernhard Weigel wohl eher nicht bevorzugte. Noch immer sind die Protokolle nicht vollständig vorhanden im Archiv …

Protokoll über die am 30. 1. 1956 durchgeführte Werkleitungssitzung

Dies war eine der längeren Sitzungen. Sie dauerte von 8 Uhr bis 12.45 Uhr. Mit 26 Teilnehmern waren auch ungewöhnlich viele Mitarbeiter dabei.

I. Auslastung in 3 Schichten
II. Einführung neuer Technik
III. Betriebswehr

Zu Beginn wurde außerplanmäßig über eine Probefahrt mit dem Omnibus berichtet:

> »*Kollege … : An der Probefahrt nahmen teil: von Potsdam die Werkleitung, technische Leitung und Verkehrspolizei; vom Anlagenbau 1 Kollege; von Ammendorf Kollegen … und … .*«[39]

Kollege … fasste die Ergebnisse zusammen:

> »*Jedes Fahrzeug wurde einzeln Probe gefahren, die Wagen lagen gut auf der Straße, mit der Bremsprobe war Potsdam auch zufrieden. Seitens der Verkehrspolizei lagen keine Beanstandungen vor, so dass die Fahrzeuge zum Verkehr freigegeben werden konnten.*«[40]

Es gab auch Mängel, die vor allem auf minderwertiges Material bei den Lacken, den Hölzern sowie Bezugsstoffen zutage traten:

> »*Bemängelt wurde lediglich die Innenausstattung, Aussenhaut und die Türe am Verschluss. Die Fahrzeuge wurden mit den Strassenbahnen von Gotha verglichen und festgestellt, dass unser Lack ziemlich stumpf ist. Ferner wurden noch unsere Holzfaserplatten beanstandet. Obwohl diese noch nicht so der Feuchtigkeit ausgesetzt waren, wurden Wellen sichtbar.*
> *Potsdam bat uns noch zu prüfen, ob es nicht möglich ist, Leder zu beschaffen wie es Gotha hat, dies glänzt mehr.*
> *Im Anschluss an die Probefahrt wurde von Potsdam festgestellt, dass sie mit der Arbeit von Ammendorf zufrieden sind. … Kollege … erhielt den Auftrag, den Bericht noch schriftlich zu machen. TK erhält zwecks Beseitigung der Fehler Durchschrift.*«[41]

39. LHASA, MER, VEB Waggonbau Ammendorf, Nr. 51795.
40. LHASA, MER, VEB Waggonbau Ammendorf, Nr. 51795.
41. LHASA, MER, VEB Waggonbau Ammendorf, Nr. 51795.

I. Auslastung 3 Schichten

Die fehlenden freien Preise führten zu Engpässen und damit zu Kontingentierungen. WEIGEL versuchte, dem mit dem 3-Schicht-Systems zu begegnen:

»Kollege Weigel zeigte die Gründe auf, die es notwendig machen, in 3 Schichten zu arbeiten. Er führte u. a. folgendes aus: Vorkommnisse haben uns gezwungen, dass der gesamte Betrieb in 3 Schichten arbeitet. In letzter Zeit – und das kann LE/Kollege … bestätigen – sind uns wesentliche Abzüge in der Stromzuteilung gemacht worden, weil wir es nicht verstanden haben, in der Nachtschicht die grosse Menge Strom abzunehmen, zu der wir verpflichtet wären. Es ist bekannt, dass die Nachtschicht von Abschaltungen frei ist. Es ist ferner bekannt, dass alle Betriebe ein bestimmtes Kontingent erhalten und somit ein grosser Teil verbraucht und auch unbedingt abgenommen werden muss. Ist dies nicht der Fall, dann werden Kürzungen des Stromes im Gesamtkontingent vorgenommen. Diese Massnahmen wurden von der Energieinspektion in der letzten Zeit gemacht und wir können dies in Zukunft nicht mehr verantworten.«[42]

Sabotage befürchtet

Es ging nicht nur um die Kontingentierung:

»Aber nicht allein die Stromzuteilung ist das ausschlaggebende, sondern auch Sabotagen wie Beschädigungen am Erzeugnis usw. machen es notwendig, dass 3 Schichten besetzt werden, um dadurch zu verhindern, dass der Klassenfeind weiterhin seine Sabotageakte durchführen kann.«[43]

Bis 1960 mehr Produkte zu 50% Kosten

Wichtigster Grund für die Einführung der 3 Schichten war wohl die Erhöhung der Produktivität. WEIGEL nennt als Beispiel das Werk Kalinin in der SU:

»Der 3. Punkt ist – und das ist die Hauptsache – dass wir durch die 3 Schichten dahin kommen, dass wir einen kontinuierlichen Ausstoß unserer Erzeugnisse bekommen. Es muss erreicht werden, bis zum Jahre 1960 unsere Erzeugnisse um 50% der Selbstkosten zu senken, und unsere Ausstoßzahl zu erhöhen. Das ist die Aufgabe, die im Augenblick unvorstellbar ist und undurchführbar erscheint, aber durchführbar ist. Kollege Weigel bemerkt, dass das Werk Kalinin in der SU in der Lage ist, fast denselben Personenwagen um die Hälfte der Arbeitszeit herzustellen.«[44]

Abteilungen waren nicht begeistert …

Kollege … berichtet:

»In einem Maßnahmeplan wurde bereits festgelegt, dass in 3 Schichten gearbeitet werden muss. Wir stoßen jedoch noch auf Widerstand. Dies ist auf die frühere Werkleitung zurückzuführen … M. E. ist es notwendig, dass eine genaue Werkan ordnung – unterschreiben von BPO (Betriebsparteiorganisation SED, d. A.) und BGL (Betriebsgewerkschaftsleitung) – herauskommt, die die Notwendigkeit des 3-Schichtensystems aufzeigt.«[45]

BGL will sich nicht zum Buhmann machen lassen …

»Kollege … meldete sich zu Wort und lehnte es ab, eine Werkanordnung herauszugeben, da die BGL es nicht als ihre Aufgabe ansieht, Anweisungen herauszugeben, sondern sie ist dazu da, die Kollegen aufzuklären.«[46]

Die ersten fordern Ausnahmen …

Einige Kollegen wollten nicht mit machen:

»Anschliessend sprach noch Kollege …/PF 5 über das 3-Schichtensystem in seiner Abteilung. Ausschliessen hiervon wollen sich die Sattlerei und Vernicklung. In der galvanischen Abteilung ist es so, dass dort fast ausschließlich nur Frauen beschäftigt sind. Kollege … ist der Meinung, dass – wenn schon das 3-Schichtensystem durchgeführt werden soll – dies ohne Ausnahme geschieht.«[47]

42–43. LHASA, MER, VEB Waggonbau Ammendorf, Nr. 51795.

44–47. LHASA, MER, VEB Waggonbau Ammendorf, Nr. 51795.

Was ist mit Kindern und Attesten?
Natürlich musste es Ausnahmen geben:

> *»Es wurde noch die Frage aufgeworfen, wie die Kolleginnen und Kollegen arbeiten sollen, die ein Attest besitzen bzw. kleine Kinder haben. Es wurde besprochen, dass in bezug auf die Kranken nur das von der Poliklinik ausgestellte Attest gelten soll. Für Frauen mit Kindern bis zu 6 Jahren besteht ein Gesetz, dass sie von dem 3-Schichtensystem ausgeschlossen sind. Die noch vorgebrachten Hinweise, wie*
> *1. reibungslose Versorgung des nachts mit Essen;*
> *2. Berufsverkehr;*
> *3. Beleuchtungsverhältnisse;*
> *4. Kaffee kochen;*
> *5. Öffnen der Läger in der Nacht müssen umgehend von den hierfür Verantwortlichen geklärt werden.«*[48]

II. Neue Technik
Hier gab es kaum Wesentliches zu berichten. Es wurde ein Aktiv gebildet, das einen Plan für die Einführung neuer Technik erarbeiten soll.

III. Betriebswehr
Die Betriebswehr sollte die frühere Feuerwehr ersetzen:

> *»… Entsprechend der besseren Bedingungen wird die Stärke der Betriebswehr auf 100 Mann festgelegt … Diese Massnahme muss jedoch noch den Hinweis erhalten, dass Mitglieder der Kampfgruppe für die Betriebswehr nicht infrage kommen … Für die Betriebswehr haben sich zur Zeit 75 Kollegen gemeldet. Von der früheren Feuerwehr haben sich 20 Kollegen bereit erklärt wieder mitzuarbeiten. PF 5 hat es verstanden, eine ganze Brigade für die Betriebswehr zu gewinnen, aus der Holzbearbeitung haben sich 12 Mann gemeldet, lediglich die Stellmacherei und Tischlerei zeigen ein schlechtes Ergebnis.«*[49]

Es gab noch einen IV. Punkt, der die Auswertung der Meldung AQI betraf, hier wurde Wesentliches nicht berichtet.

48–49. LHASA, MER, VEB Waggonbau Ammendorf, Nr. 51795.

Protokoll über die Werkleitungssitzung am 13. Februar 1956
I. Besuch von 3 Sowjetfreunden
II. Plan neue Technik
III. Verfügungen und Mitteilungen
IV. Klubhaus
V. Wettbewerb mit Görlitz
VI. Finanzplan
VII. Exportkonferenz

I. Besuch von 3 Sowjetfreunden
Die sowjetischen Hauptkunden wollen mehr und sind sehr zufrieden mit Ammendorf:

> *»Am 9. 2. 56 haben uns 3 sowjetische Freunde in Begleitung des Leiters des Institutes für Schienenfahrzeuge Genosse … besucht. Die Angehörigen der Delegation waren von der Plankommission aus Moskau und gehörten zu der Kommission, die im Rat der gegenseitigen Hilfe im Friedenslager die Abstimmung unter den einzelnen Ländern mit vorgenommen hat. Der Zweck des Besuches war sich an Ort und Stelle über die Kapazität zu überzeugen und zu überprüfen, welche Anstrengungen man den einzelnen Werken auf Grund der Kapazität zutrauen kann. Aus der Beratung ging eindeutig hervor, daß die SU sehr daran interessiert ist, in den nächsten Jahren viele Reisezugwagen zu bekommen. Es wird sich daher als notwendig erweisen, daß wir mitunter zu gleicher Zeit 2 Typen laufen haben. Im wesentlichen wurde festgestellt, daß man sich über unser Werk sehr zufrieden äußerte – über den Produktionsfluß, das Leistungsvermögen, die Arbeitsdisziplin, die Werkleitung – und über die Ziele, welche wir uns im technischen Fortschritt gestellt haben.«*[50]

II. Plan neue Technik
Hier gab es Probleme, weil es 2 Pläne gab, die sich überschnitten:

> *»1.) Der Plan der Neuen Technik …*
> *2.) Der Technisch-organisatorische Maßnahmeplan, welcher dem Planteil 22 des Betriebsplanes entspricht.«*[51]

50–51. LHASA, MER, VEB Waggonbau Ammendorf, Nr. 51795.

III. Auswertung Exportkonferenz
Entgegen der zuvor geplanten Tagesordnung wurde die Auswertung der Exportkonferenz als TOP III vorgezogen.

Lage auf dem Weltmarkt
Die Preise sanken auf das Niveau des billigsten Anbieters:

»*Kollege Weigel berichtete über den Verlauf der in unserem Hause durchgeführten vorbereitenden Exportkonferenz. Bei dieser Konferenz hielt Kollege … einen Vortrag über Schienenfahrzeuge – angefangen von der geschichtlichen Bedeutung. Er brachte auch Ausführungen darüber, wie in der nächsten Zeit auf dem Weltmarkt der Bedarf an Schienenfahrzeugen aussieht und was die Welt von den einzelnen Schienenfahrzeugen verlangt. Für uns war interessant, was den Weitstreckenwagen anbetraf und zwar einmal, daß dieser sich im Preis den im Werk ‚Kalinin' fabrizierten Wagen angleicht und erläuterte dabei, daß man dort schon zu Arbeitsprozessen gekommen ist, nach denen man auf dem Wege der Taktstraßen das Schweißen des Daches und der Seitenwände in einem Arbeitsgang vornimmt – also weitgehend automatisiert hat.*«[52]

Innen breiter als außen und wenn möglich, leichter als Luft (geflügeltes Wort) …
Neben geringerem Gewicht und höherer Geschwindigkeit war die automatische Kupplung der Technologie-Trend der Zeit:

»*Es wird weiter vom Weitstreckenwagen verlangt, daß dieser bei gleichzeitiger Gewichtsverminderung auch höchste Geschwindigkeiten erreicht und dabei vollkommene Sicherheit und beste Bequemlichkeiten hat. Des weiteren wird die schnellste Zusammenstellung der Wagen angestrebt, das Idealste wäre hier eine Kupplung, welche automatisch kuppelt, aber nicht nur den Wagen sondern zu gleicher Zeit alle Rohrleitungen – wie Dampf, Luft usw.*«[53]

52–53. LHASA, MER, VEB Waggonbau Ammendorf, Nr. 51795.

Sichere Bremsen und Klimaanlagen
Interessant ist der folgende Absatz des Berichts. Er schildert, was man in Westdeutschland an Neuem einsetzte. Im Ton schwingt Anerkennung mit. Offenbar war schon 1956 klar geworden, dass man trotz Propaganda über den Untergang der BRD die wirtschaftliche Systemüberlegenheit irgendwie anerkannte, wohl, weil zumindest das Tempo der Innovationen und des Strukturwandels im Westen enorm waren:

»*Ferner wird größter Wert auf die besondere Sicherheit im Bremssystem und die Verwendung von Preßstoffen gelegt, ebenso auf die Ausführung von Klimaanlagen, wobei Kollege … darauf hinwies, daß man gemäß einem Prospekt aus Westdeutschland dort eine Klimaanlage baut, die für jedes einzelne Abteil und für Omnibusse Verwendung finden kann.*«[54]

Verhandlungs-Ohnmacht beklagt
Gern hätte auch Ammendorf Außenhandel zum Wohle der DDR betrieben, aber man durfte nicht. Der Außenhandel war monopolisiert im Deutschen Innen- und Außenhandelsbetrieb der DDR (DIA):

»*Die hauptsächlichsten Fragen gingen dahinaus, daß es den einzelnen Betrieben nur insoweit gestattet ist, die Verhandlungen zu führen, als sie den gesamten Schriftwechsel behandeln sollen – jedoch mit dem DIA gemeinsam und daß die Abschlüsse nur über DIA getätigt werden können …*«[55]

Fehler beim Hinausschicken von guten Fachingenieuren

»*Es wurde auch das Hinausschicken von guten Fachingenieuren in das Ausland erläutert. In der Vergangenheit ist man in dieser Beziehung falsch vorgegangen.*«[56]

IV. Verfügungen und Mitteilungen

»*Eine entsprechende Vorlage über die Arbeitsordnung zur Festigung der sozialistischen Arbeitsdisziplin lag den Werkleitungsmitgliedern vor.*«[57]

54–57. LHASA, MER, VEB Waggonbau Ammendorf, Nr. 51795.

V. Auswertung Klubhaus verschoben
Oft waren die Werkleitungsmitglieder nicht ausreichend vorbereitet:

> »*Dieser Punkt wurde wegen ungenügender Vorbereitung abgesetzt.*«[58]

VI. Wettbewerb mit Görlitz
Man wundert sich, wie stark die Wettbewerbs-Idee doch in den Köpfen verankert war. Obwohl all jene Betriebe zu einer Hauptverwaltung gehörten und von dieser operativ gelenkt wurden, sollte es zwischen ihnen Wettbewerb geben:

> »*Kollege … berichtete über den vor gesehenen Ablauf des Wettbewerbes mit Waggonbau Görlitz und bat die Werkleitung hierbei um Unterstützung.*«[59]

Da diese künstlichen Wettbewerber jedoch nichts Existenzielles zu befürchten hatten oder zumindest einen gravierenden Abstieg wie zum Beispiel eine Fußballmannschaft in der Bundesliga, kann man diese künstlichen Wettbewerbe nur mit Freundschaftsspielen vergleichen.

VII. Finanzplan noch nicht fertig

> »*Kollege Schneider führte aus, daß nach den vorliegenden Angaben bis 25. 2. der Finanzplan aufgestellt sein muß und wies darauf hin, daß bis heute nochnicht der Arbeitskräfteplan und Materialplan abgeschlossen ist. Es muß nun eine endgültige Entscheidung in diesen Fragen herbeige führt werden.*«[60]

Heute würde man Schneider Controller nennen. Er stieg später zum Werkleiter auf.

Protokoll über die Werkleitungssitzung am 20. Februar 1956
I. Einführung Neue Technik
II. Produktionsberatungen PF 3
III. Klubhaus
IV. Tagung in Gotha

I. Neue Technik
Verschiedene Kollegen berichteten über die täglichen Plan-Beratungen mit den Kollegen und die Zusammenarbeit mit BfE. Es begann mit dem Bericht des Kollegen … aus dem Bereich PF 2:

> »*Er stellte dazu fest, daß das Aktiv gut gearbeitet hat. Zum Zwecke der Popularisierung wurde über den Plan jeden Morgen mit den Kollegen gesprochen. Es gingen insgesamt 79 Vorschläge ein. Die Zusammenarbeit mit dem BfE war bisher gut. Kollege Mertke führte dann einige Punkte an, die in der Diskussion mit den Kollegen aufgetreten sind, insbesondere wurde bemängelt, daß durch das Fehlen von trockenem Holz die Produktion gehemmt wird. Es ist unbedingt ein geschlossener Raum zur Aklimatisierung des Holzes einzurichten.*«[61]

In der Lehrwerkstatt soll ein Konstruktionsbüro eingerichtet werden
Auch in der DDR-Planwirtschaft gab es viele Diskussionen um die Investmittel und darum, woher man sie nehmen soll:

> »*In Abwesenheit des Kollegen … machte Kollege … Vorschläge, aus welchen Mitteln die Einrichtung eines Konstruktionsbüros in der ehemaligen Lehrwerkstatt finanziert werden kann. Es wurde hierüber diskutiert und folgende Festlegung getroffen: … daß die Einrichtung des Konstruktionsbüros in der ehemaligen Lehrwerkstatt … aus Mitteln*
> *a) Investkredit in Höhe bis zu 10 TDM und*
> *b) aus den Kosten zu finanzieren ist, wobei unter Punkt b) unter dem Gesichtspunkt der strengsten Sparsamkeit zu verfahren ist, falls sich nicht noch eine bessere Finanzierungsmöglichkeit ergeben sollte. Die Inanspruchnahme des D-Fonds wurde durch die bereits vorgenommene Verteilung nicht bejaht, so daß eine Finanzierungsquelle aus dem D-Fonds gegeben ist.*«[62]

Insofern kann man nicht behaupten, dass alles von oben kommandiert wurde. Die Werkleitungen versuchten auch selbst, Geld für Investitionen zu besorgen.

58–60. LHASA, MER, VEB Waggonbau Ammendorf, Nr. 51795.

61–62. LHASA, MER, VEB Waggonbau Ammendorf, Nr. 51795.

1956

II. Produktionsberatungen

Interessant ist die Vorgehensweise mit Probeberatungen unter Kontrolle:

»Kollege … berichtete, daß gemäß des Beschlusses der BGL über die Durchführung der Produktionsberatungen dabei verfahren worden ist. Derselbe wurde mit den Meistern, Sekretär der Grundorganisation und AGL-Vorsitzuenden genauestens durchgesprochen. Bevor zu den eigentlichen Beratungen übergegangen wurde, wurden erst in jeder Abteilung Probeberatungen durchgeführt.«[63]

Mängel werden durch Wirtschaftsfunktionäre ausgewertet

»Um die im Februar aufgetretenen Mängel auszuschalten, ist im Monat März vorgesehen, daß bei den Produktionsberatungen in den einzelnen Gruppen jeweils ein Wirtschaftsfunktionär aus dem Bereich teilnimmt.«[64]

III. Klubhaus

Es wurde ein neuer Klubhausverwalter eingesetzt:

»Gemeinsam mit der BPO wurde festgelegt, daß der Genosse … ab 1. 3. 56 als Klubhausverwalter eingesetzt wird.«[65]

Abwarten bei Schlägereien

»Vermeidung von Schlägereien usw. Hierbei wurde so verblieben, daß abgewartet werden soll, wie sich die Dinge entwickeln, wenn der Genosse … als Verwalter dort tätig ist.«[66]

Freimachung der Wohnung schwierig

»Hierzu ist eine Aussprache mit dem Leiter der Wohnraumlenkung getätigt worden. Dieser lehnt grundsätzlich eine Freimachung auf außerplanmäßige Wohnungen ab, diese kann lediglich über die Kontingente, die unserem Werk zur Verfügung stehen durchgeführt werden … Die Frage der Freimachung der Wohnung muß jetzt ernsthaft in Angriff genommen werden. Sollte über den Oberbürgermeister nichts erreicht werden, dann muß die Stadtleitung in Anspruch genommen werden.«[67]

Umbau des Klubhauses hat begonnen …

»Der Umbau des Klubhauses hat heute begonnen.«[68]

Intelligenzler in die Kommission …

»Weiterhin wurde in der Diskussion insbesondere über folgende Punkte gesprochen:
1) Erweiterung der Klubkommission durch einige Intelligenzler evtl. auch durch einige Meister. Kollege … wird mit in die Klubkommission als Klubhausverwalter aufgenommen.
2) Bildung eines Vortrags-Aktivs. Es wurde der Vorschlag gemacht, dieses aus der Kultur-Kommission herauszukristallisieren.«[69]

Magischer Zirkel beanstandet …

»Es wurde beanstandet, daß bei uns ein magischer Zirkel besteht. Der BGL wurde der Hinweis gegeben, sich um diesen Zirkel zu kümmern.«[70]

IV. Tagung in Gotha

In Gotha ging es um die Erfahrung einer Brigade der Hauptverwaltung HV in Gotha, die versuchte, durch neue Technik die Arbeitsproduktivität um 25% zu steigern:

»Im August des vergangenen Jahres wurde von seiten der HV eine Brigade eingesetzt zur Überprüfung der Arbeiten in Gotha bei der Erarbeitung des Normenplanes. Die erste Arbeit, die in Gotha durchgeführt wurde, hatte grundsätzliche Fehler und wurde von der HV nicht akzeptiert. Man hatte sich lediglich mit den Technologen und Normenarbeitern zusammengesetzt – ohne mit den Kollegen zu diskutieren – und auf Grund deren Erfahrungen versucht diesen Plan zu erarbeiten. Aus diesem Grunde wurde dieser Plan zurückgestellt. 25% Steigerung der Arbeitsproduktivität ist das Ziel von Gotha für 1956.«[71]

63–66. LHASA, MER, VEB Waggonbau Ammendorf, Nr. 51795.

67–71. LHASA, MER, VEB Waggonbau Ammendorf, Nr. 51795.

Grobplan und Feinplan

Der Plan sollte drei Kategorien umfassen:

a) den Plan der technisch-organisatorischen Maßnahmen;
b) den Plan der Neuen Technik;
c) den Plan der technischen Arbeitsnormen.

Diese Pläne sollten in zwei Planteilen erarbeitet werden:

»1. einen Grobplan, der schlechthin Übersicht gibt über das, was wir uns praktisch im Maßnahmeplan zur Einführung der Neuen Technik wertmäßig zum Ziel gesetzt haben. Dieser Plan ist dann auch aufgeschlüsselt auf die einzelnen Bereiche. Aus diesem Grobplan heraus ergibt sich der Feinplan.
2. der Feinplan, der sich in seinen einzelnen Teilen auf ein bestimmtes Produkt bezieht.«[72]

Erfahrungsaustausch nicht nur mit Gotha

»Es wurde festgelegt, daß unmittelbar nach der Messe von seiten der HV auf der Grundlage der Erfahrungen in Gotha in den Betrieben Ammendorf, Niesky und Bautzen ebenfalls ein Erfahrungsaustausch durchgeführt wird.«[73]

Zweiter Beratungstag in Gotha

»Am 2. Beratungstag wurden verschiedene Punkte besprochen wie: Arbeitsordnung, BKV, Wettbewerb 1956, Einzelverträge, Altersversorgung, Gehaltsfragen, Erwachsenenqualifizierung.«[74]

Werbewoche – Industriearbeiter aufs Land

»Es wurde bekanntgegeben, daß eine Werbewoche für ‚Industriearbeiter aufs Land' in der Zeit vom 20. 2. – 17. 3. 56 durchzuführen ist.«[75]

Protokoll über die Werkleitungsbesprechung am 27. Februar 1956
I. Abschluß BKV
II. Stand Neue Technik
III. Auslastung in 3 Schichten
IV. Wettbewerb bester Bereichsleiter
V. Kaderreserve
VI. Direktorenfonds
VII. Finanzplan
VIII. Vortrags-Aktiv

I. Abschluss BKV

Hier gab es nur einen kurzen Bericht. Die Fertigungsleiter sollen unbedingt als Delegierte mit gewählt werden, hieß es unter anderem darin.

II. Neue Technik

Hier gab es 61 Verbesserungsvorschläge, von denen 15% die Bereichsleiter selbst umsetzen konnten. Außerdem ging es um die Auslastung der Maschinen:

»Kollege … führte aus, daß die aus gearbeitete Analyse … gut ist und ein anschauliches Bild gibt darüber, welche Maschinen noch unterbelastet sind. Daraus müssen die richtigen Schlüsse gezogen werden.«[76]

III. Auslastung in 3 Schichten

Hier gab es offenbar Widerstand. Deshalb argumentierte Werkdirektor WEIGEL noch einmal pro 3 Schichten:

»Kollege Weigel brachte Ausführungen über die unbedingte Notwendigkeit der Einhaltung der 3 Schichten. Die 3 Gründe sind folgende:
1.) Unser Stromkontingent ist abhängig von der von uns in der Nacht verbrauchten Menge, d. h. wir haben nur das Recht, in den beiden anderen Schichten etwas weniger abzunehmen als in der Nachtschicht. Nachdem in der Vergangenheit hier schwer gesündigt wurde und uns unser Kontingent laufend gekürzt wurde, kann dieses nicht mehr hingenommen werden, weil der weitere Fortbestand des Betriebes gefährdet ist. Wir müssen also mindestens mehr als ein Drittel unseres Stromes in der Nacht abnehmen.«[77]

Dies war starker Tobak. Aber WEIGEL hatte recht. Der Betrieb sollte sich entweder zu einer kontinuierlichen Taktstraßen-Produktion entwickeln oder er drohte wegen Ineffizienz zu scheitern.

72–75. LHASA, MER, VEB Waggonbau Ammendorf, Nr. 51795.

76–77. LHASA, MER, VEB Waggonbau Ammendorf, Nr. 51795.

Die Gründe 2 und 3 für die 3 Schichten

WEIGEL setzte die Argumentation fort:

»2. Die von uns verlangte Entwicklung im 2. Fünfjahrplan läßt es nicht mehr anders zu, als zu einem einwandfreien Taktverfahren zu kommen, d. h. also, einen kontinuierlichen Ausstoß unserer Erzeugnisse zu erzielen. Das ist nur möglich, wenn 3 Schichten konsequent gearbeitet wird.

3. Unsere Fabrikeinrichtungen, d. h. also Arbeitsplätze müssen amortisiert werden und tragen damit wesentlich bei in der Frage der Selbstkosten. Da wir aber, um konkurrenzfähig auf dem Weltmarkt sein zu können, unsere Selbstkosten um mindestens 50% senken müssen, können wir nicht weiter dulden, daß unsere Arbeitsplätze nur 8 Stunden, d. h. in einer Normalschicht amortisiert werden, sondern es ist unbedingt notwendig, daß wir unsere Arbeitsplätze 24 Stunden ausnützen und damit die Selbstkosten von seiten der Amortisation pro Erzeugnis um rund ein Drittel gesenkt werden. Das ist eine große Summe, die allein durch diese Maßnahme eingespart werden kann.«[78]

Ausnahmen: Spitzensportler und andere

Um die Einführung der 3 Schichten gab es eine Diskussion:

»Aus der Diskussion ging hervor, daß in den einzelnen Bereichen im allgemeinen nach dem 3-Schichtensystem gearbeitet wird. Um noch bestehende Unzulänglichkeiten auszuschalten und um eine klare Linie zu bekommen, werden folgende Maßnahmen eingeleitet:

M1 Es ist genau festzulegen, welche Kollegen an den Schichten nicht teilnehmen können (Spitzensportler, Kulturensemble, Sekretäre der Grundorganisationen, Kranke …

M2 Der Produktionsleiter hat gemeinsam mit den Bereichsleitern festzulegen, welche Abteilungen gänzlich in 3 Schichten arbeiten müssen. Ein kontinuierlicher Arbeitsablauf muß dabei gewährleistet sein.

M3 Einleitung von Maßnahmen zur Betreuung der Kollegen in der Nachtschicht.«[77]

IV. Wettbewerb bester Bereichsleiter

Die künstlichen Wettbewerbe stießen nicht immer auf Begeisterung:

»Die vom Kollegen … vorgelegten Bedingungen wurden nciht anerkannt, da diese zu umfangreich und nicht in Zusammenarbeit mit den Bereichsleitern erarbeitet worden sind … Die Bedingungen sollen lediglich auf die wichtigsten Punkte beschränken, wie: Produktionserfüllung; Selbstkostensenkung; Qualität; Unfall – Sicherheit und aus den Fertigungsbereichen heraus entwickelt werden.«[79]

V. Kaderreserve

Hier war dem Werkleiter die Runde wohl zu groß (17 Teilnehmer):

»Dieser Punkt wird abgesetzt, da die Vorschläge erst im engeren Kreis durchgesprochen werden müssen.«[80]

VI. Direktorenfonds

Dies ist ein für die DDR-Wirtschaftsgeschichte interessanter Passus:

»Kollege … erläuterte im einzelnen die gesetzliche Grundlage über die Verwendung sowie Bildung des Direktorenfonds und wies ausdrücklich darauf hin, daß die Aufteilung 60:40 zu erfolgen hat – unter der Voraussetzung der vollen Planerfüllung. Bei Nichterfüllung stehen dem Betrieb lediglich 1,5% von der geplanten Lohnsumme zur Verfügung, die ausschließlich für die im BKV festgelegten Maßnahmen Verwendung finden dürfen. Die seitens der Werkleitung und BGL vorgenommene Aufteilung des 40%igen Anteils liegt mit seinen rund TDM 615 über dem 40%igen Anteil. Hierauf wies Kollege … besonders hin, da nach … Auskunftserteilung des Ministeriums unbedingt die Einhaltung des Verhältnisses 60:40 garantiert bleiben muß.«[81]

78. LHASA, MER, VEB Waggonbau Ammendorf, Nr. 51795.

79–81. LHASA, MER, VEB Waggonbau Ammendorf, Nr. 51795.

1956

VII. Finanzplan

Schneider bemängelte den fehlerhaften Finanzplan:

»Kollege Schneider berichtete über die bestehenden Differenzen im Finanzplan. Bei der Betrachtung dieser Lage ist festzustellen, daß wir die beauflagten Senkungen nicht erreichen werden. Es wurde festgelegt, daß bei Nichtgenehmigung des von uns erarbeiteten Finanzplanes Maßnahmen eingeleitet werden müssen, um den Verwaltungsapparat zu vereinfachen.«[82]

VIII. Vortrags-Aktiv: nichts Positives

»Zu diesem Punkt konnte vom Kollegen … noch nichts Positives gesagt werden.«[83]

Protokoll über die Werkleitungssitzung am 5. März 1956
I. Einführung 3-Schichten-System
II. Klubhaus
III. MVN-Arbeit
IV. Planerfüllung Februar 1956
V. Arbeitskräfteplan

I. Einführung 3-Schichten-System

Die im letzten Protokoll angewiesenen Maßnahmen wurden verwirklicht:

»Analyse über die Kollegen, welche von dem 3-Schichten-System befreit werden. Insgesamt kommen hierfür 120 Kollegen in Frage, die von der Abteilung A namentlich erfaßt sind …
Untersuchung der sozialen Verhältnisse für die Kollegen in der Nachtschicht. Nach Verhandlungen mit der hallischen Straßenbahnverwaltung ist in Zukunft der Abtransport auch sonntags gewährleistet. Ferner wird Gesundheitsdienst-Bereitschaft eingerichtet und ständig für Vorhandensein von Kaffee bzw. Tee Sorge getragen.«[84]

Weigel betonte noch einmal:

»…daß unbedingt darauf zu achten ist, daß in der Nacht der Mindeststrom abgenommen werden muß, da das Kontingent sonst wieder gekürzt wird.«[85]

82–85. LHASA, MER, VEB Waggonbau Ammendorf, Nr. 51795.

II. Klubhaus

Kollege … war nun Klubhausleiter, aber mit der Freimachung der Wohnung gab es Probleme:

»Freimachung der Wohnungen – Dieserhalb wurde außer einigen Besprechungen mit Ratsmitgliedern eine Vorlage an den Rat der Stadt gemacht. Ferner ist vorgesehen, im Laufe dieser Woche mit dem Oberbürgermeister in Verbindung zu treten.«[86]

Dagegen vollzog sich der Umbau nach Plan:

»Der Umbau des Klubhauses ist am 8. März – anläßlich des Frauentages – beendet … Es ist zu überprüfen, ob die Möglichkeit besteht, den Klubhaussaal zu renovieren, wobei der Kunstmaler Marholz bei der Ausgestaltung mit herangezogen werden soll.«[87]

III. MVN-Arbeit
(Material-Verbrauchs-Normen)

Hier ging es seitenweise um die Verbesserung der Verbrauchs-Normen. Stück- und Stofflisten sollten erstellt werden und waren zum Teil nicht erstellt worden:

»c) Überarbeitung der Stückliste für Omnibus-Land bis 15. 1. 56. Dieser Punkt ist erfüllt … Überarbeitung der Stückliste für Omnibus-Stadt … ist nicht erfüllt.«[88]

IV. Planerfüllung Februar 1956
Der Chef ist »not amused«

»Aus den Ausführungen des Kollegen … ging hervor, daß der Brutto-Produktionsplan im Monat Februar mit 65,7% erfüllt worden ist und der Plan zum Quartal mit 48,2%. Der Plan der Massenbedarfsgüter wurde im Februar nicht erfüllt.
Die Exportverträge wurden eingehalten.
Lt. Plan wurden folgende Erzeugnisse nicht fertiggestellt:
5 Weitstreckenwagen
61 Werkstattaufbauten
5 Doppelstocksattelschlepper
sowie Massenbedarfsartikel …
Kollege Weigel sagte, daß man mit diesem Ergebnis nicht zufrieden sein kann.«[89]

86–89. LHASA, MER, VEB Waggonbau Ammendorf, Nr. 51795.

V. Arbeitskräfteplan
Erhöhung der Lohnsumme abgelehnt ...
Kollege ... berichtete über das Ergebnis der Verhandlungen bei der HV bezüglich es Arbeitskräfteplanes:

»*Es wurde in Berlin festgestellt, daß eine Erhöhung der Lohnsumme für Lohnfonds A Produktionsarbeiter nicht in Frage kommt.*«[90]

Weil die Lohnsumme nicht erhöht werden konnte, wurde pro Bereich eine notwendige Einsparungssumme festgelegt.

Protokoll über die Werkleitungssitzung vom 13. März 1956
I. Krankenstand
II. Vortrags-Aktiv
III. S-Bahnzug
IV. Produktionsaufgaben
V. Produktionsberatungen

I. Krankenstand
Hier gab Chefarzt Dr. Polz eine Analyse:

»*Mit Stichtag vom 7. 3. 56 wurden 430 Krankgeschriebene festgestellt, davon 335 Männer und 85 Frauen, das sind 9,24%. Im Vergleich dazu hatten wir im Jahre 1955 einen Krankenstand von 8,24% zu verzeichnen. Die Erklärung hierfür ist darin zu suchen, daß sich doch noch die Auswirkungen der Kälteperiode bemerkbar machen. Es ist jedoch zu erwarten, daß der Krankenstand am heutigen Tage auf ca. 9% herunter gegangen ist.*«[91]

Dr. Polz war der hohe Krankenstand wohl peinlich, denn es folgte eine Rechtfertigung:

»*Er wies ferner darauf hin, daß die Senkung des Krankenstandes nicht allein Aufgabe der Poliklinik ist, sondern hier muß jeder Bereichsleiter mitarbeiten, denn dies ist auch eine moralische Frage.*«[92]

Unfälle
Kollege ... sprach über das Unfallgeschehen:

»*Kollege ... brachte einen Bericht über das Unfallgeschehen in unserem Betrieb. Er gab dabei einen Überblick über die Unfallquotte der Jahre 1949 bis jetzt. 1949 bis 1951 war eine Senkung zu verzeichnen, während 1952 bis 1954 eine Steigerung festzustellen ist. Betrachtet man das Jahr 1955, stellt man eine Senkung fest. Die Gegenüberstellung der ersten Monate von 1956 zu 1955 zeigt folgendes Bild:*
Januar 1955: 1,6% Januar: 1956: 0,95%
Februar 1955: 1,12% Februar 1956: 0,9%.
Diese Senkung ergibt eine Senkung der Ausfallstunden von ca. 1.221 Stunden.«[93]

Es gab auch eine Strafe von der Arbeitsinspektion Halle wegen Unfallgefahr:

»*Kollege ... sprach über das Unfallgeschehen in der mechanischen Abteilung. In diesem Zusammenhang kam er auf die ... verhängte Bestrafung durch die Arbeitsschutzinspektion Halle zu sprechen, welche er auf Grund dessen, daß er es nicht verstanden hat, die Halle profilfrei zu halten, bekommen hat.*
Er erklärt, daß die Betstrafung zu recht erfolgt ist. Es sind jetzt Maßnahmen eingeleitet – Übereinstimmung der Arbeitsschutzinspektion – die gewährleisten, daß so viel Platz freigehalten wird, um mit einer Trage vorbeigehen zu können.«[94]

Diskussion
Krankenstand und Unfälle viel zu hoch!
Zu Krankenstand und Unfällen gab es eine lebhafte Diskussion:

»*Kollege Weigel sagte, daß trotz der Witterungsunbilden der Krankenstand zu hoch ist. Die Witterungsunbilden sind nicht das alleinige, was diesen hohen Krankenstand hervorruft, sondern auch viel Nachlässigkeit der Kollegen selbst und auch der entsprechenden Wirtschaftsfunktionäre. Es ist festgestellt worden, daß gerade während der Kälteperiode wenig Wert darauf gelegt wurde, schnell die Tore zu schließen. Die Streupflicht ist von uns auch nicht immer eingehalten worden. Zu dem Unfallgeschehen sagte Kollege Weigel, daß 99% aller Unfälle vermeidbar wären ... vor allem dürfen wir nicht betriebsblind sein.*«[95]

90–92. LHASA, MER, VEB Waggonbau Ammendorf, Nr. 51795.

93–95. LHASA, MER, VEB Waggonbau Ammendorf, Nr. 51795.

»Kassemachen« ausschalten!

DR. POLZ argumentierte zum Krankenstand:

»Dr. Polz erklärte, welche Möglichkeiten wir haben, um wirklich real den Krankenstand zu senken:
a) durch die Senkung der Unfallziffer
b) durch die physische Beeinflussung, d. h., daß wir den Begriff ‚Kassemachen' ausschalten;
c) durch die Verbesserung der Auswertung des Krankenstandes, d. h. daß die Verantwortlichen von den Abteilungen, die einen erheblichen Krankenstand aufweisen, zu diesen Besprechungen mit hinzugezogen werden;
d) Durchführung der vorbeugenden Untersuchungen.«[96]

Krankenstand täglich in Kurvenform

WEIGEL legte fest:

»Abteilung A wird beauftragt, ab sofort täglich 9 Uhr dem Werkleiter die Meldung über den Beschäftigtenstand abzugeben, dabei ist der Abschluß des Vortages mit zu berücksichtigen. Gleichzeitig ist diese Meldung täglich in Kurvenform auszutragen.«[97]

II. Vortrags-Aktiv
Bildung, Bildung, Bildung!

»Kollege … berichtete, daß ein Vortragsaktiv gebildet worden ist und zwar werden als Vortragende bei polytechnischen Themen folgende Kollegen genannt: …, …, …, … und …. Die erste Arbeitsbesprechung findet morgen statt. Es ist vorgesehen, in kleinen Kreisen bestimmte Vorträge zu halten. Ein Rahmenplan hierzu wird erarbeitet.«[98]

WEIGEL legte dazu fest:

»Alle Bereichs- und Abteilungsleiter werden beauftragt, mit allem Nachdruck ihre Mitarbeiter darauf hinzuweisen, daß sie verpflichtet sind, sich auf ihrem Arbeitsgebiet weiterzuqualifizieren und besonders sollen die Brigadiere angewiesen werden, gemäß ihrer eingegangenen Verpflichtungen im Brigadevertrag an den Brigadeschulungen teilzunehmen.
Die Kontrolle dieses Beschlusses wird der Kaderabteilung übertragen. Jeden 2. Monat ist in der Werkleitungssitzung Bericht hierüber zu erstatten.«[99]

III. Produktionsberatungen – zu wenig Arbeitsordnungen …

Die Protokollierung der Produktionsberatungen nahm ihren Lauf:

»Die Bereichsleiter berichteten, daß in ihren Bereichen die Produktionsberatungen durchgeführt und Protokolle darüber angefertigt worden sind. Es wurde besonders bemängelt, daß zu wenig Exemplare über die Arbeitsordnung in die Bereiche gegeben worden sind und aus diesem Grunde dieselbe nicht ausgiebig durchgesprochen werden konnte.«[100]

WEIGEL verspricht Abhilfe:

»Abteilung Arbeit wird beauftragt, noch Arbeitsordnungen vervielfältigen zu lassen, zumindest so viel, daß in jeder ‚Roten Ecke' 4-5 Stück zur Auslage kommen und daß jeder Meister im Besitz eines Abzuges ist. Außerdem wird die Abteilung Arbeit angewiesen, dafür Sorge zu tragen, daß jedem Belegschaftsmitglied die Krankenordnung zugeleitet wird.«[101]

IV. S-Bahnzug

Der Übergang von der Produktion von Weitstreckenpersonenwagen zur S-Bahn-Produktion bereitete Sorgen. Das Material musste rechtzeitig und vollständig vorhanden sein und der Übergang gelingen:

»Es wurde darüber beraten, ob die Möglichkeit besteht, den von uns geforderten S-Bahnvollzug im IV. Quartal zu fertigen. Folgende Maßnahmen wurden eingeleitet: M 10 Die Materialversorgung wird überprüfen, ob das erforderliche Material zur gegebenen Zeit bereitgestellt werden kann … M 11 Ausarbeitung eines Operativplanes, aus welchem ersichtlich ist, wann die Produktion der Weitstreckenpersonenwagen beendet ist, um mit dem Bau der S-Bahnwagen zu beginnen.«[102]

96–98. LHASA, MER, VEB Waggonbau Ammendorf, Nr. 51795.

99–102. LHASA, MER, VEB Waggonbau Ammendorf, Nr. 51795.

1956

V. Produktionsfragen
Überholen ohne Überstunden
Da es immer noch Planrückstände gab, Überstunden jedoch nicht genehmigt wurden, musste man sich etwas einfallen lassen:

»Kollege … gab einen Überblick über den Stand der Produktion und wies auf die Schwerpunkte hin. Daraus ging hervor, daß wir einen Planrückstand zu verzeichnen haben. Für die Aufholung des Rückstandes ist ein Plan erarbeitet worden. Der Vorschlag, 1.700 Überstunden zu beantragen, wurde nicht akzeptiert.
Es wurde folgende Festlegung getroffen: M 12 P wird mit KA Verbindung wegen Vertragsänderung aufnehmen. Ferner werden die Fertigungsleiter mit den Kollegen sprechen, wie jetzt in voller Ausnützung des Arbeitstages der Rückstand aufgeholt werden kann.«[103]

Protokoll über die Werkleitungssitzung am 19. März 1956
I. Arbeitskräfteplan
II. Neue Bedingungen für die Wagen
III. Quartalsplan

I. Arbeitskräfteplan
Betriebsvergleich mit Görlitz nötig
Insgesamt gab es in Ammendorf 4.921 Mitarbeiter. Der Plan sah 4.933 Mitarbeiter vor. Gleichzeitig gab es jedoch in der Verwaltung mit 392 Personen 21 Mitarbeiter zu viel gegenüber dem Plan von 371 Verwaltungsmitarbeitern. WEIGEL legte eine Vergleichsuntersuchung fest:

»Der stellvertretende Arbeitsdirektor Kollege … und der Planungsleiter Kollege … werden beauftragt, morgen nach Görlitz zu fahren, um mit diesem Werk einen Betriebsvergleich durchzuführen. Der Grund des Besuches soll sein, Vergleichsmöglichkeiten bezüglich des Stellenplanes beider Werke zu erhalten, damit das Werk Ammendorf die notwendigen Schlüsse für die eigene Gestaltung des Stellenplanes zieht. Auf der Grundlage des Vergleiches findet sich Mittwoch, 6 Uhr das gleiche Kollektiv wie von heute zu einer Besprechung zusammen und wird die Ergebnisse beraten und für unseren Betrieb auswerten. In der Zwischenzeit werden wir unseren Stellenplan nach den größten Härten überprüfen.«[104]

An dem vorangegangenen Zitat wird der Freundschaftsspiel-Charakter der Wettbewerbe in der DDR deutlich. Alle Zahlen wurden ausgetauscht. Es war sogar das Ziel, ähnlich wie Görlitz zu sein. Es gab keinen Anreiz, allein das Beste anzustreben und Innovationen auf den Markt zu werfen und damit vielleicht anderen Betrieben die Butter vom Brot zu nehmen.

II. Neue Bedingungen für die Wagen
Die sowjetischen Kunden wollten natürlich auch nicht ewig die gleichen Wagen fahren. Deshalb gab es russische Wünsche, die in Zeichnungen neuer Wagen Eingang fanden. Die Sowjets sollten diese bestätigen, taten dies jedoch zu spät:

»Laut Staatsplan haben wir 1956 250 Stück Weitstreckenpersonenwagen … in alter Bauausführung zu fertigen, während ab 251. Wagen eine geänderte Ausführung geplant ist. Dieser Planung zufolge mußten die nach Moskau eingereichten Änderungszeichnungen bis 31. Januar 1956 genehmigt sein. Da dieselben aber erst am 15. 3. 1956 eingegangen sind, und der Fertigungsanschluß somit nicht mehr erreicht werden kann, macht es sich notwendig, weitere Wagen in alter Ausführung zu bauen. Nach dem von PP ausgearbeiteten Plan müßten wir als Minimum noch 60 Stück Weitstreckenwagen in alter Ausführung bauen, um die Fertigung nicht zum Erliegen zu bringen.«[105]

Botschaft soll im Streitfall helfen …

»Die Frage des Drehgestelles muß einer besonderen Behandlung mit dem Vertreter von Maschinoimport unterzogen werden. … Sollte mit diesem keine Klarheit erzielt werden, muß über die … sowj. Botschaft Klarstellung herbeigeführt werden.«[106]

103. LHASA, MER, VEB Waggonbau Ammendorf, Nr. 51795.

104–106. LHASA, MER, VEB Waggonbau Ammendorf, Nr. 51795.

1956

III. Quartalsplan 1/1956
Der Quartalsplan 1/1956 konnte wohl nicht erfüllt werden wie erhofft:

> »*Kollege … berichtete, daß nach dem jetzigen Stand der Plan des I. Quartales 1956 nicht erfüllt wird. Er gab einen Überblick über den derzeitigen Stand der Produktion und ging dabei besonders auf die Schwerpunkte ein.*«[107]

Protokoll über die Werkleitungssitzung am 26. März 1956 Teil 1
Der einzige Tagesordnungspunkt dieser kurzen Sitzung war die Auswertung des Wettbewerbs mit Görlitz. Der Wettbewerb war von der Hauptverwaltung nach dem Modell des Wettbewerbs der Kurbelwellendreher-Brigaden von Magdeburg und Wildau angewiesen worden.

Bereits 6 Brigaden integriert
Die Teilnahme an diesem Wettbewerb Görlitz-Ammendorf bedeutete, dass man Verpflichtungen übernahm. 6 Brigaden hatten bereits zugesagt:

> »*Folgende Brigaden nehmen bereits an diesem Wettbewerb teil und haben dazu Verpflichtungen abgegeben:*
> *Brigade … – Türenfertigung;*
> *Brigade … – Isolierung;*
> *Brigade … – Isolierung;*
> *Brigade … – Drehgestellbau;*
> *Brigade … – Lackschleifer;*
> *Brigade … – Spachtelschleifer.*«[108]

Gemeinkosten aufschlüsseln!
Der Wettbewerb war sehr detailliert und galt vor allem den Arbeitsprozessen. Man wusste um die Tragik der Allmende (Volkseigentum gehört niemandem), da man die Gemeinkostenaufschlüsselung forderte:

> »*Um die Verpflichtungen dieser Brigaden zu realisieren, ist es jetzt notwendig, die Gemeinkosten der Brigaden aufzuschlüsseln. Da in Görlitz alle diese Voraussetzungen geschaffen wurden, liegen uns die Verträge der Brigaden dieses Betriebes bereits vor.*«[109]

107–109. LHASA, MER, VEB Waggonbau Ammendorf, Nr. 51795.

Technologischen Vorsprung wahren …
Paradox mutet die Forderung an, den technologischen Vorsprung zu wahren. Entweder sollen alle Betriebe von den besten Werken lernen oder man organisierte einen realen Wettbewerb mit Betriebsgeheimnissen:

> »*Es sind Maßnahmen festzulegen, um den technologischen Ablauf bei diesen Brigaden weiterzuentwickeln, um den bereits vorhandenen Vorsprung gegenüber den Görlitzer Brigaden zu wahren.*«[110]

Görlitz kopieren, wo sie vorn sind, aber selber nix preisgeben …
Beim dritten Punkt ging es darum, den Görlitzern ihren technologischen Vorsprung abzuluchsen. Aber warum sollten die Görlitzer dies so einfach preis geben, wo doch Ammendorf mauern wollte?

> »*Der Wettbewerb, der beiden Werken großen wirtschaftlichen Nutzen bringen wird, muß ständig erweitert werden. Es ist daher notwendig, daß die Technologie aus den technologischen Unterlagen beider Werke ständig Vergleiche zieht und feststellt, in welchen Beziehungen uns das Werk Görlitz überlegen ist, um auf diese Weise weitere Brigaden unseres Werkes in den Wettbewerb hineinzuziehen.*«[111]

Protokoll über die Werkleitungssitzung am 26. März 1956 Teil 2
I. Planerfüllung
II. Wettbewerb »Junger Neuerer«
III. Wettbewerb mit Görlitz
IV. Arbeitsnormung
V. Kontrollausschusssitzung
VI. Planerfüllung

I. Planerfüllung
Hauptmechaniker will in Ruhe arbeiten!
Es ging um die II. Ökonomische Konferenz. Hauptproblem seien die zu geringe Aufschlüsselung der Pläne und Nebenarbeiten:

> »*Genosse … bemängelte in seinem Diskussionsbeitrag, daß der Hauptmechaniker mit zu viel Nebenarbeit von seiten der Werkleitung belastet wird.*«[112]

110–112. LHASA, MER, VEB Waggonbau Ammendorf, Nr. 51795.

Produktionsarbeiter sprachen kaum …

»Aus den weiteren Diskussionen ging her vor, daß zu wenig Produktionsarbeiter gesprochen haben und ein weiterer Mangel war, daß von den leitenden Genossen, die gesprochen haben, zu wenig grundsätzliche Ausführungen gemacht worden sind, ferner sind auch verschiedene Widersprüche und Wiederholungen festgestellt worden.«[113]

Werkleitung soll wieder Kollektiv werden

Sehr interessant ist der folgende Auszug aus dem Protokoll:

»Der Plan der Neuen Technik muß also jetzt durchgesetzt werden, die 1. Voraussetzung dazu ist, daß die Werkleitung wieder ein Kollektiv wird und die 2. Voraussetzung wird darin gesehen, daß die gesellschaftlichen Organisationen aktiv in Bezug auf die Mithilfe bei der Realisierung des Planes mithelfen … Sehr entscheidend ist, daß die Kritik differenziert geführt wird. Es wäre erforderlich, daß in Bezug auf die Kollektivität, wobei auch die kollektive Arbeit mit der Partei und Gewerkschaft, in dieser Hinsicht die Führung übernimmt und eine Atmosphäre der kameradschaftlichen Zusammenarbeit schafft.«[114]

Offenbar hatte sich das Klima seit der Einsetzung der neuen Werkleitung verschlechtert. Man kritisierte sich gegenseitig:

»Kollege … sagte: Wir haben einen wesentlichen Punkt vergessen und das ist die Arbeit mit dem Menschen in unserem Betrieb. Wir brauchen uns nicht einzubilden, daß der Plan der Neuen Technik jemals zur Wirklichkeit wird, wenn sich hierin nichts entscheidend verändert.
Es wird gesagt, die BGL kritisiert nur, aber man muß endlich unsere Hinweise und Vorschläge beachten.«[115]

II. Wettbewerb »Junger Neuerer«

Dieser Wettbewerb sollte mit mit dem polnischen Werk Pafawag in Wroclaw in Polen geführt werden. Dazu war eine Vorlage erarbeitet worden, die jedoch von der Werkleitung kritisiert wurde:

»Zu der von A vorgelegten Vorlage wurde festgestellt, daß diese nur bedingt zu verwerten ist; sie gibt in organisatorischer Hinsicht einen Überblick, aber praktisch muß dieser Vorlage durch das Wichtigste ergänzt werden.«[116]

Wieder eine neue Kommission …

»M 2 Die BGL hat sich bereit erklärt, eine Kommission zu bilden, welche für die Durchführung des Wettbewerbs einen Leitfaden ausarbeitet. Für diese Kommission werden von seiten der Werkleitung die Kollegen … und … benannt.
Die BPO hat sich bereit erklärt, einen Genossen in diese Kommission zu delegieren.«[117]

III. Wettbewerb mit Görlitz

Erneut wurde der Wettbewerb mit Görlitz behandelt. Auch hier gab es bei den Vorlagen Mängel:

»Die von Abteilung A erarbeitete Vorlage lag allen Werkleitungsmitgliedern vor.
Es wurde hierzu festgestellt, daß noch größere Mängel darin enthalten sind. Nach Diskussion wurde folgende Festlegung getroffen: M 3 Im Prinzip werden die Verträge anerkannt mit der Maßgabe, daß differenziert wird. Die Differenzierung übernimmt die Abteilung Arbeit in Verbindung mit den Brigaden. M 4 Die Technologie wird beauftragt, in Zusammenarbeit mit Görlitz Untersuchungen anzustellen, bei welchen Positionen wir teurer sind als Görlitz, damit wir diese Brigaden, die an der Erzeugung dieser Produkte beteiligt sind, ebenfalls in diesen Wettbewerb einbeziehen.«[118]

IV. Arbeitsnormung

An diesem Punkt erkennt man den hohen Zentralismus in der DDR-Wirtschaft:

»Kollege … führte aus, daß der Plan der Arbeitsnormung auf den Anregungen des ZK (SED, d. A.) basiert.«[119]

113–115. LHASA, MER, VEB Waggonbau Ammendorf, Nr. 51795.

116–119. LHASA, MER, VEB Waggonbau Ammendorf, Nr. 51795.

V. Kontrollausschusssitzung
Hier gab es nur zwei lapidare Sätze:

> »*Kollege … berichtete über die getroffenen Vorbereitungen. Es wurde festgelegt, daß als Direktionsvertreter die Kollegen …, … und … teilnehmen.*«[120]

VI. Planerfüllung
Hier gilt: geänderte Pläne sind leichter zu erfüllen als ursprüngliche:

> »*Laut Kollege … ist die prozentuale Planerfüllung wie folgt:*
> *ohne Bestandsveränderung = 93%*
> *mit Bestandsänderung = 97,5%*«[121]

VII. Lohnfonds
Lohnerhöhungen nur für Musterschüler
Um die häufige Überschreitung der Lohnsummen zu stoppen, sollten Lohnerhöhungen nur für die Bereiche gelten, die früher die Lohnsumme nicht überschritten hatten:

> »*Kollege … berichtete, daß die vorgegebene Lohnsumme nicht in allen Bereichen eingehalten worden ist und zwar von Abteilung A und als Schwerpunkt P. Folgende Maßnahmen werden eingeleitet: M 7 Den Bereichen, welche die vorgeschriebene Lohnsumme erreicht haben, wird gestattet, ab 1. 4. 56 Lohnerhöhungen vorzunehmen. Bei den übrigen Bereichen bleiben die Lohnerhöhungen noch gesperrt. Diese werden beauftragt, ihre Stellenpläne nochmals zu überprüfen bzw. mit anderen Werken Vergleiche durchzuführen. In circa 1 Monat werden diese Ergebnisse nochmals im Werkleitungskollektiv beraten.*«[122]

Protokoll über die Werkleitungssitzung am 9. April 1956
I. Beschlusskontrolle
II. Analyse des Standes der Planaufschlüsselung
III. Normen-Plan
IV. Wettbewerb mit Volkspolen
V. Bericht über die Verbesserung der Arbeit innerhalb der Arbeitsdirektion

I. Beschlusskontrolle
Hier wird deutlich, dass bei der Fülle der Maßnahmen und Beschlüsse sowie der Komplexität und Verzahnung der verschiedenen Beschlüsse und Maßnahmen eine effektive Kontrolle schwer möglich war:

> »*Dieser Punkt wurde abgesetzt und folgende Festlegung getroffen: Kollege … wird beauftragt, die Verantwortlichen der zu kontrollierenden Beschlüsse anzuschreiben und von diesen einen Bericht über den Stand der Realisierung dieser Beschlüsse anzufordern.*«[123]

Es wäre besser gewesen – dies wurde auch später angegangen – die Strukturen zu vereinfachen und mehr operative Freiheit bei gleichzeitiger Verbindlichkeit zu erreichen.

II. Analyse des Standes der Planaufschlüsselung
Die Planaufschlüsselung diente ebenfalls der Kontrolle und damit einer erhöhten Macht über die Prozesse im Betrieb. Man dachte, dass man, wenn man den Plan herunterbricht auf jede Handbewegung im Betrieb, besser verstehen könne, warum es so häufig zu Verfehlungen bei der Planerfüllung kam. In der Vorlage findet sich eine Erklärung dafür, wie die Aufschlüsselung funktionieren sollte:

> »*Die Aufschlüsselung des Produktionsplanes geschieht auf der Grundlage der Null-Pläne durch die Produktionsplanung. Hierbei ist der Fortschritt der Aufschlüsselung des Produktionsplanes entscheidend dafür abhängig, inwieweit in allen Abteilungen Komplexbrigaden gebildet werden. Ein Musterbeispiel wurde in Fm 1 geschaffen. Hierbei haben die einzelnen Brigaden große Übersichtstafeln bekommen, in denen alle Arbeitsgänge ihres Produktionsbereiches aufgeschlüsselt worden sind. Gleichzeitig ist die Lohngruppe, die für den Arbeitsgang benötigten Normstunden sowie der Ausdruck der Normstunden in DM ausgewiesen. Täglich ist so der Erfüllungsstand der einzelnen Brigaden ersichtlich.*«[124]

120–122. LHASA, MER, VEB Waggonbau Ammendorf, Nr. 51795.

123–124. LHASA, MER, VEB Waggonbau Ammendorf, Nr. 51795.

Nicht alle verstehen die Aufschlüsselung

Nicht alle Brigadiere verstanden die Aufschlüsselung und Verlaufskontrolle. Die Werkleitung griff auf eine Methode zurück, die noch heute angewendet wird, allerdings in moderner elektronischer Technik: die Übersichtstafel …

> »*Bei der Aufstellung der Übersichtstafeln, die die Grundlage für die Aufstellung des Arbeitskräfteplanes sind, zeigte es sich auch in Fm 1, daß einzelne Brigadiere noch nicht den Sinn dieser Methode der Planaufschlüsselung erkannt haben. Es ist deshalb notwendig, eine Aussprache mit den Brigadieren nochmals durchzuführen. Gleichzeitig ist für jede Brigade ein Übersichtsblatt der zur Verwendung kommenden Materialien vorhanden. Dieses Übersichtsblatt soll von den jeweiligen Abteilungsdisponenten geführt werden, um so die Übersicht über die Deckung des Materialbedarfs für die Produktion zu haben.*«[125]

Ähnliche – nun elektronische – Tafeln gibt es noch heute zum Beispiel bei DHL und in vielen Autofabriken.

Zentralisierung der Planung

Die Planungsarbeit im Betrieb sollte stärker zentralisiert werden:

> »*Zu dem Vorschlag, die Planungsarbeit des Betriebes stärker zu zentralisieren, wobei besonders ins Auge gefaßt wird, die Versetzung des Arbeitskräfteplaners und der Finanzplaner in die zentrale Planung, wurden nach eingehender Durchsprache folgende Beschlüsse gefaßt: M 5 Die einzelnen Planungsgruppen werden zusammengelegt.*«[126]

III. Normen-Plan

> »*Dieser Punkt wird … vertagt … Abteilung A wird beauftragt, eine Vorlage über den … Normenplan auszuarbeiten.*«[127]

IV. Wettbewerb mit Polen
BGL schleicht sich raus …

Wegen Mängeln in der Vorlage wurde der Punkt abgebrochen, die Gewerkschaft sah sich eher als ideologischer Spieler:

> »*Vorlage lag hierzu vor. Dieser Punkt wurde abgebrochen, weil die Vorlage nicht dem entspricht, was erwartet worden ist. Kollege … erklärte, daß die Maßnahme 2 der vorigen Werkleitungssitzung, wonach sich die BGL bereit erklärt hatte, eine Kommission zu bilden, nicht durchgeführt wird, da die grundlegenden Aufgaben der BGL auf ideologischem Gebiet liegen.*«[128]

V. Arbeit in der Arbeitsdirektion
Eine geeignete Persönlichkeit zu finden, ist gar nicht so leicht …

Auch hierzu gab es eine Vorlage. Dieses Mal war es eine praktikable Vorlage, nach der verfahren werden konnte:

> »*Nach eingehender Durchsprache wurde festgelegt, daß nach den in der Vorlage niedergelegten Auflagen verfahren wird, wobei die Frage der Gewinnung des Kollegen … , als Kulturfunktionär noch nicht entschieden werden soll, sondern diese Frage soll so behandelt werden, daß man eine wirklich geeignete Persönlichkeit für diese Stellung finden muß.*«[129]

Protokoll über die Werkleitungssitzung am 16. April 1956
I. Wettbewerb mit Wroclaw
II. Normen-Plan
III. Neugliederung Investabteilung
IV. Einführung einer Arbeitsordnung
V. Informationen über den 1. Mai

I. Wettbewerb mit Wroclaw
Unvollständige Unterlagen …
trotzdem gab es Erläuterungen …

> »*Die abzugebenden schriftlichen Berichte sind unvollständig eingegangen, jedoch war das Material so vorhanden, daß insgesamt darüber gesprochen werden konnte. Zu den Berichten wurden von den verantwortlichen Kollegen Erläuterungen gegeben.*«[130]

125–127. LHASA, MER, VEB Waggonbau Ammendorf, Nr. 51795.

128–130. LHASA, MER, VEB Waggonbau Ammendorf, Nr. 51795.

Maßnahmen zum Wettbewerb mit Wroclaw

Die Auflistung der Vergleichs-Informationen ist interessant. Sie belegt, dass es oft um die gleichen Probleme ging:

»*M 1: Der Waggonfabrik in Wroclaw ist das Ergebnis des Wettbewerbes vom Monat März mitzuteilen und und Mitteilung darüber zu erlangen, wie der Wettbewerb in Wroclaw im März abgeschlossen worden ist.*
M 2: Es wurde festgestellt, dass über die Frage der Selbstkostensenkung noch keine Klarheit besteht. Die Abteilungen B und LZ werden beauftragt, diese Klarheit mit den Abteilungsleitern zu schaffen.
M 3: Die Zahl der direkt und indirekt an der Produktion Beschäftigten muß genauestens untersucht werden.
M 4: In der Frage der Anwendung der Neuerermethoden muß in Zukunft von der technologischen Seite aus mehr obligatorisch verfahren werden.
M 5: Arbeitsdisziplin: Zwischen den Abteilungsbereichen und der Abteilung Arbeit muß in diesem Punkte Klarheit geschaffen werden, ebenso muß die richtige Ausarbeitung dieses Punktes vorgenommen werden …«[131]

Lettland wünscht auch Kooperation

Am 14. April 1956 weilte eine sowjetische Delegation mit dem lettischen Verkehrsminister in Ammendorf:

»*Kollege Weigel wies darauf hin, daß bei dem Besuch einer sowjetischen Delegation am 14. 4. 1956, der auch der Minister für Verkehr der lettländischen föderativen Republik angehörte, der Wunsch geäußert wurde, daß wir doch mit der Waggonfabrik in Riga in nähere Verbindung treten möchten. Dies wurde bejaht und der Vorschlag gemacht, ab Juni mit dieser Waggonfabrik in Wettbewerb zu treten. Es ist nun die Bereitschaft unserer Kollegen einzuholen.*«[132]

Diese internationalen Wettbewerbe sind interessant, weil dabei die Ideologie über die Nation bzw. das eigene Land gestellt werden sollte. Ob dies so funktionieren konnte, werden die weiteren Protokolle zeigen. Die Offenheit ist jedoch beeindruckend, da so der Kopie der Produktionsprozesse Tür und Tor geöffnet wurde.

II. Normen-Plan

Die Normen-Kollektive sollten analysieren, wieviel Zeit und Material für bestimmte Aufgaben verbraucht wurde. Dies war ein dynamischer Prozess, weil es ständig Verbesserungsvorschläge sowohl zu den Produkten als auch zu den Prozessen gab. Es war deshalb wichtig, diese Veränderungen in den dynamischen Normungsprozess einzubeziehen, um die Arbeitsproduktivität planmäßig und standardisiert zu erhöhen. Ein Zitat belegt die Notwendigkeit von Jetzt-Zeit-Messungen:

»*Der Planteil 1 wird nochmal überarbeitet, wobei besonders Kollege … zur Hilfeleistung mit hinzugezogen wird, um eine richtige Analyse der Jetzt-Zeit zu bekommen.*«[133]

III. Neugliederung der Investabteilung

Die Organisation des Investitions-Prozesses war naturgemäß eines der größten Probleme der DDR. Im Kapitalismus wird das Investitions-Kapital normalerweise zu dem am höchsten rentierlichen Projekt alloziiert. Ein Unternehmer verspricht sich von einem neuen Produkt einen hohen Gewinn und investiert Eigen- oder Fremdkapital, um es zu produzieren. Die möglichst unabhängige Notenbank verknappt oder akkomodiert über die Geldmenge entsprechend der Inflationsentwicklung den Geldschöpfungsprozess. In der DDR war dieser Kreislauf unterbrochen, da die Notenbank nicht unabhängig und der Eigentümer aller VEBs die Regierung war. Dadurch mussten die Investitionsentscheidungen zentral gefällt werden. Dies war jedoch eine zu komplexe Aufgabe. Immerhin sollten so die vielen 100.000 Bedürfnisse der Bevölkerung von Dachpappe bis zu Büroklammern bekannt sein: das war unmöglich.

131–132. LHASA, MER, VEB Waggonbau Ammendorf, Nr. 51795.

133. LHASA, MER, VEB Waggonbau Ammendorf, Nr. 51795.

Mehr zentrale Kontrolle bei Investitionen
Trotzdem versuchte man eine zentrale Lenkung der Investitionen. Da die Arbeit der Investitionsabteilung zentral gelenkt werden sollte, wollte man in Ammendorf offenbar, dass Berlin bezahlt:

> *»M 10: Es wurde beschlossen, daß bei der Neugliederung der Investabteilung gemäß Vorlage verfahren wird.*
> *M 11: Mit der HV ist Rückfrage zu halten, wie die Bezahlung der Kräfte erfolgen soll.*
> *M 12: An die HV ist der Antrag auf Einstellung einer Stenotypistin zu stellen.«*[134]

Vorher – Nachher bei den Investitionen
Die Investabteilung war zuvor besetzt mit:
a) 1 Investitionsbeauftragten;
b) 1 Bau-Ingenieur für Investbauten und Generalreparaturen.

Die Aufgaben der bisherigen Abteilung waren folgende:

> *»Zu a) Erarbeitung der Investitions-, Generalreparatur- und Perspektivplänen; Realisierung der im Invest- und GR-Plan festelegten Objekte; Erledigung der baubehördlichen Belange und Führung des gesamten Schriftwechsels; Ausstellung der Bauleistungs- und Lieferverträge; Aufstellung der monatlichen GR-Abrechnung sowie der monatlichen Invest-Analyse.*
> *Zu b) Aufstellung und Überwachung der Termin- und Lieferpläne; technische Prüfung der Rechnungen und Massenberechnungen; Anfertigung erforderlicher Skizzen und Detailzeichnungen für die einzelnen Objekte; technische Bearbeitung und Leitung der Bauvorhaben für die Arbeiterwohngenossenschaft.«*[135]

Um den Anforderungen der neuen Direktive der HV zu entsprechen, musste die Abteilung um zwei Arbeitskräfte erweitert werden:

> *»a) Investverantwortlicher: Bearbeitung von Über- und Unterlimitvorhaben; Vorbereitung und Durchführung des betrieblichen Planvorschlages zur Verminderung von Disproportionen; Durchführung von regelmäßigen Invest-Besprechungen; Teilnahme an Produktionsbesprechungen, welche Veränderungen in der Produktion bedingen, wofür Investmittel benötigt werden …«*[136]

An diesem letzten Zitat wird deutlich, dass Investitionen gar nicht zentraler Bestandteil der Werkleitung waren. Der Investverantwortliche nahm noch nicht einmal an allen Werkleitungssitzungen teil. Dies ist ein Beleg dafür, dass zu jener Zeit nicht Investitionen und damit einhergehender Strukturwandel die Treiber in der DDR waren, sondern wohl eher die möglichst effiziente Produktion mit einer gegebenen Struktur, die nur in sehr kleinen Schritten geändert wurde.

IV. Neue Arbeitsordnung
Die neue Arbeitsordnung machte wenig Probleme:

> *»M 13: Die in der Vorlage gemachten Vorschläge zur Ergänzung der Arbeitsordnung werden anerkannt. Ferner ist unter § 6 nachstehender Punkt einzufügen:*
> *M 14: Abteilung A wird beauftragt, für den Nachtdienst einen Senderhinweis zu geben, wonach bei besonders schweren Unfällen und Unfällen mit tödlichem Ausgang ein Leitungskader des Betriebes mit der Benachrichtigung der Angehörigen beauftragt wird.«*[137]

V. Informationen
Sachprämien nach Wunsch statt nur Geld
Die Werkleitung beschloss, die Aktivisten mit Sachprämien zu prämieren, die einen Gesamtwert von 20.000 DM hatten:

> *»Es wurde beschlossen, daß für die Auszeichnung der Aktivisten am 1. Mai 20.000 DM bereitgestellt werden (circa 80 bis 90 Kollegen kommen zur Auszeichnung). Ferner wurde festgelegt, daß die zur Auszeichnung kommenden Aktivisten Sachprämien nach Wunsch erhalten …«*[138]

134–135. LHASA, MER, VEB Waggonbau Ammendorf, Nr. 51795.

136–138. LHASA, MER, VEB Waggonbau Ammendorf, Nr. 51795.

1956 Bilder (Abb. 42–46)[139]

Abb. 42: Bernhard Weigel gratuliert Kollegen Rosemeier zum 50jährigen Arbeitsjubiläum, Ammendorf Februar 1956.

Das ist sie ...

die Couch, die unsere Sattler [illegible] freiwilliger Arbeitszeit anläßlich des ersten Journalistentreffens hergestellt haben.

Abb. 43: Couch, Ammendorf März 1956.

Das ist er ...

der Camping-Anhänger (Einrad-Nachläufer), der von unserem Jungingenieur, Kollegen Ehlicke, konstruiert wurde. Es ist zu erwarten, daß dieser Anhänger ein beliebter Massenbedarfsartikel wird.

Abb. 44: Anhänger, Ammendorf März 1956.

139. Bahn frei, 7. Jahrgang, Ammendorf 1956.

Sieben dieser Do-Busse aus unserer Produktion haben bereits für die BVG das Werk verlassen. Neben größter Bequemlichkeit ist der in der Leichtbauweise hergestellte Bus mit einer Lautsprecheranlage für innen und außen ausgerüstet. Hundert Personen finden bequem Platz. Für die Kassierung des Fahrgeldes ist für den Schaffner ein Zahlpult eingebaut, an dem auch gleichzeitig die Schaltbetätigung zum automatischen Oeffnen und Schließen der Türen angebracht ist. Eine erhöhte Sicherheit für Fahrer und Fahrgäste bietet der Lenkbegrenzungsschalter am Armaturenbrett im Fahrerhaus. Kurz vor dem Anschlag des Lenkrades löst dieser Schalter ein Klingelzeichen aus, welches dem Fahrer anzeigt, daß ein weiteres Einschlagen in der Kurve nicht mehr möglich ist. Auch diese Do-Busse werden dazu beitragen, den Berufsverkehr weitestgehend zu verbessern.

Abb. 45: Do-Bus, Ammendorf April 1956.

Neues von der Wohnungsbaugenossenschaft

Bis 1960 jedes Jahr 30 neue Wohnungen

Es gibt immer noch Kollegen und Familien in unserem Betrieb, die unter schlechten Wohnverhältnissen leben. Häuser bauen geht nun einmal nicht so schnell, wie sie zu zerstören.

Eine der besten Möglichkeiten, in relativ kurzer Zeit zu einer guten und modernen Wohnung zu kommen, ist der Eintritt und die Arbeit in unserer Wohnungsbaugenossenschaft.

Als unsere Wohnungsbaugenossenschaft vor etwa zwei Jahren ge-

Hier auf dem Bild das Projekt Elsa-Brändström-Straße, 18 Wohnungseinheiten umfaßt dieser Bau. Ende Oktober, Anfang November werden diese Wohnungen bezogen werden können.

Abb. 46: Der Waggonbau Ammendorf baute 30 Wohnungen, Ammendorf August 1956.

Produktionspläne 1956

Die Abbildungen der ausgewählten Produktionspläne (Abb. 47–50)[140] zeigen eine Vielfalt an Produkten, die heute kaum noch in Erinnerung ist, insbesondere was die Massenbedarfsgüter anbelangt.

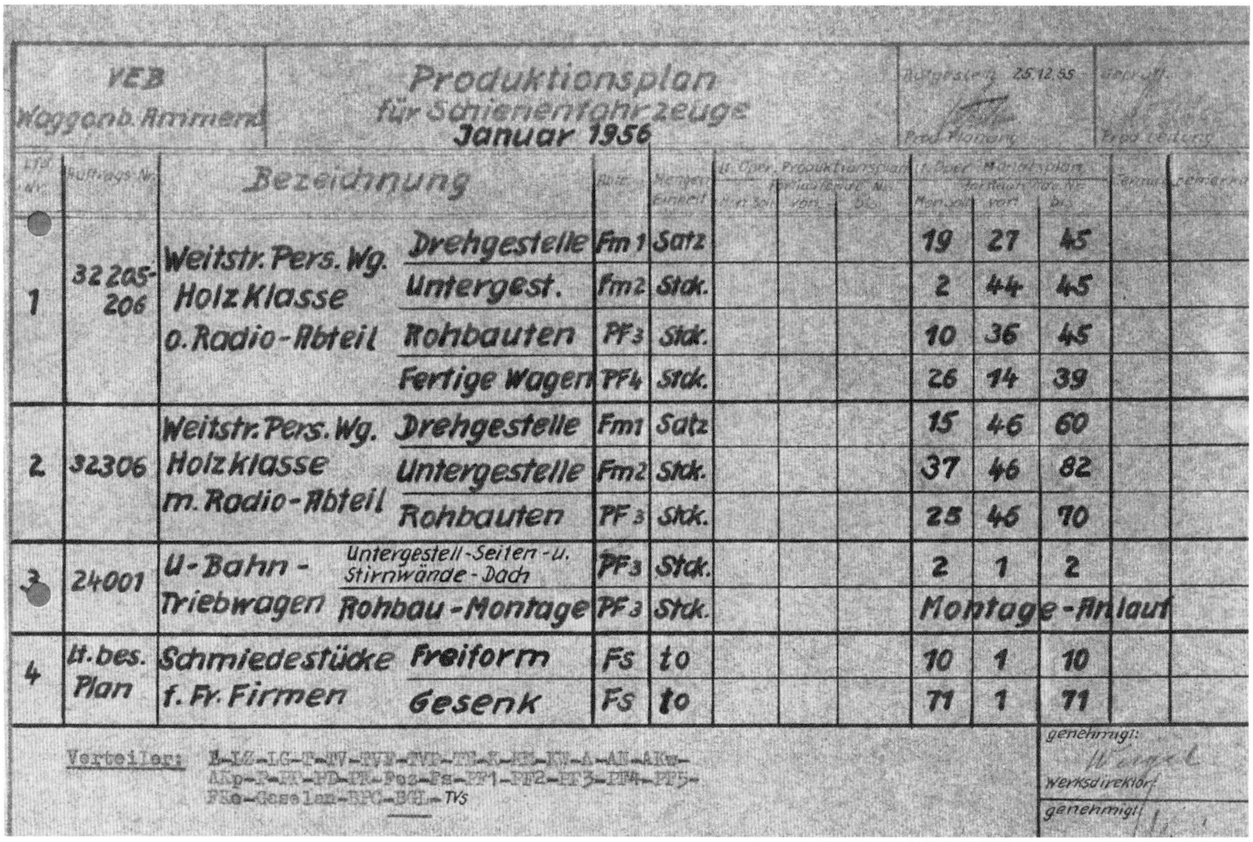

VEB Waggonb. Ammend. – Produktionsplan für Schienenfahrzeuge Januar 1956 – Aufgestellt: 25.12.55

Lfd. Nr.	Auftrags-Nr.	Bezeichnung		Abt.	Mengen-Einheit	lt. Oper. Produktionsplan Mon.Soll	von	bis	lt. Oper. Montageplan Mon.Soll	von	bis	Termin	Bemerkung
1	32205-206	Weitstr. Pers. Wg. Holz Klasse o. Radio-Abteil	Drehgestelle	Fm 1	Satz				19	27	45		
			Untergest.	Fm 2	Stck.				2	44	45		
			Rohbauten	PF 3	Stck.				10	36	45		
			Fertige Wagen	PF 4	Stck.				26	14	39		
2	32306	Weitstr. Pers. Wg. Holzklasse m. Radio-Abteil	Drehgestelle	Fm 1	Satz				15	46	60		
			Untergestelle	Fm 2	Stck.				37	46	82		
			Rohbauten	PF 3	Stck.				25	46	70		
3	24001	U-Bahn-Triebwagen	Untergestell-Seiten- u. Stirnwände-Dach	PF 3	Stck.				2	1	2		
			Rohbau-Montage	PF 3	Stck.				Montage-Anlauf				
4	lt. bes. Plan	Schmiedestücke f. Fr. Firmen	Freiform	Fs	to				10	1	10		
			Gesenk	Fs	to				71	1	71		

Verteiler: [illegible]

genehmigt: Werksdirektor

genehmigt:

Abb. 47: Produktionsplan für Schienenfahrzeuge, Ammendorf 1956

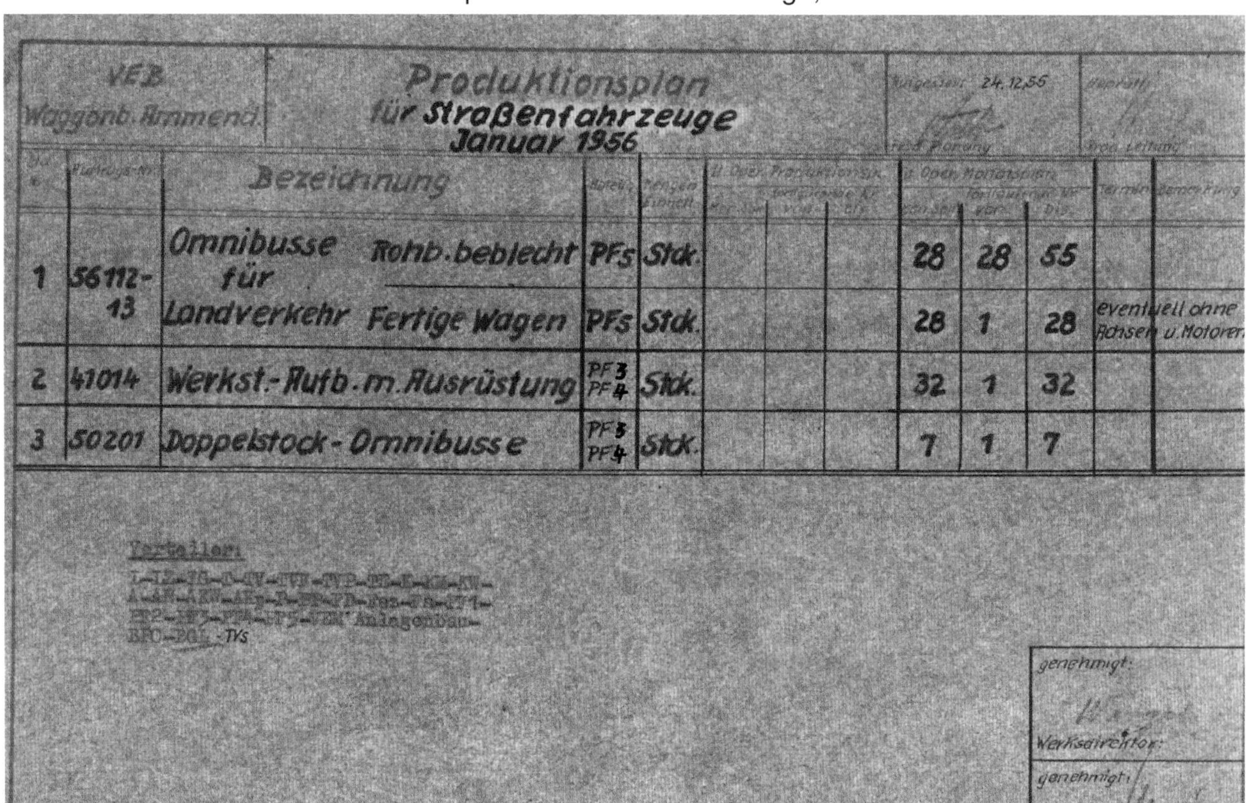

VEB Waggonb. Ammend. – Produktionsplan für Straßenfahrzeuge Januar 1956 – Aufgestellt: 24.12.55

Lfd. Nr.	Auftrags-Nr.	Bezeichnung		Abt.	Mengen-Einheit	lt. Oper. Produktionsplan Mon.Soll	von	bis	lt. Oper. Montageplan Mon.Soll	von	bis	Termin	Bemerkung
1	56112-13	Omnibusse für Landverkehr	Rohb. beblecht	PF 5	Stck.				28	28	55		
			Fertige Wagen	PF 5	Stck.				28	1	28	eventuell ohne Achsen u. Motoren	
2	41014	Werkst.-Aufb. m. Ausrüstung		PF 3 PF 4	Stck.				32	1	32		
3	50201	Doppelstock-Omnibusse		PF 3 PF 4	Stck.				7	1	7		

Verteiler: [illegible]

genehmigt: Werksdirektor

genehmigt:

Abb. 48: Produktionsplan für Straßenfahrzeuge, Ammendorf 1956

140. Frotscher-Archiv, Halle.

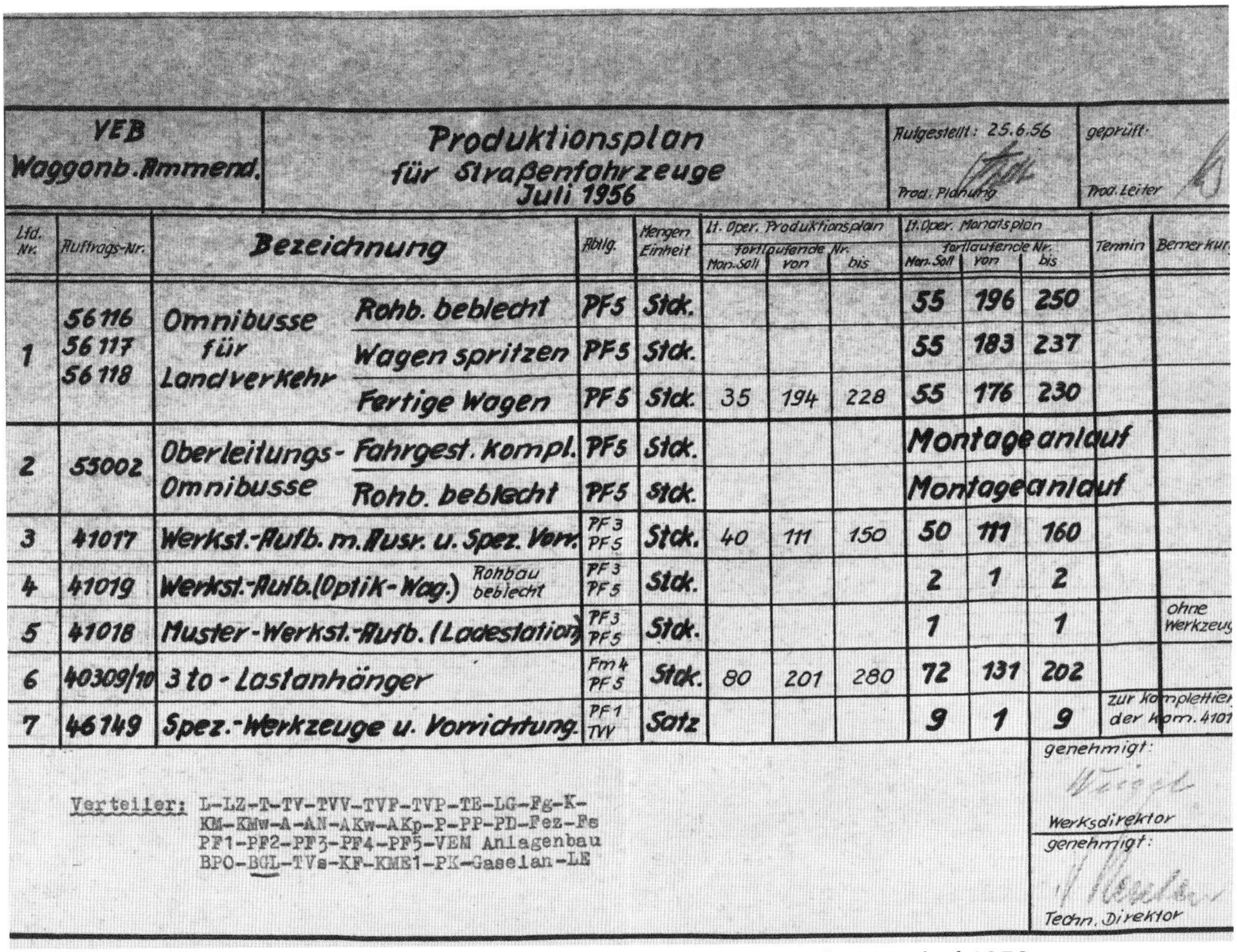

VEB Waggonb. Ammend.

Produktionsplan für Straßenfahrzeuge Juli 1956

Aufgestellt: 25.6.56 Prod. Planung — geprüft: Prod. Leiter

Lfd. Nr.	Auftrags-Nr.	Bezeichnung		Abtlg.	Mengen Einheit	lt. Oper. Produktionsplan Mon.-Soll	fortlaufende Nr. von	bis	lt. Oper. Monatsplan Mon.-Soll	fortlaufende Nr. von	bis	Termin	Bemerkung
1	56116 56117 56118	Omnibusse für Landverkehr	Rohb. beblecht	PF5	Stck.				55	196	250		
			Wagen spritzen	PF5	Stck.				55	183	237		
			Fertige Wagen	PF5	Stck.	35	194	228	55	176	230		
2	55002	Oberleitungs-Omnibusse	Fahrgest. kompl.	PF5	Stck.				Montageanlauf				
			Rohb. beblecht	PF5	Stck.				Montageanlauf				
3	41017	Werkst.-Aufb. m. Ausr. u. Spez. Verr.		PF3 PF5	Stck.	40	111	150	50	111	160		
4	41019	Werkst.-Aufb. (Optik-Wag.)	Rohbau beblecht	PF3 PF5	Stck.				2	1	2		
5	41018	Muster-Werkst.-Aufb. (Ladestation)		PF3 PF5	Stck.				1		1		ohne Werkzeug
6	40309/10	3 to - Lastanhänger		Fm4 PF5	Stck.	80	201	280	72	131	202		
7	46149	Spez.-Werkzeuge u. Vorrichtung.		PF1 TVV	Satz				9	1	9	zur Komplettier. der Kom. 4101	

Verteiler: L-LZ-T-TV-TVV-TVF-TVP-TE-LG-Fg-K-KM-KMw-A-AN-AKw-AKp-P-PP-PD-Fez-Fs PF1-PF2-PF3-PF4-PF5-VEM Anlagenbau BPO-BGL-TVs-KF-KME1-PK-Gaselan-LE

genehmigt: Werksdirektor

genehmigt: Techn. Direktor

Abb. 49: Produktionsplan für Straßenfahrzeuge, Ammendorf 1956

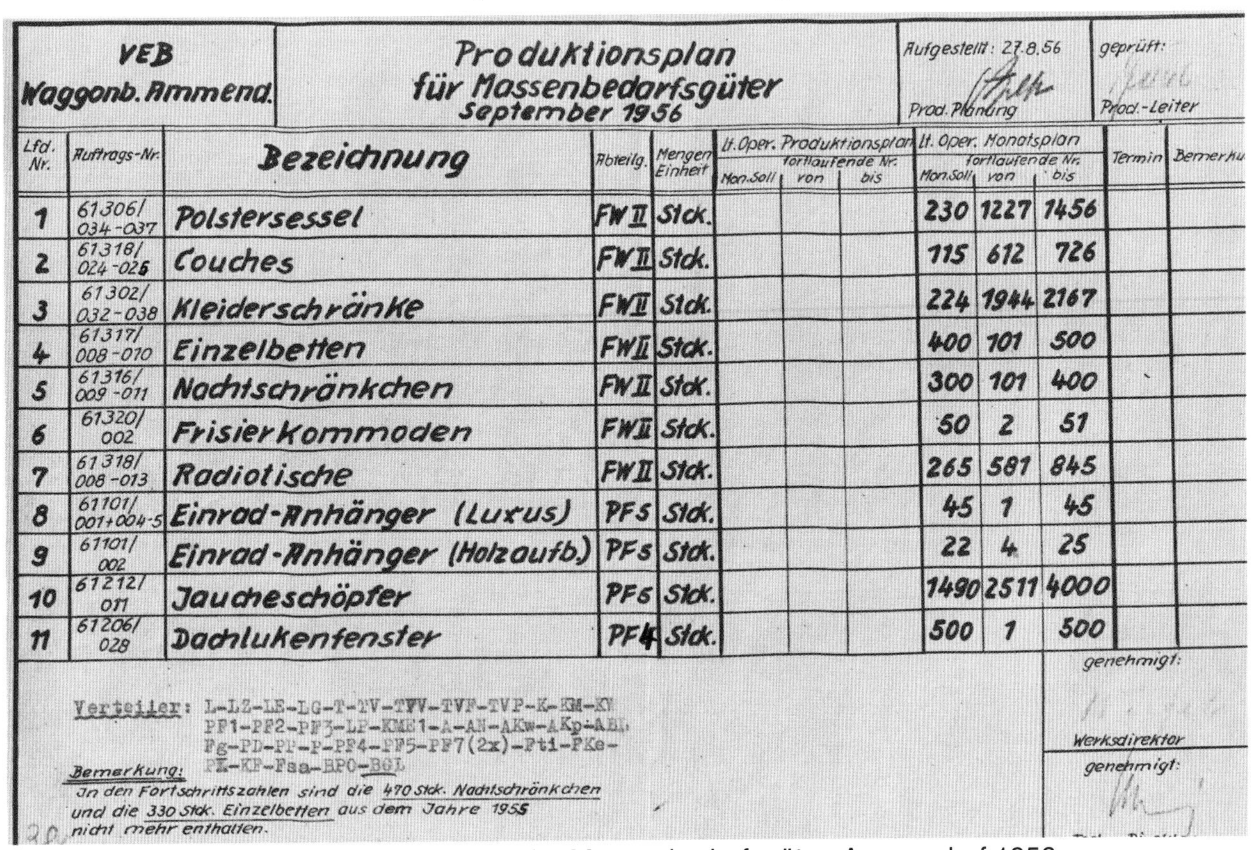

VEB Waggonb. Ammend.

Produktionsplan für Massenbedarfsgüter September 1956

Aufgestellt: 27.8.56 Prod. Planung — geprüft: Prod.-Leiter

Lfd. Nr.	Auftrags-Nr.	Bezeichnung	Abteilg.	Mengen Einheit	lt. Oper. Produktionsplan Mon.-Soll	fortlaufende Nr. von	bis	lt. Oper. Monatsplan Mon.-Soll	fortlaufende Nr. von	bis	Termin	Bemerkung
1	61306/ 034-037	Polstersessel	FW II	Stck.				230	1227	1456		
2	61318/ 024-025	Couches	FW II	Stck.				115	612	726		
3	61302/ 032-038	Kleiderschränke	FW II	Stck.				224	1944	2167		
4	61317/ 008-010	Einzelbetten	FW II	Stck.				400	101	500		
5	61316/ 009-011	Nachtschränkchen	FW II	Stck.				300	101	400		
6	61320/ 002	Frisierkommoden	FW II	Stck.				50	2	51		
7	61318/ 008-013	Radiotische	FW II	Stck.				265	581	845		
8	61101/ 001+004-5	Einrad-Anhänger (Luxus)	PF5	Stck.				45	1	45		
9	61101/ 002	Einrad-Anhänger (Holzaufb.)	PF5	Stck.				22	4	25		
10	61212/ 011	Jaucheschöpfer	PF5	Stck.				1490	2511	4000		
11	61206/ 028	Dachlukenfenster	PF4	Stck.				500	1	500		

Verteiler: L-LZ-LE-LG-T-TV-TVV-TVF-TVP-K-KM-KV PF1-PF2-PF3-LP-KME1-A-AN-AKw-AKp-ABL Fg-PD-PP-P-PF4-PF5-PF7(2x)-Pti-PKe-PK-KF-Fsa-BPO-BGL

Bemerkung: In den Fortschrittszahlen sind die 470 Stck. Nachtschränkchen und die 330 Stck. Einzelbetten aus dem Jahre 1955 nicht mehr enthalten.

genehmigt: Werksdirektor

genehmigt:

Abb. 50: Produktionsplan für Massenbedarfsgüter, Ammendorf 1956

Wer arbeitet, soll auch essen!

Anhand des Speiseplanes einer Aprilwoche des Jahres 1956 kann man viele Dinge ablesen: was war ein wichtiges Maß (Wie viel Fleisch und Fett gibt es? Mehr war besser!). Außerdem gab es Schonkost und alles war sehr günstig zu haben zu einem Einheitspreis. Es mussten der Betriebsarzt, die Küchenleitung und die Küchenkommission unterschreiben (Abb. 51).[141]

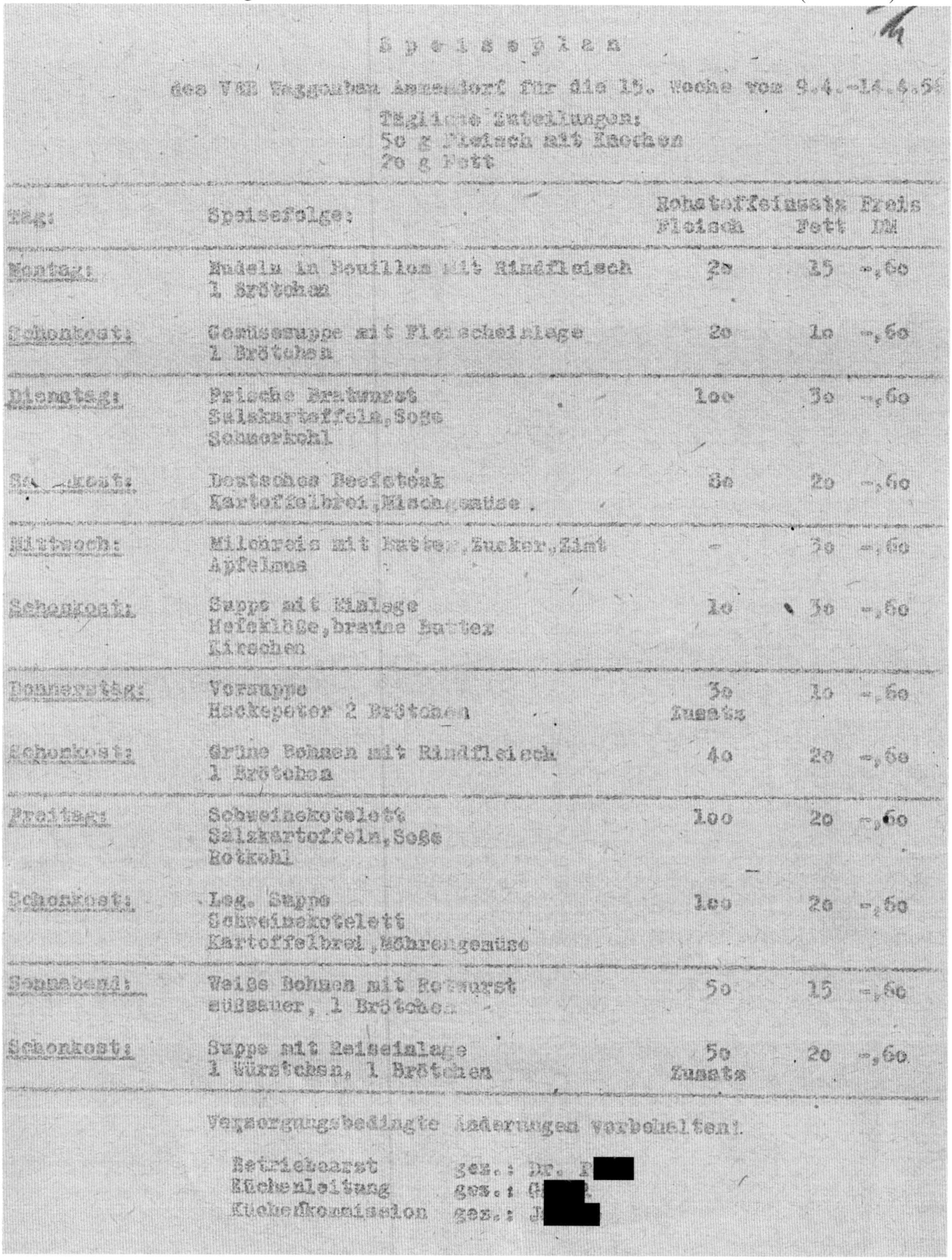

Speiseplan

des VEB Waggonbau Ammendorf für die 15. Woche vom 9.4.-14.4.56

Tägliche Zuteilungen:
50 g Fleisch mit Knochen
20 g Fett

Tag:	Speisefolge:	Rohstoffeinsatz Fleisch	Fett	Preis DM
Montag:	Nudeln in Bouillon mit Rindfleisch 1 Brötchen	20	15	-,60
Schonkost:	Gemüsesuppe mit Fleischeinlage 1 Brötchen	20	10	-,60
Dienstag:	Frische Bratwurst Salzkartoffeln, Soße Sauerkohl	100	30	-,60
Schonkost:	Deutsches Beefsteak Kartoffelbrei, Mischgemüse.	80	20	-,60
Mittwoch:	Milchreis mit Butter, Zucker, Zimt Apfelmus	-	30	-,60
Schonkost:	Suppe mit Einlage Hefeklöße, braune Butter Kirschen	10	30	-,60
Donnerstag:	Vorsuppe Hackepeter 2 Brötchen	30 Zusatz	10	-,60
Schonkost:	Grüne Bohnen mit Rindfleisch 1 Brötchen	40	20	-,60
Freitag:	Schweinekotelett Salzkartoffeln, Soße Rotkohl	100	20	-,60
Schonkost:	Leg. Suppe Schweinekotelett Kartoffelbrei, Möhrengemüse	100	20	-,60
Sonnabend:	Weiße Bohnen mit Rotwurst süßsauer, 1 Brötchen	50	15	-,60
Schonkost:	Suppe mit Reiseinlage 1 Würstchen, 1 Brötchen	50 Zusatz	20	-,60

Versorgungsbedingte Änderungen vorbehalten!

Betriebsarzt gez.: Dr. [redacted]
Küchenleitung gez.: [redacted]
Küchenkommission gez.: [redacted]

Abb. 51: Speiseplan, Ammendorf 1956.

141. Frotscher-Archiv, Halle.

Das Ende des Jahres 1956

Der Höhepunkt im letzten Monat des Jahres 1956 war eine Feier aus Anlass des Exports des 3.000 Wagens in die Sowjetunion; von der ‚Bahn frei' auf ihre Titelseite gebracht (Abb. 52)[142]

BETRIEBSZEITUNG

Bahn frei

Organ der Parteileitung der SED im VEB Waggonbau Ammendorf

7. Jahrgang / Nr. 47 | Erscheint wöchentlich / Preis 5 Pf | 29. November - 5. Dezember 1956

Der 3000. Wagen fertiggestellt

Am Dienstag, dem 13. November, wurde in einer kurzen Feierstunde in der Friedenshalle unseres Betriebes die Fertigstellung des 3000. Weitstreckenwagens gewürdigt.

Nach der Rezitation „Das ist der Plan" ergriff unser Werkleiter, Genosse Weigel, das Wort.

Nach der Begrüßung aller Anwesenden, unter anderem auch des Genossen Szymanek von der HV Lok- und Waggonbau und der Genossen der sowjetischen Abnahme, zeigte Genosse Weigel die Bedeutung der Fertigstellung des 3000. Wagens auf. Genosse Weigel betonte in seinen Ausführungen, daß der erste Wagen im August 1948 und bis Ende des gleichen Jahres 15 Wagen das Werk verließen. Die große Bedeutung des 3000. Wagens Voraussetzungen für diese Entwicklung schuf. In seinen weiteren Ausführungen zeigte Genosse Weigel den rapiden Aufschwung unseres Betriebes unter der Führung und Anleitung sowjetischer Direktoren und Ingenieure auf. Die meisten Menschen unseres Betriebes und in der Deutschen Demokratischen Republik glaubte nicht, daß die Sowjetunion die nach 1945 übernommenen Betriebe jemals wieder verlassen würde. Unsere sowjetischen Freunde haben aber nicht nur unseren Betrieb vorbildlich entwickelt, sondern auch den Werktätigen für ihre Leistungen soziale Einrichtungen geschaffen, zum Beispiel die Poliklinik, auf die wir heute alle so stolz sind.

Der 3000. Wagen hat die Probefahrt bestanden und wird nun in die Sowjetunion geliefert. Weiter betonte Genosse Weigel, daß von den 660 Weitstreckenwagen, die für 1957 in der Deutschen Demokratischen Republik bestellt wurden, bei uns im Werk im Jahre 1957 590 gebaut werden. Dadurch ist für unseren Betrieb eine gute Auslastung gegeben. Wir wollen der Sowjetunion für die große Hilfe beim Aufbau unseres ersten Arbeiter-und-Bauern-Staates dadurch die feste Freundschaft zur Sowjetunion.

Genosse Szymanek, Leiter der Hauptverwaltung, überbrachte in seinen Ausführungen zunächst die Grüße der Mitarbeiter der Hauptverwaltung und des Ministers. Er betonte weiter, daß unsere Werktätigen in einer Zeit von großen politischen internationalen Ereignissen den 3000. Wagen fertiggestellt haben. Damit gaben sie den Kapitalisten in Westdeutschland die gebührende Antwort. Diese Leutchen würden es gerne sehen, wenn sie wieder Herren ihrer ehemaligen Betriebe sein könnten. Die Ammendorfer Waggonbauer haben bis heute bewiesen und werden es auch in Zukunft beweisen, daß sie in der Lage sind, ihre Betriebe selbst zu lenken und zu leiten. Er brachte weiter zum Ausdruck, daß mit der Produktion und dem Export von Weitstreckenwagen unserer Regierung der Import von lebensnotwendigen Erzeugnissen ermöglicht wird. Genosse Szymanek hob hervor, daß unsere Weitstreckenwagen einen guten Ruf in der Qualität haben, aber deshalb keine Selbstzufriedenheit aufkommen dürfe. Außerdem kommt es jetzt darauf an, die Qualität noch mehr zu verbessern, um auch in der Weitstreckenwagenproduktion das Weltniveau zu erreichen. Mit der Verbesserung unserer Qualität und der Verbilligung unserer Produktion geben wir unserer Regierung die Mittel in die Hand, den Lebensstandard der Werktätigen ständig zu verbessern. Im Auftrage des Ministers dankte Genosse Szymanek nochmals allen Werktätigen unseres Betriebes für ihre Leistungen und wünschte ihnen weitere Erfolge in der künftigen Arbeit.

Der sowjetische Abnehmer, Genosse Antipow, beglückwünschte alle Werksangehörigen im Namen des Abnehmerkollektives zum Ausstoß des 3000. Weitstreckenwagens. Er hob in seinen Ausfüh[…] hervor, daß in der Zei[…] 22. August 1948 bis heut[…] Wagen hergestellt wurden, […] alle Waggonbauer stolz sei[…] nen. Er sprach die Hoffnu[…] daß alle Kolleginnen und K[…] im Kollektiv sich dafür ei[…] die Qualität noch mehr zu[…] sern. Er wünschte dem […] Kollektiv des Betriebes we[…] folge in der Produkti[…] wünschte, daß sich die […] schaft zwischen den beider[…] noch weiter festigt. Geno[…] pow schloß mit den Wo[…] lebe die deutsch-so[…] Freundschaft! Es lebe d[…] frieden!"

Heute spricht Genosse Franz B[…]

Der schon mehrfach angekündigte Vortrag des […]sen Franz Bruk, 1. Sekretär der Bezirksleitung de[…] findet heute, Donnerstag, den 29. November, 14.[…] in unserem Klubhaus statt.

Thema: „Ueber die Reise der Delegation des […] SED zum 8. Parteitag der Kommunistischen […] Chinas". Genosse Franz Bruk gehörte dieser De[…]

Abb. 52: Bahn frei-Titelseite, Ammendorf 1956

142. Frotscher-Archiv, Halle.

Einführende Zusammenfassung 1957

1957 war wieder ein schwieriges Jahr für den Waggonbau Ammendorf. Der Werkleiter Bernhard Weigel ging in den Ruhestand und es folgten kommissarische und nicht-kommissarische Leiter (Schiller, Lösch) in kurzer Folge. Ein neuer Strukturplan nach dem Weigelschen Plan zeigt eine Entwicklung, die sich fortsetzen sollte: ein ständiger Strukturplanwandel entsprechend der Änderung der äußeren und inneren Bedingungen.

Bereits im Januar fehlte Material und die später im Betrieb liebevoll Hungerliste genannte Materiallage wurde regelmäßiger Bestandteil der Werkleitungssitzungen. Im Januar gab es auch den ersten Bericht über Rückstände:

> »*Laut Staatsplan ist folgender Rückstand vorhanden:*
> *30 Weitstreckenwagen*
> *10 Obusse*
> *121 Lastanhänger …*«[143]

Auch das ein Leitmotiv für die nächsten Jahrzehnte des Betriebes: Überstunden, Sondereinsätze und operative Führung, um den Plan am 31. Dezember doch noch zu schaffen. Ein weiteres Kernthema war das 3-Schicht-System, das wegen der Energie-Kontingentierung eingeführt werden sollte. Die große Frage war: welche Ausnahmen soll man zulassen? Lesen Sie die Antwort selbst auf den folgenden Seiten. Neu eingeführt werden musste die Gütekontrolle, da diese Aufgabe früher durch die sowjetischen Abnehmer wahrgenommen wurde. Das im Band 1 abgebildete Ferienheim Benneckenstein wurde aufgegeben aus Rentabilitätsgründen. Aber man wollte dennoch weiter dort Urlaub machen und verhandelte deshalb mit dem FDGB, der das Heim von nun an führte. Auch die 45-Stunden-Woche (Abb. 53) [144] war ein langes Streitthema in den Werkleitungssitzungen:

> »*Es ist jedoch zu verzeichnen, daß teilweise die Arbeitszeit nicht … eingehalten wird und zwar von Menschen, die zu gleicher Zeit Zuschläge verlangen …*«[145]

Schließlich begann die NVA-Werbung massiv, obwohl sie eigentlich den Interessen des Betriebes widersprach: sollen die Besten nun arbeiten oder Soldaten sein?

BETRIEBSZEITUNG

Bahn frei

Organ der Parteileitung der SED im VEB Waggonbau Ammendorf

8. Jahrgang / Nr. 1 — Erscheint wöchentlich / Preis 5 Pf — 3.-9. Januar 1957

Wir fordern die Freilassung von Jupp Angenfort

Bisher 392 Unterschriften unter dieses Schreiben:

Unser Freund Jupp Angenfort wurde aus dem Zuchthaus Münster widerrechtlich entführt und in das ehemalige Nazi-KZ Staumühle bei Paderborn verschleppt. Jupp Angenfort steht angeblich im Verdacht einer akuten Tbc-Erkrankung. Durch die Ueberführung wollen sie Jupp ermorden.

In diesem Lager wird er keiner Genesung entgegensehen, sondern sein Gesundheitszustand wird sich immer noch verschlechtern, was wahrscheinlich der Wille der Adenauer-Justiz ist, um dadurch Jupp Angenfort endgültig zu vernichten. Wir fordern deshalb energisch seine Freilassung!

Des Volkes Präsident – 81 Ja

Liebe, Verehrung und Dank erfüllen Millionen Herzen Werktätiger in Deutschland und den anderen Ländern zum 81. Geburtstag des Präsidenten der Deutschen Demokratischen Republik, Genossen Wilhelm Pieck.

Wilhelm Pieck — das ist das Symbol eines Kämpferlebens gegen die deutschen Imperialisten und Militaristen, die wahren Schuldigen an zwei verheerenden Weltkriegen.

Wilhelm Pieck — das ist der Inbegriff eines Kämpfers für Frieden, Demokratie und Sozialismus, für die Unabhängigkeit und Souveränität eines einheitlichen, friedlie den und demokratischen Deut lands.

Wilhelm Pieck — das ist der hende Vorkämpfer für die Freu schaft zum ersten Arbeiter-u Bauern-Staat der Welt, zur so listischen Sowjetunion.

Wilhelm Pieck — das ist leuchtende Vorbild eines gro Patrioten und wahrhaft prolet schen Internationalisten.

*

Im Namen aller Waggonba wünschen wir unserem Präsid ten alles erdenklich Gute.

Den Blick nach vorn

Das Jahr 1956 ist zu Ende.

Mit Recht kann man sagen, daß …

Macht muß gebrochen werden denn sie haben die Schuld an beiden Weltkriegen auf sich geladen …

Zur Einführung der 45-Stunden-Woche

Wir helfen unserer Regierung

In einer Erklärung der Mitglieder der Brigade des Genossen Geigenmüller, Seitenwandmontage, heißt es zur Einführung der 45-Stun- … uns aus einbringen, um unser Werkleitung zu helfen, bestehen …

Abb. 53: Der neue Kopf der Bahn frei, Ammendorf 1956.

143. LHASA, MER, VEB Waggonbau Ammendorf, Nr. 55829.

144. Bahn frei!, 8. Jahrgang Nr. 1, Ammendorf 1957.

145. LHASA, MER, VEB Waggonbau Ammendorf, Nr. 55829.

Neuer Strukturplan
Neues Jahr neues Glück mit einem neuen Strukturplan, der jetzt mehr Zentralisierung beinhaltet (Abb. 54)[146]

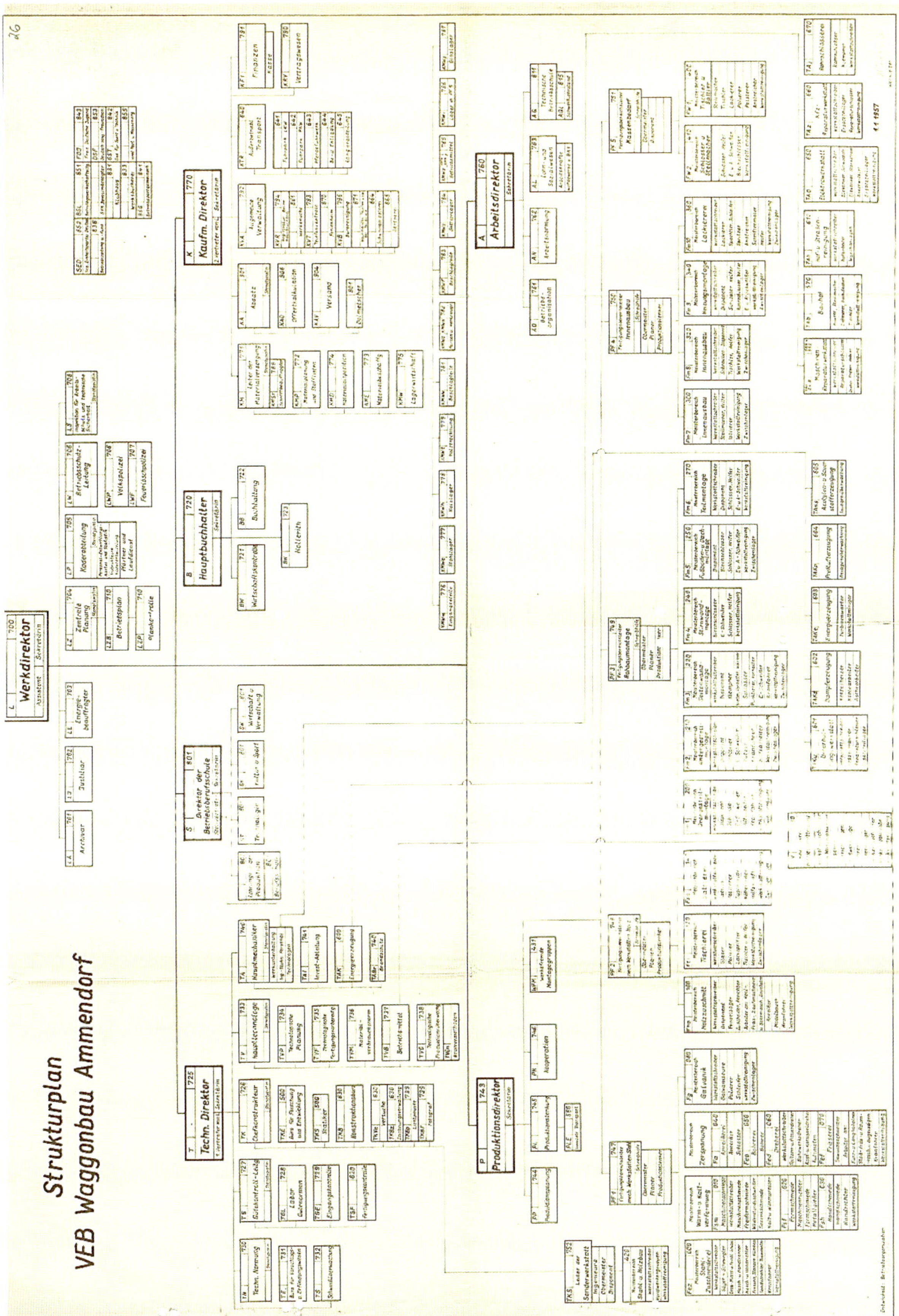

Abb. 54: Bahn frei-Titelseite, Ammendorf 1956

146. Frotscher-Archiv, Halle.

Protokolle 1957
Protokoll zur Werkleitungssitzung am 7. Januar 1957
I. Planerfüllung 1956
II. Anlauf 1957
III. Rekonstruktion
IV. Abschaffung Stempelkarten
V. Strukturplan

I. Planerfüllung 1956

»Kollege … schilderte die Erfüllung des Planes 1956. Daraus ging hervor, daß der Staatsplan des Jahres in der Warenproduktion mit 93,5% erfüllt wurde. Die Bestandsveränderung ist noch nicht bekannt, so daß die Erfüllung der Brutto-Produktion noch nicht angegeben werden kann. Der Monat Dezember wurde mit 85,2% und das IV. Quartal mit 72,2% erfüllt. Darunter wurden die Massenbedarfsgüter im Monat Dezember mit 210%, im Quartal mit 107% und von Beginn des Jahres mit 101% erfüllt. Im Exportplan ist eine Erfüllung des Jahres von 93,5% zu verzeichnen.«[147]

Rückstand in absoluten Zahlen

»Laut Staatsplan ist folgender Rückstand vorhanden:
30 Weitstreckenwagen;
10 Obusse
121 Lastanhänger …«[148]

Was tun? Fachkräfte sollen lehren!

»Der Engpaß im Betrieb liegt zur Zeit in der Rohrschlosserei. Die Produktionsleitung wird beauftragt, sofort Untersuchungen anzustellen, ob die Brigaden in ihrer Größe und ihrer Form den jetzigen Ansprüchen genügen … Die zur Verfügung gestellten Fachkräfte werden dort nicht mehr zu handwerklichen Arbeiten eingesetzt, sondern zur Anleitung, damit den vielen dort tätigen Kollegen, die sich augenblicklich in der Umschulung als Rohrschlosser befinden, bessere Möglichkeit gegeben wird, sich zu vervollkommnen …«[149]

II. Plananlauf 1957: Beginn der Hungerliste

»Zu II. Anlauf des Planes 1957 berichtete … über die noch fehlenden Materialien. Kollege Schneider nahm hierzu Stellung und teilte weiter mit, daß der Produktionsleitung morgen – nach einer heute stattfindenden Besprechung, die Gesamtorientierung über die Materiallage für das Januar/Februar-Programm einschließlich der neuesten Ergebnisse vorliegt …«[150]

Springrollos fehlen

»Da Springrollos noch nicht zur Verfügung stehen, ist die Genehmigung zu erwirken, daß die ersten 50 Wagen ohne Springrollos geliefert werden können.«[151]

III. Rekonstruktion

»Die gesamte Rekonstruktion bezieht sich einmal auf die Verlegung des Drehgestellbaues, der Einstiegtürenfertigung, der Holzmontage, der Rohrschlosserei, der Teilschlosserei und damit im Zusammenhang steht die Einrichtung der Sonderwerkstatt. Durch die bekannten Umstände ist schon sehr viel Zeit verlorengegangen, denn bis 15. Dezember sollte die Produktion des alten Jahres auslaufen, um bis Mitte Februar fertig zu sein …«[152]

IV. Abschaffung Stempelkarten

»Die jetzige Situation ist so, daß durch die Beibehaltung der Stempelkarten die Anwesenheitslisten vernachlässigt werden. Die Einwände, die gegen die Abschaffung der Stempelkarten gemacht werden, sind nicht so stichhaltig, daß man sagen kann, die Stempelkarten müssen bestehen bleiben …«[153]

V. Strukturplan

»Kollege … teilte mit, daß Kollege … gegen die Struktur ab 1. 1. 1957, nämlich, daß die Dispatcher als Lenker in die Fertigungsbereiche versetzt werden, Einspruch erhoben hat …«[154]

…

147. LHASA, MER, VEB Waggonbau Ammendorf, Nr. 55829.
148. LHASA, MER, VEB Waggonbau Ammendorf, Nr. 55829.
149. LHASA, MER, VEB Waggonbau Ammendorf, Nr. 55829.
150. LHASA, MER, VEB Waggonbau Ammendorf, Nr. 55829.
151. LHASA, MER, VEB Waggonbau Ammendorf, Nr. 55829.
152. LHASA, MER, VEB Waggonbau Ammendorf, Nr. 55829.
153. LHASA, MER, VEB Waggonbau Ammendorf, Nr. 55829.

Protokoll zur Werkleitungssitzung am 4. Februar 1957
I. Schichteinteilung/Stromentnahme
II. Empfang chinesische Delegation
III. Gütekontrolle

I. Schichteinteilung/Stromentnahme

»Aus dem Bericht des Kollegen … ging hervor, daß Untersuchungen bezüglich der Schichteinteilung durchgeführt worden sind und daß durch die Fertigungsbereichsleiter eine Liste zusammengestellt worden ist über die Kollegen, die keine 3 Schichten mehr fahren können …«[154]

Was tun mit ihnen?

»Er machte den Vorschlag, daß durch den Chefarzt, Dr. Polz, die Atteste geprüft werden …«[155]

Wirtschaftlichkeit vs. Menschlichkeit

»Kollege … sagte zusammenfassend, daß als wesentlicher Punkt bei der Behandlung der 3-Schichten-Einteilung hervortrat, daß wir den Erfordernissen, die die Wirtschaft an uns stellt, Rechnung tragen und daß wir von seiten der Menschlichkeit Wege finden müssen, damit beides im Einklang steht …
Der Chefarzt Dr. Polz wird gebeten bei den Kollegen mit Attesten eine Nachuntersuchung duchzuführen …
Die Liste der Kollegen, welche von der Nachtschicht befreit sind, muß überarbeitet und nach den einzelnen Bereichen aufgegliedert werden. Diese ist dann der Produktionsleitung zuzustellen, damit die Bereichsleiter wissen, wer von vornherein nicht für die Schichtarbeit in Frage kommt«[156]

II. Empfang chinesische Delegation

»Nach einleitenden Worten … berichtete … über den vorgesehenen Verlauf des Besuches der chinesischen Delegation am 7. 2. 57. Die Delegation besteht aus 5 chinesischen Freunden und wird von 5 Deutschen begleitet …«[157]

154–157. LHASA, MER, VEB Waggonbau Ammendorf, Nr. 55829.

Geschenk ist wichtig: 5 Reisewecker!

»Es ist vorgesehen, den chinesischen Freunden ein Geschenk zu überreichen. Nach Beratung wurde der Beschluß gefaßt, daß die Abteilung Arbeit beauftragt wird, für diesen Zweck 5 Reisewecker zu besorgen …«[158]

Herzliche Atmosphäre herstellen!

»Kollege Schiller wies darauf hin, daß es wichtig ist, daß durch die Bereichsleiter und Meister dafür gesorgt wird, daß in den Werkstätten eine herzliche Atmosphäre herrscht, wenn die chinesischen Freunde durch die Werkstätten gehen.«[159]

III. Gütekontrolle

»Kollege Schiller führte aus, daß durch den Weggang der sowjetischen Abnehmer die gesamte Verantwortung der Abnahme allein auf unser Werk übertragen wird. Auf Grund dieses Umstandes und auf Grund von verschiedenen Unzulänglichkeiten haben wir alle Veranlassung Vorbereitungen zu treffen, die uns garantieren, daß die Qualität unserer Erzeugnisse nicht schlechter bzw. ständig verbessert wird …«[160]

Was tun?

»Um die Gütekontrolle mit fachlich qualifizierten Kontrolleuren zu besetzen, ist es notwendig, daß die Frage der Bezahlung geregelt wird …«[161]

Wettbewerbe auf Qualität ausrichten!

»Bei Wettbewerben ist besonders die Verbesserung der Qualität in den Vordergrund zu stellen, wobei es erforderlich ist, daß die Bedingungen konkret sein müssen … «[162]

Meister entlasten!

»Da die Meister viel von ihren eigentlichen Arbeiten abgelenkt werden, ist es notwendig, daß bei einigen Meistern eine Analyse über ihre Tätigkeit ausgearbeitet wird …«[163]

158–163. LHASA, MER, VEB Waggonbau Ammendorf, Nr. 55829.

Protokoll zur Werkleitungssitzung am 13. März 1957
I. Werkzeug-Beschaffung
II. Beneckenstein
III. Meistertag
IV. 45-Stundenwoche
V. Wroclaw

I. Werkzeug-Beschaffung

»Es ist bekannt, daß die Werkzeugbeschaffung auf Grund der durchgeführten Planung der Abteilung TV erfolgt. Leider ist des öfteren aufgetreten, daß die geplanten Werkzeuge bei weitem nicht ausreichen, um den tatsächlichen Bedarf zu decken. Insbesondere sind hier Spiralbohrer und Handgewindebohrer bzw. spanabhebende Werkzeuge zu erwähnen. Als großer Schwerpunkt bei der Werkzeugherstellung ist erkennbar, daß enorme Exportverpflichtungen vorliegen, dies wirkt sich auf die Versorgung unserer Betriebe aus …«[164]

Hungerliste: was fehlt konkret?
Eckschwedenzangen 2":

»Diese werden durch Import bezogen und sind im Oktober über DIA bestellt worden … DIA hat jedoch noch keine Bestellung abgegeben. Dies soll zum Anlaß genommen werden, beim DIA eine Beschwerde einzureichen. Zur Überbrückung … sind in der Zwischenzeit 18 Stück Eckschwedenzangen selbst gefertigt worden …«[165]

Schneidbohrer

»Hauptsächlich werden Muttergewindebohrer M 12 gebraucht. Hiervon sind in den letzten Tagen 50 Stück eingegangen.«[166]

Ringschlüssel

»Der Bedarf an Ringschlüsseln ist jetzt gedeckt …«[167]

Rohrgewindebohrer

»Bei den Rohrgewindebohrern ist zu verzeichnen, daß in Zukunft von seiten TV klar angegeben werden muß ‚R¼"'. Die Lieferwerke sind nicht in der Lage, vor dem 3. Quartal Lieferungen vorzunehmen …«[168]

II. Beneckenstein
Behalten oder abgeben?

»Es ist heute die Frage zu entscheiden, ob dieses Ferienheim aus Gründen der Rentabilität abgegeben wird oder nicht …«[169]

Nicht mehr verwalten,
aber ein Drittel der Plätze behalten!

»Kollege … (Justitiar, d. A.) wird beauftragt, sich in Verbindung mit der BGL an den FDGB zu wenden, mit dem Ziel, das Ferienheim Beneckenstein ab 1. Januar 1958 an den FDGB abzugeben. Die Verhandlungen sind so zu führen, daß uns von diesem Heim 1/3 der Plätze zugebilligt werden …«[170]

III. Meistertag

»Aus den Ausführungen des Kollegen … ging hervor, daß die Arbeit mit den Meistern grundsätzlich verbessert werden muß … Aus diesem Grunde wird in der nächsten Zeit ein … Meistertag durchgeführt, dort soll sich dann ein … Meisterkollektiv der HV herausschälen …«[171]

IV. 45-Stundenwoche
Bringt sie die gleiche Leistung?

»Aus den Darlegungen … war zu entnehmen, daß größere Differenzen in der Leistung nicht bekannt sind. Es ist jedoch zu verzeichnen, daß teilweise die Arbeitszeit nicht … eingehalten wird und zwar von Menschen, die zu gleicher Zeit Zuschläge verlangen …«[172]

V. Wroclaw

»Kollege WEIGEL *teilte mit, daß telefonisch … angefragt worden ist, wann unsere Delegation nach dort kommt … Die Reise soll Mitte April angetreten werden …«*[173]

164–167. LHASA, MER, VEB Waggonbau Ammendorf, Nr. 55829.

168–173. LHASA, MER, VEB Waggonbau Ammendorf, Nr. 55829.

Protokoll zur Werkleitungssitzung am 8. April 1957
I. 45-Stundenwoche
II. NVA-Werbung
III. Produktionserfüllung 1956
IV. Rentabilität

I. 45-Stundenwoche

»Insbesondere kam darin zum Ausdruck, daß 44% unserer Belegschaft trotz der Verpflichtung, in der 45-Stunden-Woche dasselbe zu leisten wie in der 48-Stunden-Woche und damit denselben Lohn zu erhalten, so abgerechnet haben, daß ein Zuschuß benötigt wird. Es ist jedoch zu verzeichnen, daß sich eine ganze Reihe von Kollegen beschwert haben, daß sie Ausgleich gezahlt bekommen. Sie erhalten jetzt mehr Lohn als in der 48-Stunden-Woche. Dies liegt darin begründet, daß in den Monaten, welche für die Errechnung des Durchschnittsverdienstes zu Grunde gelegt wurden, eine Erfüllung der Normen im Höchstmaße stattgefunden hat.«[174]

Was tun?
Abrechnungen prüfen!

»Durch die Fertigungsbereichsleiter ist genau zu untersuchen, ob wirklich das geleistete Arbeitsquantum abgerechnet worden ist, oder ob sich ein Teil der Lohnscheine noch in dem Besitz der Kollegen befindet.«[175]

Technologie oder Arbeitsdisziplin ändern!

»Es müssen schnellstens Schritte unternommen werden, um die Technologie oder Arbeitsdisziplin so zu verändern, daß der Ausgleich nicht länger als 3 Monate gezahlt wird.«[176]

Wartezeit nicht verschieben!

»Wartezeit ist anzufordern, wenn sie entsteht. Keine Stelle ist mehr berechtigt, am Monatsende Nachforderungen auszuschreiben, außerdem am Tag zuvor ist ein Anfall zu verzeichnen.«[177]

174–177. LHASA, MER, VEB Waggonbau Ammendorf, Nr. 55829.

II. NVA-Werbung

»Kollege … stellte fest, daß nach Informationen die Fertigungsbereichsleiter und einige Abteilungsleiter ihre Meister mit verantwortlich gemacht haben für die Werbung von jungen fortschrittlichen Kräften für die Nationale Volksarmee … Aus den Berichten der Fertigungsbereichsleiter ging hervor, daß die erforderlichen Maßnahmen eingeleitet worden sind, Erfolge sind noch nicht festzustellen …«[178]

III. Produktionserfüllung 1956

»Kollege … gab einen ausführlichen Bericht über die Hauptgründe, die zur Nichterfüllung des Produktionsprogrammes bei den Weitstreckenwagen geführt haben. Abgesehen von den Materialschwierigkeiten muß gesagt werden, daß vom Konstruktionsbüro nicht so gearbeitet worden ist, wie es hätte sein können. Um derartige Vorfälle in Zukunft zu vermeiden, ist die Schlußfolgerung gezogen worden, Muster zu bauen …«[179]

IV. Rentabilität
Abrechnung innerhalb von 24 Stunden!

»Kollege … teilte mit, daß mit B bei einer Besprechung über Mehrarbeiten festgelegt worden ist, daß bei Mehrarbeiten die Leistungsscheine innerhalb 24 Stunden zur Abrechnung gelangen.«[180]

Wir müssen 1.500 Stunden billiger werden!

»Der gegenwärtige Stand ist so, daß wir – wenn wir nach dem heutigen Stand unsere Staatsaufgabe erfüllen wollen – bei der Fertigung der Weitstreckenwagen um 1.500 Stunden billiger werden müssen …«[181]

Was tun?

»… daß von seiten der Technologie versucht wird, eventuell mit Hilfe on Investkredit noch in diesem Jahr Veränderungen in der technischen Entwicklung durchzuführen …«[182]

178–182. LHASA, MER, VEB Waggonbau Ammendorf, Nr. 55829.

Protokoll über die am 20. 5. 1957 durchgeführte Werkleitungssitzung
I. Aktivtagung
II. Projektzahlen
III. Verschiedenes

I. Aktivtagung
Hier gibt es bereits einen Hinweis auf eine Krankheit des Werkdirektors WEIGEL, der wenig später seinen Posten aufgab.

»In organisatorischer Hinsicht wurde folgendes festgelegt:
Leitung der Konferenz: Arbeitsdirektor …
Referat: Werkdirektor Kollege WEIGEL, *bei seinem Kranksein wird der Technische Direktor, Kollege Schiller das Referat halten …*
Losung: ‚Aufholung der Exportplanrückstände bis zum 23. 6. und Kampf um die Erfüllung des Finanzplanes zum Jahresende.' …«[183]

II. Projektzahlen
Nur Materialeinsparung bringt Produktivitätsschub!

»Kollege … gab bekannt, daß wir als Staatsplanaufgabe für 1958
600 Weitstreckenwagen
erhalten haben. Diese 600 Weitstreckenwagen liegen noch unterhalb der diesjährigen Materialkennziffer. Die Materialdecke bleibt im wesentlichen die gleiche wie in diesem Jahr. Es ist die Steigerung der Produktion nur aus der zusätzlichen Materialeinsparung herauszuholen.«[184]

Was tun?
Sofort ausarbeiten, was wir zu bauen gedenken!

»Abteilung LZ wird beauftragt … eine Vorlage auszuarbeiten, welche beinhaltet, was wir 1958 zu bauen gedenken und Vorschläge für die erforderlichen Maßnahmen …«[185]

Sofort Vorverträge mit Lieferanten!

»Abteilung K hat nach den vorliegenden Kennziffern sofort mit den Zulieferbetrieben Verbindung aufzunehmen und Vorverträge abzuschließen …«[186]

II. NVA-Werbung

»Kollege … stellte fest, daß nach Informationen die Fertigungsbereichsleiter und einige Abteilungsleiter ihre Meister mit verantwortlich gemacht haben für die Werbung von jungen fortschrittlichen Kräften für die Nationale Volksarmee … Aus den Berichten der Fertigungsbereichsleiter ging hervor, daß die erforderlichen Maßnahmen eingeleitet worden sind, Erfolge sind noch nicht festzustellen …«[187]

Erst mal fragen, ob jemand Anhänger braucht!

»Zur Festlegung, ob wir im nächsten Jahr Sonderanhänger bauen oder nicht, ist es notwendig, daß durch KA erst eine Bedarfsanalyse erarbeitet wird, in dem KA sämtliche Bedarfsträger anschreibt und um Nachricht bittet, ob Aufträge auf Lieferung im Jahre 1958 erteilt werden …«[188]

Keine Werkstattaufbauten 1958

»Es wurde beschlossen, daß im nächsten Jahr keine Werkstattaufbauten gebaut werden …«[189]

III. Verschiedenes
Geschenk für Kinder besorgen!

»Kollege Schiller gab bekannt, daß wir durch die HV gebeten werden, für die Paten-LPG der HV ein Geschenk für Kinder zur Verfügung zu stellen.«[190]

50% der Spiegel Ausschuss, was tun? Gütekontrolle soll untersuchen!

»Vom Kollegen … wurde angesprochen, daß 50% der Spiegel verworfen wurden, weil die Belegung schlecht ist … Die Gütekontrolle wird beauftragt, diesbezügliche Untersuchungen vorzunehmen …«[191]

183–185. LHASA, MER, VEB Waggonbau Ammendorf, Nr. 55829.

186–191. LHASA, MER, VEB Waggonbau Ammendorf, Nr. 55829.

1957

Protokoll über die am 24. Juni 1957 … durchgeführte Werkleitungssitzung
I. 45-Stundenwoche
II. Arbeitsablauf
III. Ökonomische Konferenzen
IV. Brandschutzwoche
V. Zweckmäßiger Durchlauf
VI. Projektplan 1958
VII. Druckbelüftung

I. 45-Stundenwoche

»Kollege Schiller wies in seinen einleitenden Ausführungen daraufhin, daß bei den jetzt abgegebenen Berichten insbesondere darauf einzugehen ist, wieviel Zuschläge augenblicklich gezahlt werden und welche Möglichkeiten bestehen, um diese abzuschaffen …«[192]

Kollegen lehnen Ausgleichszahlung ab …

»Die Kollegen der Abteilung TVV und TA lehnen die Zahlung der Ausgleichsbeträge ab. Kollege … wird dafür Sorge tragen, daß … eine endgültige Regelung getroffen wird, wonach in Zukunft kein Ausgleich mehr gezahlt wird.«[193]

II. Arbeitsablauf

»Aus der Einschätzung zu diesem Bericht ging hervor, daß die Feststellungen positiv sind, jedoch ist ein Hauptmangel bei der Überprüfung zu verzeichnen und zwar dahingehend, daß zu den festgestellten Mißständen nciht die notwendigen Maßnahmen eingeleitet bzw. entsprechende Vorschläge zur Abstellung dem Werkleitungskollektiv unterbreitet worden sind …«[194]

III. Ökonomische Konferenzen

»Die Besprechung ergab, daß nach diesen Richtlinien zu verfahren ist, sie ermöglichen den Bereichsleitern von sich aus die ökonomischen Konferenzen durchzuführen …«[195]

IV. Brandschutzwoche

»Die Vorlage zur Organisierung der Brandschutzwoche 1957 … lag allen Werkleitungsmitgliedern vor. Sie wurde von … erläutert und fand die Billigung des Werkleitungskollektivs … Zu dem Antrag auf Erteilung einer Prämie wurde der Beschluß gefaßt, für Prämiierungen 1.050,00 zu genehmigen. Die BGL ist damit einverstanden …«[196]

V. Zweckmäßiger Durchlauf

»Zweckmäßiger Durchlauf des 2.-Klasse-Wagens in Leichtbauausführung …
Nach eingehender Durchsprache wurde folgender Beschluß gefaßt: Es wird weiter gebaut, wie es der Forschungs- und Entwicklungsauftrag vorsieht. Zu gleicher Zeit ist zur Erlangung des von uns vorgesehenen Wagens eine Argumentation zusammenzustellen, welche … den übergeordneten Stellen zugeleitet wird …«[197]

VI. Projektplan 1958
1957 läuft Massenbedarfsproduktion aus!

»Es müssen 10 Wagen aus dem III. Quartal auf das II. und I. Quartal vorverlegt werden … Es ergibt sich eine Tagesleistung:
im I. Quartal von 1,9 Wagen;
im II. Quartal von 2,08 Wagen;
im III. Quartal von 2,0 Wagen;
im IV. Quartal von 2,06 Wagen …
Wie bereits festgelegt worden ist, beginnt die Produktion der Weitstreckenwagen ohne Radio … Nach Beratung wurde festgelegt, daß mit Ende des Jahres 1957 die Produktion der Massenbedarfsgüter ausläuft …«[198]

VII. Druckbelüftung

»Kollege Schneider teilte mit, daß eine Entscheidung betreffs Fertigung der Druckbelüftung für U-Bahnwagen herbeigeführt werden muß.
M 9 Nach eingehender Durchsprache wurde die Festlegung getroffen, daß TV beauftragt wird zu untersuchen, ob wir in der Lage sind die Druckbelüftung zu fertigen …«[199]

192–195. LHASA, MER, VEB Waggonbau Ammendorf, Nr. 55829.

196–199. LHASA, MER, VEB Waggonbau Ammendorf, Nr. 55829.

1957

Protokoll über die am Montag, den 8. Juli 1957 … durchgeführte Werkleitungssitzung
I. Kontrolle Festlegungen
II. Weitstreckenwagen, Ägyptenwagen, U-Bahn …

I. Kontrolle Festlegungen

»Kollege Schiller informierte die Werkleitungsmitglieder von den Festlegungen, welche im engeren Kreis der Werkleitung bei den Besprechungen am 3. 7. und 5. 7. 57 getroffen worden sind und führte gleichzeitig die Kontrolle derselben durch …«[200]

II. Weitstreckenwagen, Ägyptenwagen, U-Bahn
Vorlage reicht nicht aus …

»Durch P wurde allen Werkleitungsmitgliedern eine Vorlage zugestellt. Es erfolgte eine Durchsprache eine Durchsprache der einzelnen Objekte. Zuvor brachte Kollege … Erläuterungen zu den besonderen Schwierigkeiten …
Zur Vorlage wurde festgestellt, daß diese nicht dem neuesten Stand entsprach.«[201]

Wir brauchen genauen Situationsbericht! Prinzipielle Methodik durch Versuch und Irrtum herausfinden!

»Es ist erforderlich, einen genauen Situationsbericht zu erarbeiten. Aus diesem Grund wird durch A eine Analyse über die Arbeitskräftelage und durch K über die Materialversorgung erarbeitet, welche P zur Erarbeitung von Durchlaufplänen in der Produktion zur Verfügung gestellt wird … Bei der nächsten Werkleitungsbesprechung wird die prinzipielle Methodik beraten …«[202]

Es fehlen Schweißer! Was tun? Wir bilden selber mehr aus!

»Als Schwerpunkt wird die Zurverfügungstellung von Schweißern festgestellt. Es ist vorgesehen, einen Direktlehrgang für Schweißer durchzuführen. Die Kollegen, welche sich hierfür melden, werden nach 6 Wochen als Schweißer im Betrieb arbeiten können …«[203]

Ägyptenwagen im Rückstand

»Gemäß Ablaufplan des Ägyptenwagens ist festzustellen, daß ein Rückstand zu verzeichnen ist. Bei der nächsten Werkleitungsbesprechung wird wiederum über diesen Punkt gesprochen …«[204]

Es fehlt Eichenholz: nehmen wir Kiefer! Der Produktionsdirektor passt auf …

»Da das entsprechende Holz für einzelne Teile für den Ägyptenwagen nicht zur Verfügung steht, wurde die Genehmigung erteilt, Kiefer zu verwenden … Kollege … wird die Holzarten beim Einbau überwachen …«[205]

Einer muss den Hut aufhaben! Nichts ist schlimmer als Verantwortungskonfusion …

»Es wurde empfohlen, von seiten der Konstruktion und Produktionslenkung speziell einen Kollegen für den Fortgang der Erzeugnisse U-Bahnwagen und Ägyptenwagen verantwortlich zu machen …«[206]

Nächste Werkleitungsbesprechung Was alles produziert wird, zeigt sich manchmal in einem Nebensatz …

»Bei der nächsten Werkleitungsbesprechung werden die noch offenen Fragen behandelt – U-Bahnwagen, Klimawagen, normal, Leichtbauwagen, hart und S-Bahnwagen …«[207]

Bitte nichts ändern bei der Gestaltung der Fenster, die Kosten für die Kokille waren schon zu groß!

»Kollege Schneider bat darum, bei der Festlegung der Bedingungen für 1958 zu beachten, daß sich an der Gestaltung der Fenster nichts ändert, da uns der Übergang von Profil auf Kokille große Kosten verursacht hat …«[208]
…

200–202. LHASA, MER, VEB Waggonbau Ammendorf, Nr. 55829.

203–208. LHASA, MER, VEB Waggonbau Ammendorf, Nr. 55829.

Protokoll über die am 19. August 1957 durchgeführte Werkleitungssitzung
I. Begrüßung indischer Vertreter
II. AWG …

I. Begrüßung indischer Vertreter
»Kollege Schneider begrüßte den indischen Vertreter vom Weltfriedensrat Herrn DR. MANDABURGA *im Namen der Werkleitung und hieß ihn in unserem Werk auf das herzlichste willkommen. Er brachte weiter zum Ausdruck, daß durch diesen Besuch das Gespräch um den Frieden weiter vertieft wird …«*[209]

Was antwortete Dr. Mandaburga?
»Anschließend ergriff dann Herr DR. MANDABURGA *das Wort. In seinen Ausführungen schilderte er eingehend die Probleme seines Landes auf wirtschaftlichem und politischem Gebiet …«*[210]

II. AWG
»Nach einleitenden Ausführungen des Kollegen Schneider, wobei er auf die dringende Notwendigkeit des Wohnungsbaues und dessen Unterstützung hinwies, berichtete Kollege … Er ging auf die allen Werkleitungsmitgliedern vorliegende Vorlage ein, welche die Entwicklung der Arbeiter-Wohnungsbau-Genossenschaft, die Perspektive und Vorschläge zur föredrung der AWG durch L, BGL und BPO zum Inhalt hatte.«[211]

Was sagt die AWG: sie hat Probleme …
»Durch die Vertreter der AWG wurden die bestehenden Schwierigkeiten aufgezeigt und die Begründungen für die gemachten Vorschläge gegeben.«[212]

Was tun?
Können wir für die AWG Material bestellen? Nein!
»Die AWG-Materialien können in die Werksmaterialplanung nicht eingehen, da wir keine Beauflagung für Bauvorhaben haben.«[213]

209–213. LHASA, MER, VEB Waggonbau Ammendorf, Nr. 55829.

Wie können wir helfen?
»Übernahme von Solidaritätsleistungen … Ausgehend von dem Beschluß des Zentralvorstandes der IG Metall, wonach alle Werktätigen in die Solidaritätsaktion einbezogen weren wird festgelegt, daß die Abteilung Arbeit gemeinsam mit der Produktionsleitung … einen Plan ausarbeitet, welcher aufzeigt, wo und in welchem Umfang Arbeitskräfte zur Ableistung der 5 Solidaritätsstunden eingesetzt werden können … Bei Einsatz am Planobjekt und in der Lagerwirtschaft ist das Geld an die AWG abzuführen …«[214]

Kostenlose Abgabe von Abfällen
»Der AWG werden die Abfallmaterialien kostenlos zur Verfügung gestellt …«[215]

Überplanbestände
»Die Materialersorgung erhält Anweisung, daß die AWG zum Kauf von Überplanbeständen bevorzugtes Recht hat gegen Kontingentaufrechnung und Berechnung …«[216]

Cash: DM 1.500.– pro Wohnung!
»… einmalige finanzielle und materielle Unterstützung der AWG mit DM 1.500.– je Wohnungseinheit … Für 36 Wohnungseinheiten sind der AWG DM 54.000.– zur Verfügung gestellt worden.«[217]

AWG darf im Werk fertigen …
»Es dürfen nur Arbeiten in Kommission durchgeführt werden. In Ausnahmefällen, wo Mitglieder der AWG ihre Einsatzschichten leisten wollen, muß die Genehmigung des Produktionsdirektors eingeholt werden …«[218]

WBA liefert Material für Baubude
»Überlassung von Material für den Bau einer zumutbaren Baubude … TA wird beauftragt, eine Kalkulation aufzustellen, wieviel cbm Holz und welche sonstigen Materialien hierfür notwendig sind.«[219]

214–219. LHASA, MER, VEB Waggonbau Ammendorf, Nr. 55829.

Protokoll über die Werkleitungssitzung am 30. 9. 1957
I. Einsatz in PF 1
II. Untersuchungen in PF 1
III. Auswertung der Untersuchungen

I. Einsatz in PF 1

»In der vorbereitenden Aussprache erhielten die Werkleitungsmitglieder zum Zwecke der Untersuchung in PF 1 konkrete Aufgaben. Nachdem die Untersuchungen in PF 1 abgeschlossen waren, erfolgte die Auswertung und Festlegung von Maßnahmen«[220]

Worum ging es? Gab es eine Abschiebung?

»P wird beauftragt, zu überprüfen, ob die Aussage des Kollegen …, daß er abgeschoben worden ist, stimmt. Mit dem Kollegen … und dem Kollegen … ist eine Aussprache zu führen …«[221]

Zusatzheizung für den Stanz-Bereich?

»Kollege … wird die Frage der zusätzlichen Beheizung bei den Stanzen überprüfen und … Bescheid geben, welche Veränderungen dort getroffen werden können …«[222]

Warum 2 Maßnahmen nicht erfüllt?

»Kollege … wird bis 1. 10. 57 – 15.00 Uhr Bescheid geben, wie die noch nicht erfüllten Maßnahem aus der letzten Produktionsberatung realisiert werden.«[223]

Stellungnahme: warum klappt das nicht?

»Kollege … wird über die vom Kollegen … angeführten Punkte (Tiefstrahler bei Pufferfertigung, Freihalten der Wege, Sicherung für Presse 686, Winterfestmachung und Gasregulierung) bis Sonnabend … seine Stellungnahme abgeben, wobei nachzuweisen ist, daß bis spätestens morgen… die Anträge zur Veränderung bei TA vorliegen … Betreffes Auswechseln der Getriebe 223 und 224 in der Zuschneiderei wird sich PF 1 mit TA abstimmen …«[224]

220–224. LHASA, MER, VEB Waggonbau Ammendorf, Nr. 55829.

Übersicht verschaffen!

»Kollege … wird beauftragt, Übersichten über die zu reparierenden Maschinen anzufertigen.
a) für das Jahr 1958 … (Generalreparaturen)
b) für die Monate Oktober, November und Dezember 1957 ist ein Plan … vorzulegen …«[225]

Meier-Rouden wird Arbeitsdirektor

Die Bahn frei vom September stellte den neuen Arbeitsdirektor Harry Meier-Rouden vor (Abb. 55). [226]

Genosse Meier-Rouden unser neuer Arbeitsdirektor

Lange Zeit war die Funktion
es Arbeitsdirektors in unserem
etrieb nur kommissarisch besetzt.
eit einigen Tagen haben wir nun
einen neuen Direktor für Arbeit.
Genosse Harry Meier-Rouden ist
30 Jahre alt und von Beruf Maschinenschlosser. Nach Beendigung
seiner Lehrzeit wurde er in die
faschistische Wehrmacht eingezogen und arbeitete von 1945 bis
1947 in seinem erlernten Beruf.
Im Jahre 1947 wurde er von der
Partei der Arbeiterklasse zum Studium delegiert. Seit 1952 ist Ge-

ettbewerb

tromerzeugung bis zum 7. 11. 1957
it 60 000 kWh übererfüllen und
ie Gas- und Sauerstoffanlagen in

Abb. 55: Arbeitsdirektor, Ammendorf 1957.

Die Sowjets prüfen die Technischen Bedingungen für ihre Importe (Abb. 56) [227]

Eine sowjetische Wirtschaftsdelegation…

…die sich gegenwärtig in unserem Betrieb aufhält, beratet mit dem Werkleitungskollektiv die technischen Bedingungen für den Plan 1958. Gleichzeitig findet, wie es unter Freunden üblich ist, ein Erfahrungsaustausch über die Produktion statt.

Abb. 56: Verhandlung, Ammendorf 1957.

225. LHASA, MER, VEB Waggonbau Ammendorf, Nr. 55829.
226. Bahn frei, 8. Jahrgang Nr. 37, Ammendorf 1957.
227. Bahn frei, 8. Jahrgang Nr. 37, Ammendorf 1957.

Protokoll über die Werkleitungssitzung am 14. Oktober 1957
I. Übernahme der SV in die Hände der Gewerkschaft
II. BKV-Rechenschaftslegung
III. Ägyptenauftrag
IV. Normenarbeit
V. Referat Funktionärskonferenz

I. Übernahme der SV in die Hände der Gewerkschaft

»Allen Werkleitungsmitgliedern lag eine von A ausgearbeitete Vorlage zur Verbesserung der Arbeit auf dem Gebiet des betrieblichen Gesundheitsschutzes vor.«[228]

Dem Krankenstand geht es an den Kragen

»Monatlich einmal wird in den AGLs eine Krankenstand-Auswertung durchgeführt … Das Ziel dieser Krankenstandsauswertung besteht darin, eine Kranken- und Ausfall-Ursachenforschung durchzuführen, um dadurch die notwendigen Unterlagen für die im Fertigungsbereich durchzuführenden Haushaltsplan-Kontrollbesprechungen vorzubereiten, individuelle Aussprachen mit erkrankten Kollegen zu führen, die Maßnahmen zur Betreuung der Kranken festzulegen und deren Durchführung zu organisieren.«[229]

Haushaltsplan-Kontrollbesprechung

»Die Aufgaben sind: Kontrolle des Krankenstandes nach Ausfalltagen im Fertigungsbereich, die Gegenüberstellung des IST und SOLL-Bestandes, Festlegung der erforderlichen Maßnahmen zur Senkung des Krankenstandes im Fertigungsbereich sowie Festlegung von Vorschlägen für die zentrale Haushalt-Plankontrollbesprechung.«[230]

Gespräche mit bestimmten Kranken

»Auf Grund der freitags stattfindenden Krankenstandsauswertungen werden nach Bedarf unter Leitung eines Arztes der Poliklinik individuelle Aussprachen mit bestimmten Kranken durchgeführt … Alle Kollegen, die länger als 28 Tage krank waren, müssen sich vor Wiederaufnahme ihrer Arbeit in unserer Poliklinik untersuchen lassen, inwieweit sie geeignet sind, ihre bisherig Tätigkeit weiter auszuüben.«[231]

Wie sah überhaupt der Krankenstand aus?

»Es ist zu verzeichnen, daß dieser in den letzten Tagen zurückgegangen ist. Er beträgt jetzt 13,6%, davon 8,7% an Grippe erkrankte Kollegen …«[232]

II. BKV-Rechenschaftslegung

»A wird beauftragt … eine Ausarbeitung zu machen, aus der hervorgeht, welche Aufgaben durch wen zu erledigen sind …«[233]

III. Ägyptenauftrag

»Daraus ging hervor, daß 7 Wagen bereits abgenommen sind und weitere 3 Wagen zur Abnahme bereitstehen. Schwierigkeiten sind nicht vorhanden …«[234]

IV. Normenarbeit
Wahre Worte!

»Es ist festzustellen, daß in dieser Vorlage nicht zum Ausdruck kommt, daß sich jetzt auf diesem Gebiet etwas entscheidendes verändert. Die Hauptaufgabe besteht nicht darin, eine Normenkampagne durchzuführen, sondern darin, daß eine gerechte Entlohnung entsprechend der Leistung durchgeführt wird. Dazu ist erforderlich, daß mit den Menschen tatsächlich gearbeitet wird. Ideologische Auseinandersetzungen sind mit Hilfe der Partei … zu führen …«[235]

V. Referat Funktionärskonferenz

»Kollege … informierte die Werkleitungsmitglieder davon, wie das Referat aufgebaut worden ist und was es beinhaltet. In der Beratung hierüber wurden einige Hinweise gegeben, die mit in das Referat eingearbeitet werden.«[236]

228–230. LHASA, MER, VEB Waggonbau Ammendorf, Nr. 55829.

231–236. LHASA, MER, VEB Waggonbau Ammendorf, Nr. 55829.

Protokoll über die am 11. 11. 1957 durchgeführte Werkleitungssitzung
I. Terminkontrolle
II. Stand der Produktion
III. Plan 1958
IV. Massenbedarfsgüterproduktion 1958
V. Informationen

I. Terminkontrolle
»Hierzu erfolgten keine Festlegungen.«[237]

II. Stand der Produktion
Wagen innen noch nicht trocken
»Es ist festzustellen, daß Schwierigkeiten darin bestehen, daß die Wagen innen noch nicht trocken sind, wenn die Kollegen darin arbeiten müssen …«[238]

Was tun?
»Hierzu wurde festgelegt, daß die Weitstreckenwagen zu dem Zeitpunkt, wo diese die Friedenshalle verlassen, angeheizt werden …«[239]

Energie: Keine Abschaltungen mehr!
»Es wurde die derzeitige Situation in der Energielage unseres Betriebes aufgezeigt. Die uns zur Verfügung stehenden Kontingente reichen nicht aus, um voll arbeiten zu können. Um die hohen Aufgaben, die wir uns gestellt haben, erfüllen zu können, ist es erforderlich, daß das Werk Ammendorf von den Abschaltungen … befreit wird …«[240]

Sind die Hausfrauen schuld?
»LE wird beauftragt, einen Artikel zur Veröffentlichung in der ‚Bahn frei' zu erarbeiten, wo die Hausfrauen direkt zur wirtschaftlichsten Stromverwendung angesprochen werden …«[241]

Produktion
»Kollege … berichtete über den Stand der Produktion der Objekte Leichtbauwagen hart und weich, sowie S-Bahn-Vollzug. Wichtig ist, daß die Materialversorgung so wie erforderlich erfolgt …«[242]

237–242. LHASA, MER, VEB Waggonbau Ammendorf, Nr. 55829.

III. Plan 1958
Können wir für Bautzen 50 Wagen bauen?
»In der Diskussion wurde insbesondere zu der Frage, ob das Werk Ammendorf in der Lage ist, die von Bautzen zu bauenden 50 Weitstreckenpersonenwagen in den Plan der Hauptproduktion aufzunehmen, Stellung genommen. Aus der eingehenden Aussprache war zu entnehmen, daß die Übernahme der 50 Wagen kapazitäts- und arbeitskräftemäßig durch Ammendorf möglich ist …«[243]

IV. Massenbedarfsgüterproduktion 1958
Doch kein Stopp des Massenbedarfs!
»Die 3 eingegangenen Vorschläge zur Produktion von Fliegenfenstern, Türfitschen und Hocker kommen zur Einführung … Es ist eine Ausstellung zu organisieren, wo sämtliche Muster ausgestellt werden. Alle … interessierte Stellen sind zum Besuch … einzuladen …«[244]

V. Informationen
Normen nicht eingestellt!
»Es ist festzustellen, daß die Aussprache bei der 1. Kampfberatung, daß die Normenarbeit entsprechend der augenblicklichen erhöhten Produktionsleistung der Kollegen so wie sie bisher gelaufen ist, nicht weiter durchgeführt werden kann, in verschiedenen Betriebsabteilungen zu der Vermutung geführt hat, daß es heißt, die Normenarbeit wird in Ammendorf eingestellt …«[245]

Bau Parkplatz für Auto/Motorrad/Fahrrad
»Der durch T unterbreitete Vorschlag … wird durch die Werkleitung genehmigt.«[246]

Kein Geld da für Ankauf Grundstück!
»Für den Ankauf des Geländes am Klubhaus sind zur Zeit keine Mittel vorhanden. Mit dem Vorschlag, zumindest Ankauf eines Streifens, worauf auch unsere Baracke steht, ist die Werkleitung einverstanden.«[247]

243–247. LHASA, MER, VEB Waggonbau Ammendorf, Nr. 55829.

Protokoll über die Werkleitungssitzung am 16. Dezember 1957
I. Terminkontrolle
II. Stand der Produktion
III. Plananlauf 1958
IV. BKV 1958

I. Terminkontrolle
Liste mit Terminen und Erfüllungsstand.

II. Stand der Produktion
Puffer
»Hier sind bereits Maßnahmen eingeleitet, dahingehend, daß 100 Puffer von LES übernomen und bei uns bearbeitet werden, wo vermutet werden muß, daß sie schadhaft sind. Darüber hinaus gehen heute 50 Puffer ein, welche in Ordnung sind.«[248]

Normteile und Beschläge
»Die noch fehlenden Normteile und Beschläge bis zur FZ 520 sind eingegangen, so daß damit die Probefahrt bis 520. Wagen als gesichert betrachtet werden kann.«[249]

Radsätze aus Ilsenburg
»Ein Problem wird die Anlieferung der Radsätze aus Ilsenburg infolge der Witterungseinflüsse darstellen. Es müßte die Genehmigüng erwirkt werden, daß ein Transport ohne Radsätze abgeschickt wird, welche dann nachgeliefert werden.«[250]

Werkstattaufbauten
»Die 2 Stück Werkstattaufbauten sind technisch noch immer unklar. Der Auftraggeber ist nochmals darauf hinzuweisen, daß er unbedingt … in unser Werk kommt …«[251]

Buna-Bus
»Durch K sind bereits Maßnahmen zur Lieferung der fehlenden Brüstungsleiste eingeleitet …«[252]
…

248–252. LHASA, MER, VEB Waggonbau Ammendorf, Nr. 55829.

Klimawagen
»Kollege Schneider wird bei seinem Besuch … mit der sowjetischen Handelsvertretung Verhandlungen führen dahingehend, daß der Klimawagen von der Erprobung aus der SU am 16. 2. 58 wieder hier im Hause ist, so daß dieser zur Messe ausgestellt werden kann …«[253]

III. Plananlauf 1958
»Aus der Berichterstattung des Kollegen … über die Plananlaufkontrolle ging hervor, daß bis zum 81. Wagen vollkommene Klarheit besteht und somit der Plananlauf sämtlicher Fertigungsbereiche gesichert ist …«[254]

Gesamte Hauptverwaltung muss Bruttoproduktion auf 104,4% steigern …
»Steigerung der gesamten Brutto-Produktion = 104,4% des HV-Bereiches …«[255]

IV. BKV 1958
Der BKV war der Betriebs-Kollektiv-Vertrag. Er betraf insbesondere die Verbesserung der Arbeitsbedingungen der Mitarbeiter des Waggonbau Ammendorf als Gegenleistung für die Erfüllung der Beauflagung der Produktion.
»Beginnend vom 17. 12. 1957 … an finden bis zum Abschluß des BKV regelmäßig dienstags Anleitungen und Aussprachen statt. An diesen Anleitungen haben alle für die Ausarbeitunge der einzelnen Abteilungsvereinbarungen verantwortlichen Wirtschaftsfunktionäre teilzunehmen …«[256]

Auswertung
Was man heute Führungskräfteseminar oder Führungstraining nennt, hieß früher Funktionärskonferenz …
»In einer Funktionärskonferenz Mitte Januar 1958 erfolgt die Auswertung der bisherigen Arbeit zur Vorbereitung der Abteilungsvereinbarungen und des BKV …«[257]

253–257. LHASA, MER, VEB Waggonbau Ammendorf, Nr. 55829.

1957

Was kostet ein Oasenwagen?
Besonders interessant sind immer die Preiskalkulationen und die Vertragspreise wie sie hier am Beispiel des Oasenwagens für Ägypten als Originalmitteilung abgebildet werden (Abb. 57).[258]

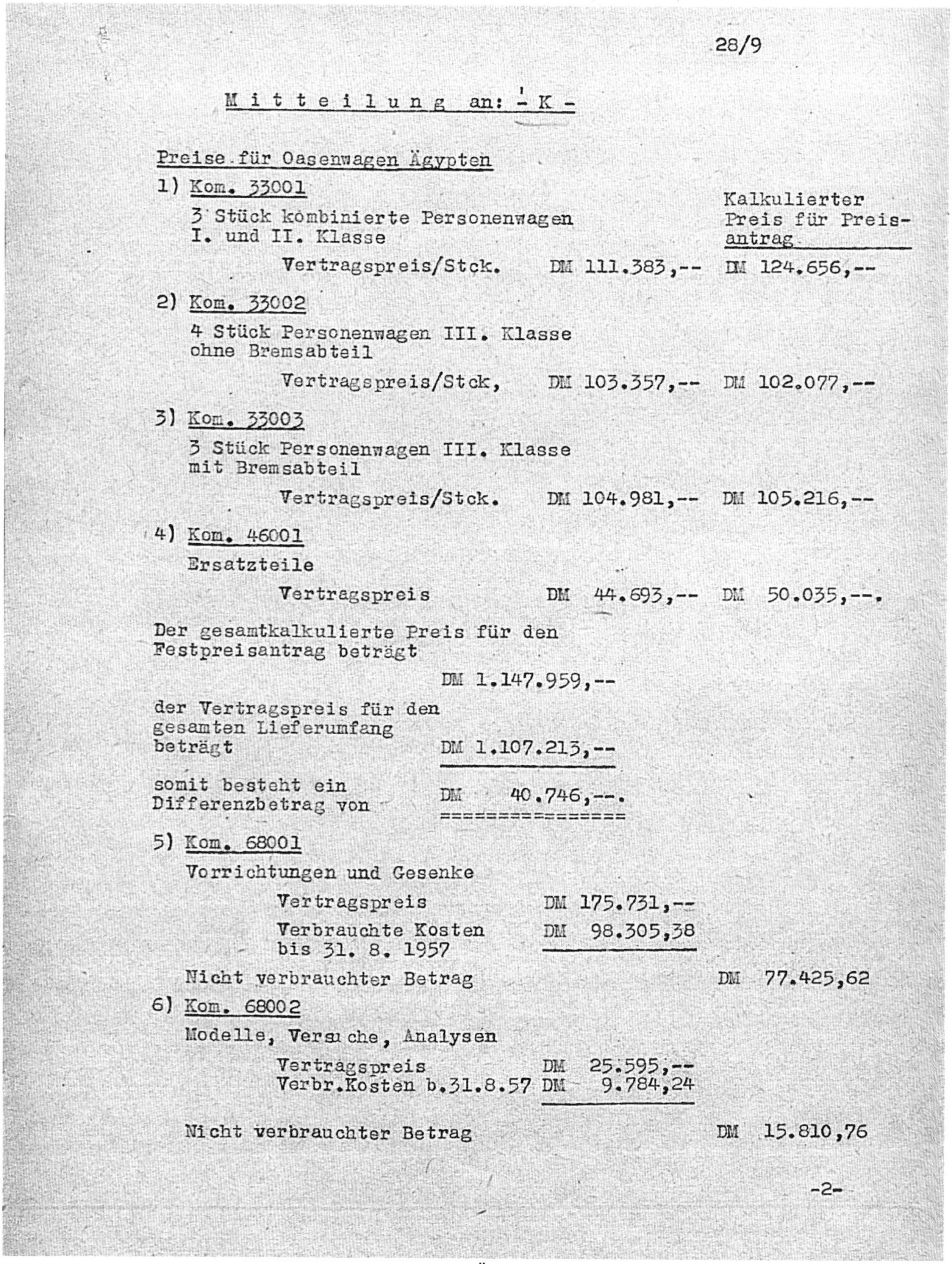

28/9

Mitteilung an: - K -

Preise für Oasenwagen Ägypten

1) Kom. 33001

3 Stück kombinierte Personenwagen I. und II. Klasse

		Kalkulierter Preis für Preisantrag
Vertragspreis/Stck.	DM 111.383,--	DM 124.656,--

2) Kom. 33002

4 Stück Personenwagen III. Klasse ohne Bremsabteil

Vertragspreis/Stck,	DM 103.357,--	DM 102.077,--

3) Kom. 33003

3 Stück Personenwagen III. Klasse mit Bremsabteil

Vertragspreis/Stck.	DM 104.981,--	DM 105.216,--

4) Kom. 46001

Ersatzteile

Vertragspreis	DM 44.693,--	DM 50.035,--.

Der gesamtkalkulierte Preis für den Festpreisantrag beträgt DM 1.147.959,--

der Vertragspreis für den gesamten Lieferumfang beträgt DM 1.107.213,--

somit besteht ein Differenzbetrag von DM 40.746,--.

5) Kom. 68001

Vorrichtungen und Gesenke

Vertragspreis	DM 175.731,--	
Verbrauchte Kosten bis 31. 8. 1957	DM 98.305,38	
Nicht verbrauchter Betrag		DM 77.425,62

6) Kom. 68002

Modelle, Versuche, Analysen

Vertragspreis	DM 25.595,--	
Verbr.Kosten b.31.8.57	DM 9.784,24	
Nicht verbrauchter Betrag		DM 15.810,76

-2-

Abb. 57: Preiskalkulation für Ägypten, Ammendorf 1957.

258. LHASA, MER, VEB Waggonbau Ammendorf, Nr. 55667.

Preiskalkulation für Ägypten Teil 2
Insgesamt lag der Vertragspreis um über 40.000 Mark über dem Kalkulationspreis. Das wurde damit begründet, dass man pro Wagen für etwa 20.000 Mark weniger Material brauchen würde. (Abb. 58).[259]

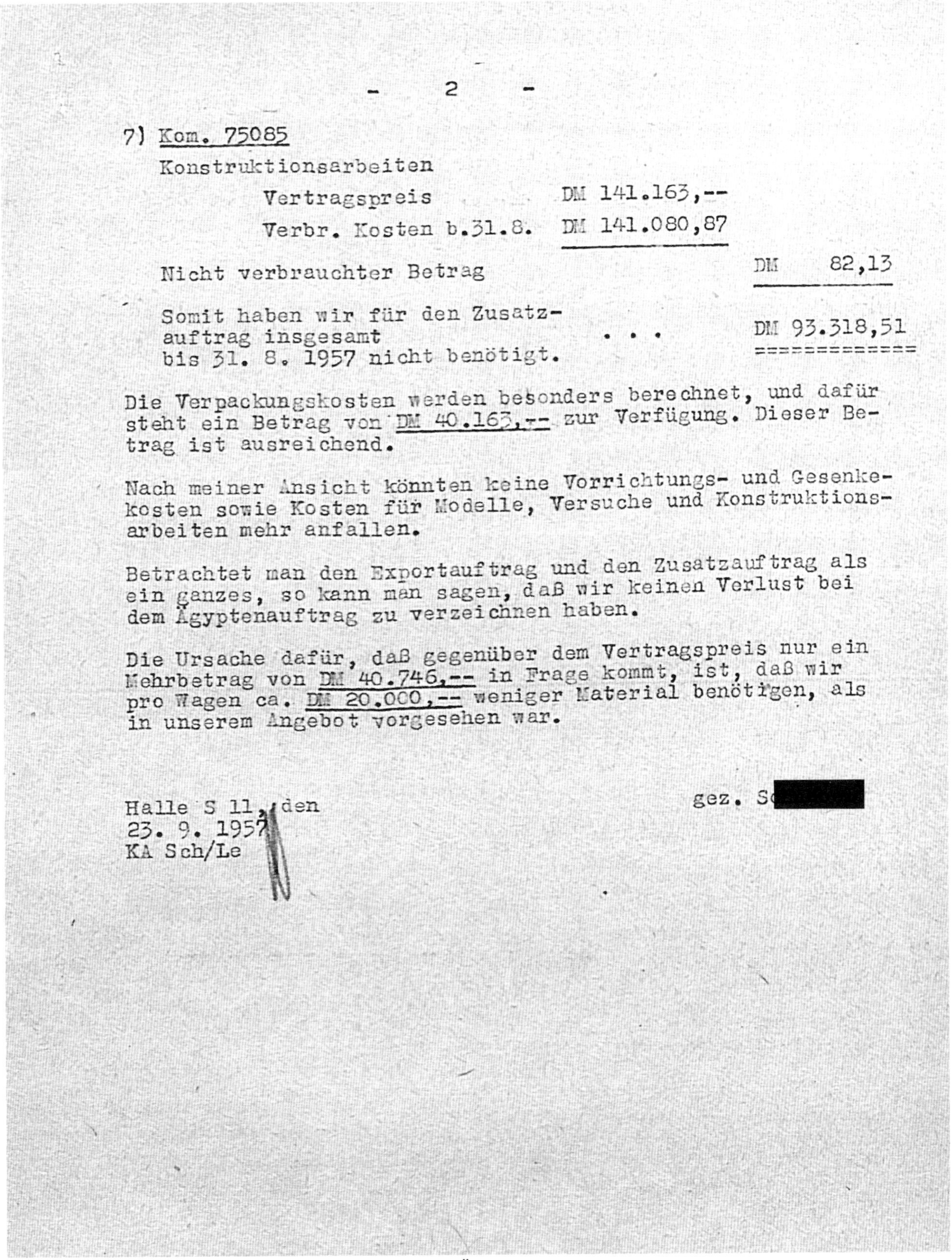

\- 2 -

7) Kom. 75085

Konstruktionsarbeiten

Vertragspreis	DM 141.163,--	
Verbr. Kosten b.31.8.	DM 141.080,87	
Nicht verbrauchter Betrag		DM 82,13
Somit haben wir für den Zusatzauftrag insgesamt bis 31. 8. 1957 nicht benötigt. . . .		DM 93.318,51

Die Verpackungskosten werden besonders berechnet, und dafür steht ein Betrag von DM 40.163,-- zur Verfügung. Dieser Betrag ist ausreichend.

Nach meiner Ansicht könnten keine Vorrichtungs- und Gesenkekosten sowie Kosten für Modelle, Versuche und Konstruktionsarbeiten mehr anfallen.

Betrachtet man den Exportauftrag und den Zusatzauftrag als ein ganzes, so kann man sagen, daß wir keinen Verlust bei dem Ägyptenauftrag zu verzeichnen haben.

Die Ursache dafür, daß gegenüber dem Vertragspreis nur ein Mehrbetrag von DM 40.746,-- in Frage kommt, ist, daß wir pro Wagen ca. DM 20.000,-- weniger Material benötigen, als in unserem Angebot vorgesehen war.

Halle S 11, den
23. 9. 1957
KA Sch/Le

gez. S[redacted]

Abb. 58: Preiskalkulation für Ägypten Teil 2, Ammendorf 1957.

259. LHASA, MER, VEB Waggonbau Ammendorf, Nr. 55667.

Wie sah er aus, der Oasenwagen für Ägypten?

Ein Werbe-Prospekt des Oasenwagens für Ägypten der 1. (6 Sitze), 2. (24 Sitze) und 3. (48 Sitze) Klasse zeigt folgende Bilder. In der 1. Klasse waren die Sitze aus »Dunlopillo«. Man konnte die Armlehnen zu Einzelsitzen klappen. Die Innenwände bestanden aus Sperrholz und es gab das Angebot von Wandfarben und Tapeten (Abb. 59–66).[260]

Abb. 59: 4-achsiger Personenwagen für Ägypten, Ammendorf 1958.

Abb. 60: 4-achsiger Personenwagen für Ägypten, Innengang, Ammendorf 1958.

Abb. 61: 4-achsiger Personenwagen für Ägypten, 1. Klasse, Ammendorf 1958.

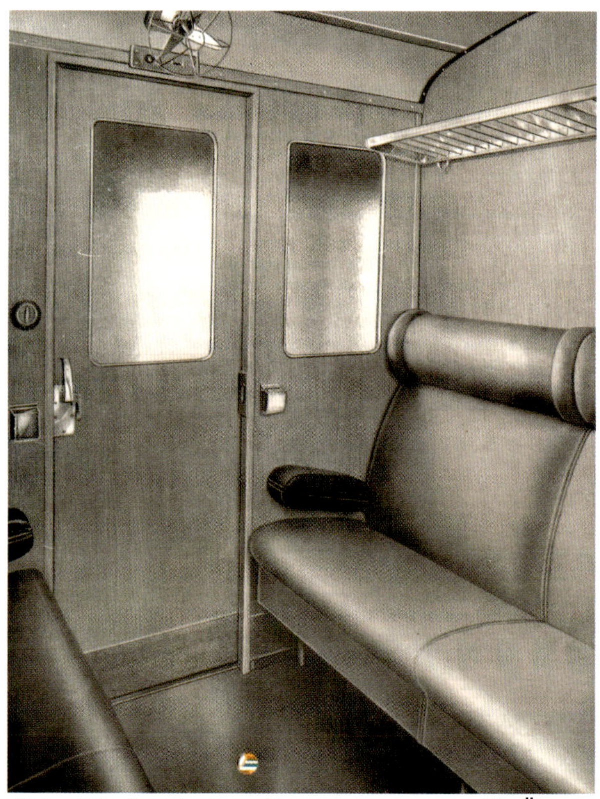

Abb. 62: 4-achsiger Personenwagen für Ägypten, 2. Klasse, Ammendorf 1958.

260. LHASA, MER, VEB Waggonbau Ammendorf, Nr. 55667.

Personenwagen-Prospekt wirbt mit dem Oasenwagen Teil 2[261]

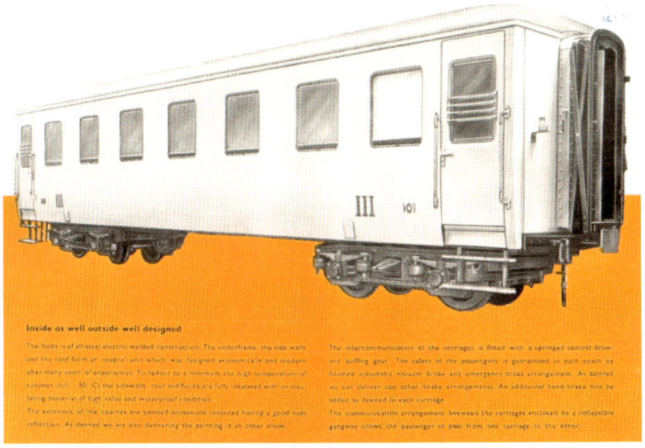

Abb. 63: 4-achsiger Personenwagen für Ägypten, Ammendorf 1958.

Abb. 64: 4-achsiger Personenwagen für Ägypten, Ammendorf 1958.

Abb. 65: 4-achsiger Personenwagen für Ägypten, 2. Klasse, Ammendorf 1958.

Abb. 66: 4-achsiger Personenwagen für Ägypten, Holzklasse, Ammendorf 1958.

Abb. 67: Adelheim Dietzel: Spezial-Personenwagen für den Orient, Berlin um 1960.

261. LHASA, MER, VEB Waggonbau Ammendorf, Nr. 55667.

Bilder 1955–1958: Busse aus Ammendorf

Im folgenden werden Bilder gezeigt, die belegen, dass der VEB Waggonbau Ammendorf damals ein bedeutender deutscher Fahrzeugbauer war, sei es auf der Schiene, auf der Straße oder auf dem Acker (Abb. 68–72).[262]

Abb. 68: Omnibus, Ammendorf um 1958.

Abb. 69: Omnibus, Ammendorf um 1958.

Abb. 70: Omnibus, Ammendorf um 1958.

262. LHASA, MER, VEB Waggonbau Ammendorf, Nr. 55667.

Abb. 71: Trolleybus, Ammendorf um 1958.

Abb. 72: Omnibus, Ammendorf um 1958.

Bilder 1955–1958: Ammendorfer Produkte

Adelheim Dietzel war DER Fahrzeug-Werbe-Künstler der damaligen Zeit und er hat auch Wagen des VEB Waggonbau Ammendorf gut in Szene gesetzt. Daneben noch weitere Produktbilder (Abb. 73–77).[263]

Abb. 73: Waggonszene, Ammendorf um 1958.

Abb. 74: Wagenwerbung, Ammendorf um 1958.

Abb. 75: Innengang, Ammendorf um 1958.

Abb. 76: Oasenbahn, Ammendorf um 1958.

Abb. 77: Straßenbahn, Ammendorf um 1958.

263. LHASA, MER, VEB Waggonbau Ammendorf, Nr. 55667.

Bilder 1955–1958: Ammendorfer Produkte in Prospekten (Abb. 78–82).[264]

Abb. 78: Prospekt, Ammendorf um 1958.

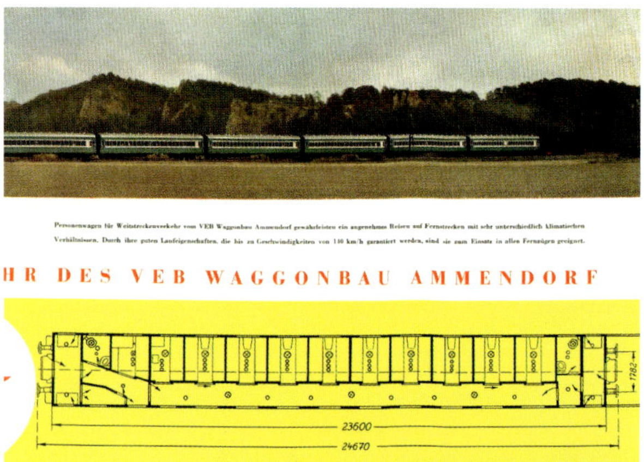

Abb. 79: Prospekt, Ammendorf um 1958.

Abb. 80: Prospekt, Ammendorf um 1958.

Abb. 81: 5-to-Rollkipper, Ammendorf um 1958.

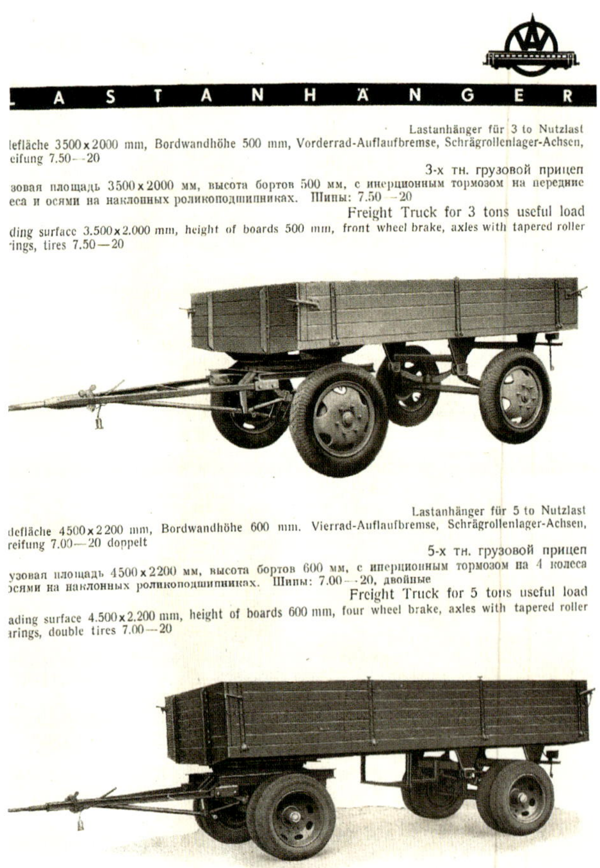

Abb. 82: Lastanhänger, Ammendorf um 1958.

264. LHASA, MER, VEB Waggonbau Ammendorf, Nr. 55667.

Werkleiter-Wechsel

WEIGEL beendete 1957 die Werkleitertätigkeit . Auf den 14. 5. 1957 datiert das letzte in den Akten vorhandene Schreiben an ihn als Werkleiter (Abb. 83).[265] Die ‚Bahn frei' berichtete nicht über diesen Wechsel.

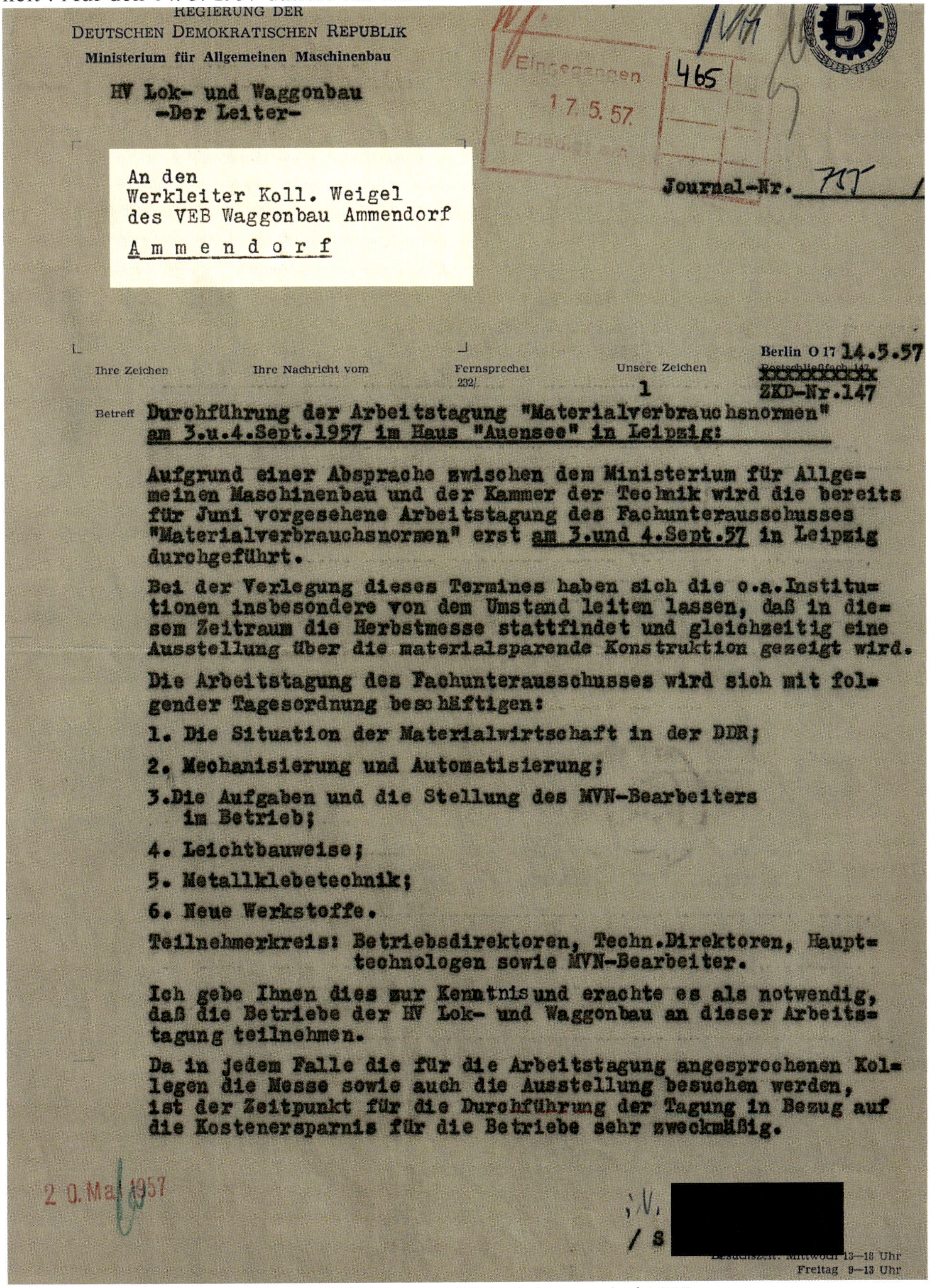

REGIERUNG DER
DEUTSCHEN DEMOKRATISCHEN REPUBLIK
Ministerium für Allgemeinen Maschinenbau

HV Lok- und Waggonbau
-Der Leiter-

Eingegangen 17. 5. 57 465
Erledigt am

An den
Werkleiter Koll. Weigel
des VEB Waggonbau Ammendorf

Ammendorf

Journal-Nr.

Ihre Zeichen	Ihre Nachricht vom	Fernsprecher	Unsere Zeichen	Berlin O 17 14.5.57
		232/	1	~~Postschließfach 147~~ ZKD-Nr.147

Betreff Durchführung der Arbeitstagung "Materialverbrauchsnormen" am 3.u.4.Sept.1957 im Haus "Auensee" in Leipzig:

Aufgrund einer Absprache zwischen dem Ministerium für Allgemeinen Maschinenbau und der Kammer der Technik wird die bereits für Juni vorgesehene Arbeitstagung des Fachunterausschusses "Materialverbrauchsnormen" erst am 3.und 4.Sept.57 in Leipzig durchgeführt.

Bei der Verlegung dieses Termines haben sich die o.a.Institutionen insbesondere von dem Umstand leiten lassen, daß in diesem Zeitraum die Herbstmesse stattfindet und gleichzeitig eine Ausstellung über die materialsparende Konstruktion gezeigt wird.

Die Arbeitstagung des Fachunterausschusses wird sich mit folgender Tagesordnung beschäftigen:

1. Die Situation der Materialwirtschaft in der DDR;
2. Mechanisierung und Automatisierung;
3. Die Aufgaben und die Stellung des MVN-Bearbeiters im Betrieb;
4. Leichtbauweise;
5. Metallklebetechnik;
6. Neue Werkstoffe.

Teilnehmerkreis: Betriebsdirektoren, Techn.Direktoren, Haupttechnologen sowie MVN-Bearbeiter.

Ich gebe Ihnen dies zur Kenntnis und erachte es als notwendig, daß die Betriebe der HV Lok- und Waggonbau an dieser Arbeitstagung teilnehmen.

Da in jedem Falle die für die Arbeitstagung angesprochenen Kollegen die Messe sowie auch die Ausstellung besuchen werden, ist der Zeitpunkt für die Durchführung der Tagung in Bezug auf die Kostenersparnis für die Betriebe sehr zweckmäßig.

20. Mai 1957

i.V. [redacted]
/ S

Besuchszeit: Mittwoch 13–18 Uhr
Freitag 9–13 Uhr

Abb. 83: Schreiben an Weigel, Ammendorf 1957.

265. LHASA, MER, VEB Waggonbau Ammendorf, Nr. 55667.

Werkleiter-Wechsel Teil 2

Kollege SCHILLER wurde am 1. 7. 1957 als kommissarischer Werkleiter angeschrieben (Abb. 84).[266] Er war zuvor Technischer Direktor in der Werkleitung gewesen und leitete ab 20. 5. 1957 als solcher stellvertretend die Werkleitungssitzungen . Für sein Einspringen erhielt er 1.000.-DM Prämie.

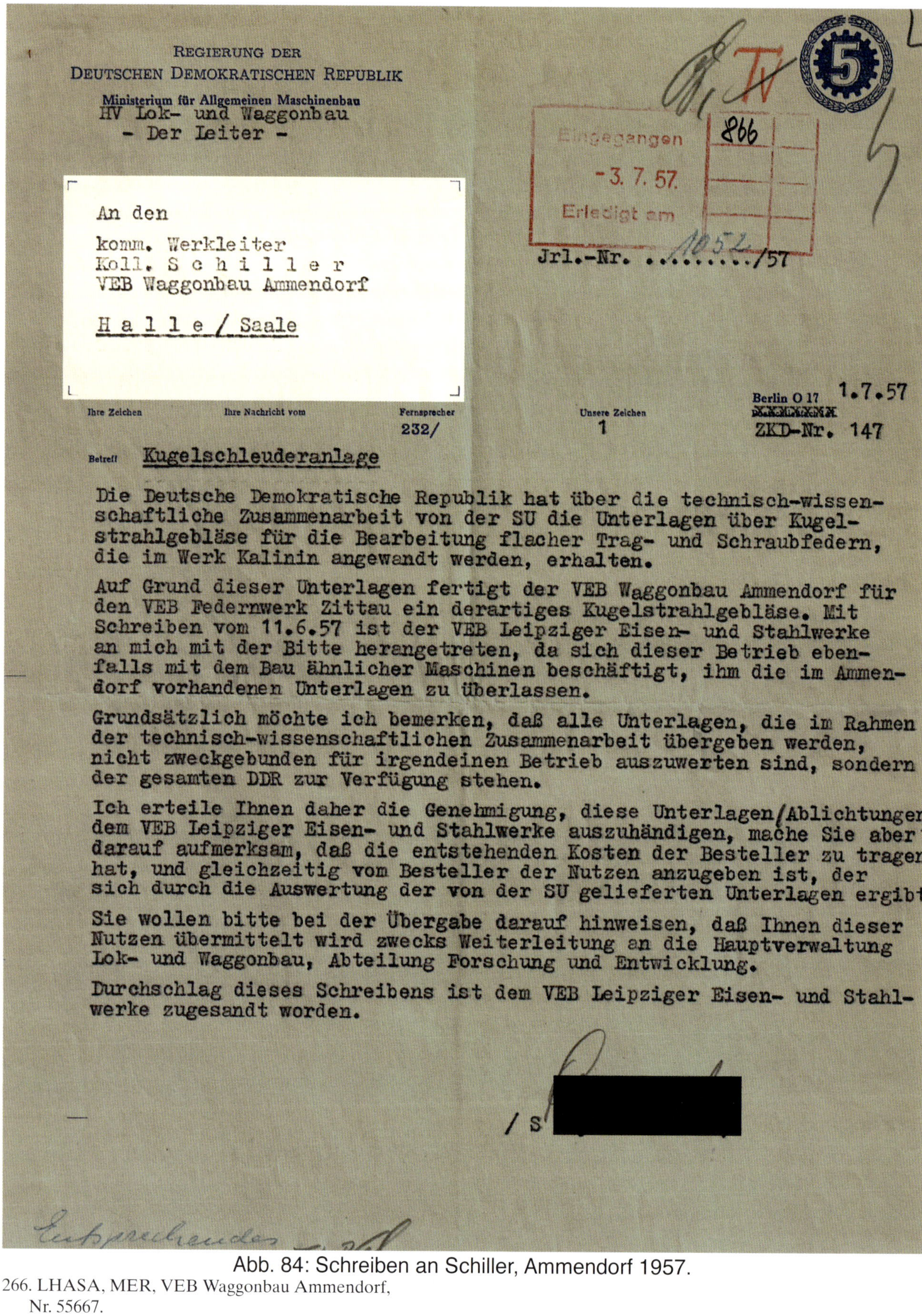

REGIERUNG DER
DEUTSCHEN DEMOKRATISCHEN REPUBLIK
Ministerium für Allgemeinen Maschinenbau
HV Lok- und Waggonbau
- Der Leiter -

Eingegangen -3. 7. 57. 866
Erledigt am
Jrl.-Nr. ...1052../57

An den
komm. Werkleiter
Koll. S c h i l l e r
VEB Waggonbau Ammendorf

H a l l e / Saale

Ihre Zeichen	Ihre Nachricht vom	Fernsprecher	Unsere Zeichen	Berlin O 17 1.7.57
		232/	1	ZKD-Nr. 147

Betreff **Kugelschleuderanlage**

Die Deutsche Demokratische Republik hat über die technisch-wissenschaftliche Zusammenarbeit von der SU die Unterlagen über Kugelstrahlgebläse für die Bearbeitung flacher Trag- und Schraubfedern, die im Werk Kalinin angewandt werden, erhalten.

Auf Grund dieser Unterlagen fertigt der VEB Waggonbau Ammendorf für den VEB Federnwerk Zittau ein derartiges Kugelstrahlgebläse. Mit Schreiben vom 11.6.57 ist der VEB Leipziger Eisen- und Stahlwerke an mich mit der Bitte herangetreten, da sich dieser Betrieb ebenfalls mit dem Bau ähnlicher Maschinen beschäftigt, ihm die im Ammendorf vorhandenen Unterlagen zu überlassen.

Grundsätzlich möchte ich bemerken, daß alle Unterlagen, die im Rahmen der technisch-wissenschaftlichen Zusammenarbeit übergeben werden, nicht zweckgebunden für irgendeinen Betrieb auszuwerten sind, sondern der gesamten DDR zur Verfügung stehen.

Ich erteile Ihnen daher die Genehmigung, diese Unterlagen/Ablichtungen dem VEB Leipziger Eisen- und Stahlwerke auszuhändigen, mache Sie aber darauf aufmerksam, daß die entstehenden Kosten der Besteller zu tragen hat, und gleichzeitig vom Besteller der Nutzen anzugeben ist, der sich durch die Auswertung der von der SU gelieferten Unterlagen ergibt.

Sie wollen bitte bei der Übergabe darauf hinweisen, daß Ihnen dieser Nutzen übermittelt wird zwecks Weiterleitung an die Hauptverwaltung Lok- und Waggonbau, Abteilung Forschung und Entwicklung.

Durchschlag dieses Schreibens ist dem VEB Leipziger Eisen- und Stahlwerke zugesandt worden.

/ S [redacted]

Abb. 84: Schreiben an Schiller, Ammendorf 1957.

266. LHASA, MER, VEB Waggonbau Ammendorf, Nr. 55667.

Werkleiter-Wechsel Teil 3

Kollege Lösch war im Oktober Werkleiter, worauf das abgebildete Schreiben deutet (Abb. 85).[267] Der Unterschied zwischen ‚Kollege' und ‚Genosse' war die Zugehörigkeit der Genossen zur SED. Nicht-Genosse Lösch war offenbar jener Werkleiter, der in den Westen ging und als Vorbild für die Werkleiterfigur im ‚Geteilten Himmel' von Christa Wolf diente.

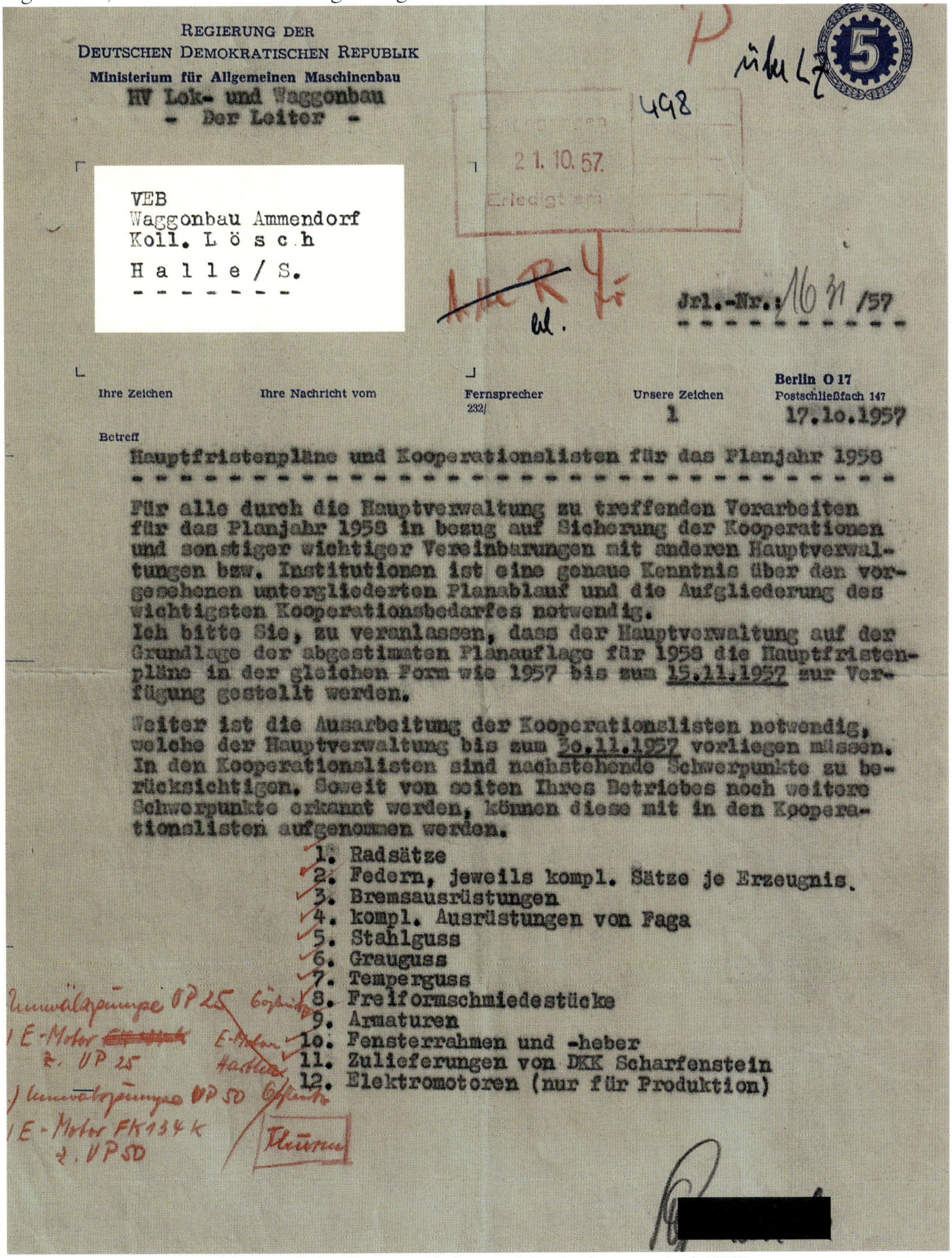

Regierung der
Deutschen Demokratischen Republik
Ministerium für Allgemeinen Maschinenbau
HV Lok- und Waggonbau
- Der Leiter -

21. 10. 57.
Erledigt am
498

VEB
Waggonbau Ammendorf
Koll. L ö s c h
H a l l e / S.

Jrl.-Nr.: 1631 /57

Ihre Zeichen	Ihre Nachricht vom	Fernsprecher	Unsere Zeichen	Berlin O 17 Postschließfach 147
		232/	1	17.1o.1957

Betreff
Hauptfristenpläne und Kooperationslisten für das Planjahr 1958

Für alle durch die Hauptverwaltung zu treffenden Vorarbeiten für das Planjahr 1958 in bezug auf Sicherung der Kooperationen und sonstiger wichtiger Vereinbarungen mit anderen Hauptverwaltungen bzw. Institutionen ist eine genaue Kenntnis über den vorgesehenen untergliederten Planablauf und die Aufgliederung des wichtigsten Kooperationsbedarfes notwendig.
Ich bitte Sie, zu veranlassen, dass der Hauptverwaltung auf der Grundlage der abgestimmten Planauflage für 1958 die Hauptfristenpläne in der gleichen Form wie 1957 bis zum 15.11.1957 zur Verfügung gestellt werden.

Weiter ist die Ausarbeitung der Kooperationslisten notwendig, welche der Hauptverwaltung bis zum 30.11.1957 vorliegen müssen. In den Kooperationslisten sind nachstehende Schwerpunkte zu berücksichtigen. Soweit von seiten Ihres Betriebes noch weitere Schwerpunkte erkannt werden, können diese mit in den Kooperationslisten aufgenommen werden.

1. Radsätze
2. Federn, jeweils kompl. Sätze je Erzeugnis.
3. Bremsausrüstungen
4. kompl. Ausrüstungen von Faga
5. Stahlguss
6. Grauguss
7. Temperguss
8. Freiformschmiedestücke
9. Armaturen
1o. Fensterrahmen und -heber
11. Zulieferungen von DKK Scharfenstein
12. Elektromotoren (nur für Produktion)

[redacted]

Abb. 85: Schreiben an Kollegen Lösch, Ammendorf 1957.

267. LHASA, MER, VEB Waggonbau Ammendorf, Nr. 55667.

Einführende Zusammenfassung 1958

1958 war nicht weniger schwierig als das Vorjahr. Dies belegt allein das Fehlen von ganzen Monaten an Protokollen der Werkleitungssitzungen.

Im Januar fehlten Aufträge aus der SU:

> *»Wie bereits durch L … schriftlich mitgeteilt wurde, ist in Bezug auf die Frage, ob unser Werk 50 Weitstreckenwagen mehr für 1958 bekommt oder nicht, die Situation eingetreten, daß eine Übernahme der 50 Weitstreckenpersonenwagen vom VEB Waggonbau Bautzen nicht möglich ist, da für Bautzen eine entsprechende Ausgleichsproduktion nicht möglich ist. Zur Zeit laufen Verhandlungen seitens des DIA mit der SU, um für unser Werk einen Zusatzauftrag bis zu 50 Weitstreckenwagen zu erhalten«*[268]

Der neue Leiter, Kollege Lösch unternahm im Mai eine großangelegte Analyse der Betriebsorganisation, wozu folgende Punkte gehörten:

> *»a) Torkontrolle und Durchlaßscheine;*
> *b) Verbesserung der Zwischenläger;*
> *c) Fahrrad- und Motorradaufbewahrung;*
> *d) Raumverteilungsplan;*
> *e) Taktanalyse – Produktionsberichte;*
> *f) Veränderungen der Organisation der Gütekontrolle;*
> *g) Übernahme des Nachbargrundstückes des Bezirkskontors für landwirtschaftliche Maschinen …«*[269]

Die erste »Bahn frei« des Jahres ziert traditionell das Porträt des damaligen Präsidenten der DDR und Namensgebers der BBS des Waggonbau Ammendorf Wilhelm Pieck (Abb. 86).[270] Interessant war auch die Übernahme des Nachbargrundstückes, die detaillierter dargestellt wird (Abb. 87).

Die Produktion von Massenbedarfsgütern spielt eine immer größere Rolle und wird betriebsorganisatorisch neu geordnet.

Schließlich wird für das Jahr 1958 ein Mietvertrag abgebildet, der belegt, dass der Betrieb in der DDR eine zentrale Rolle im gesamten Alltag der Menschen spielte, von der Kinderbetreuung über die Kultur bis hin zum Wohnraum (Abb. 90).

Eine »Dezember-Bahn frei« karikiert die führenden Köpfe mit ihren Wünschen für 1959 (Abb. 91).

BETRIEBSZEITUNG

Bahn frei

Organ der Parteileitung der SED im VEB Waggonbau Ammendorf

9. Jahrgang / Nr. 1 — Erscheint wöchentlich / Preis 5 Pf — 3.-8. Januar 1958

Mit Kraft und Zuversicht ins neue Jahr

Liebe Kolleginnen und Kollegen!

Ein anstrengendes Jahr – ein Jahr der Erfolge auf politischem und ökonomischem Gebiete ist zu Ende gegangen.

Hohe Anforderungen wurden an die Werktätigen unseres Betriebes gestellt. So galt es u. a., die Arbeit neu zu organisieren, die neue Kollegen, die trotz großer Schwierigkeiten und durch den Einsatz aller verfügbaren Kräfte, das gesteckte Ziel – den 540. Personenweitstreckenwagen bis Ende des Jahres fertigzustellen – erreichen konnten.

Die Planaufgaben, welche wir uns gemeinsam im Jahre 1958 ge- durch die Stationierung von Atomwaffen das deutsche Volk und die gesamte friedliebende Menschheit in einen neuen furchtbaren Weltkrieg zu stürzen. Deshalb ist es jetzt unsere Aufgabe, gemeinsam eine Friedensfront zu errichten, damit es diesen Kräften nicht wieder gelingt, einen 3. Weltkrieg für ihre Profite zu organisieren.

Möge das Jahr 1958 unseren Kolleginnen und Kollegen neue Kraft und Zuversicht bei der Erfüllung der neuen Planaufgaben geben.

In diesem Sinne wünscht die Werkleitung allen Arbeiterinnen, Arbeitern, Angestellten, Ingenieuren und ihren Angehörigen ein gesundes neues Jahr.

Kampfziel erreicht

Dank der hervorragenden Leistungen unserer Waggonbauer, konnte in der Nacht vom 30. zum 31. Dezember die Probefahrt des 540. Weitstreckenwagens erfolgen.

Die Werkleitung spricht noch einmal auf diesem Wege

Unser Präsident Wilhelm Pieck 82 Jahre

Am heutigen Tage begeht unser Präsident Wilhelm Pieck seinen 82. Geburtstag.

Mit Liebe, Dankbarkeit und Verehrung gedenken heute die Werktätigen der Deutschen Demokratischen Republik, die Werktätigen ganz Deutschlands und aller anderen Länder der Welt, unseres Präsidenten.

Unser Genosse Wilhelm Pieck war und ist ein Kämpfer gegen den deutschen Militarismus und Imperialismus, die das deutsche Volk und die Völker Europas in diesem Jahrhundert zweimal in die Katastrophe führten.

Unser Genosse Wilhelm war und ist ein aufrechter F der Sowjetunion, ein Vorbil Kampf für die Erhaltung Weltfriedens.

Unser Genosse Wilhelm ist das leuchtende Vorbil Kampf für ein friedliebende demokratisches Deutschland, den Kampf um Demokrati Sozialismus.

*

Im Namen aller Waggon wünschen wir unserem Präsi alles Gute und noch eine Schaffenskraft zum Wohle u Republik.

Abb. 86: Mit Kraft und Zuversicht ins neue Jahr, Bahn frei, Ammendorf 1958.

268. LHASA, MER, VEB Waggonbau Ammendorf, Nr. 55519.
269. Bahn frei!, 8. Jahrgang Nr. 1, Ammendorf 1957.
270. LHASA, MER, VEB Waggonbau Ammendorf, Nr. 55519.

Protokolle 1958
Protokoll zur Werkleitungssitzung am 4. Januar 1958
I. Plan 1958
II. Vorbereitung BKV 1958
III. Vertrauensmänner-Vollversammlung

I. Plan 1958
Produktion: zu wenig Aufträge aus der SU!

»Wie bereits durch L … schriftlich mitgeteilt wurde, ist in Bezug auf die Frage, ob unser Werk 50 Weitstreckenwagen mehr für 1958 bekommt oder nicht, die Situation eingetreten, daß eine Übernahme der 50 Weitstreckenpersonenwagen vom VEB Waggonbau Bautzen nicht möglich ist, da für Bautzen eine entsprechende Ausgleichsproduktion nicht möglich ist. Zur Zeit laufen Verhandlungen seitens des DIA mit der SU, um für unser Werk einen Zusatzauftrag bis zu 50 Weitstreckenwagen zu erhalten«[271]

Was tun? Können die Zulieferer liefern?

»Sofortige Aufnahme einer Verbindung mit sämtlichen DDR-Zulieferanten für das Weitstreckenwagen-Programm, um zu klären, ob seitens dieser Werke zusätzliche Lieferungen für bis zu 50 Weitstreckenwagen möglich sind …«[272]

Maßnahmen

»Zu diesem Zweck wird:
a) ein Werkleiterbrief an die Werkleiter der betreffenden Werke gesandt;
b) nach Vorliegen der ersten Ergebnisse wird durch die einzelnen Werkleitungsmitglieder mit den Werken der persönliche Kontakt aufgenommen. Hierzu wird durch K eine Ausarbeitung angefertigt, aus der hervorgeht, wer mit welchem Werk persönliche Verbindung aufnimmt;
c) eine Aufstellung über sämtliche Zulieferteile und -Werke wird durch K bis zum 6. 1. 58 erarbeitet.«[273]

Arbeitskräfte

»Durch A wurde eine Vorlage über den Einsatz von freigewordenen Arbeitskräften vorgelegt. Es ist festzustellen, daß 93 Arbeitskräfte von PF 4 außerhalb von diesem Bereich beschäftigt werden. Dazu kommen noch 12 Personen, welche in PF 1 zweckgebunden eingesetzt sind. Dieser Einsatz besteht bis zu dem Zeitpunkt bis wiederum in PF 4 ein Ausstoß von 3 Wagen bis in den Monat Februar hinein erfolgt …«[274]

Rekonstruktionsvorhaben 1958

»Die Übersicht über die Rekonstruktionsvorhaben 1958 wurde den Werkleitungsmitgliedern ausgehändigt. Änderungswünsche sind durch die Werkleitungsmitglieder bis 8. 1. 58 an T bekanntzugeben.«[275]

II. Vorbereitung BKV 1958

»Es wurde der Stand der Vorbereitungen zum BKV … aufgezeigt …«[276]

III. Vertrauensmänner-Vollversammlung

»In Vorbereitung der Vertrauensmänner-Vollversammlung wurde der Aufbau des Referates festgelegt. Die von einzelnen Werkleitungsmitgliedern anzufertigenden Berichte wurden abgegeben.«[277]

Auszug aus dem Protokoll über die Werkleitungssitzung am 18. Januar 1958
II. Beneckenstein
Wir behalten das Heim!

»Die Werkleitung beschließt, daß das Heim behalten wird. Dieser Beschluß ist der BGL zuzuleiten. Die notwendigen Arbeiten an diesem Heim sind schrittweise durchzuführen …«[278]

III. Stellenplan 1958
Senkungsziffern nicht einhaltbar!

»Von K und B wird bekanntgegeben, daß die von LZ vorgegebenen Senkungsziffern nicht eingehalten werden können … Diese Frage wird mit dem gesamten Problem Plan 1958 in der nächsten Werkleitungssitzung behandelt …«[279]

271–273. LHASA, MER, VEB Waggonbau Ammendorf, Nr. 55519.

274–279. LHASA, MER, VEB Waggonbau Ammendorf, Nr. 55519.

Niederschrift über die Funktionärsberatung am 25. 2. 1958
I. Probleme PF 1
II. Untersuchung Zusammenwirken
III. Arbeitskräfteumsetzung
IV. Einstellungsstopp
V. Normenentwicklung

»Im Ergebnis dieser Beratung wurden im Einvernehmen aller Anwesenden folgende Maßnahmen festgelegt«[280]

I. Probleme PF 1
»Kontaktaufnahme mit Kollegen am Arbeitsplatz seitens der im nächsten Punkt aufgeführten Funktionäre zur Vorbereitung von Produktionsberatungen in PF 1.«[281]

Auswertung Produktionsberatungen
»Zentrale Auswertung dieser Produktionsberatungen durch die verantwortlich eingesetzten Funktionäre der Partei, BGL und Werkleitung und Festlegung konkreter Maßnahmen und Bekanntgabe dieser Maßnahmen in einer der nächstfolgenden Produktionsberatung in diesen Abteilungen …«[282]

II. Untersuchung Zusammenwirken
»Im Zusammenhang mit der Durchführung der Maßnahme zu Punkt I ist das Zusammenwirken zwischen den Abteilungen KMD – Lenkungsstelle – Eisenplatz und Fez zu untersuchen …«[283]

III. Arbeitskräfteumsetzung
Lohnfonds überschritten!
»Zur Lösung der Frage der Arbeitskräfteumsetzung, welche im Zusammenhang mit der Lohnfondsüberschreitung zu sehen ist, wird in Ergänzung der in der Rentabilitätsberatung am gleichen Tage festgelegten Maßnahme vereinbart, daß auf der Grundlage der überplanmäßigen Normstundensenkung je Weitstreckenwagen mit der Umsetzung von Arbeitskräften sofort begonnen wird und zwar je nach Anfall bzw. Freiwerden von Arbeitskräften in den einzelnen Produktionsbereichen«[284]

IV. Einstellungsstopp
Ausnahme: Soldaten und Polizisten
»Ab sofort werden keine Neueinstellungen vorgenommen mit Ausnahme von Betriebsangehörigen, die in Ehren aus der Nationalen Volksarmee oder anderer bewaffneter Organisationen der DDR ausscheiden …«[285]

V. Normenentwicklung
»Um die Normenentwicklung von Jahresbeginn an in die richtige Bahn zu lenken, wird folgendes festgelegt:
a) Durch A werden Vorschläge unterbreitet, welche Brigade bzw. welcher Meisterbereich in jedem Fertigungsbereich für die Durchführung einer Normenregelung ausgesucht wird. (je Fertigungsbereich 1 Brigade bzw. in PF 1 1 Meisterbereich)
…
b) Durchführung von Aussprachen mit Genossen aus diesen Brigaden unter Teilnahme leitender Funktionäre von BPO, BGL und Werkleitung …
c) Festlegung der Zeitpunkte, ab wann mit der Normenüberprüfung begonnen wird …
d) Auswertung dieser Normenüberprüfungen in diesen Beispiel-Brigaden. Nach Ablauf eines bestimmten Zeitpunktes Prüfung der Frage der Verallgemeinerung auf das gesamte Fertigungsbereich …«[286]

Keine Protokolle für März und April des Jahres 1958 in den Akten
Das Jahr 1958 war ein Jahr, für das die ansonsten für den VEB Waggonbau Ammendorf typische deutsche Gründlichkeit in der Ablage von Vorlagen, Dokumenten und auch Protokollen der Werkleitungen nicht gilt. So fehlen etwa für die Monate März 1958 und April 1958 die Werkleitungsprotokolle in den Akten.

280–283. LHASA, MER, VEB Waggonbau Ammendorf, Nr. 55519.

284–286. LHASA, MER, VEB Waggonbau Ammendorf, Nr. 55519.

Protokoll über die Werkleitungssitzung am 16. Mai 1958
I. Stand der Produktion
II. Ökonomische Konferenz
III. Vorlagen
IV. Perspektive TKS
V. Verschiedenes (aus Zeitmangel gestrichen)

Außerhalb der Tagesordnung …

»Außerhalb der Tagesordnung wurden besprochen:
a) A gab eine Information über den augenblicklichen Stand der Kohlenbestellung (freie Kohle zu verbilligten Preisen). Für das Werk stehen insgesamt nur 1.500 Zentner Brikett zur Verfügung, obwohl über 10.000 Zentner Bestellungen vorliegen. Unter Berücksichtigung der familiären und sozialen Verhältnisse wird die Zurverfügung stehende Menge auf die Belegschaftsmitglieder aufgeteilt.
b) L informierte das Leitungskollektiv über ein vor der Sitzung geführtes Telefongespräch mit dem Technischen Leiter des VEB Blechverarbeitungsmaschinenwerk Gotha. Darin gab Gotha bekannt, daß konstruktive Änderungen an der Blechrichtwalze notwendig sind. Das bedeutet, daß bis frühestens Ende Juli die in Fez stehende Blechrichtwalze nicht ordnungsgemäß in den Produktionsprozess eingeschaltet werden kann …«[287]

I. Stand der Produktion

»Folgende Rückstände gegenüber dem aufgeschlüsselten Volkswirtschaftsplan sind per 16. 5. 1958 zu verzeichnen:

Vorbauten …………	*7 Stück*
Untergestelle ………	*8 Stück*
Stirnwände …………	*16 Stück*
fertige Rohbauten ……	*12 Stück*
fertige Wagen …………	*7 Stück …«*[288]

Was sagt der Chef dazu?

»Es ist nicht nur der Materialeinkauf allein Schwerpunkt in Bezug auf Planerfüllung, sondern vielmehr muß das Augenmerk darauf gelegt werden, daß die einzelnen Fertigungs- und Meisterbereiche untereinander besser zusammenarbeiten …«[289]

II. Ökonomische Konferenz

»Zum Tagesordnungspunkt II wurden von L zunächst die notwendigen organisatorischen Vorbereitungen und Maßnahmen für die Durchführung der 1. ökonomischen Konferenz der VVB Schienenfahrzeuge erläutert …«[290]

Was ist die Hauptaufgabe der VVB Schienenfahrzeuge?

»Die Hauptaufgaben der VVB Schienenfahrzeuge sind folgende:
Aufschlüsselung der von der Staatlichen Plankommission überreichten Volkswirtschaftspläne auf die Betriebe der VVB;
Ausarbeitung von Perspektivplänen für längere Zeitabschnitte;
Anleitung und Kontrolle der Betriebe und Hilfeleistung in besonderen Fällen;
Steuerung und Verteilung von Material und Investition;
Organisierung und Durchführung von Betriebsvergleichen;
Steuerung von Schwerpunktthemen des Forschungs- und Entwicklungsplanes;
Anleitung des Instituts;
Anleitung bei der Ausarbeitung von Ausbildungsplänen, Schulungs- und sonstigen Lehrplänen;
Hilfeleistung bei der Vorbereitung zentraler Rechenschaftslegungen, ökonomischen Konferenzen und anderer betrieblicher – zentraler – Veranstaltungen …«[291]

Betriebszeitungen

»Von der VVB wird vorgeschlagen, daß größere Betriebe über kleinere Betriebe, die keine eigene Betriebszeitung besitzen, Patenschaften übernehmen – eventuell das Werk Ammendorf über Ilsenburg oder Staßfurt (diese Frage müßte mit dem Waggonbau Dessau abgestimmt werden) …«[292]

287–288. LHASA, MER, VEB Waggonbau Ammendorf, Nr. 55519.

289–292. LHASA, MER, VEB Waggonbau Ammendorf, Nr. 55519.

III. Vorlagen

Torkontrolle und Durchlassscheine

»Der Entwurf dieser Vorlage wurde mit Ausnahme nachstehender Änderungen bestätigt und ist in der endgültigen Fassung L zur Unterzeichnung vorzulegen. Die Organisationsform ist ab 1. 7. gültig und nicht ab 1. 5. 58. In Punkt 2 … ist die Ausgabe bzw. der Wechsel der Kontrollkarten für den Wochenanfang und nicht für das Wochenende vorgesehen …«[293]

Verbesserung der Zwischenlager

»Die Vorlage wurde nicht in allen Punkten bestätigt …«[294]

Veränderung Fahrrad- und Motorradaufbewahrung im Betrieb

»Diese Vorlage wird bestätigt und ist umgehend herauszugeben …«[295]

Veränderung der Organisation der Gütekontrolle

»Diese Vorlage wird bestätigt. Die Maßnahmen sind entsprechend der Vorlage durchzuführen …«[296]

Taktsystem – Produktionsberichte

»Diese Vorlage wird bestätigt. Es ist jedoch die Wagen-Nummer von FZ 223 in FZ 281 abzuändern, sowie auch der Termin … auf den 25. 5. 58 festzulegen …«[297]

Übernahme Nachbargrundstück

»Von LO liegt eine Mitteilung vor, wonach der Konsum, der den Grundstückstausch mit dem Bezirkskontor durchführt, einverstanden wäre, die Räume in der 1. Etage KWi zu übernehmen und dafür das Grundstück des Bezirkskontors dem VEB Waggonbau Ammendorf zu überlassen.
Da einwandfrei feststeht, daß bei Übernahme dieses Nachbargrundstückes die erhebliche Raumknappheit in unserem Werk bedeutend verbessert wird – wenn nicht sogar beseitigt werden kann – waren sich alle Leitungsmitglieder darüber einig, dieses Grundstück zu übernehmen.
M 12 LO und LJ werden beauftragt, sofort alle erforderlichen Schritte zwecks Übernahme dieses Grundstücks einzuleiten …«[298]

Raumverteilungsplan

»Neben der Vorlage von LO liegt ein Vorschlag von LS und LBr über die Raumaufteilung im Feuerwehrgerätehaus und ein Vorschlag der BPO über die Zurverfügungstellung von Räumen für die Kampfgruppe vor …«[299]

Was tun?

»M 13 Das Feuerwehrgebäude ist durch die freiwillige Feuerwehr, den Brandschutzbeauftragten, den zukünftig Verantwortlichen für betrieblichen Luftschutz, die Betriebswache einschließlich VP (K) und MfS zu belegen …
M 14 Nach Vorliegen genauer Raumpläne der auf dem Nachbargrundstück befindlichen Gebäude wird gemeinsam durch die Leitungen der BPO und Massenorganisationen ein Raumverteilungsplan für diese Organisationen festgelegt (BPO – BGL – FDJ – GST – DSF – BSG – Kampfgruppe – AWG).
M 15 Alle anderen offenen Raumfragen – wie zum Beispiel die Schaffung eines geeigneten Raumes für die Betriebszweigstelle der Sparkasse für die Durchführung von Sprechstunden, der Volksvertreter, die Freimachung von Räumen für den Schweißlehrstand durch Herausnahme der Abteilung Transport usw. – sind im Zuge der Belegung des Nachbargrundstückes zu lösen.
M 16 Die Küchenbaracke auf dem Gelände der Werkküche wird der Abteilung TA für den Bauhof zugesprochen …«[300]

IV. Perspektive TKS

»Zu Tagesordnungspunkt IV gab T nochmals notwendige Erläuterungen zu der Vorlage über … TKS …«[301]

293–297. LHASA, MER, VEB Waggonbau Ammendorf, Nr. 55519.

298–301. LHASA, MER, VEB Waggonbau Ammendorf, Nr. 55519.

Nachbargrundstück übernehmen?
Auch in der DDR-Zeit war Land ein beschränkender Faktor des Produktionswachstums. Deshalb war auch der Waggonbau Ammendorf an Nachbargrundstücken interessiert (Abb. 87).[302]

Mitteilung an L

Betr.: Übernahme des Nachbargrundstückes des Bezirkskontors für Landwirtschaftsmaschinen.

Auf Grund einer Mitteilung der Investabteilung, wonach das Nachbar=grundstück frei werden soll, wurde mit dem Bezirkskontor Verbindung aufgenommen. Vom Kontorleiter erfuhren wir, daß das Bezirkskontor mit dem Konsum tauscht, und somit keine Räume frei werden.
Das Konsumauslieferungslager für Industriewaren will uns jedoch das jetzige Grundstück des Bezirkskontors überlassen, wenn es in unserem Gebäude der Massenbedarfsgüter-Produktion entsprechenden Raum zur Verfügung gestellt bekommt, da der Konsum großen Wert auf einen Gleis=anschluß legt. Die Kollegen des Konsums haben sich die Räume in der 1.Etage KWi angesehen und waren mit einem Tausch einverstanden.
Von unserem Betrieb haben sich die Kollegen Thiele (TA), Mowwe (TA), Fischer (TI), Keitel (PF5), Loth (PF5) und Groß (LO) die Räume des Nachbargrundstückes angesehen. Grundrißzeichnungen wurden von TA inzwischen angefertigt.
Auf dem Grundstück sind viele Verwaltungsräume, wovon einige jedoch als Wohnraum benutz werden. Die Wohnungen könnten in die jetzigen Räume des Lohnbüros verlegt werden, da der Zugang zu diesem nicht durch das Werk erforderlich ist. Wenn wir das Nachbargrundstück über=nehmen würden, wäre die dauernde Knappheit an Verwaltungsräumen, und Räumen für die Kampfgruppe beseitigt. Die Werkshalle ist ca. 1200 m² groß und hat außerdem noch eine Empore von ca. 140 m². Während die Verwaltungsgebäude Heizungsanschluß haben, ist dieser in der Werkhalle nicht vorhanden, da der Heizkessel mit Heizkörpern und Rohren vor ca. 7 Jahren demontiert wurde.
Wenn die Heizungsfrage geklärt ist, könnte die Abt. Massenbedarfsgü=ter und Batteriekastenbau in diese Halle ziehen.
Der derzeitige lange Transportweg würde wegfallen. Koll.Keitel (PF5) hat sich noch nicht dazu bereit erklärt, da nach seinen Berechnungen der Platz zu klein wäre. Sollte es mit der Abt. Massenbedarfsgüter nicht gehen, so kann man die Halle vorerst als Lagerraum nehmen.
richtig! Ganz gleich, wie wir die Halle verwenden werden, würde unser Betrieb bei der Übernahme des gesamten Geländes Vorteile haben.
Neben der Halle sind auf dem Gelände noch 4 Garagen und ein Raum, der auch für 2 PKW als Garage benutz werden kann.

Da diese Angelegenheit nicht nur LO beurteilen kann, bitte ich darum, daß bezüglich der Übernahme des Grundstückes schnellstmöglichst (da der Konsum im Mai noch einziehen will) eine Besprechung der Werk=leitungsmitglieder durchzuführen. Es wäre zweckmäßig, zu dieser Be=sprechung die Kollegen Thiele TA), Fischer (TI), Keitel (PF5) und Koll.Heise (KMW) mit einzuladen. ja!

Halle S11,den 3.5.1958
LO/Gr/Ut

[redacted]
Betriebsorganisation

Abb. 87: Mitteilung an L wegen Nachbargrundstück, Ammendorf 1958.

302. LHASA, MER, VEB Waggonbau Ammendorf, Nr. 55519.

Protokoll über die Werkleitungssitzung am 28. Juni 1958
I. Terminkontrolle
II. Massenbedarfsgüter
III. Betriebsorganisation
IV. Verbesserung Hilfsabteilungen
V. Abbau Materialüberplanbestände
VI. Verschiedenes

I. Terminkontrolle
Hier wurden 11 Maßnahmen aufgeführt, die noch nicht erfüllt worden waren, zum Beispiel:

»zu M 9 - Protokoll vom 7. 6. 58
Auf Grund der neuesten Situation Leichtbauwagen überholt …«[303]

Außerhalb der Tagesordnung …
Kupfer darf nicht mehr verwendet werden!

»Außerhalb der Tagesordnung wurde im Anschluß … die Angelegenheit Wasserkästen ab FZ 491 besprochen. Es ist notwendig, hierüber schnellstens Klärung herbeizuführen. Laut Materialeinsatzliste Nr. 173 darf Kupfermaterial nicht mehr verwendet werden. Auf der anderen Seite liegt noch keine Genehmigung des Auftraggebers vor, bestimmtes Ausweichmaterial für Wasserkästen zu verwenden. Es ist notwendig, daß über den DIA eine endgültige Stellungnahme zu dieser Frage gefordert wird …«[304]

II. Massenbedarfsgüter
Legemaschinen bauen!

»Es ist festzustellen, daß der Zusatzplan für Massenbedarfsgüter von bisher TDM 118 auf TDM 320 erhöht werden konnte und bereits vertraglich gebunden ist. Ziel ist es, bis Ende des Jahres für TDM 600 zusätzlich Massenbedarfsgüter zu fertigen. Der Schwerpunkt der Arbeiten muß nunmehr auf dem Sektor Metall liegen. Insbesondere ist kurzfristig zu klären, wieviel Stück einer Legemaschine (vom Lehrkombinat entwickelt) noch in diesem Jahr in unserem Werk gebaut werden können …«[305]

303–305. LHASA, MER, VEB Waggonbau Ammendorf, Nr. 55519.

III. Betriebsorganisation

»Zum Tagesordnungspunkt III berichtete LO der Werkleitung über das Ergebnis der bisher geführten Verhandlungen mit dem Konsum, Niederlassung II zwecks Übernahme des Geländes des bisherigen Bezirkskontors für landwirtschaftliche Maschinen. Es wurde vereinbart, daß der VEB Waggonbau Ammendorf die Rechtsträgerschaft des Grundstückes Stalinallee 341 per 1. 7. 1958 übertragen bekommt …«[306]

Räumung bis 10. Juli …

»Das Bezirkskontor räumt bis zum 10. 7. 58 die Verwaltung und Buchhaltungsgebäude, so daß ab 15. 7. 58 der VEB Waggonbau Ammendorf diese Räume beziehen kann. Die Freigabe des gesamten Geländes wird bis zum 1. 10. 1958 erfolgen.«[307]

Genauer Bezugsplan notwendig

»Es ist nunmehr notwendig, daß ein genauer Bezugsplan dieses Geländes durch LO in Abstimmung mit den gesellschaftlichen Organisationen ausgearbeitet wird. Ebenso ist die zweckmäßigste Verwendung der Lagerräume in Bezug auf Aufnahme bestimmter Fertigungen zu prüfen …«[308]

Zwischenläger

»Es sind Untersuchungen anzustellen, inwieweit es möglich ist, bestimmte Kräfte in die Zwischenläger – auch aus der Verwaltung – umzusetzen. Die Bezahlung ist geklärt, jedoch für 1959 muß eine ordnungsgemäße Einplanung der Löhne für das Zwischenlager-Personal erfolgen …«[309]

IV., V. und VI. fallen aus …

»Die weiteren vorgesehenen Tagesordnungspunkte IV., V. und VI. konnten wegen Zeitmangel nicht behandelt werden. Diese werden auf die Tagesordnung der nächsten Werkleitungssitzung gesetzt.«[310]

306–310. LHASA, MER, VEB Waggonbau Ammendorf, Nr. 55519.

Protokoll über die Werkleitungssitzung am 19. Juli 1958
I. Einrichtung Schleifstände
II. Sandstrahlgebläse-Kapazität
III. Batteriekastenfertigung
IV. Verschiedenes

I. Einrichtung Schleifstände

»Zum Tagesordnungspunkt I erläuterte T die Vorlage über die Errichtung von 2 stationären Schleifständen in der Friedenshalle und im F 4-Bereich. einer notwendigen Aufwendung von insgesamt TDM 43,8 steht eine vorläufig errechnete Einsparung von TDM 7,8 pro Jahr gegenüber. Die Aufwendungen müssen 1959 bereitgestellt werden und zwar
25,2 TDM aus Vorleistungen und
18,6 TDM aus Investmittel.«[311]

II. Sandstrahlgebläse-Kapazität

»Zu II wurde ebenfalls durch T die Vorlage zur Projektierung und Anschaffung einer Blechentzunderungsanlage sowie einer Entzunderungsmaschine für Profile erläutert …«[312]

Was tun?

»Die benötigten Mittel sind bei der VVB unter gleichzeitiger Unterbreitung genauer Unterlagen-Materialien zu beantragen.«[313]

III. Batteriekastenfertigung

»Die durchgeführte Aussprache zu diesen Feststellungen ergab folgendes Bild: Die zu späte Beschaffung der Bleche 1 mm und 2 mm durch die Materialversorgung war zu diesem Zeitpunkt im ungenügenden Produktionsausstoß der Walzwerke begründet, teilweise auch im Ausfall an Walzkapazität … Zu der 2. Feststellung war durch den Fertigungsbereichsleiter … dargelegt worden, daß die Kapazität der 4-Säulenpresse in der Abteilung Fm 6 allein nicht ausreicht, um alle Teile für den Weitstreckenwagen in dem vorgesehenen Zeitraum zu bearbeiten. Gerade in den Monaten März und April, nachdem die Materialanlieferung eine bessere war, ist eine Überlastung dieser Presse bis zum heutigen Tage zu verzeichnen …«[314]

Was tun?

»Nach vollständiger Inbetriebnahme der neuen 800-t-Presse in der Abt. TKS ist vorgesehen, die Presse in der Abteilung Fm 6 generalzuüberholen. Bereits schon seit Wochen ist der Zustand dieser Presse bedenklich …«[315]

IV. Verschiedenes
Materialbeschaffung S-Bahn

»Kollege … berichtete über das bisherige Ergebnis des Einsatzes der 2 Sonderbeauftragten für die Materialbereitstellung S-Bahnzug. Hier muß festgestellt werden, daß die Verhandlungen ergaben, daß die Teile termingerecht geliefert werden. K bittet jedoch um Verschiebung des Termins der Abgabe einer … Materialübersicht …, da noch nicht alle Lieferwerke aufgesucht werden konnten.«[316]

Der Chef hat Erbarmen …

»Es wird festgelegt, daß die Materialübersicht bis 25. 7. 58 durch K abgegeben wird. Demzufolge ergibt sich auch eine Verschiebung des Termines der Fertigstellung des terminlichen Ablaufplanes für das Thema S-Bahnzug durch TKS …«[317]

Massenbedarfsgüter

»Von LZ wurde eine kurze Einschätzung der bisherigen Arbeit des Massenbedarfskollektivs gegeben. Es kommt jetzt darauf an, durch Hereinnahme von Arbeitskräften im Massenbedarfsgüterbereich und durch Neuaufnahme von Massenbedarfsgütern auf dem Metallsektor die gesamte Zusatzauflage von 600 TDM zu erreichen. Offen steht auch die Frage der Übernahme der Fertigung von Sitzen und Rückenlehnen für Drehstühle (Maschinenfabrik Halle).«[318]

311–313. LHASA, MER, VEB Waggonbau Ammendorf, Nr. 55519.

314–318. LHASA, MER, VEB Waggonbau Ammendorf, Nr. 55519.

Protokoll über die Werkleitungssitzung am 2. August 1958
I. Kampfplan V. Parteitag
II. S-Bahn
III. Vertrauensmännervollversammlung

Vorab-Infos vom Chef

»Vorab wurden durch L folgende Erläuterungen und Hinweise gegeben:
a) Die Produktionsplanerfüllung per 31. 7. 58 weist aus, daß die Weitstreckenwagen laut Staatsplan (FZ 310) fertiggestellt werden konnten, jedoch wegen Fehlens von Trinkwasserkühlern erfolgte die Auslieferung nur bis FZ 290. Im Rohbau sind 4 Wagen Rückstand zu verzeichnen …«[319]

Was tun bei technischen Änderungen?

»Ab sofort ist bei Einführung technischer Änderungen wie folgt zu verfahren:
Ist werkseitig eine technische Änderung am Weitstreckenwagen ab einer bestimmten Fortschrittszahl vorgesehen und liegt aber hierzu nicht rechtzeitig genug eine Bestätigung des Auftraggebers vor, so ist nach der bisherigen alten Bauweise weiterzubauen …«[320]

Beispiel

»So zum Beispiel wünscht der Auftraggeber ab kommenden Jahr den Einbau des TWK 10 anstelle des TWK 15. Da aber hierüber noch keine schriftliche Bestätigung vorliegt, muß von unserer Seite der Einbau des TWK 15 in den Weitstreckenwagen geplant und vorgesehen werden, d. h., daß also auch eine entsprechende Bestellung durch K an das Lieferwerk umgehend über TWK 15 gegeben wird. Erst zum Zeitpunkt der schriftlichen Bestätigung durch den Auftraggeber, daß TWK 10 eingebaut werden kann, ist zu prüfen, ab wann dann dieser Einbau serienmäßig erfolgen kann …«[321]

Weiteres Beispiel: Öllack ersetzen …

»Als 3. Beispiel dient die Bestellung für Lack für das Jahr 1959. Da laut Aussage von K jetzt die Bestellungen aufgegeben werden müssen, ist Öllack für 1959 zu bestellen, da ebenfalls zur Zeit noch keine Bestätigung seitens des Auftraggebers über die Verwendung von Alkydharzlack oder Einbrennlack vorliegt …«[322]

Ammendorf fällt bei der VVB unrühmlich auf!

»Im technisch-ökonomischen Rat der VVB wurde am 1. 8. 58 durch den Hauptdirektor die unqualifizierte Einreichung von Anträgen für ausländische Messebesucher und TWZ-Themen seitens verschiedener Werke des Industriezweiges beanstandet. Insbesondere wurde als unrühmliches Beispiel der VEB Waggonbau Ammendorf genannt. Es mußte festgestellt werden, daß vom T-Sektor am 17. 7. solche Anträge an die VVB geleitet wurden ohne Kenntnis des Werkdirektors und ohne Kenntnis der Werkleitung überhaupt, somit konnte auch noch keine Abstimmung mit dem K-Sektor in bezug auf Erstellung des Valutaplanes erfolgen.«[323]

I. Kampfplan V. Parteitag

»Zum Tagesordnungspunkt I wurden durch L und B Erläuterungen zum vorliegenden Aktionsprogramm … gegeben …«[324]

II. S-Bahn

»Durch TK wurde ein terminlicher Ablaufplan für die Fertigung der S-Bahn, nach welchem die Auslieferung per 31. 12. 58 erfolgt, vorgelegt.«[325]

III. Vertrauensmännervollversammlung

»A berichtete über den Stand der Vorbereitung der Vertrauensmännervollversammlung am 7. 8. 58. Zu diesem Punkt ist festzustellen, daß es keinen Zweck hat, am 7. 8. 58 über den Plan 1959 zu sprechen, da dieser noch nicht endgültig vorliegt. Der Termin müßte um circa 12 Tage verschoben werden …«[326]

319–321. LHASA, MER, VEB Waggonbau Ammendorf, Nr. 55519.

322–326. LHASA, MER, VEB Waggonbau Ammendorf, Nr. 55519.

Protokoll über die Werkleitungssitzung am 13. 9. 1958
I. Terminkontrolle
II. Materiallage
III. Übernahme Gelände Bezirkskontor
IV. Massenbedarfsgüter
V. Verschiedenes

Diese Werkleitungssitzung wurde vom technischen Direktor Kollegen Schiller geleitet.

I. Terminkontrolle

»Aktionsprogramm – nicht erfüllte Aufgaben: Schaffung einer zentralen Planung … alter Termin – 23. 8. 1958 neuer Termin: 17. 9. 1958 … (weitere 9 Maßnahmen mit neuen Festlegungen, d. A.)«[327]

Hilfsbleche aus Dessau – Lage entspannt!

»Infolge der Hilfe aus Dessau und der inzwischen eingeleiteten Massnahme bestehen bei den Positionen Feinbleche«[328]

Brüstungsleisten fehlen … was tun?

»Bei Brüstungsleisten besteht die Gefahr des Einbruches ebenfalls und deshalb wurde entschieden, dass diese aus 4 mm Blechen zu schneiden sind …«[329]

Zu wenig Leute in der Schmiede: Gefahr!

»In der Schmiede ist infolge starker Fluktuation eine schwierige Situation entstanden. Es ist notwendig, 3 Schmiede einzustellen. Darüberhinaus muss erreicht werden, dass durch sozialistische Hilfe 3 bis 4 Schmiede vorübergehend aushelfen …«[330]

Schnell 6 Tischler einstellen!

»Da in der Massenbedarfsgüterfertigung zur Zeit noch 6 Tischler fehlen, sind diese schnellstens einzustellen. Die geeigneten Maßnahmen sind sofort einzuleiten. (Inserate, gegenseitige Werkhilfe usw.)«[331]

Materialsituation S-Bahnwagen

»Die Materialsituation beim S-Bahnwagen hat sich etwas verbessert, jedoch der Gesamtrückstand hat sich abermals vergrössert … Es ist eine genaue Analyse auszuarbeiten woraus ersichtlich ist, weshalb es zum Rückstand der S-Bahn kam …«[332]

600 Mark Prämie für Bitterfeld!

»Verschiedene Teile (Plaststoffe) fehlen noch für S-Bahnzug. Festgelegt wurde, dass die Betriebsangehörigen des Herstellerwerkes in Bitterfeld eine Prämie durch unser Werk erhalten, wenn sie bestimmte Termine realisieren. Festgelegt wurden 600.– DM.«[333]

III. Übernahme Gelände Bezirkskontor
53.000 DM für die Herrichtung vonnöten!

»Nach diesem Bericht werden circa 53 TDM benötigt (außer Telefonanlage), um die Räume beziehen zu können …«[334]

IV. Massenbedarfsgüter

»Die gesamte Veränderung in bezug auf die Verlagerung der Massenbedarfsgüterproduktion und auch die Herausnahme der Batteriekastenfertigung aus dem jetzigen Werk II erfordern eine sinnvolle Verteilung aller Produktions- und Lagerflächen … Es ist zu klären, welche Lösung in bezug auf Abgrenzung des Grundstückes einschliesslich Festlegung von Eingängen die wirtschaftlichste ist …«[335]

V. Verschiedenes
Fahrer beschweren sich oft …

»Auf Grund verschiedener Beschwerden der Fahrer wurde eine Untersuchung angestellt und die zurückgezogenen Verträge hinsichtlich des Rechtsverhältnisses überprüft … K wird beauftragt … mit den Fahrern eine Versammlung durchzuführen und dabei den Abschluss künftiger Verträge zu beraten … Die beabsichtigte Kürzung bzw. Abschaffung der Pauschalsummen für Überstunden bei Kraftfahrern wurde … abgelehnt.«[336]

327–331. LHASA, MER, VEB Waggonbau Ammendorf, Nr. 55519.

332–336. LHASA, MER, VEB Waggonbau Ammendorf, Nr. 55519.

Protokoll über die Werkleitungssitzung am 20. Oktober 1958
I. Terminkontrolle
II. Produktion und Material
III. Unterstellung Gütekontrolleure
IV. Gütegrade
V. Verschiedenes

I. Terminkontrolle
Geschenk an Studenten geklärt!

»Überreichung eines kleines Geschenkes in Form eines Heftes an die Studenten, die im Werk arbeiten … Die Finanzierung ist geklärt. Durch A wird ein Vorschlag über den Inhalt dieses Heftes vorgelegt.«[337]

Eierlegebatterien: 53 Aufträge, super!

»Klärung der Auftragssituation … Dieser Punkt ist zum Teil erledigt. Für 53 Eierlegebatterien sind Aufträge im Hause.«[338]

II. Produktion und Material

»Von P lag eine Vorlage über den derzeitigen Stand der Produktion vor. In der Diskussion wurde bei den Massenbedarfsgütern beanstandet, daß die Auslieferung der Dachrinneneisen nach wie vor schleppend vor sich geht. PL teilte mit, daß durch wiederholten Ausfall des Stanzwerkzeuges die gewünschte Stückzahl nicht entsprechend aufgeholt werden kann. Bis Monatsende wird jedoch versucht, den Rückstand soweit wie möglich zu verringern.«[339]

Hungerliste

»KM nahm Stellung zu den Schwerpunkten: Dachbleche, Kupplungen, Lieferungen Mühlhausen (insbesondere Gelenkbänder, Schließbleche, Türgriffe) und Fensterrahmen Stellung. Durch K werden Maßnahmen eingeleitet, um diese zu überwinden … Durch TKS wurde über den Stand der S-Bahnfertigung Bericht erstattet. Schwerpunkt bildet nach wie vor die Lieferung der Radsätze. Durch Verbindungsaufnahme von Werkleiter zu Werkleiter kann dieser Punkt als bereinigt betrachtet werden, da Ilsenburg uns bis 31. 10. 58 sämtliche Radsätze ausliefern will …«[340]

337–339. LHASA, MER, VEB Waggonbau Ammendorf, Nr. 55519.

III. Unterstellung Gütekontrolleure
Änderung der Tagesordnung

»Unterstellung der Gütekontrolleure in PF 1 wurde insofern umgeändert, da eine Vorlage über Maßnahmen zur Steigerung der Qualität vorlag, welche Punkt für Punkt im Werkleitungskollektiv durchgesprochen wurde … Es wurde festgelegt, daß monatlich einmal ein Punkt, welcher die Verbesserung der Steigerung der Qualität beinhaltet, im Werkleitungskollektiv durchgesprochen (wird, d. A).«[341]

Bleche rosten wegen fehlender Heizung

»Da unsere Lagerräume für Feinbleche nicht beheizbar sind und in den Herbst- und Wintermonaten sich die feuchte Luft auf den bereits angelieferten gestrahlten Blechen niederschlägt und Rost hervorruft, wird festgelegt, daß K an TA Mitteilung gibt, welche Räume unter allen Umständen beheizt werden müssen, damit in Zukunft ein nochmaliges Strahlen nicht erforderlich wird …«[342]

IV. Gütegrade
Schlechte Qualität zurückweisen!

»Die <u>Einarbeitung der Gütegrade in die Arbeitsnormen</u> führte noch nicht zu dem gewünschten Ergebnis … Es wurde festgelegt, daß in erster Linie bei den erkennbaren Schwerpunkten gesonderte Kontrollen durchgeführt werden und Zurückweisungen an diejenigen Abteilungen erfolgen, wo der vorgeschriebene Gütegrad nicht eingehalten wurde …«[343]

V. Verschiedenes
Energieversorgung

»LE übermittelt monatlich den einzelnen Fertigungsbereichen einen Schichteinteilungsplan in Bezug auf Stromversorgung …«[344]

340–344. LHASA, MER, VEB Waggonbau Ammendorf, Nr. 55519.

Prospekt von 1960 (Abb. 88, 89)[345]

»Zur besseren und schnelleren Versorgung der Bevölkerung mit frischen Eiern macht es sich erforderlich, die Eierproduktion durch Hühnerintensivhaltung entscheidend zu steigern. Die Eierlegebatterie, Typ 288 erfüllt diese Forderung!

Abb. 88: Eierlegebatterie, Ammendorf 1960.

Es ist eine Anlage zur Intensivhaltung und wirtschaftlichen Betreuung von Hühnern im großen Maßstab... Die Eierlegebatterie, Typ 288, ist unter Beachtung gesammelter Erkenntnis einer überbetrieblichen Arbeitsgemeinschaft so entwickelt, daß durch eine sinnvolle Anordnung von 12 vierstöckigen Abteilungen zu je 24 Käfigen die Unterbringung von insgesamt 288 Legehennen möglich ist. Die einzelnen Käfige sind so konstruiert, daß die schiefe Ebene des Bodenteils ein nach-außen-Rollen der gelegten Eier bewirkt und diese außer Reichweite der Hühner bleiben ... Für die Fütterung der Hühner sorgt ein automatischer, mittels eines E-Motors über ein Getriebe angetriebener Futterwagen ... Mit einer Fahrtgeschwindigkeit von 0,4 m/Min. wird der Futterwagen an den Käfigen vorbeigezogen. Durch die verhältnismäßig langsame Fortbewegung des Futterwagens besteht für jedes Tier die Möglichkeit, circa 5 Minuten lang Futter aufzunehmen. Diese Versorgung wiederholt sich nach circa 50 Minuten ... Die Wasserversorgung der Hühner erfolgt mittels einer durchgehenden Tränke ... Durch ein ständiges Zu- und Ablaufen ist somit für Trinkwasser Sorge getragen. Unter jedem Stockwerk sind Glasplatten als Kotfang ... Je ein Kotschieber, der mit dem Futterwagen gekoppelt ist, sorgt dafür, daß bei jeder Fahrt ... der Kot mit abgeschoben wird ...«[346]

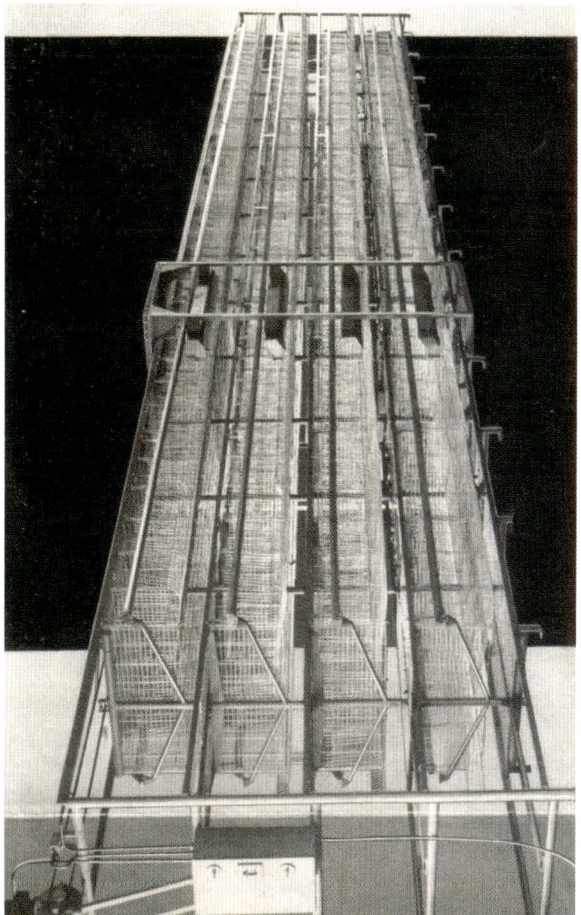

Abb. 89: Eierlegebatterie, Ammendorf 1960.

Antriebsmotor	Mindestraumbedarf
Leistung: N=0,12 kW Motordrehzahl: 1420 min. Spannung: 220/380 V Getriebe ›Hettstedt‹ 1:1400 Antriebskette: ½"-Teilung	Länge: 14,30 – 15,00 m Breite: 1,50 – 2,00 m Höhe: 2,26 – 2,60 m Futtertroglänge: 1,23 m Käfigmaße: 455 mm tief, 330 mm breit, 370 mm hoch Anzahl der Käfige: 288 Gesamtgewicht: circa 2,3 t

345–346. LHASA, MER, VEB Waggonbau Ammendorf, Nr. 55607.

Protokoll über die Werkleitungssitzung am 27. und 29. 11. 1958
I. Werkleiterkonsultation
II. Massenbedarfsgüter
III. Verschiedenes

I. Werkleiterkonsultation

»Zum Tagesordnungspunkt I gab L einen Bericht über die gemeinsame Tagung des Technisch-Ökonomischen Rates der Werkleiter der VVB Schienenfahrzeuge, welche … in Ilsenburg durchgeführt wurde …«[350]

Was wurde beraten?

»1.) Plananlauf 1959
2.) Entwicklung und Stand der Standardisierung, Typisierung und Normung im Industriezweig und ihre Bedeutung für die Lösung künftiger Aufgaben;
3.) Auswertung der 1. Zentralen Neuerer Konferenz der VVB Schienenfahrzeuge;
4.) Rechenschaftslegung mit Vorschau einschließlich Stand der Erfüllung des Aktionsprogramms;
5.) Stand der Entwicklung der Seifert-Methode;
6.) Vorbereitung Leipziger Frühjahrsmesse.«[351]

Wie haben wir abgeschnitten?

»In Vorbereitung der Überprüfung unseres Werkes seitens der VVB ist der Plan 1959 auf der Grundlage der vorstehenden Gesichtspunkte durch die zuständigen Fachabteilungen nochmals zu prüfen. Dies betrifft insbesondere den Finanzplan 1959 und den Arbeitskräfteplan.«[352]

Können wir Dessau Radsätze leihen?

»Der VEB Waggonbau Dessau benötigt dringend Transportradsätze, da die Planrückstände bis Ende 1958 nicht restlos aufgeholt werden können … Durch K ist zu prüfen, inwieweit Waggonbau Ammendorf Transportradsätze dem VEB Waggonbau Dessau leihweise zur Verfügung stellen kann …«[353]

350–353. LHASA, MER, VEB Waggonbau Ammendorf, Nr. 55519.

Leipziger Frühjahrsmesse
Keine Modelleisenbahn mehr!

»Für VEB Waggonbau Ammendorf ergibt sich die Aufgabe, gemeinsam mit dem VEB Waggonbau Gotha die Ausstellung des neu entwickelten Straßenbahnzuges auf der Leipziger Frühjahrsmesse zu gewährleisten. Auf der Leipziger Frühjahrsmesse wird die Modell-Eisenbahn nicht mehr aufgebaut. Der vorhandene Raum wird in 3 Besprechungskojen gestaltet …«[354]

II. Massenbedarfsgüter
Mehr Kleiderschränke bitte!

»Zum Tagesordnungspunkt II erfolgte eine ausführliche Beratung der Vorlage von LZ und PF 5 über die Massenbedarfsgüter-Produktion 1959 … Die auf Seite 2 der Vorlage ausgewiesene Höhe des Staatsplanes für 1959 ist im IST-Wert unbedingt einzuhalten. Es ist vorgesehen, die Anzahl der Kleiderschränke von 1.500 auf 2.000 Stück zu erhöhen …«[355]

252.000 Minuten zu viel abgerechnet: Mögliche Vorlage für Meister Meternagel im »Geteilten Himmel« von Christa Wolf …

»In diesem Zusammenhang berichtete Kollege … über das Ergebnis der von ihm durchgeführten Überprüfung in der Angelegenheit der Minutenverrechnung in PF 5. Das Ergebnis dieser Überprüfung besagt, daß in den letzten 4 Monaten im Meisterbereich des Kollegen … insgesamt 252.000 Minuten verrechnet ohne daß dafür Arbeit geleistet wurde. Diese Verrechnung umfaßt insgesamt 34 Kollegen. Es ist erwiesen, daß Meister … von dieser Angelegenheit wußte und demzufolge in gröblichster Art und Weise seine Pflicht als Meister verletzt hat. Da darüber hinaus bekannt ist, daß Meister … den Aufgaben nicht gewachsen ist, ist die Werkleitung der Meinung, daß eine Ablösung des Kollegen … als Meister in diesem Bereich gerechtfertigt erscheint …«[356]

354–356. LHASA, MER, VEB Waggonbau Ammendorf, Nr. 55519.

Protokoll zur Werkleitungssitzung am 15. Dezember 1958
I. Produktion, Material und S-Bahn
II. BKV 1959
III. Rekonstruktionsplan
IV. Verschiedenes

I. Produktion, Material und S-Bahn

»Zum Tagesordnungspunkt I erfolgte eine kurze Berichterstattung durch A und KM über den gegenwärtigen Stand der Produktion und der Materialsituation. Hervorgehoben wurde, daß die Wagen FZ 531 bis 540 am 15. 12. 58 abtransportiert wurden und die Wagen FZ 541 bis 550 am 17. 12. probegefahren werden. Die Auslieferung der letzten 10 Wagen des Volkswirtschaftsplanes 1958 erfolgt am 19. 2. 1958.«[357]

Wo liegen die Probleme?

»In der Einschätzung der Materialsituation ist zu erkennen, daß zur Zeit der größte Schwerpunkt in der Versorgung mit 14 mm Blech … liegt. Der Engpaß in 6 mm Blech wird in den nächsten Tagen überwunden …«[358]

Wie sieht es mit der S-Bahn aus?

»Die Arbeiten an der S-Bahn wurden wie bisher verstärkt vorangetrieben. Entsprechend der vorliegenden Übersicht bestehen derzeit 4 Schwerpunkte:
Einbau und Ausblasen der Wutenklappen;
Fenstereinbau und Garnierung mit Kunststoffleisten;
Schiebetüreneinbau;
Außenlackierung.
Es muß unbedingt erreicht werden, daß der Fenstereinbau programmgemäß verläuft, so daß am 18. 12. 58 mit der Außenlackierung des ersten Viertelzuges begonnen werden kann.«[359]

II. BKV 1959

»Im Mittelpunkt der Diskussion stand der Gedanke, daß der BKV 1959 sich vom Inhalt des BKV 1958 dahingehend unterscheiden muß, daß der technisch-wissenschaftliche Fortschritt mehr im Vordergrund stehen muß …«[360]

III. Rekonstruktionsplan

»In der Beratung wurde unter anderem hervorgehoben, daß in diesem Rekonstruktionsplan stärker die Einschätzung des jetzigen technischen Zustandes der Anlagen und Ausrüstungen herausgearbeitet werden muß. Dieser Rekonstruktionsplan muß die Perspektive der technischen Veränderungen unseres Werkes auf Jahre voraus aufzeigen.«[361]

HO muss Stromanlage weichen …

»Im Zusammenhang mit der Verstärkung der Starkstromanlagen unseres Werkes wurde nochmals über die Frage der Kündigung der HO-Lebensmittelverkaufsstelle diskutiert. Die BGL ist grundsätzlich damit einverstanden, daß diese HO-Lebensmittelverkaufsstelle von dem jetzigen Ort entfernt werden muß, da sie der Erweiterung der Verstärkung der Starkstromanlage im Wege ist.«[362]

Was tun?

»Es wurde grundsätzlich festgestellt, daß es bei der ausgesprochenen Kündigung bleibt und daß die notwendigen Vorarbeiten getroffen werden müssen … K ist dafür verantwortlich, entsprechende Verhandlungen mit HO zu führen, daß bis zu diesem Zeitpunkt die HO-Verkaufsstelle geräumt ist … A wird beauftragt, bis Ende des Jahres den weiteren Verkauf von HO-Lebensmitteln mit Hilfe eines fahrbaren Verkaufsstandes sicherzustellen …«[363]

IV. Verschiedenes

»In die Allgemeine Verwaltung sind das Archiv zugleich Verschlußsachenverarbeitung, Poststelle, Grundstücksverwaltung, Telefon- und Fernschreibzentrale usw. einzubauen …«[364]

357–359. LHASA, MER, VEB Waggonbau Ammendorf, Nr. 55519.

360–364. LHASA, MER, VEB Waggonbau Ammendorf, Nr. 55519.

Ersatzteile gehen immer!
Unten sieht man ein Blatt des Ersatzteilkatalogs aus dem Jahre 1958 (Abb. 90).[365] »Ersatzteile gehen immer!« war ein gängiger Spruch in Ammendorf. Wurde einmal der Plan nicht ausreichend mit Weitstreckenpersonenwagen erfüllt, half man sich entweder mit einer Übererfüllung von Massenbedarfsgütern oder mit mehr Ersatzteilexport.

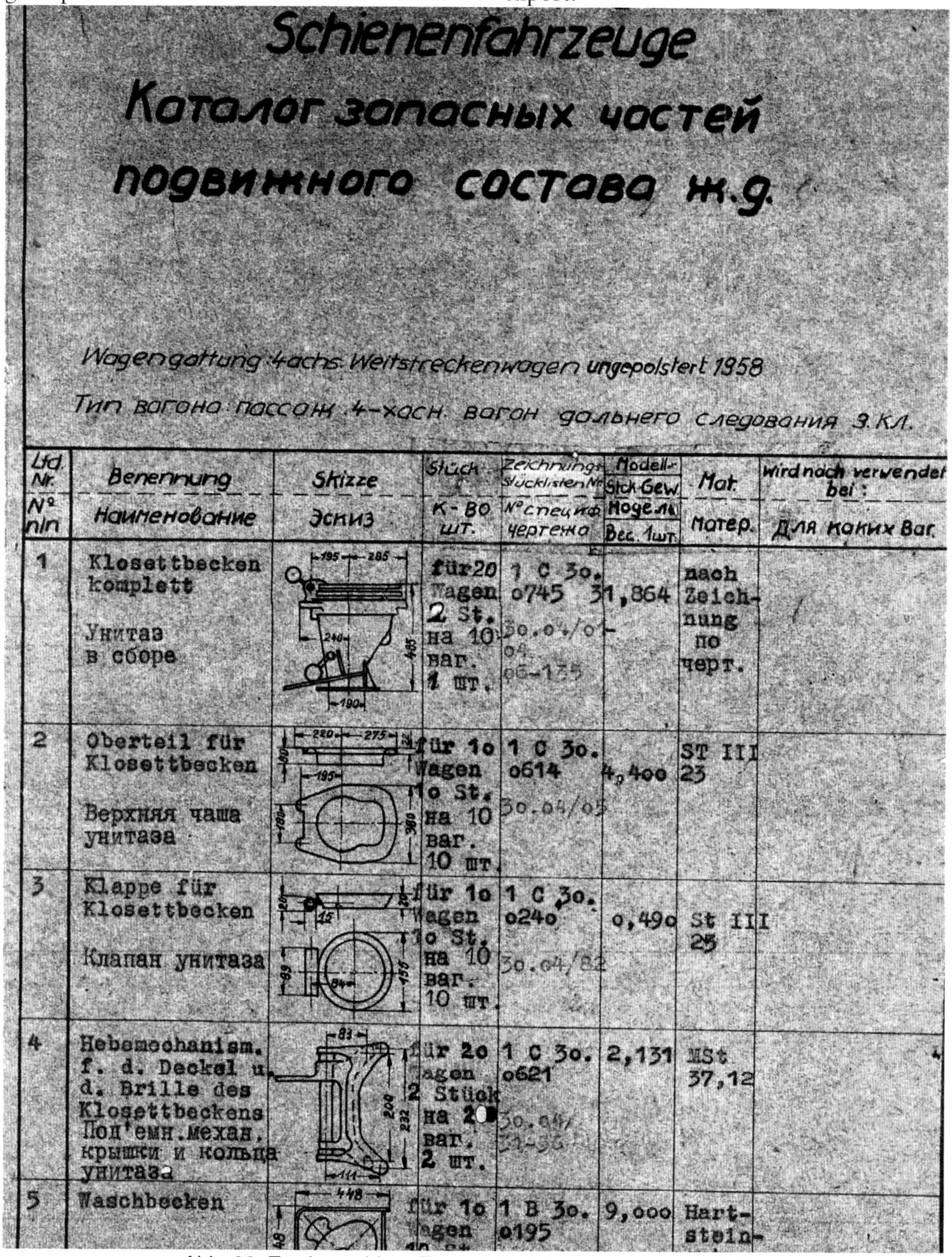

Schienenfahrzeuge

Каталог запасных частей подвижного состава ж.д.

Wagengattung 4achs. Weitstreckenwagen ungepolstert 1958

Тип вагона пассаж. 4-хосн. вагон дальнего следования 3. Кл.

Lfd. Nr. / № п/п	Benennung / Наименование	Skizze / Эскиз	Stück / К-во шт.	Zeichnungs-Stücklisten-Nr. / № специф. чертежа	Modell-Stck-Gew. / Модель Вес. 1шт.	Mat. / Матер.	Wird nach verwendet bei: / Для каких Ваг.
1	Klosettbecken komplett Унитаз в сборе		für 20 Wagen 2 St. на 10 ваг. 1 шт.	1 C 3o. o745 3o.o4/o1-o4 o6-135	31,864	nach Zeichnung по черт.	
2	Oberteil für Klosettbecken Верхняя чаша унитаза		für 1o Wagen 1o St. на 10 ваг. 10 шт.	1 C 3o. o614 3o.o4/o5	4,4oo	ST III 23	
3	Klappe für Klosettbecken Клапан унитаза		für 1o Wagen 1o St. на 10 ваг. 10 шт.	1 C 3o. o24o 3o.o4/82	o,49o	St III 23	
4	Hebemechanism. f. d. Deckel u. d. Brille des Klosettbeckens Под'емн.механ. крышки и кольца унитаза		für 2o Wagen 2 Stück на 20 ваг. 2 шт.	1 C 3o. o621 3o.o4/ 31-36	2,131	MSt 37,12	
5	Waschbecken		für 1o Wagen	1 B 3o. o195	9,ooo	Hartstein-	

Abb. 90: Zweisprachiger Ersatzteilkatalog, Ammendorf 1958.

365. LHASA, MER, VEB Waggonbau Ammendorf, Nr. 55519.

Ersatzteilkatalog Teil 2

Der Katalog wurde in Gruppen eingeteilt. Er beginnt mit Laufwerk, Drehgestell und Zugvorrichtung und endet mit Warmwasserheizung, Aborteinrichtung und Klosettbecken (Abb. 91).[366] Die Zweisprachigkeit und die Skizze ermöglichten es dem Hauptkunden Sowjetunion, auf einfach Weise benötigte Ersatzteile zu bestellen und zu kaufen. Alles händisch, nix Computer!

Verzeichnis der Gruppen

Gruppe	Benennung	Blattzahl
02	Laufwerk	4
04	Drehgestell	4
05	Zugvorrichtung	4
06	Stoßvorrichtung	4
07/01	Bremse im Drehgestell	4
07/02	Bremse im Untergestell	8
09	Druckluftbremse	4
22	Türen	7
23/01-02	Fenster	4
23/06-10	Druckbelüftung	4
24	Übergangseinrichtung	4
25	Abteileinrichtung	4
27	Elektr. Ausrüstung	10
28	Warmwasserheizung	7
30/01	Aborteinrichtung	4
30/04	Klosettbecken	4

Abb. 91: Verzeichnis der Gruppen im Ersatzteilkatalog, Ammendorf 1958.

366. LHASA, MER, VEB Waggonbau Ammendorf, Nr. 55519.

Waggonbau Ammendorf als Vermieter
Ein interessantes Dokument aus dem Jahre 1958 ist ein Mietvertrag mit dem VEB LOWA Waggonfabrik Ammendorf (alte Bezeichnung!, d. A., Abb. 92).[367] Der Vertrag wurde durch den »Kaufmännischen Direktor« abgeschlossen und bezog sich auf die Waggonbau-Wohnungen in der ehemaligen Stalinallee 55. Bemerkenswert ist auch der niedrige Mietzins.

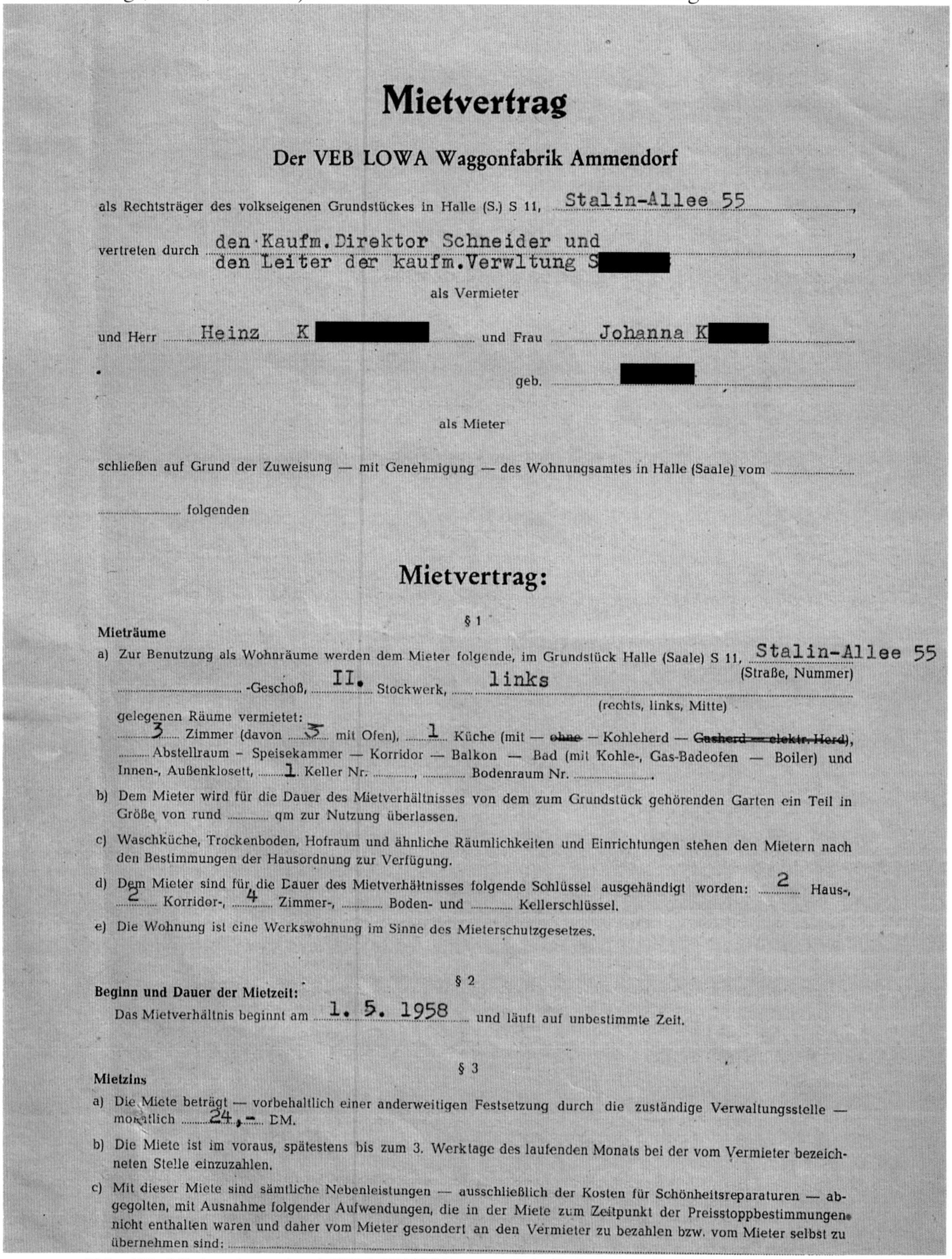

Mietvertrag

Der VEB LOWA Waggonfabrik Ammendorf

als Rechtsträger des volkseigenen Grundstückes in Halle (S.) S 11, Stalin-Allee 55,

vertreten durch den Kaufm. Direktor Schneider und den Leiter der kaufm. Verwltung S[redacted],

als Vermieter

und Herr Heinz K[redacted] und Frau Johanna K[redacted]

geb. [redacted],

als Mieter

schließen auf Grund der Zuweisung — mit Genehmigung — des Wohnungsamtes in Halle (Saale) vom .... folgenden

Mietvertrag:

§ 1

Mieträume

a) Zur Benutzung als Wohnräume werden dem Mieter folgende, im Grundstück Halle (Saale) S 11, Stalin-Allee 55 (Straße, Nummer) .... -Geschoß, II. Stockwerk, links (rechts, links, Mitte) gelegenen Räume vermietet: 3 Zimmer (davon 3 mit Ofen), 1 Küche (mit — ~~ohne~~ — Kohleherd — ~~Gasherd — elektr. Herd~~), ... Abstellraum – Speisekammer — Korridor — Balkon — Bad (mit Kohle-, Gas-Badeofen — Boiler) und Innen-, Außenklosett, 1 Keller Nr. ......, ... Bodenraum Nr. ....

b) Dem Mieter wird für die Dauer des Mietverhältnisses von dem zum Grundstück gehörenden Garten ein Teil in Größe von rund ...... qm zur Nutzung überlassen.

c) Waschküche, Trockenboden, Hofraum und ähnliche Räumlichkeiten und Einrichtungen stehen den Mietern nach den Bestimmungen der Hausordnung zur Verfügung.

d) Dem Mieter sind für die Dauer des Mietverhältnisses folgende Schlüssel ausgehändigt worden: 2 Haus-, 2 Korridor-, 4 Zimmer-, ... Boden- und ...... Kellerschlüssel.

e) Die Wohnung ist eine Werkswohnung im Sinne des Mieterschutzgesetzes.

§ 2

Beginn und Dauer der Mietzeit:

Das Mietverhältnis beginnt am 1. 5. 1958 und läuft auf unbestimmte Zeit.

§ 3

Mietzins

a) Die Miete beträgt — vorbehaltlich einer anderweitigen Festsetzung durch die zuständige Verwaltungsstelle — monatlich 24,- DM.

b) Die Miete ist im voraus, spätestens bis zum 3. Werktage des laufenden Monats bei der vom Vermieter bezeichneten Stelle einzuzahlen.

c) Mit dieser Miete sind sämtliche Nebenleistungen — ausschließlich der Kosten für Schönheitsreparaturen — abgegolten, mit Ausnahme folgender Aufwendungen, die in der Miete zum Zeitpunkt der Preisstoppbestimmungen nicht enthalten waren und daher vom Mieter gesondert an den Vermieter zu bezahlen bzw. vom Mieter selbst zu übernehmen sind: ....

Abb. 92: Mietvertrag des VEB LOWA Waggonfabrik Ammendorf, Ammendorf 1958.

367. LHASA, MER, VEB Waggonbau Ammendorf, Nr. 55519.

Köpfe 1958 (Abb. 93)[368]
Die letzte »Bahn frei« des Jahres 1958 zeigte die führenden Köpfe des Waggonbau Ammendorf sowie Mitarbeiter, die gravierende Probleme benannten (Galvanik). Der FDJ-Sekretär WEISSMANN wurde ironisch zitiert:

»*Viel Zeit, um immer mitten unter der Jugend zu sein.*«[369]

Abb. 93: Karikatur mit den führenden Köpfen des Waggonbau Ammendorf, Ammendorf 1958.

368. Bahn frei, 9. Jahrgang, Nr. 51, Ammendorf 1958.
369. Bahn frei, 9. Jahrgang, Nr. 51, Ammendorf 1958.

Einführende Zusammenfassung 1959

Wer nun dachte, 1959 wäre das Gröbste überwunden oder die »Bahn frei« ernst nahm mit ihrem Motto »Die Jugend ruft zu neuen Taten« (Abb. 94),[370] rieb sich gleich im Januar die Augen: Werkleiterwechsel, schon wieder, dieses Mal wegen des Weggangs des Chefs in den Westen. Bei den Produkten ragt vor allem die Berliner S-Bahn heraus. Und dann die Eierlegebatterie, eine Idee des späteren Produktionsdirektors und damals noch Verantwortlichen für die Massenbedarfsgüter FRED KEITEL. Eierlegebatterien sind keine Weitstreckenpersonenwagen. Deshalb musste improvisiert werden. Man suchte freie Konstrukteurs-Stunden:

> *»Da durch Fehler im Anlauf der Eierlegebatterie-Anfertigung bisher keine konstruktive Bearbeitung dieses Erzeugnisses erfolgt ist, wird festgelegt, daß T … mit einem qualifizierten und dafür geeigneten Konstrukteur Verbindung aufnimmt, der in freiberuflicher Arbeit auf der Grundlage eines Sondervertrages die konstruktive Betreuung dieses Erzeugnisses übernimmt …«*[371]

Genauso reibt man sich die Augen, wenn man liest, dass es immer noch viel zu viele Arbeiter im Waggonbau Ammendorf gab. Später hieß es doch immer »Keine Leute, keine Leute!«, damals war es aber noch anders herum. Leute mussten gehen. Auch mit den Sowjets war nicht immer gut Kirschen essen:

> *»FS aus Moskau ,In Ergänzung zu unseren Verhandlungen … bitten wir Sie, Ihr Einverständnis mit der Annullierung des Vertrages … über 30 Personenzugwagen des Gabarits 0 zu bestätigen …«*[372]

Die Nerven wurden durch technische Veränderungen belastet, die unterjährig gefordert wurden (Abb. 95). Klimaanlagen sind im Kommen. Die Leiter wurden in die Produktion geschickt mit dem Ziel des besseren gegenseitigen Verständnisses. Der FDGB will einen Ferienzug für sich bauen lassen; das Handelsministerium fordert die Produktion von Tischtennisplatten; wegen der Annullierungskosten muss gegen den DIA vor dem Vertragsgericht geklagt werden und es wurde gewonnen. Langweilig kann man das Jahr 1959 nicht bezeichnen!

BETRIEBSZEITUNG

Bahn frei

Organ der Parteileitung der SED im VEB Waggonbau Ammendorf

10. Jahrgang / Nr. 1 — Erscheint wöchentlich / Preis 5 Pf — 2. bis 8. Januar 1959

Die Jugend ruft zu neuen Taten

Offener Brief der Jugendbrigade Wolf an alle Jugendbrigaden des VEB Waggonbau Ammendorf

Die FDJ-Gruppe der Jugendbrigade Wolf wendet sich von ihrer Wahlversammlung aus an alle Jugendbrigaden und Jugendlichen unseres Werkes. In der Vorbereitung unserer Gruppenversammlung wurden die persönlichen Aussprachen und die Verlängerung der Verbandsdokumente abgeschlossen und jeder Jugendliche der Gruppe stellte sich einen persönlichen Kompaß für das Jahr 1959 auf. Die Mitglieder unserer Brigade stehen fest hinter den Beschlüssen unserer Partei der Arbeiterklasse und der Regierung. Deshalb machten wir uns auf unserer Wahlversammlung Gedanken zum Gruppenkompaß 1959. Auf der Grundlage unseres Gruppenkompasses rufen wir alle Jugendlichen unseres Werkes auf: Wir, die Mitglieder der Jugendbrigade Wolf, arbeiten bereits seit Oktober 1958 nach der Seifert-Methode. Durch die Teilnahme an dem, im BKV 1959 vorgeschlage-

Teilnahme an der Abendschule zum Techniker.

4. Wir, die Mitglieder der FDJ-Gruppe der Jugendbrigade Wolf wollen allen Kollegen und Jugendlichen der Abteilung Fm 9 Vorbild in der ökonomischen und gesellschaftlichen Arbeit sein. Unsere Freizeitgestaltung wird auf der Grundlage des Wintersport- und Kulturkalenders der FDJ 1958/1959 gestaltet (u. a. Jahresabschlußfeier, Buchbesprechungen, Heimabende).

5. In freiwilliger Arbeit basteln wir für eine Delegation der VII. Weltfestspiele ein Geschenk.

Wir verpflichten uns, monatlich 1,00 DM für die Weltfestspiele zu spenden. Durch Sammlungen, die wir durchführen, wollen wir die beste FDJ-Gruppe werden.

6. Jeder Jugendfreund verpflichtet sich, mindestens 10 Stunden im Nationalen Aufbauwerk zu leisten.

7. Zur Pionierfreundschaft „Alexander Puschkin" delegieren wir die Jugendfreunde Schulz und Hohberg.

Liebe Freunde! Das Jahr 1959 muß zum entscheidenden Jahr bei der Lösung der ökonomischen Hauptaufgabe werden.

Nach dem Vorbild des „Wilhelm-Pieck-Aufgebotes" wird mit allen Kollegen unseres Betriebes ein sozialistischer Wettbewerb entwickelt, der Massenbasis erhalten muß.

Die Mitglieder der FDJ-Gruppe der Jugendbrigade Wolf Fm 9

Der beste Aufbauhelfer 1958

Zum 83. Geburtstag unseres Präsidenten

Ein großer Sohn unseres Volkes hat Geburtstag. In Liebe, Verehrung und Dankbarkeit feiern ihn Millionen Werktätige in der ganzen Welt. Es entspricht dem Leben unseres Präsidenten, wenn er den Wunsch äußerte, daß Partei und Regierung von Feierstunden, anläßlich seines Geburtstages, absehen mögen. Für ihn, dem unermüdlichen Kämpfer für die Sache der Arbeiterklasse, ist jeder Erfolg, den wir in der Produktion erringen, ein Geschenk, bedeutsamer als alle

Seitdem ist er ununterbrochen Mitglied der Parteiführung geblieben.

In den schweren Kämpfen der Periode von 1919 bis 1923 hatte Wilhelm Pieck großen Anteil daran, daß es der Reaktion trotz Mord und unermeßlichem Terror nicht gelang, die Kommunistische Partei Deutschlands zu zerschlagen.

An der Seite Ernst Thälmanns konnte Wilhelm Pieck große Erfahrungen sammeln und die Massen gegen den aufkommenden Faschismus zu mobilisieren. Wilhelm Pieck war zu

Abb. 94: Die Jugend ruft zu neuen Taten, Bahn frei, Ammendorf 1959.

370. Bahn frei, 8. Jahrgang Nr. 1, Ammendorf 1957.
371. LHASA, MER, VEB Waggonbau Ammendorf, Nr. 55519.
372. LHASA, MER, VEB Waggonbau Ammendorf, Nr. 55519.

Protokolle 1959
Protokoll zur Werkleitungsbesprechung am 30. Januar 1959
I. Werkleiterkonsultation
II. Verschiedenes (nicht behandelt, d. A.)

Dieses Protokoll ist das erste, dass Helmut Schneider (Abb. 95) [373] als Leiter (– L –) in der Anwesenheitsliste führt. Er unterschrieb mit »*kommissarischer Leiter*«.

Abb. 95: Dr. Helmut Schneider

I. Werkleiterkonsultation
Der ehemalige Werkleiter als Ereignis – Lösch war offenbar in den Westen geflüchtet …

»*Zu Beginn berichtete Kollege … (Hauptdirektor VVB Schienenfahrzeuge, d. A.) über die Ereignisse im Zusammenhang mit Lösch. Dann wurde mitgeteilt, daß anstelle von Lösch Kollege Kurze – Werkleiter vom Waggonbau Niesky – in den technisch-ökonomischen Rat berufen wurde.*«[374]

Ist der größte Waggonbauer nicht mehr vertreten?

»*Damit auch der größte Betrieb Ammendorf im technisch-ökonomischen Rat vertreten ist, soll ein Arbeiter aus unserem Werk anstelle eines Arbeiters von FAGA nominiert werden.*«[375]

373–375. LHASA, MER, VEB Waggonbau Ammendorf, Nr. 55830.

VVB verzichtet auf operative Eingriffe!

»*Es wurde bekanntgegeben, daß im neuen Jahr die VVB nicht mehr in operative Versorgungsfragen eingreifen wird.*«[376]

Betriebe sollen Lager für Forschung und Entwicklung anlegen …

»*Es ist weiter festgelegt worden, daß in den Betrieben, wo die Notwendigkeit entsprechend der Eigenschaft und des Umfangs von Forschungs- und Entwicklungsaufträgen besteht, ein gesonderter Material-Lagerstock für dafür notwendiges Material gebildet wird und nur über die Hand des Technischen Direktors in Verbindung mit dem Werkleiter verfügt werden darf.*«[377]

Wer ist verantwortlich für die Kaderarbeit?

»*Über die Kaderarbeit wurde ein Ministerratsbeschluß erläutert und zwar ist festgelegt, daß die volle Verantwortung der Kaderarbeit in den Betrieben die Fachdirektoren und Hauptabteilungsleiter tragen. Es herrschte bisher die falsche Vorstellung, daß die Kaderarbeit eine Angelegenheit der Kaderabteilung ist. Für die Kaderarbeit in den Fachbereichen sind die zuständigen Funktionäre voll verantwortlich.* «[378]

Was gehört in den BKV?

»*Folgende Schwerpunkte wurden genannt, die dort enthalten sein müssen: Sicherung einer kontinuierlichen Produktion und damit die Erfüllung des Produktionsplanes und bei unserem Betrieb des Exportplanes; der neue Inhalt des sozialistischen Wettbewerbes muß zum Ausdruck kommen, der Rekonstruktionsplan muß in seinen wesentlichsten Merkmalen enthalten sein; Normstundensenkung pro Erzeugnis; Fragen des Gesundheitswesens. Es muß erreicht werden, daß eine Abstimmung in der Urlaubsregelung zwischen den Betrieben Gotha, Dessau und Ammendorf vorgenommen wird.*«[379]

376–379. LHASA, MER, VEB Waggonbau Ammendorf, Nr. 55830.

Niederschrift über die Funktionärsberatung am 9. 2. 1959
I. Produktion und Material
II. Plan 1959
III. Frühjahrsmesse 1959
IV. Gütekontrolleure
V. Verschiedenes

I. Produktion und Material

»Im Rohbau ist ein Rückstand von 7 Wagen zu verzeichnen, in der Endabnahme sind es 11 .... Es kam zum Ausdruck, daß es nach der allgemeinen Einschätzung möglich sein muß, den Rückstand bis zum Monatsende aufzuholen ...«[380]

Messeerzeugnisse

»Von P und T wurde übereinstimmend Bericht gegeben, daß die Fertigstellung des Musterabteils und des S-Bahn-Halbzuges im Plan liegt und bis jetzt hinsichtlich des Messetermins keine Verzögerungen zu verzeichnen sind.«[381]

Spezialwerkzeuge

»Die Auslieferung der Spezialwerkzeuge ... konnte nicht in vollem Umfang erfolgen, da sich Schwierigkeiten beim Härten ergeben haben.«[382]

Massenbedarfsgüter

»Zu dieser Produktion wurde seitens P ausgeführt, daß Schwierigkeiten in der Bereitstellung von Furnieren und Beschlägen bestehen. Darüber hinaus bestehen noch Schwierigkeiten in der Auslastung der Werkstatt.«[383]

Kein Hunger auf der Hungerliste

»Kollege ... gab einen Bericht über die Situation der gegenwärtigen Materialversorgungslage. Bis auf einige Dimensionen an Formstählen und Winkelstählen sind zur Zeit keine unüberbrückbaren Engpässe vorhanden ...«[384]

Das waren noch Zeiten: zu viele Leute!

»Auf der Grundlage der Vorlage ... wurde hierüber eine ausführliche Diskussion geführt. Die Diskussion brachte Übereinstimmung darüber, daß
a) in kürzester Zeit eine Angleichung der IST-Arbeitskräfte an die Staatsplankennziffer in den einzelnen Bereichen erfolgen muß;
b) der Überhang von circa 34 Kräften in PF 4 bereinigt werden muß und
c) das ... Arbeitskräfteproblem in TKS in den nächsten Tagen zu klären ist ...«[385]

II. Plan 1959

»Besonders erörtert wurde der Finanzplan 1959. Nicht abschließend geklärt werden konnte die Frage des Betrages der Selbstkostensenkung in absoluter Höhe von rund TDM 350,00 ...«[386]

III. Frühjahrsmesse 1959

»Die Berichte von T und K (bezüglich Musterabteil und S-Bahn siehe Punkt I) ergaben übereinstimmend, daß hinsichtlich der Vorbereitung und Durchführung der Messevorbereitung keine besonderen Probleme mehr bestehen.«[387]

IV. Gütekontrolleure entfällt
Dafür: BKV 1958

»Dieser Punkt wurde anstelle des Punktes Unterstellungsverhältnis der Gütekontrolleure auf die Tagesordnung genommen, da Kollege ... verhindert war ... Durch L wurde eine Gesamteinschätzung der Konferenz vorgenommen. Es kam ... zum Ausdruck, daß die Beteiligung außerordentlich gut war ... Der Rechenschaftsbericht der Werkleitung war ... in Ordnung, aber zu umfangreich.«[388]

V. Verschiedenes: Betreuung von Jubilaren

»Die gegenwärtige Art, wie Jubilare bei uns im Werk ... betreut werden, gibt zu stärkster Kritik Anlaß. A wird beauftragt, daß ab sofort die Betreuung der Jubilare in der Form erfolgt ... , daß sie spüren, müssen, daß sie in einem sozialistischen Betrieb arbeiten.«[389]

380–384. LHASA, MER, VEB Waggonbau Ammendorf, Nr. 55830.

385–389. LHASA, MER, VEB Waggonbau Ammendorf, Nr. 55830.

1959

Protokoll über die Werkleitungssitzung am 16. März 1959
I. Betriebsbegehung
II. Produktion und Material
III. Arbeitskräfte
IV. Kultur- und Sozialfonds 1959
V. Gütekontrolleure
VI. Leichtbauwagen/Gabarit Null
VII. Einbau Klima-Anlage
VIII. Verschiedenes

I. Betriebsbegehung
»Da die Betriebsbegehung … gezeigt hat, daß in letzter Zeit … Vernachlässigungen auf den Gebieten des Brandschutzes, Arbeitsschutzes und der Sicherheit eingetreten sind, wurde dieser Punkt im Beisein der Fertigungsbereichsleiter im Rahmen der Tagesordnung am Anfang behandelt … Zur Behebung der vorhandenen Mißstände wurde in kritischer Aussprache den zuständigen Fachdirektoren und Fertigungsbereichsleitern … entsprechende Hinweise gegeben …«[390]

II. Produktion und Material
»Kollege … gab einen zusammenfassenden Bericht … Als Hauptengpässe wurden genannt:
Siederohre …, Alu-Profile (hierzu wurde durch L Anweisung gegeben, sofort West-Import einzuleiten); Stahlgußteile – Zugbügel und Deckel für Kegelradgehäuse …, Heizkessel (hier wird die Einschaltung von L erforderlich sein).
Nach dem Bericht sind keine Engpässe vorhanden, die zu einem größeren Produktionseinbruch führen können …«[391]

Produktion
Schlechte Konstruktion bringt Rückfall
»Eine ernste Situation tritt ab 151. Wagen auf – Übergang zu neuen Fenstern – weil durch Fehler und Versäumnisse in der eigenen Arbeit des Werkes kein reibungsloser Übergang nach dieser Konstruktionsänderung zum 151. Wagen erfolgt ist. Durch die eingetretene Handwerkelei ist ein Produktionsrückfall von 3–4 Tagen zu verzeichnen …«[392]

Was tun? Die Schuldigen finden!
Lenker und Leiter in die Produktion!
»In Übereinstimmung mit dem Zentralen Produktionsausschuß hat L eine Kommission … beauftragt, um die Ursachen des schlechten Übergangs eingehend zu überprüfen und die Schuldigen namhaft zu machen und zu bestrafen … Um die Aufholung des durch die vorgenannten Umstände eingetretenen Planrückstandes zu sichern, wird sofort eine Brigade aus dem Lenkungs- und Leitungsbereich zusammengestellt, um das PF4 sofort arbeitskräftemäßig zu unterstützen …«[393]

Massenbedarfsgüter
Unzulänglicher Bericht! Setzen! Das nächste Mal mit Ziffern aufwarten!
»Die Berichterstattung über den Stand der Massenbedarfsgüter ist als unzulänglich zu betrachten. F wird angewiesen, zur nächsten Berichterstattung mit klaren SOLL- und IST-Ziffern aufzuwarten.«[394]

Eierlegebatterie
Mehr Industrie, weniger Improvisation!
»Da durch Fehler im Anlauf der Eierlegebatterie-Anfertigung bisher keine verantwortlich konstruktive Bearbeitung dieses Erzeugnisses erfolgt ist, wird festgelegt, daß T … mit einem qualifizierten und dafür geeigneten Konstrukteur Verbindung aufnimmt, der in freiberuflicher Arbeit auf der Grundlage eines Sondervertrages mit mit dem Werk die konstruktive Betreuung dieses Erzeugnisses übernimmt …
Übereinstimmung wurde erzielt, daß die ersten 10 Batterien mit Alu-Kunstharzfarbe gestrichen werden … Um bei der Fertigung … von dem Zustand des Improvisierens abzukommen und eine industrielle Fertigung zu erreichen, hat P …eine … Zusammenfassung aller Faktoren vorzunehmen …«[395]

390–391. LHASA, MER, VEB Waggonbau Ammendorf, Nr. 55830.

392–395. LHASA, MER, VEB Waggonbau Ammendorf, Nr. 55830.

III. Arbeitskräfte
Übersicht verschaffen! Was man nicht messen kann, kann man auch nicht managen!

»Es wurde Übereinstimmung erzielt, daß ... bis zum 23. 3. unter Zugrundelegung der analytischen Aufzeichnungen in der Vorlage ... eine klare Übersicht über das Arbeitskräfte-SOLL in den einzelnen Bereichen geschaffen werden muß ...«[396]

IV. Kultur- und Sozialfonds 1959
Wie viel für Verbesserungsvorschläge?

»Auf Antrag des Technischen Direktors wurde die Summe für Realisierung von Verbesserungsvorschlägen von 25 TDM auf 30 TDM erhöht.«[397]

Prämien nicht für Kultur und Soziales da!

»In der Diskussion wurde Übereinstimmung erzielt, daß die Tendenz, rund 140 TDM zur Deckung der Kultur- und Sozialleistungen 1959 aus dem Prämienfonds zu entnehmen, nicht gerechtfertigt ist.«[398]

V. Gütekontrolleure
Wo sollen sie unterstellt werden, damit sie ihre Arbeit gut machen können?

»In Erweiterung der reinen Unterstellungsfragen wurden die Entlohnungsprobleme der Gütekontrolleure besprochen ...«[399]

Was tun? Mit VVB und anderen Betrieben sprechen über deren Erfahrungen!

»Sollte die Aussprache bei der VVB ... und die nochmalige Analyse ... keine anderen Gesichtspunkte hervorkehren, bleibt es bei der Festlegung im Kollektiv, daß ab 1. 6. 1959 die Gütekontrolleure wiederum der Abteilung TG direkt unterstellt werden ... Da die Widersprüche in der Entlohnung der Gütekontrolleure zu immer größeren Komplikationen führen, wurde festgelegt, daß ... eine Aussprache über dieses Thema mit Vertretern der VVB, der Kommission für Arbeit und Löhne bei der Staatlichen Plankommission und der IG Metall stattfindet.«[400]

396–400. LHASA, MER, VEB Waggonbau Ammendorf, Nr. 55830.

VI. Leichtbauwagen/Gabarit Null

»Zu diesem Tagesordnungspunkt erfolgte lediglich ein kurzer informatorischer Bericht durch T. Konkrete Festlegungen konnten hierüber nicht getroffen werden, da die Verhandlungen des Kollegen ... in Moskau zu diesem Zeitpunkt noch nicht weit genug fortgeschritten waren. K hat mit den übergeordneten Organen – VVB und Staatliche Plankommission – Verbindung aufzunehmen, ob die Gewähr gegeben ist, die Leichtbauserie 1961 mit dekapierten Blechen auszurüsten.«[401]

VII. Einbau Klima-Anlage
Vorschläge annehmbar!

»Zu diesem Punkt berichtete T über die Ergebnisse der Untersuchungen des Technologiekollektivs der VVB über die Möglichkeit der rationellen Montage der Klimaanlage. Zusammenfassend kann gesagt werden, daß die Vorschläge des Technologiekollektivs für das Werk Ammendorf annehmbar sind.«[402]

VIII. Verschiedenes: Bereich P: Lenkung und Leitung verbessern ...

»Auf der Grundlage einer Auflage durch L von Anfang Februar des Jahres berichtete Kollege ... über die Arbeit, die LO in Verbindung mit P zur Verbesserung der Leitungstätigkeit in der Produktionsleitung vorgenommen hat. Dem Bericht wurde zugestimmt.«[403]

Hochspannungsleitung wird abgeschaltet!

»Kollege Schneider gab bekannt, daß wegen Überholung und Reinigung der Hochspannungsanlage am 5. 4. 59 im gesamten Betrieb von 6.30 Uhr – 13.00 Uhr der Strom abgeschaltet wird.«[404]

Jungingenieure nach Görlitz

»Delegierung der Jung-Ingenieure nach Görlitz zur Absolvententagung. K wurde beauftragt, einen Omnibus für den Hin- und Rücktransport der Beteiligten ... vorzusehen ...«[405]

401–405. LHASA, MER, VEB Waggonbau Ammendorf, Nr. 55830.

Protokoll über die Werkleitungssitzung am 2. 4. 1959
I. Material und Produktion

I. Material und Produktion
»Da durch objektive und subjektive Mängel der Betrieb seit Anfang Februar einen beispiellosen Kampf führen mußte zur Aufholung der Planrückstände und zur Einhaltung der Staatsplanziele, war auf Grund der im gesamten Werk bekannten Situation im Monat März – auch in der gesamten Leitungstätigkeit – die Hauptorientierung auf die Erfüllung des 171. Wagens zum 31. 3. 59 gerichtet. Dadurch war logischerweise die Operativ- und Kontrollarbeit über den 31. 3. hinaus vernachlässigt worden.«[406]

Hungerliste für April
»Die Gesamteinschätzung ergibt, daß das Werk zur Sicherung des Planes eine Reihe von Material-Engpässen kurzfristig überwinden muß. Die Engpässe sind vornehmlich auf dem Gebiet der metallurgischen Versorgung und der Bezugteil-Versorgung zu finden, sowie in den Positionen Moosgummi, Spiegel und Piatherm.«[407]

Unannehmbare Walztermine …
»Mit Zustimmung des BGL-Vorsitzenden wird eine Kommission … gebildet … die am Montag … nach Berlin fährt, um mit den übergeordneten Organen – VVB, Plankommission und DSM – Verhandlungen zu führen zur Überwindung von unannehmbaren Walztermin-Festlegungen und Exportlieferterminen«[408]

Grobblech fehlt
»Wegen der Grobblechsituation wird K beauftragt …. mit dem Walzwerk Kirchmöser Verbindung aufzunehmen, um vorfristige Lieferungen zu erreichen…«[409]

Sofort nach Bitterfeld wegen Alu-Profilen!
»Zur Überwindung des Engpasses Alu-Profile wird der Assistent des Werkdirektors beauftragt, mit Kollegen … sofort nach Bitterfeld zu fahren, um eine Sonder-Prämiierung unseres Profils zu erreichen, da sonst das April-Programm völlig gefährdet ist. Bei Abfassung dieses Protokolls lag Erfolgsmeldung über die Aussprache durch die genannten Kollegen vor.«[410]

Toleranz in Moskau erreichen!
»L übernimmt die Aufgabe, mit dem Genossen Antipow zu sprechen, um das Rohr 76x4 auf 76x3 tolerieren zu lassen für insgesamt 20 Wagen. Bei Abfassung des Protokolls war die Maßnahme bereits erfüllt.«[411]

Piatherm-Engpass in Berlin klären!
»Hinsichtlich der Überwindung des Engpasses Piatherm übernimmt die Kommission … die Klärung in Berlin bei der VVB.«[412]

Bautzen soll Bleche zurückgeben!
»Wegen der Rückgabe der Alu-Bleche für Abdeckungsbleche in PF 3 wird K beauftragt, sofort ein Werkleiter-FS fertigzumachen an den Werkleiter von VEB Waggonbau Bautzen.«[413]

Leute aus Dessau zurückbeordern!
»Nach Einschätzung der gesamten Materialversorgungs-Situation kam das Kollektiv … zu der Auffassung, daß zur Sicherung des eigenen Produktions-Programmes alle verfügbaren Kräfte angespannt werden müssen und deshalb die Genossen … und … aus Dessau von ihrem Einsatz zurückgerufen werden…«[414]

Für 1958 gibt es eine Prämie!
»Zum Schluss der Sitzung wurde … bekanntgegeben, daß das Werk für die hervorragenden Leistungen … des Planjahres 1958 … eine Prämiensumme in Höhe von rund 300 TDM zur Verfügung stellt..«[415]

406–409. LHASA, MER, VEB Waggonbau Ammendorf, Nr. 55830.

410–415. LHASA, MER, VEB Waggonbau Ammendorf, Nr. 55830.

Protokoll über die Werkleitungssitzung am 2. Mai 1959
I. Sondermitteilung L
II. Material und Produktion
III. 2. ökonomische Konferenz
IV. Technische Veränderungen Export
V. Seifert-Methode
VI. Verbesserung der Arbeit mit dem BKV

I. Sondermitteilung L
Sowjets stornieren 30 Wagen!

»FS aus Moskau
'In Ergänzung zu unseren Verhandlungen mit Genossen … bitten wir Sie, Ihr Einverständnis mit der Annullierung des Vertrages 50/08058 über 30 Personenzugwagen des Gabarits 0 zu bestätigen, wie auch einen Entwurf für den Zusatz zum Vertrag Bt Nr. 50/98266 über Lieferung von Personenwagen des Serienbaues 1959 statt der 30 Wagen vom Gabarit 0 zu senden. Maschinoimport Moskau'«[416]

Was tun?

»Die Fachdirektoren und Hauptabteilungsleiter wurden beauftragt, sofort alle Maßnahmen zu ergreifen, die sich für ihre Bereiche aus dem Inhalt des FS ableiten lassen.«[417]

II. Material und Produktion
Hungerliste

»Zusammengefaßt kann gesagt werden, daß durch operative Maßnahmen die bestehenden Engpässe bis auf nachfolgende 3 Positionen erledigt werden können. Zu den Hauptengpässen wurde folgendes festgelegt …
a) 4 mm Bleche (Olbernhau – Komplikation des Richtens und der Normveränderung, weil die Bleche seitlich nicht beschnitten sind) K veranlaßt sofort die Einleitung eines Devisenbonus-Geschäftes …;
b) Piatherm: Da die kontinuierliche Zulieferung von Piatherm durch Piesteritz noch nicht sichergestellt ist, ist sofort die VVB … einzuschalten. Des weiteren sind sofort persönliche Verhandlungen mit Piesteritz für die Sicherung einer kontinuierlichen Anlieferung per Waggon zu führen …;
c) Da keine genauen Angaben gemacht werden konnten, ob die aus Import zu erwartenden Alu-Profile rechtzeitig eingehen, um den Anschluß an die Bitterfelder Lieferungen aus dem Monat April zu gewährleisten, sind sofort eingehende Verhandlungen mit DSM Berlin und nötigenfalls heute schon mit Biterfeld seitens K zu führen.«[418]

Produktion

»Durch P wurde berichtet, daß außer dem Plananteil Massenbedarf die Hauptproduktion zum 30. 4. 59 erfüllt worden ist.«[419]

III. 2. ökonomische Konferenz

»L gab über den Verlauf, den Inhalt und das Ergebnis der 2. ökonomischen Konferenz der VVB Schienenfahrzeuge einen zusammengefaßten Bericht.«[420]

IV. Technische Veränderungen Export

»Prägepolierte Radsätze: Durch K … und T … wurde zum Ausdruck gebracht, daß die FZ 351 als Einführungs-FZ eingehalten wird … Innen- und Außenscheiben: Konkrete Berichterstattung konnte hierüber seitens K nicht erfolgen … optische Signalanlage: Die Einführung der optischen Signalanlage ist ab 379. Wagen vorgesehen. Die hierzu gegebenen Angaben gelten als nicht verbindlich … Fensterheber: Die hierfür von T und K gemachten Ausführungen sind ebenfalls unvollständig gewesen …«[421]

Verhandlung mit Moskau

»Grundlage der Auswertung war der Reisebericht. Ein wesentlicher Teil der in Moskau geführten Verhandlungen ist durch die Entscheidung, daß der Wagentyp Gabarit-Null in diesem Jahr nicht gefertigt wird … entfallen.«[422]

416–417. LHASA, MER, VEB Waggonbau Ammendorf, Nr. 55830.

418–422. LHASA, MER, VEB Waggonbau Ammendorf, Nr. 55830.

Zeichnungen nicht im Protokoll: das ist ein sehr ernster Umstand!

»Wesentlicher Punkt der Aussprache war die Tatsache, daß die Durchsprache der Zeichnungen für den in Entwicklung befindlichen Leichtbauwagen keinen protokollarischen Niederschlag gefunden und die Zeichnungen keine Bestätigung erhalten haben. Es fehlt also jeglicher offizieller Genehmigungsvermerk seitens der sowjetischen Seite. Das ist ein sehr ernster Umstand.«[423]

Was tun?
Versuchswagen als Vorhut, dann Leichtbauwagen in die technischen Bedingungen einschleusen, nur so vertraglicher Absicherung der Entwicklungskosten möglich!

»K und T werden beauftragt, über den Versuchswagen Leichtbau, hart, einen Vertrag bis zum 20. 5. mit dem DIA abzuschließen. Ziel muß sein, als Grundlage dieses Vertrages zu erreichen, daß die durchgesprochenen technischen Bedingungen Vertragsbestandteil werden und damit vertragliche Anerkennung auch seitens der SU finden, um zu vermeiden, daß die Wagen ohne vertragliche Zustimmung des DIA und der SU entwickelt wird.«[424]

V. Seifert-Methode

Erich Seifert propagierte Ende der 50er Jahre eine Methode zur Vermeidung von Gemeinkosten und Stillstandszeiten. Er war in der DDR so bekannt, dass die DEFA einen Film über ihn drehte (*»Das Stacheltier – Zu Gast beim Stacheltier: Held der Arbeit Erich Seifert«*, Berlin 1959). Darin schildert er anekdotisch vermeidbare Mängel der DDR-Wirtschaft, darunter folgende Beispiele:

»1. ‚Nieten' – Ein Arbeiter bittet im Materiallager um 50er Nieten. Da sie nicht vorrätig sind, erhält er 70er, die dann umständlich gekürzt werden müssen und zu Zeitverlusten führen. Der verantwortliche Planungsleiter bestellt daraufhin - da vom Lager keine 50er ausgeliefert und demzufolge nicht gebraucht werden – nur noch 70er.

2. ‚Der Brigadier als Laufjunge' – Ein gelernter Schweißer wird von seinen Brigademitgliedern darauf aufmerksam gemacht, daß er vor lauter organisierenden Handgriffen nicht mehr zu seinen eigentlichen Aufgaben kommt. Die Argumente überzeugen ihn, er geht zur Kaderleitung, läßt einen Hilfsarbeiter dafür einstellen - und fühlt sich nun dazu veranlaßt, diesen, mitlaufend, zu beaufsichtigen.

3. ‚Das Garn und die Rouladen' – In einem Motorenwerk herrscht Mangel an ‚Garn' zum Wickeln der Spulen. Als die betroffenen Arbeiter mittags in die Kantine kommen, erkennen sie beim Abwickeln der Rouladen das ihnen fehlende Material. Der Dispatcher hat die Übersicht verloren und es fehlgeleitet.«[425]

Was daraus lernen in Ammendorf?
Keinen Kampagnencharakter, wir hatten schon zu viele Kampagnen nach dem Krieg

»Es wurde Übereinstimmung erzielt, daß die Betriebsparteiorganisation, die Gewerkschafts- und Wirtschaftsfunktionäre unter Vermeidung jeden Kampagne-Charakters in breiter Form im Werk die Aufklärung über den Inhalt und das Ziel der Seifert-Methode fortsetzen …«[426]

Hauptbuchhalter soll messen …

»Der Hauptbuchhalter wird beauftragt, erstmalig in der Rechenschaftslegung für Monat April über die wertmäßigen Auswirkungen der Seifert-Methode und die sich daraus ergebende Einschätzung für das Rechnungswesen einen gesonderten Bericht zu geben.«[427]

VI. Verbesserung der Arbeit mit dem BKV

»Hierzu erfolgte die Erläuterung der Vorlage vom 19. 3. 59 durch A. Die Vorlage wurde bis auf die zu ergänzenden Teile des Lehrkombinates voll inhaltlich bestätigt …«[428]

423–424. LHASA, MER, VEB Waggonbau Ammendorf, Nr. 55830.

425. http://www.defa.de/DesktopDefault.aspx?TabID=412&FilmID=Q6UJ9A002QST, aufgerufen am 5. Januar 2016, 12.31 Uhr.

426–428. LHASA, MER, VEB Waggonbau Ammendorf, Nr. 55830.

Protokoll über die Werkleitungssitzung am 10. Juni 1959
I. Antrag FDJ
II. Maßnahmekontrolle
III. Material
IV. Produktion
V. Wettbewerb
VI. Verhandlung mit Moskau
VII. Verschiedenes

I. Antrag FDJ

»Auf der Grundlage der erwähnten Vorlage berichtete … über die Vorschläge zur Durchführung der Woche der Jugend und des Sports …«[429]

Jemand aus der Werkleitung soll sprechen

»Es wurde seitens der Werkleitung Zustimmung gegeben, daß hierzu ein Vertreter der Werkleitung über die Bedeutung der ‚Jungen Neuerer und Erfinder' zu den Jugendfreunden spricht.«[430]

Ein bisschen Geld wäre nicht schlecht …

»Laut Vorlage … soll … der ‚Tag des Sportes und der Verteidigungsbereitschaft' durchgeführt. Am selben Abend soll ein großes Treffen der Jugend unter dem Motto ‚Rund um Rostock' stattfinden. Für die Ausgestaltung … bittet die FDJ-Leitung, daß die Werkleitung 2.000 DM mit zur Verfügung stellt.«[431]

Was gibt die Werkleitung? Sie sagt ja.

»Es wurde in der Beratung Übereinkommen erzielt, diesen Betrag der FDJ zur Verfügung zu stellen.«[432]

II. Maßnahmekontrolle

»Der größte Teil der festgelegten Maßnahmen ist realisiert. Über die offenen Punkte wurde beraten …(7 Maßnahmen waren offen, d. A.)«[433]

III. Material

»Ferner wurden behandelt:
Alu-Profile, Emailliertes Waschbecken, Piatherm, Batterien, Regulierspindel, Fensterheber, Trinkwasserrahmen, Trinkwasserkühler (hierzu machte L Bemerkungen zu der am gleichen Tage stattfindenden Aussprache bei der VVB mit DKK Scharfenstein).
Zusammengefaßt kann gesagt werden, daß die größten Schwierigkeiten mit der Materialbeschaffung in Verbindung mit den Batterien, Alu-Profil, Piatherm und Trinkwasserrahmen bestehen.«[434]

IV. Produktion

»PF 1 Seitens der Produktionsdirektion sind in Verbindung mit der Bereichsleitung eingehende Maßnahmen ergriffen worden, um die Taktrückstände vor allen Dingen bei den Teilen, die auf den Pressen und Stanzen bearbeitet werden, aufzuholen und daß innerhalb der nächsten Tage damit zu rechnen ist, daß hier eine Verbesserung der Produktionssituation – Belieferung PF 3 und 4 – zu erwarten ist.
PF 2 Nach der Produktionsübersicht vom 8. 6. 59 (Haupt-Positionen) kann eingeschätzt werden, daß das Fertigungsbereich in den letzten 14 Tagen erheblich aufgeholt hat.
PF 3 … Die Aufholung in diesem Fertigungsbereich ist in enger Beziehung mit den Maßnahmen in PF 1 zu sehen, da PF 3 weitestgehend von PF 1 abhängig ist.
Fertigungsbereich 4 In den Positionen Fußbodenlegen, Rohre legen, Heizungsabnahme, Gangwände setzen, Wasserheizung, Regler und Schalttafel, Schiebetür, Dienstraum, Garnierung sind ebenfalls nur ganz geringe Taktaufholungen gegenüber dem Stand von Anfang des Monats zu verzeichnen … Die Probefahrttermine wurden … aber eingehalten.
Fertigungsbereich 5 Seitens L wurde der Produktionsdirektor … noch einmal mit allem Nachdruck dafür verantwortlich gemacht, daß der Hauptfristenplan für die Fertigung der Treppengeländer einzuhalten ist und daß die Fertigung der ersten 9 Häuser in diesem Monat zur Auslieferung gelangen muß.«[435]

429–433. LHASA, MER, VEB Waggonbau Ammendorf, Nr. 55830.

434–435. LHASA, MER, VEB Waggonbau Ammendorf, Nr. 55830.

1959

Produktion Teil 2
Eierlegebatterie

»Schwierigkeiten ergeben sich bei der Eierlegebatterie-Fertigung wegen des Fehlens von Kräften. PK muß hier selbst die entsprechenden Maßnahmen einleiten.«[436]

Was sagt der Chef?

»L wies noch einmal mit allem Nachdruck darauf hin, daß Probefahrttermine nur mit Genehmigung des Werkdirektors verschoben werden dürfen.«[437]

Warum will niemand an der Stanze arbeiten?

»Fluktuation an der Stanze
Zur Eindämmung der Fluktuation an den Stanzen wurde folgendes festgelegt: Innerhalb 8 Tagen wird seitens L mit A, BGL und P eine Aussprache herbeigeführt, um ein System des materiellen Anreizes – ähnlich an dem Sandstrahlgebläse – zu diskutieren und zur Einführung vorzusehen.«[438]

Arbeitskräftebereinigung

»Der vom Kollegen … erstattete Bericht zeigte, daß gegenwärtig richtige … Maßnahmen zur Bereinigung der Arbeitskräfte in den Bereichen eingeleitet worden sind.«[439]

Seifert-Methode: die Leute verstehen das nicht …

»Noch im Monat Juni wird auf zentraler Ebene eine Unterweisung über den Inhalt, Charakter der Seifert-Methode sowie eine Erläuterung der Handhabung der beiden Formblätter der Abteilung LO einem erweiterten Kreis von Meistern, Produktionslenkern und Planern einschließlich Bereichsleiter gegeben.«[440]

V. Wettbewerb

»Der Arbeitsdirektor wurde beauftragt, den Wettbewerbs-Entwurf lediglich um die diskutierten ökonomischen Zielstellungen (Ausschuß, Normenstundensenkungen usw.) zu erweitern.«[441]

VI. Verhandlung mit Moskau
14 Tage bis 3 Wochen verhandeln!

»Zu diesem Punkt wurde das Werkleitungskollektiv durch L und T über den Vorbereitungsstand der Verhandlungen unterrichtet, soweit es nach dem gegenwärtigen Stand möglich war. Insbesondere wurden die Probleme Klimaanlagen (Venta!), Isolierung, Klimaanlagen-elektrischer Teil FAGA, 10 Wagen Kleinserie Leichtbau, dekapierte Bleche, Einbrennlackierung, Bereinigung der Problematik wegen der Wagenzahl-Abstimmung aus Lieferung 1959 … behandelt … Die Abwesenheit des Werkdirektors wird sich auf circa 14 Tage bis 3 Wochen belaufen.«[442]

VII. Verschiedenes
Delegation aus Tatra Studenka

»L gab bekannt, daß … eine Delegation aus der Waggonfabrik Tatrastudenka in unserem Werk weilen wird.«[443]

See-Objekt-Ferienheim

»Der Reisebericht des Kollegen … wurde behandelt und nach kurzer Diskussion Übereinstimmung erzielt, daß von der Übernahme der beiden Objekte Abstand genommen wird.«[444]

Wir müssen 8 Kinder aufnehmen!

»Kollege Schneider unterrichtete A davon, daß wir 8 Kinder für unsere Kinderferienlager-Aktion in unserem Heim aufnehmen müssen …«[445]

Spielmannszug

»Der Antrag der BBS auf Bildung eines Spielmannszuges wurde nicht im einzelnen behandelt, sondern dem Direktor des Lehrkombinates Genossen … zur Prüfung übergeben. Entscheidung fällt zur nächsten Werkleitungs-Besprechung …«[446]

436–440. LHASA, MER, VEB Waggonbau Ammendorf, Nr. 55830.

441–446. LHASA, MER, VEB Waggonbau Ammendorf, Nr. 55830.

Protokoll über die Werkleitungssitzung am 8. Juli 1959
I. Chinawagen
II. Maßnahmekontrolle
III. Produktion
IV. Material
V. Kampfprogramm
VI. Christoph-Wehner-Methode
VII. Sonstiges

I. Chinawagen

»Vom Kollegen … wurde kritisiert, daß bei der Fertigung der Chinawagen eine … Reihe Schwierigkeiten – insbesondere in der Fensterbrigade bestehen –, die unter anderem darauf zurückzuführen sind, daß die Materialkarten nicht rechtzeitig vorhanden gewesen sein.«[447]

Was war geschehen?

»Die daraufhin erfolgte Überprüfung in TK ergab jedoch, daß nach Quittungsbuch von TK TVF die Stücklisten bereits im Dezember 1958 erhalten hat. Diese Stücklisten sind in TVF verlorengegangen.«[448]

Was tun?

»Die Schuldfrage muß noch geklärt und die Verantwortlichen zur Rechenschaft gezogen werden.«[449]

II. Maßnahmekontrolle

»Zu M 10 vom 1. 7. 59 – Winkel 45x30x4 – Importlieferung. Material als Ausweichlösung konnte nicht genommen werden. M 3 Mit dem Werkleiter von Walzwerk Riesa sind persönliche Verhandlungen aufzunehmen, um zu erreichen, daß Riesa bis 20. 7. Walzung vornimmt.«[450]

III. Produktion

»Kollege … brachte Erläuterungen … Zur Durchführung der Probefahrt am 13. 7. fehlen Schalttafeln … B wird nochmals die Innenrevision einschalten, inwieweit der jetzige Zustand die unrentable Fertigung im vertretbaren Maße noch zuläßt …«[451]

Drehgestelle für Görlitz

»Da die bisherigen Verhandlungen mit Görlitz wahrscheinlich zum Ergebnis haben werden, daß Ammendorf 60 Drehgestelle für Görlitz im Jahre 1959 weniger baut, ist durch LZ zu prüfen, wie sich die Auftrags-Reduzierung zum 10. Jahrestag auswirken wird und welche Maßnahmen erforderlich sind, um diesen Produktionsausfall zur erreichung einer 80%igen Planerfüllung auszugleichen – eventuell durch Vorziehen der Produktion –.«[452]

Arbeitskräfte: wohin mit den zu vielen Leuten?

»11 Kollegen sind für das Bau-Kombinat und MAFA zu delegieren.«[453]

IV. Material

»KM … gab einen Bericht über die bestehenden Schwerpunkte in der Materialversorgung – insbesondere schilderte er die Lage beim China-Wagen. Ein Problem stellen hierbei noch die Zahlen und Buchstaben dar.«[454]

V. Kampfprogramm

»Der Entwurf des Kampfprogramms zur Verbesserung der Rentabilität … wurde beraten.«[455]

VI. Christoph/Wehner-Methode

Keine Eintragungen. Die Christoph/Wehner-Methode war der Seifert-Methode so kompatibel, dass GÜNTER CHRISTOPH vom Federnwerk Zittau auf dem 5. FDGB-Kongress vorschlug:

»… darüber zu beraten, ob man nicht die Christoph/Wehner- und die Seifert-Methode als eins betrachten sollte, denn nur die beiden Methoden zusammen bringen einen schnellen Erfolg.«[456]

VII. Sonstiges

Keine Eintragungen.

447–450. LHASA, MER, VEB Waggonbau Ammendorf, Nr. 55830.

451–455. LHASA, MER, VEB Waggonbau Ammendorf, Nr. 55830.
456. Frotscher-Archiv, Halle.

1959

Protokoll der Werkleitungssitzung vom 19. August 1959
I. Maßnahmekontrolle
II. Produktion und Material
III. Betriebsökonomik
IV. Plan 1960
V. Verschiedenes

I. Maßnahmekontrolle
DDR-Tournee für fehlendes Material …

Insgesamt 5 Maßnahmen, darunter:

»2. Finanzierung Erprobungswagen (Leichtbau) Von den insgesamt 5 im Plan 1960 enthaltenen Leichtbauwagen ist ein Wagen als Entwicklung getrennt zu behandeln. Dieser Wagen gilt als betriebliche Weiterentwicklung und ist entsprechend zu planen. Bereits jetzt anfallende Kosten sind als Vorleistungskosten zu aktivieren …
3. Materialbereitstellung für die Einrichtung der Omnibushalle Der Materialauszug ist der Materialversorgung erst am 16. 7. zugegangen. Von den circa 10 Positionen sind erst ungefähr 50% untergebracht … Kollege … wird in den nächsten Tagen eine DDR-Tournee unternehmen, um von anderen Betrieben, insbesondere des Schwermaschinenbaues, Material in Werkshilfe zu erhalten …«[457]

Körperlicher Einsatz in der Produktion, damit sie wissen, wie sich das anfühlt!

»Anfang Oktober soll mit dem körperlichen Einsatz von Wirtschaftsfunktionären in der Produktion begonnen werden und zwar sukzessiv, wie es innerhalb der Direktionsbereiche verantwortet werden kann. Sinn und Zweck dieses Einsatzes soll sein, daß zwischen Produktionsarbeiter und Verwaltungspersonal eine bessere Zusammenarbeit erreicht wird.«[458]

II. Produktion und Material

»Mit Stand vom 18. 6. wurde die FZ 447 erreicht, jedoch mit 4 Tagen Rückstand. In diesem Bereiche liegt der Schwerpunkt in dem ungenügenden Vorhandensein von Schweißern … Die Probefahrt bis FZ 450 mußte mit Zustimmung des Werkleiters von Sonnabend auf Sonntag verschoben werden … In PF 5 wurde festgestellt, daß das Tauchen der Böden (Eierlegebatterie, d. A.) nicht den gewünschten Erfolgt zeitigt. Es muß unbedingt nochmals versucht werden, in einem Werk Kapazität für die Verzinkung zu erhalten. Mit Rothenburg werden nochmals Verhandlungen aufgenommen. Kollege … bat um 500 Überstunden zur Aufholung des Rückstandes.«[459]

III. Betriebsökonomik

»Die Ausarbeitung liegt allen betreffenden Abteilungen vor. Darüber hinaus soll in der Bahn frei eine breite Diskussion entfacht werden …«[460]

IV. Plan 1960

»Da sich auf Grund eines Wunsches der SU die Anzahl der von Waggonbau Görlitz zu fertigenden RIC-Wagen von 50 auf 60 Stück erhöht, fertigt Görlitz nunmehr im Jahre 1960 = 160 Reisezugwagen. Im Regierungsabkommen mit der SU stehen
850 Reisezugwagen
./. 160
= 690
Die Zahl 690 ist die Ausgangsbasis, auf die wir unseren Produktionsplan 1960 entwickeln müssen.
690
./. 21 (vorfristige Lieferung 1959)
669 Weitstreckenwagen
werden hiermit als verbindliche Kennziffer … eingesetzt.«[461]

V. Verschiedenes
Urlauberzug für die Gewerkschaften

»Informatorisch teilte Kollege … mit, daß die VVB auf der letzten Techn.-Leitertagung zur Kenntnis gegeben hat, daß wahrscheinlich im Jahre 1960 von Ammendorf ein FDGB-Urlauberzug gefertigt werden soll.«[462]

457–458. LHASA, MER, VEB Waggonbau Ammendorf, Nr. 55830.

459–462. LHASA, MER, VEB Waggonbau Ammendorf, Nr. 55830.

Protokoll über die Werkleitungssitzung am 9. September 1959
I. Produktion und Material
II. Betriebsökonomik
III. Maßnahmen Klimaanlage
IV. Krananlage Omnibushalle
V. Bockkran
VI. Sicherheit und Arbeitsschutz
VII. Verschiedenes

I. Produktion und Material
Beschlusskontrolle

»Die Beschlußkontrolle ergab, daß einige Maßnahmen nur teilweise oder überhaupt nicht erfüllt worden sind …«[463]

Produktion PF 1 bis PF 5

»PF 1 Die täglichen Kampfberatungen und der vom Produktionsdirektor gegebene Bericht legen Zeugnis davon ab, daß in diesem Bereich nunmehr täglich 3 Wagen an Material der Rohbaumontage zur Verfügung gestellt werden. In den wichtigsten Positionen ist der 518. Wagen bereits erreicht worden.
PF 2 Die Rückstände dieses Bereiches haben sich auch gegenüber der vorangegangenen Woche unwesentlich geändert.
PF 3 In den einzelnen Baugruppen, Untergestell-Vorbauten, Seitenwände, Stirnwände, Fächer ist keine nennenswerte Verbesserung in der letzten Woche erzielt worden.
PF 4 Nachdem für die Probefahrt des 460. Wagens mit Zustimmung des Werkleiters eine operative Lösung insofern getroffen wurde, daß Probefahrt und Exportabnahme an einem Tag stattfinden, muß dennoch erwähnt werden, daß die Sicherung der Probefahrten … (470. bis 508. Wagen, d. A.) nur unter Anstrengung aller Kräfte möglich ist … Probleme treten hier besonders bei der Lackierung auf, da sich neuerdings wieder Lackblasen zeigen (Pigment-Problem). Die Untersuchung ist sofort durch die Gütekontrolle, Fertigungsbereich und Materialversorgung in Verbindung mit der Lackfabrik Leipzig durchzuführen. …«[464]

Wir sollen Tischtennisplatten bauen, hm

»Die Aussprache über den Antrag des Ministeriums für Handel und Versorgung, bei uns die Tischtennis-Furnierplatten-Fertigung aufzuziehen, muß nach gründlicher Überprüfung und Aussprache in der Werkleitung abgelehnt werden, da unsere Einrichtungen für diese Produktion nicht geeignet sind. Wir erklären uns bereit, unsere Furnierpresse für das Pressen der Platten in Kooperationsbeziehungen zur Verfügung zu stellen …«[465]

Assistent des Werkleiters in die Produktion

»Da die Lage im Fertigungsbereich 5 insbesondere in der Metallfertigung äußerst kritisch ist und dieser Zweig der Produktion auf keinen Fall im 80er Tempo vernachlässigt werden darf, wurde nach reiflicher Überlegung durch L entschieden, daß der Assistent des Werkdirektors … ab 10. 9. 59, 6.00 Uhr, zur Unterstützung des Fertigungsbereichsleiters in der Leitung der Metallfertigung einsteigt und diese Aufgabe bis zum 10. Jahrestag der Republik durchführt.«[466]

Material

»Allgemein kann gesagt werden, daß außer dem Winkel … (Import-Problem – Westdeutschland) gegenwärtig keine Engpässe bestehen, die als unüberbrückbar zu bezeichnen sind und eine große Produktionsgefährdung bedeuten würden.«[467]

Massenbedarfsgüter PF 5

»Zur Aufholung des Rückstandes in der Tischlerei (Flurgarderoben) werden unbedingt zur Verstärkung 6 Tischler benötigt … Um die Rückstände in der Metallfertigung … aufzuholen, wird angewiesen, daß … (Spitzenschweißer) … sofort bis auf weiteres in das Fertigungsbereich 5 … delegiert wird.«[468]

463. LHASA, MER, VEB Waggonbau Ammendorf, Nr. 55830.

464–468. LHASA, MER, VEB Waggonbau Ammendorf, Nr. 55830.

Produktion Teil 2
Eierlegebatterie

»Um die Fertigung der Eierlegebatterien kontinuierlich fortzusetzen, ist sofort die Beschaffung von Hartischeiben als Verbindung zwischen Motor und Getriebe zu untersuchen …«[469]

II. Betriebsökonomik

»Kollege … gab dazu eine Einschätzung … Er brachte zum Ausdruck, daß die einzelnen Termine von den Direktionsbereichen eingehalten worden sind …
Es wurde Übereinstimmung erzielt, daß auch für die weitere Arbeit keine zentrale Redaktionskommission gebildet wird, da die im Betrieb bestehenden operativen Aufgaben dazu keine Kräftefreistellungen zulassen.«[470]

III. Maßnahmen Klimaanlage
Die Leute lesen den Ablaufplan nicht!

»Obwohl … alle Direktionsbereiche am 26. 8. 59 angeschrieben hat, den Ablaufplan für die Vorbereitungsarbeiten für die Klimawagenproduktion zu studieren und Vorschläge … einzureichen, ist diese Aufforderung nicht beachtet worden. Diese Tatsache verdient infolge der Wichtigkeit dieses Objektes äußerst kritische Beachtung.«[471]

Was tun?

»Insbesondere gilt es, folgende Punkte genau zu überprüfen:
Vorgesehener Bau von Montagegruben auf den Ständen 18, 19, 22, 24, 28;
Herrichten vorhandener Gruben (12 Stück);
Beleuchtung für 19 Gruben
Verlagerung der Werkstatt von Gleis 5a;
Abbrucharbeiten auf Gleis 5a;
Bau der Prüfkammern auf Gleich 1 und 5a …«[472]

VVB streicht Invest-Mittel

»Da der Investitionsplan 1960 infolge der Mittelstreichung durch die VVB keine Einheit mehr mit den Rekonstruktionsmaßnahmen des Jahres 1960 bilden, wird TV in Zusammenarbeit mit TI und anderen Direktionsbereichen beauftragt … eine Übersicht zu schaffen nach folgenden Merkmalen:
a) welche Objekte sind für 1960 und über den Rekonstruktionsplan absolut gestrichen worden;
b) welche Objekte sind aus dem Jahre 1960 auf welche Jahre bis 1965 verlegt worden;
Die Darstellung muß objekt- und wertmäßig erfolgen.«[473]

IV. Krananlage Omnibushalle

»Die bisherigen Varianten (provisorischer Ständer-Schwenk-Kran und Rundlaufkran) wurden verworfen. Kollege … hat ein neues Projekt eines Drehkranes mit einem Ausleger bis zu 8 m … aus dem VEB Kranbau Saalfeld erhalten. Dieser Kran muß für unsere Bedingungen umkonstruiert und berechnet werden.«[474]

V. Bockkran

»Kollege … gab einen … Bericht …
Dieser Bericht zeigte eindeutig, daß wir schon einen sehr ernstzunehmenden Tempoverlust zu verzeichnen haben und daß die Arbeiten intensiviert werden müssen.«[475]

VI. Sicherheit und Arbeitsschutz

»Kollege … gab vor der Werkleitung einen ausführlichen Bericht … (es folgten 2 konkrete Maßnahmen, d. A.).«[476]

VII. Verschiedenes
Nicht einfach so Familienmitglieder in das Werk einladen und den Betrieb zeigen, so was entscheidet der Werkleiter!

»Aufgrund bestimmter Vorfälle … weist der Werkleiter noch einmal darauf hin, daß Betriebsbesichtigungen nur mit der Genehmigung des Werkleiters vorgenommen werden dürfen …«[477]

469–472. LHASA, MER, VEB Waggonbau Ammendorf, Nr. 55830.

473–477. LHASA, MER, VEB Waggonbau Ammendorf, Nr. 55830.

Protokoll über die Werkleitungssitzung am 14. Oktober 1959
I. Maßnahmekontrolle
II. Grundsatzaussprache

I. Maßnahmekontrolle
Arbeitskräfte

» ... wurde auf der Grundlage des Berichtes von LZ Übereinstimmung erzielt, folgende Arbeitskräfte nach dem VEB Waggonbau Görlitz abzustellen:
1.) Hilfe ab Ende Oktober ...
4 E-Schweißer
10 Schlosser ...
10 Holzarbeiter
2.) Hilfe Anfang Dezember
30 Schlosser
35 Holzarbeiter
bei Beibehaltung der Abstellung von 3 Schweißern bis gegen Mitte Dezember.«[482]

II. Grundsatzaussprache
Ersatzauftrag für 30 annullierte Wagen
Sieg vor dem Vertragsgericht

»Seitens DIA wurde lange bestritten, daß eine solche Annullierung zustande gekommen sei, da keine Einigung bezüglich der Übernahme der Annulierungskosten in Höhe von rund TDM 110 erzielt worden ist. Das Vertragsgericht hat am 1. 10. durch Entscheid eindeutig die Rechtslage geklärt. Der DIA wurde zur Zahlung der Annullierungskosten verpflichtet. Gleichzeitig wurde der DIA beauftragt, dem Werk Ammendorf einen Ersatzauftrag über normale Weitstreckenpersonenwagen zu erteilen.«[483]

Der DIA gibt nicht klein bei: Berufung!

»Genosse ... (DIA, d. A.) brachte als erstes Argument, der DIA würde sich in Verbindung mit der Berufung, die er gegen das Vertragsgerichtsurteil eingelegt hat, in Nachteil bringen, wenn er jetzt einen EA (Auftrag, d. A.) für 30 Normalwagen dem Werk übermittelte und außerdem wäre der Vertrag mit der SU über Gabarit-Null noch nicht aufgehoben ... Diese Ansicht des DIA ... konnte in keiner Weise befriedigen. Die Beibehaltung dieses Gesichtspunktes bedeutet die Realisierung eines Außenhandels-Volumens von rund 8 Millionen zu stören und das volkswirtschaftliche Denken und Entscheiden zurückzustellen.«[484]

Wie ging die Besprechung aus?

»Im Ergebnis des Meinungsaustausch darüber erklärte sich ... bereit, sofort am nächsten Morgen mit Moskau zu telefonieren und Ammendorf einen EA über 30 Normalwagen zu erteilen.«[485]

Was passierte am nächsten Tag?

»Bei Abfassung des Protokolls hat diese telefonische Rücksprache mit dem DIA stattgefunden. Der DIA hat sein Versprechen in dieser Frage nicht eingehalten und polemisiert weiter in Verbindung mit der Berufungsklage.«[486]

Was tun? Sofort Einschreiben an den Minister Rau!

»L hat K sofort beauftragt, innerhalb eines Tages einen Brief an den Minister für Innen- und Außenhandel Genossen R a u zu entwerfen, der spätestens am 20. 10. 59 per Einschreiben nach Berlin abgeht.
Wir sind nunmehr gezwungen, höchste Stellen einzuschalten.«[487]

21 Wagen auf EA 21-55/000441/2106/0
Vorlieferung 1960 oder Erhöhung 1959?

»Die 21 Wagen ... werden als Vorauslieferung für 1960 bereits im Dezember 1959 zum Abtransport gebracht ... In Verbindung mit der zu erwartenden Nichterfüllung in Höhe von 20 RIC-Wagen im VEB Waggonbau Görlitz richtete der DIA an unser Werk die Frage, ob wir eventuell bereit wären, diese 21 Wagen nicht als Vorlieferung für 1960 zu betrachten, sondern als Erhöhung für 1959.«[488]

482–483. LHASA, MER, VEB Waggonbau Ammendorf, Nr. 55830.

484–488. LHASA, MER, VEB Waggonbau Ammendorf, Nr. 55830.

1959

Was sagt Ammendorf dazu?

»Genossen … (vom DIA, d. A.) wurde gesagt, der DIA muß sich mit der VVB und der Staatlichen Plankommission in Verbindung setzen, um eine Reduzierung des Volumens an Weitstreckenwagen im Jahre 1960 von 690 auf 669 Wagen zu erreichen. Nur unter diesen Bedingungen sind wir bereit, auf die Formel: nicht 21 Wagen Vorlieferung 1960, sondern Überlieferung um die gleiche Stückzahl im Jahre 1959 einzugehen.«[485]

Probleme der Lieferung 1960

»Bei der Besprechung dieses Komplexes wurde vom Angebot für das Jahr 1960 … ausgegangen, welches durch die zwischenzeitliche im September und Oktober in Moskau stattgefundenen Verhandlungen inhaltlich eine starke Korrektur (Kalinin-Drehgestelle, Elektropneumatische Bremse, 10kW-Generator, eventueller Wegfall des Auftrages über 30 Klimawagen) erfahren hat.«[486]

Formulierungs- und Übersetzungs-Fehler

»Die technischen Bedingungen lagen dem Werk am 13. 10. 59 im russischen Original und deutscher Übersetzung vor. Es muß leider festgestellt werden, daß die sofort vorgenommene Sichtung dieser technischen Bedingungen durch unser Werk ergab, daß bei 19 Punkten der technischen Bedingungen entweder ins Gewicht fallende Vereinbarungen nicht korrekt formuliert worden sind bzw. Übersetzungsfehler aufgetreten waren.«[487]

Was tun?

»Es wurde festgelegt, daß die technischen Bedingungen … bestätigt werden mit der Ergänzung, daß ein Zusatzschreiben die unklaren Punkte beinhaltet und eine Korrektur vo DIA bzw. Maschinoimport gefordert wird.«[488]

Einführung Kalinin-Drehgestelle

»Es wurde festgelegt, daß ab FZ 422 die Einführung der Kalinin-Drehgestelle vorgenommen wird.«[489]

Elektropneumatische Bremse

»Ab FZ 222 wird durch unser Werk der Einbau der Rohrleitungen vorgesehen, sowie aller anderen Teile … Diese durch uns vorzusehenden Voraussetzungen sollen den späteren Einbau der elektropneumatischen Bremse ohne nennenswerte Aufwendungen ermöglichen. Ab FZ 301 wird der volle Einbau der elektropneumatischen Bremse vorgenommen.«[490]

10 kW-Generator

»Der 10 kW-Generator kommt für die Lieferung 1960 in Fortfall, dafür werden diese 20 Wagen mit 4,9 kW-Generator ausgerüstet.«[491]

Klimaanlage

»Im Ergebnis der … in Moskau geführten Verhandlungen ist bekannt geworden, daß MPS … es ablehnt, im Jahre 1960 Weitstreckenwagen mit einer Klimaanlage von 15.000 kcal/h Leistung abzunehmen.«[492]

Was tun?

»Die Frage ist deshalb so kompliziert, weil bei Betrachtung aller Zusammenhänge 2 Faktoren bestehen bleiben:
a) nimmt die SU-Wagen mit der vorgenannten Anlage nicht ab, entsteht ein bedeutender volkswirtschaftlicher Verlust;
b) wird die Lieferung der Wagen mit diesen 30 Anlagen durchgesetzt, muß sofort in Ammendorf durch L die Entscheidung gegeben werden, daß mit den Investitionsvorhaben (Prüfkammern, Montageschächte usw.) begonnen wird. Da aber feststeht, daß 1961 die SU auf keinen Fall mit der jetzigen Anlage zufrieden sein wird, besteht die Möglichkeit, daß … Aggregatänderungen eintreten, um die Leistung der Anlage zu verbessern und jetzt Investitionen durchgeführt werden, die sich sehr bald als Fehl-Investition herausstellen könnten …«[493]

485–488. LHASA, MER, VEB Waggonbau Ammendorf, Nr. 55830.

489–493. LHASA, MER, VEB Waggonbau Ammendorf, Nr. 55830.

Wie verbleiben wir nun?

»Nach Klärung des Sachverhalts … findet zwischen der Leitung der VVB und der Werkleitung von Ammendorf eine eingehende Aussprache statt, die im Wesentlichen folgende Fragen umfaßt:
a) ist die jetzt einzuleitende Investition seitens des Werkes zu verantworten?
b) bis wann ist mit dem Entscheid der sowjetischen Plankommission zu rechnen, ob die jetzigen 30 Anlagen abgenommen werden oder nicht?
c) bis wann wird die jetzige Klimaanlage auf eine Leistung von 22–25.000 kcal/h entwickelt?«[494]

Protokoll über die Werkleitungssitzung am 6. 11. 1959
I. Plan 1960

I. Plan 1960
Produktion – wieviel wovon?

»Kollege … erläuterte die Planzahlen Produktion und brachte zum Ausdruck, daß die Kennziffern der VVB gegenüber dem Projektplan um 600 TDM erhöht worden sind, das heißt, daß nicht wie ursprünglich vorgesehen,
669 Weitstreckenpersonenwagen, sondern
672 Weitstreckenpersonenwagen
im Jahre 1960 durch uns zu bauen sind.«[495]

Leichtbauwagen

»Bei der Behandlung der Fertigung der 4 Leichtbauwagen brachte der Chefkonstrukteur … zum Ausdruck, daß ein Schreiben von Maschinoimport Moskau … vorliegt, daß die überprüften Zeichnungen für den Leichtbauwagen nur für den Bau der 5 Probeleichtbauwagen des Jahres 1960 genehmigt sind.«[496]

Was tun? Schnell liefern und überzeugen!

»Das Kollektiv stellt sich das Ziel, den ersten Leichtbauwagen bis zum 1. Mai 1960 fertigzustellen, um dem Auftraggeber schnellstens die Möglichkeit der Erprobung zu geben. Die restlichen 3 Weitstreckenwagen sind bis zum 30. 9. 1960 auszustoßen.«[497]

Berliner Bremsenwerk bremst aus …

»Da das Berliner Bremsenwerk zur Zeit so polemisiert, daß über die von ihnen entwickelten Stoßdämpfer keine Garantie übernommen werden könnte, andererseits jedoch bei den Moskauer Verhandlungen Zusagen gegeben wurden, wird L an den Hauptdirektor (VVB, d. A.), mit Abschrift an den Werkleiter von BBW, ein Schreiben richten (zwischenzeitlich ist ein Fernschreiben von BBW eingegangen, in dem generell zum Ausdruck kommt, daß die Lieferung der Stoßdämpfer abgelehnt wird).«[498]

Viel zu viele technische Änderungen!

»Um eine ständige Kontrolle der im Planjahr 1960 eingetretenen technischen Änderungen zu haben, wird TK beauftragt, einen Plan der technischen Änderungen auszuarbeiten und den Direktionsmitgliedern vorzulegen …«[499] (Abb. 96)

Klimaanlagen: ohne Zeichnungen keine Vorverträge!

»Um von vornherein eine ordnungsgemäße Auftragslage hinsichtlich der Lieferung Klimaanlage 1961 zu erreichen, hat das Leitungskollektiv beschlossen, daß das Werk Ammendorf für das Jahr 1961 keine Vorverträge abschließt, bevor nicht seitens FAGA und VENTA die durch den Auftraggeber bestätigten Zeichnungen vorliegen.«[500]

Bau eigener Verzinkungsanlage

»P brachte zum Ausdruck, daß die Verzinkungskapazität unserer Zuliefererfirmen künftig nicht mehr ausreichen wird … Aus diesem Grunde macht es sich erforderlich, zu überprüfen, inwieweit es möglich ist, im eigenen Werk eine Verzinkungsanlage einzurichten. «[501]

494–496. LHASA, MER, VEB Waggonbau Ammendorf, Nr. 55830.

497–501. LHASA, MER, VEB Waggonbau Ammendorf, Nr. 55830.

1959

Der Staat will mehr Aufträge als in den Büchern stehen ...

»Mit den zur Zeit vorliegenden EA für das Jahr 1959 werden jedoch die Verpflichtungen des Werkes nicht abgedeckt ... Für das Jahr 1960 ist bereits ein Auftrag über
201 Weitstreckenwagen im Hause. Über 464 Weitstreckenwagen sind Verhandlungen im Gange.
4 Leichtbauwagen
1 Versuchswagen
670 Stück
Minus 1 Versuchswagen nur im Exportplan;
Minus 2 bereits im Jahre gelieferten Wagen
= 667 Stück.
Da der Staatsplan jedoch eine Produktion von 672 Wagen vorsieht müssen Verhandlungen über zusätzliche Lieferung von 5 Wagen eingeleitet werden.«[502]

Immer noch zu viele Leute!

»In der Kategorie Produktionsarbeiter hat die VVB insgesamt für das Jahr 1960 3.130 vorgesehen. Das IST im Monat Dezember 1959 wird nach der jetzigen Schätzung 3.280 betragen. Demnach ergibt sich eine Differenz zum Jahresende von rund 150 Produktionsarbeitern gegenüber der Staatsplanauflage.«[503]

Aber was ist mit den Normstunden, wieviel Arbeiter bräuchte man für den Normplan?

»Die bisherige Übersicht der benötigten Normstunden für die gesamte Produktion nach dem gegenwärtigen Stand ergibt eine Forderung von Produktionsarbeitern für das Jahr 1960 von 3.317. Es besteht demnach eine Differenz gegenüber der VVB-Beauflagung von 187 Arbeitskräften.«[504]

Das kann man kaum glauben, was tun? Nachrechnen!

»LZ wird beauftragt ... eine nochmalige Analyse der erforderlichen Arbeitskräfte für 1960 zu erarbeiten ...«[505]

502–505. LHASA, MER, VEB Waggonbau Ammendorf, Nr. 55830.

Gehaltserhöhungen werden zurückgewiesen!

»Die in der Lohnfondsanalyse aufgezeigten geforderten Gehaltserhöhungen der einzelnen Direktionsbereiche werden zurückgewiesen. In Ausnahmefällen werden die zuständigen Fachdirektoren dem Planungsleiter ... begründete Anträge unter Anlegung eines strengen Maßstabes vorlegen ...«[506]

Material

»Obwohl die Kennziffern des Materialplanes im Prinzip anerkannt werden können, scheinen einige Kennziffern nicht den betrieblichen Forderungen Rechnung zu tragen ... K wird beauftragt, sofort eine Zusammenstellung erarbeiten zu lassen, aus der hervorgeht, gegen welche Kennziffern des Materialplanes Einspruch erhoben wird ...«[507]

Materialkennziffern basieren nicht auf Stücklisten ...

»Obwohl schon seit vielen Jahren die Forderung besteht, auf der Grundlage einwandfreier Stücklisten den Materialplan aufzubauen, konnte diese Forderung auch in diesem Jahre nicht realisiert werden ... Lediglich der Auftrag über 201 Weitstreckenwagen ist zur Zeit mit Stücklisten belegt.«[508]

Materialverrechnungspreise stimmen auch nicht ...

»Da die Überprüfung durch B ergeben hat, daß die Materialverrechnungspreise unter falschen Voraussetzungen erarbeitet wurden, sind die Materialverrechnungspreise durch K nochmals zu prüfen.«[509]

Eigenfertigung, Kooperation und Fremdbezug ausreichend identifizierbar?

»Eine Überprüfung der Stückliste hat ergeben, daß ein einwandfreier Nachweis, ob Eigenfertigung, Kooperation, Fremdbezug nicht in jedem Falle gegeben ist ...«[510]

506–510. LHASA, MER, VEB Waggonbau Ammendorf, Nr. 55830.

Der vielen Änderungen Herr werden!
Um der vielen technischen Änderungen, die noch dazu unterjährig auftraten bei jährlicher Staatsplanung, was eigentlich ein Unding ist, Herr zu werden, stellte man eine Übersicht zusammen (Abb. 96)[511]

Plan für Veränderungen in der Produktion.

lfd. Nr.	Gruppe	Positionen	Termine für die Vorbereitung 1959: März	April	Mai	Juni	Juli	August	September
1.	Drehgest.	Prägepol. Radsätze					S 351.		
2.	Rohbau	Durchbrüche im Vorbau bei verändertem Waschbeckeneinb.		TK	TV	S 351.			
3.		Weitere verbesserte Abdichtung der Einstiegklappen (2 Muster)			—— TK	——			
4.	Innen-ausbau	Innen- u. Außenscheiben aus Sicherheitsglas				S 351.			
5.		Warmwasserbeh. Füllstutzen		S 201. (erl.)					
6.		Waschbecken n. SU-Vorschrift einschl. Änderung d. Schränke		TVV		S 351.			
7.		Optische Signalanlage (10 Wagen Muster Kalinin)		TK	TV	S 379	Angaben nicht verbindlich		
8.		Anordnung d. Ablaufrohres im Abortfußboden	S 251.						
9.		Änderung d. Entleerungsrohre 1" im Abort BE	S 201.						
10.		Querverbindung m. sämtl. Rohranschlüssen f. Heizung Abort BE		TK	TV	S 351.			
11.		Neuer Fenstergriff			S 321.		Lieferung lt. KM voraussichtl. erst im Okt. möglich		
12.		Verlegung d. Füllstutzen nach Wagenmitte (m. Muster)			TK				
13.		Auswechselbarkeit d. Rosetten f. Lüfter in Abteil u. Abort		TK		TV	S 451.		
14.		Musterausführung eines verbesserten Ausblaseoberteiles	(TK fertig)	Musterstück fertig, FZ wird von TK u. TVF noch festgelegt					
15.		Isolierung (ab 1960)						TW	[illegible]
16.									
17.	El. Anlage	Blaue Lampe 15 W statt 25 W	wird nach Aufbrauch d. 25-W-Lampen durch Faga Berlin realisiert						
18.		Verbesserte Signalknöpfe	Unterlagen von Faga fehlen noch						

Zeichenerklärung:
TK – Konstruktion
TV – Technologie
TVV – Vorrichtungsbau
S. – Mat.-bereitst., Beginn d. Serie

Abb. 96: Übersichtstafel über die technischen Veränderungen, Ammendorf 1959.

511. LHASA, MER, VEB Waggonbau Ammendorf, Nr. 55830.

1959

Protokoll über die Werkleitungssitzung am 3. Dezember 1959
I. Material und Produktion
II. BKV 1960
III. Seifert- und Christoph/Wehner-M.

I. Material und Produktion
Hungerliste

»Kollege … ging auf die gegenwärtig bestehenden Schwerpunkte in der Materialversorgung ein … Hervorzuheben ist aber, daß der größte Enpaß 6 und 14 mm Blech der letzten Tage durch die nunmehr einsetzenden SU-Importe überwunden wird. Gegenwärtig sind keine Engpässe vorhanden, die als unüberwindbar gelten und zu erheblichen Produktionseinbrüchen führen könnten.«[512]

Produktion – alles im grünen Bereich!

»Hierzu gab der Produktionsdirektor Kollege … den Bericht. Die Produktionsentwicklung in den Bereichen verläuft weiter planmäßig und die Entwicklung zur Erreichung der Plantakte nimmt einen immer positiveren Charakter an … Mit den Arbeiten am 2. S-Bahn-Halbzug wurde begonnen. Sobald die Stoßdämpfer in den nächsten Tagen über West-Berlin eintreffen, kann der Weitstrecken-Versuchswagen mit Klimaanlage zur Erprobung freigegeben werden.«[513]

Aschersleben soll statt Ammendorf Treppengeländer fertigen, aber es gibt Komplikationen …

»Nach protokollarischen Abmachungen stand bis jetzt fest, daß Aschersleben für 1960 in Kooperation für uns die Treppengeländer-Fertigung übernimmt. Diese Entscheidung wird unsicher, da Komplikationen wegen des Preises aufgetreten sind. Nach dem Bericht von P verlangt Aschersleben pro Haus DM 90,00 mehr wie unsere Kalkulationen ausweisen. Bis … haben verantwortliche Vertreter von P und K die Verhandlungen in Aschersleben zu führen …«[514]

512–514. LHASA, MER, VEB Waggonbau Ammendorf, Nr. 55830.

Nicht jeder will, dass es schneller geht …

»P wird beauftragt, … einen Bericht zu geben wegen des von L vorgetragenen Falles in der Brigade …, wonach der Brigadier … den Kollegen … in der gleichen Brigade vermutbar gehindert hat, eine Verbesserung (Tauchen von Gewindeplatten) einzuführen, die zu erheblichen Zeiteinsparungen führt …«[515]

II. BKV 1960

»Der BKV-Entwurf 1960 wurde in der Werkleitung in allen seinen Teilen Abschnitt für Abschnitt durchgesprochen …«[516]

III. Seifert- und Christoph/Wehner-M.

»Über diesen Komplex fand eine mehrstündige Aussprache in der Werkleitung statt. In groben Zügen ausgedrückt, läßt sich die Aussprache in 2 Teile trennen, sowohl für den in der Diskussion abgegrenzten Teil Seifert-Methode als auch für den anderen Teil Christoph-Wehner-Methode und zwar:
a) Umfassende und kritische Einschätzung des Verlaufs der vergangenen Monate und des gegenwärtigen Standes und
b) Beratung darüber, in Auswertung der gemachten Fehler Wege und Mittel zu finden und zu bestimmen, wie diese beiden Aufgaben besser angefaßt werden müssen, wie es deshalb erfolgreicher weiter gehen kann.«[517]

Was lief falsch? Formulare zu kompliziert! Zu wenig konkret das Ganze!

»Da sich kurz ausgedrückt herausgestellt hat, daß zu umfangreiche und komplizierte Formulare unter anderem ein Hinderungsgrund waren, daß die Arbeiter … tatsächlich sich der Mühe unterzogen, ihre Verlustzeiten und deren Ursache aufzuschreiben …Die Werkleitungsmitglieder wurden sich in der Aussprache darüber klar, daß der Anfang des Jahres beschrittene Weg zur Einführung der Seifert-Methode falsch war …«[518]

515–518. LHASA, MER, VEB Waggonbau Ammendorf, Nr. 55830.

1958–59: Bahntriebwagen für U-Bahn
Ab 1958 wurde ein vierachsiger, elektrischer U-Bahntriebwagen für die Berliner U-Bahn mit vier Motoren und einer Gesamtleistung von 90 kW bei 750/2 V entwickelt und gefertigt (Abb. 97).[519]

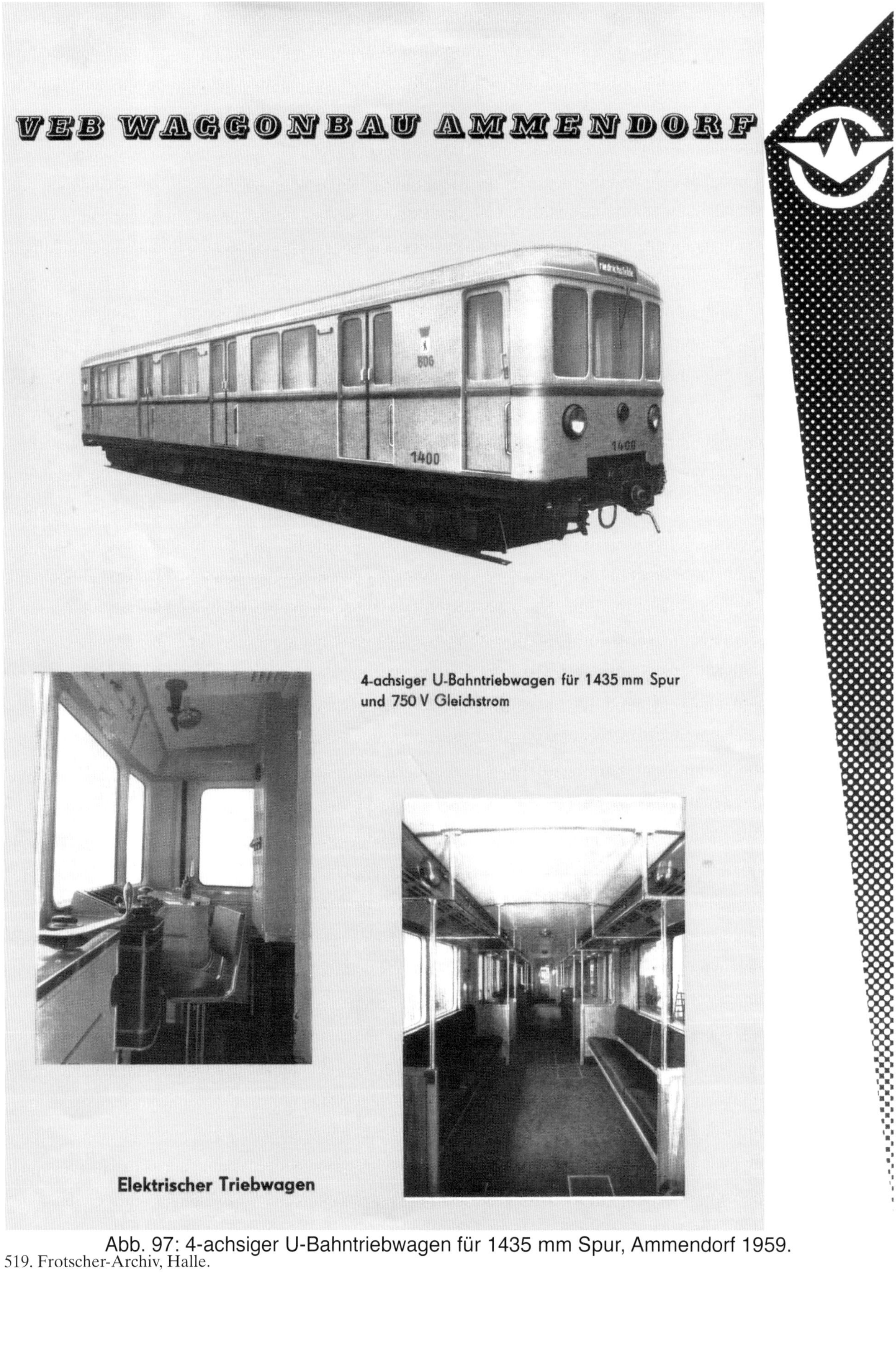

Abb. 97: 4-achsiger U-Bahntriebwagen für 1435 mm Spur, Ammendorf 1959.

519. Frotscher-Archiv, Halle.

1958–59: Bahntriebwagen für U-Bahn Teil 2
Die Rückseite des Blattes listet die Technischen Daten sowie die Ausrüstung auf (Abb. 98).[520] Insgesamt war der Triebwagen 18,5 m lang und 2,664 m breit. Die Fußbodenhöhe war mit 1,05 m sehr hoch.

Technische Daten

Wagenlänge über Kupplung	18500 mm
Wagenkastenlänge	18000 mm
Wagenkastenbreite über Blech	2624 mm
Wagenkastenbreite über Brüstung	2664 mm
Wagenhöhe über SO	3427 mm
Höhe der Kupplung von SO	800 mm
Fußbodenhöhe von SO	1050 mm
Höhe von Fußbodenoberkante bis Innendecke	2150 mm
Drehzapfenabstand	12000 mm
Radstand der Drehgestelle	2200 mm
Spur	1435 mm
Laufkreisdurchmesser	900 mm
Anzahl der Sitzplätze	45
Anzahl der Stehplätze (bei 5 Pers./m^2)	120
Eigengewicht	ca. 39,5 t

Ausrüstung

4-motorig mit je 90 kW bei 750/2 V

Vollautomatische Scharfenbergkupplung

Automatisch gesteuerte Druckbelüftungsanlage

Abb. 98: 4-achsiger U-Bahntriebwagen für 1435 mm Spur 2, Ammendorf 1958.

520. Frotscher-Archiv, Halle.

1959: S-Bahnzug für die S-Bahn Berlin
Der Werbeprospekt von 1959 bildet das Angebot eines S-Bahntriebwagenzuges für die S-Bahn Berlin ab (Abb. 99).[521] Er arbeitete mit 800 V Gleichstrom und hatte acht Antriebsmotoren.

Abb. 99: Vierteiliger, elektrischer Triebwagenzug der S-Bahn Berlin, Ammendorf 1959.

521. Frotscher-Archiv, Halle.

1959: S-Bahnzug für die S-Bahn Berlin 2
Auf der zweiten Seite sind die Technischen Daten und die Ausrüstung (Abb.100).[522] Unten ist eine Abbildung eingefügt (Abb. 101).[523] Unter der Bahnsteigüberdachung das Logo von Ammendorf (Pfeil).

Technische Daten

Zuglänge über Kupplung	74 680 mm
Wagenkastenlänge Endwagen	18 900 mm
Wagenkastenlänge Mittelwagen	17 600 mm
Wagenbreite	2 933 mm
Wagenhöhe über Schienenoberkante	3 550 mm
Fußbodenhöhe über Schienenoberkante	1 100 mm
Lichte Wagenhöhe	2 200 mm
Triebdrehgestell – Achsstand	2 700 mm
Gelenklaufdrehgestell – Achsstand	2 500 mm
Laufkreisdurchmesser der Räder	900 mm
Spur	1 435 mm
Sitzplätze	224
Stehplätze (bei 5 Pers./m²)	494
Betriebsfertiges Eigengewicht	141 t

Ausrüstung

8 Antriebsmotore mit je 150 kW bei 800/2 V
Vollautomatische Scharfenbergkupplung
Automatisch gesteuerte Druckbelüftungsanlage

Abb. 100–101: S-Bahn Berlin und Leipziger Messe 1959 mit Besuchern,1959.

522. Frotscher-Archiv, Halle.
523. Archiv Dieter Schultz, Halle.

1959: In Bulgarien eröfffnen sich Chancen

1959 eröffneten sich neue Absatz-Chancen in Bulgarien. Dort wurde die Verwaltung in größere Einheiten gegliedert, deren Beamte nun selbst importieren durften, doch eigentlich war der Außenhandel ja Sache des DIA, weshalb jemand darunter geschrieben hat: »*Muß das nicht alles über den DIA geleitet werden?*« Muss es nicht, Werbung können die Betriebe machen (Abb. 102, Pfeil).[524]

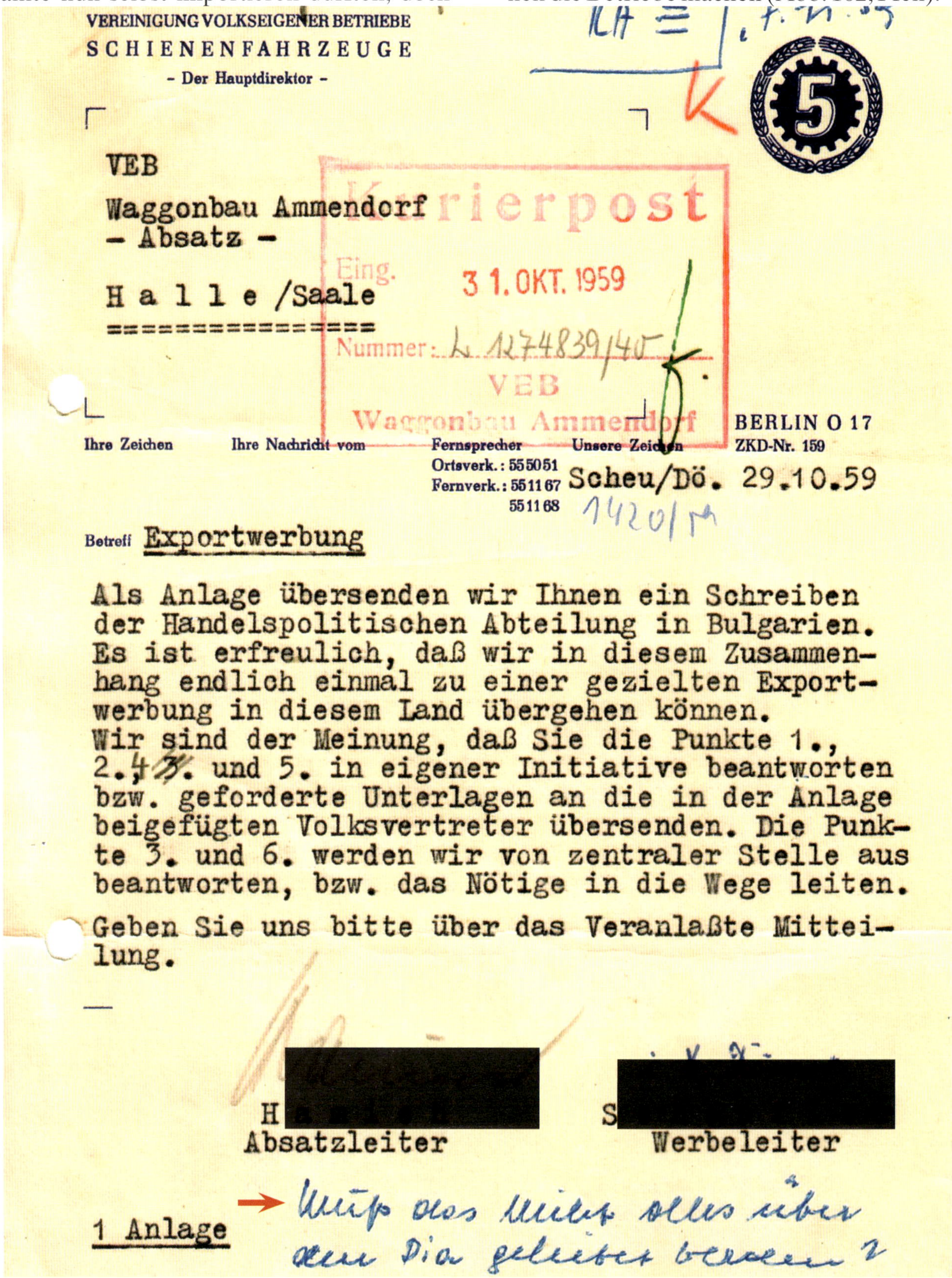

VEREINIGUNG VOLKSEIGENER BETRIEBE
SCHIENENFAHRZEUGE
- Der Hauptdirektor -

VEB
Waggonbau Ammendorf
- Absatz -

H a l l e /Saale

Kurierpost
Eing. 31. OKT. 1959
Nummer: L 1274839/40
VEB Waggonbau Ammendorf

BERLIN O 17
ZKD-Nr. 159

Ihre Zeichen | Ihre Nachricht vom | Fernsprecher Ortsverk.: 555051 Fernverk.: 551167 551168 | Unsere Zeichen Scheu/Dö. | 29.10.59

Betreff **Exportwerbung**

Als Anlage übersenden wir Ihnen ein Schreiben der Handelspolitischen Abteilung in Bulgarien. Es ist erfreulich, daß wir in diesem Zusammenhang endlich einmal zu einer gezielten Exportwerbung in diesem Land übergehen können.
Wir sind der Meinung, daß Sie die Punkte 1., 2.,4.3. und 5. in eigener Initiative beantworten bzw. geforderte Unterlagen an die in der Anlage beigefügten Volksvertreter übersenden. Die Punkte 3. und 6. werden wir von zentraler Stelle aus beantworten, bzw. das Nötige in die Wege leiten.

Geben Sie uns bitte über das Veranlaßte Mitteilung.

H [redacted]
Absatzleiter

S [redacted]
Werbeleiter

1 Anlage

Muß das nicht alles über den DIA geleitet werden?

Abb. 102: Werbeaktion in Bulgarien, Ammendorf 1959.

524. LHASA, MER, VEB Waggonbau Ammendorf, Nr. 59399.

Handelspolitische Abteilung schreibt …
Im Oktober 1959 hatte die Handelspolitische Abteilung bei der Botschaft der Deutschen Demokratischen Republik in der Volksrepublik Bulgarien auf die Vertriebschancen hingewiesen (Abb. 103).[525]

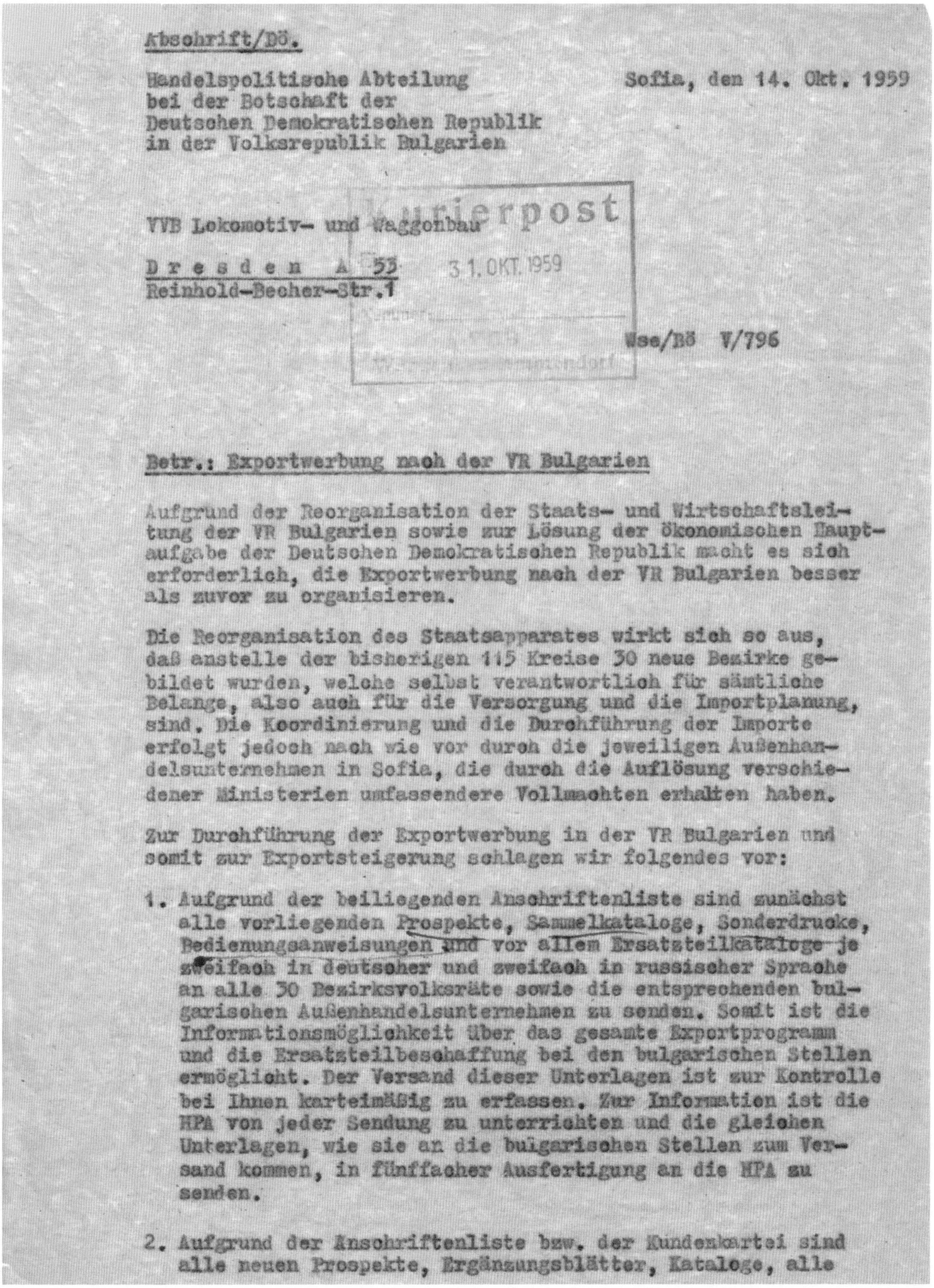

Abschrift/Dö.

Handelspolitische Abteilung
bei der Botschaft der
Deutschen Demokratischen Republik
in der Volksrepublik Bulgarien

Sofia, den 14. Okt. 1959

Kurierpost
31. OKT. 1959

VVB Lokomotiv- und Waggonbau

D r e s d e n A 53
Reinhold-Becher-Str.1

Wse/Bö V/796

Betr.: Exportwerbung nach der VR Bulgarien

Aufgrund der Reorganisation der Staats- und Wirtschaftsleitung der VR Bulgarien sowie zur Lösung der ökonomischen Hauptaufgabe der Deutschen Demokratischen Republik macht es sich erforderlich, die Exportwerbung nach der VR Bulgarien besser als zuvor zu organisieren.

Die Reorganisation des Staatsapparates wirkt sich so aus, daß anstelle der bisherigen 115 Kreise 30 neue Bezirke gebildet wurden, welche selbst verantwortlich für sämtliche Belange, also auch für die Versorgung und die Importplanung, sind. Die Koordinierung und die Durchführung der Importe erfolgt jedoch nach wie vor durch die jeweiligen Außenhandelsunternehmen in Sofia, die durch die Auflösung verschiedener Ministerien umfassendere Vollmachten erhalten haben.

Zur Durchführung der Exportwerbung in der VR Bulgarien und somit zur Exportsteigerung schlagen wir folgendes vor:

1. Aufgrund der beiliegenden Anschriftenliste sind zunächst alle vorliegenden Prospekte, Sammelkataloge, Sonderdrucke, Bedienungsanweisungen und vor allem Ersatzteilkataloge je zweifach in deutscher und zweifach in russischer Sprache an alle 30 Bezirksvolksräte sowie die entsprechenden bulgarischen Außenhandelsunternehmen zu senden. Somit ist die Informationsmöglichkeit über das gesamte Exportprogramm und die Ersatzteilbeschaffung bei den bulgarischen Stellen ermöglicht. Der Versand dieser Unterlagen ist zur Kontrolle bei Ihnen karteimäßig zu erfassen. Zur Information ist die HPA von jeder Sendung zu unterrichten und die gleichen Unterlagen, wie sie an die bulgarischen Stellen zum Versand kommen, in fünffacher Ausfertigung an die HPA zu senden.

2. Aufgrund der Anschriftenliste bzw. der Kundenkartei sind alle neuen Prospekte, Ergänzungsblätter, Kataloge, alle

Abb. 103: Werbeaktion in Bulgarien 2, Ammendorf 1959.

525. LHASA, MER, VEB Waggonbau Ammendorf, Nr. 59399.

Handelspolitische Abteilung schlägt vor ... Die Abteilung hatte genaue Vorstellungen, wie das Marketing und die Werbung in Bulgarien aussehen könnte. In sechs Punkten weist sie auf die Möglichkeiten hin (Abb. 104).[526]

– 2 –

Neuerscheinungen und Informationsblätter zu versenden. Wie unter 1. ist ebenfalls die HPA zu informieren.

3. Es besteht die Möglichkeit, monatlich einmal im "Haus der Technik" in Sofia vor den Mitgliedern des "Technisch-wissenschaftlichen Verbandes" (Kammer der Technik) technische und Werbefilme kostenlos vorzuführen. Hierzu benötigen wir von Ihnen eine Aufstellung der Filme, welche zu diesem Zweck zur Verfügung gestellt werden können. Für die nächsten Filmabende können Sie uns schon umgehend einige Filme zur Verfügung stellen, welche wir nach Ablauf der Vorführungen sofort wieder an Sie zum Versand bringen.

4. Desgleichen benötigen wir eine Aufstellung über vorliegende Fachvorträge (evtl. mit Lichtbildern), so daß wir zum entsprechenden Zeitpunkt davon Gebrauch machen können.

5. Zu den Staatsfeiertagen am 1./2. Mai und 9./10. September (Tag der Befreiung vom Faschismus) empfehlen wir, Glückwunschkarten oder -schreiben an die bulgarischen Stellen zu senden. Ebenfalls sollten zum Jahreswechsel Glückwunschkarten sowie Kalender übersandt werden.

6. Auf die Leipziger Messe ist mit entsprechenden Schreiben und auf die voraussichtlichen Exponate mit Prospekten hinzuweisen. Eine Kopie der Schreiben ist zur Information der HPA zuzustellen.

Wir glauben, daß Sie unseren Vorschlägen entgegenkommen den und erwarten hierzu Ihre Stellungnahme.

Mit kollegialem Gruß!

gez. [redacted]
Handelsattaché

Anlage!

f.d.R.d.A./

Abb. 104: Werbeaktion in Bulgarien 3, Ammendorf 1959.

526. LHASA, MER, VEB Waggonbau Ammendorf, Nr. 59399.

1959

Die Liste

In einer zweispaltigen Liste finden sich die 30 administrativen-wirtschaftlichen Bezirke der VR Bulgarien nach der Reorganisation mit den zuständigen Namen und Haken für Erfüllung (Abb. 105).[527]

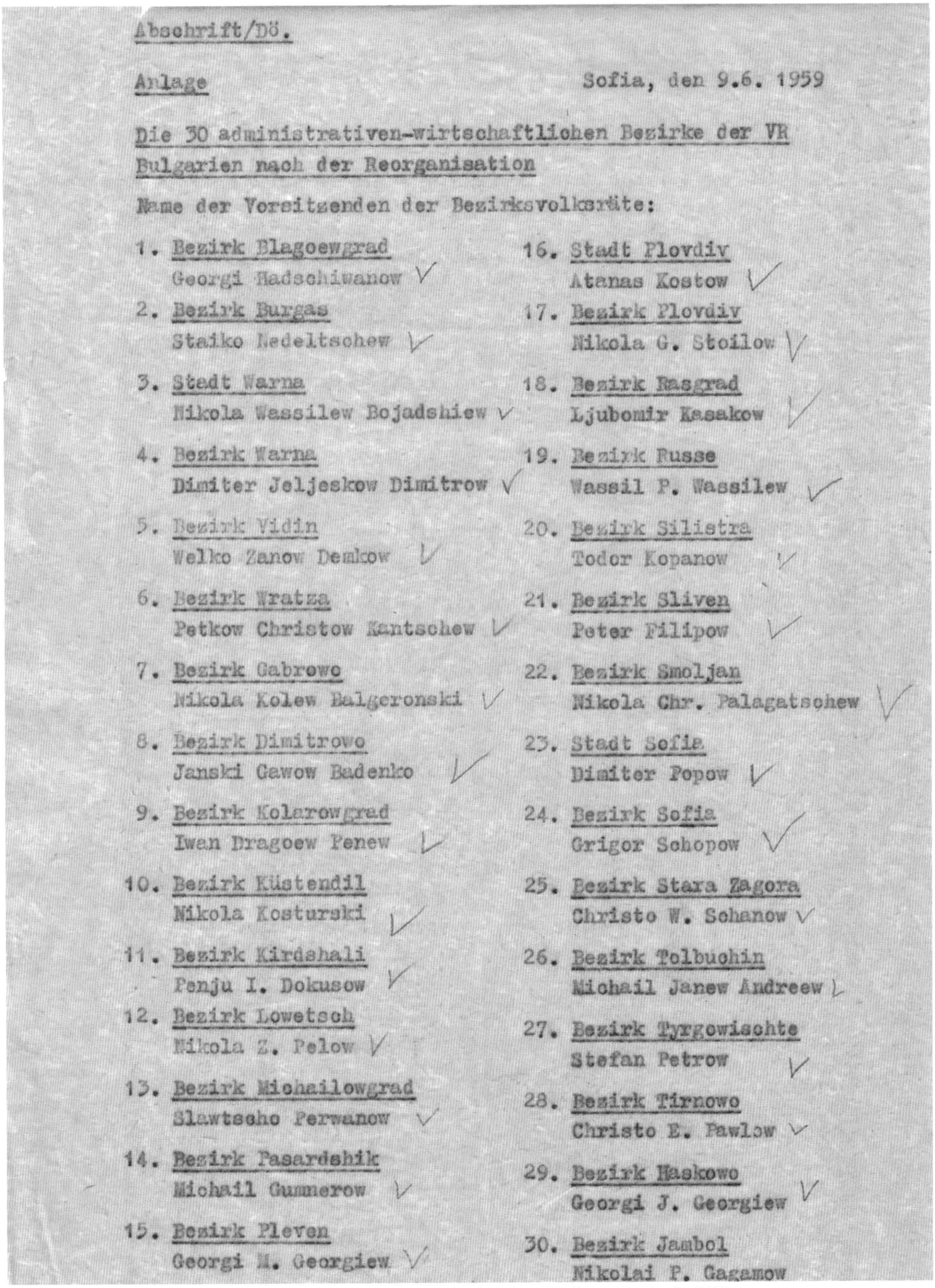

Abschrift/Dö.

Anlage

Sofia, den 9.6. 1959

Die 30 administrativen-wirtschaftlichen Bezirke der VR Bulgarien nach der Reorganisation

Name der Vorsitzenden der Bezirksvolksräte:

1. Bezirk Blagoewgrad
   Georgi Hadschiwanow
2. Bezirk Burgas
   Staiko Nedeltschew
3. Stadt Warna
   Nikola Wassilew Bojadshiew
4. Bezirk Warna
   Dimiter Jeljeskow Dimitrow
5. Bezirk Vidin
   Welko Zanow Demkow
6. Bezirk Wratza
   Petkow Christow Kantschew
7. Bezirk Gabrowo
   Nikola Kolew Balgeronski
8. Bezirk Dimitrowo
   Janski Gawow Badenko
9. Bezirk Kolarowgrad
   Iwan Dragoew Penew
10. Bezirk Küstendil
    Nikola Kosturski
11. Bezirk Kirdshali
    Penju I. Dokusow
12. Bezirk Lowetsch
    Nikola Z. Pelow
13. Bezirk Michailowgrad
    Slawtscho Perwanow
14. Bezirk Pasardshik
    Michail Gummerow
15. Bezirk Pleven
    Georgi M. Georgiew
16. Stadt Plovdiv
    Atanas Kostow
17. Bezirk Plovdiv
    Nikola G. Stoilow
18. Bezirk Rasgrad
    Ljubomir Kasakow
19. Bezirk Russe
    Wassil P. Wassilew
20. Bezirk Silistra
    Todor Kopanow
21. Bezirk Sliven
    Peter Filipow
22. Bezirk Smoljan
    Nikola Chr. Palagatschew
23. Stadt Sofia
    Dimiter Popow
24. Bezirk Sofia
    Grigor Schopow
25. Bezirk Stara Zagora
    Christo W. Schanow
26. Bezirk Tolbuchin
    Michail Janew Andreew
27. Bezirk Tyrgowischte
    Stefan Petrow
28. Bezirk Tirnowo
    Christo E. Pawlow
29. Bezirk Haskowo
    Georgi J. Georgiew
30. Bezirk Jambol
    Nikolai P. Gagamow

Abb. 105: Werbeaktion in Bulgarien 5, Ammendorf 1959.

527. LHASA, MER, VEB Waggonbau Ammendorf, Nr. 59399.

Zweisprachiger Brief für Bulgarien
In zweisprachigen Briefen sollten die Werbeprospekte vorgestellt werden und zur wohlwollenden Prüfung auffordern und damit Interesse an den Ammendorfer Produkten wecken (Abb. 106).[528]

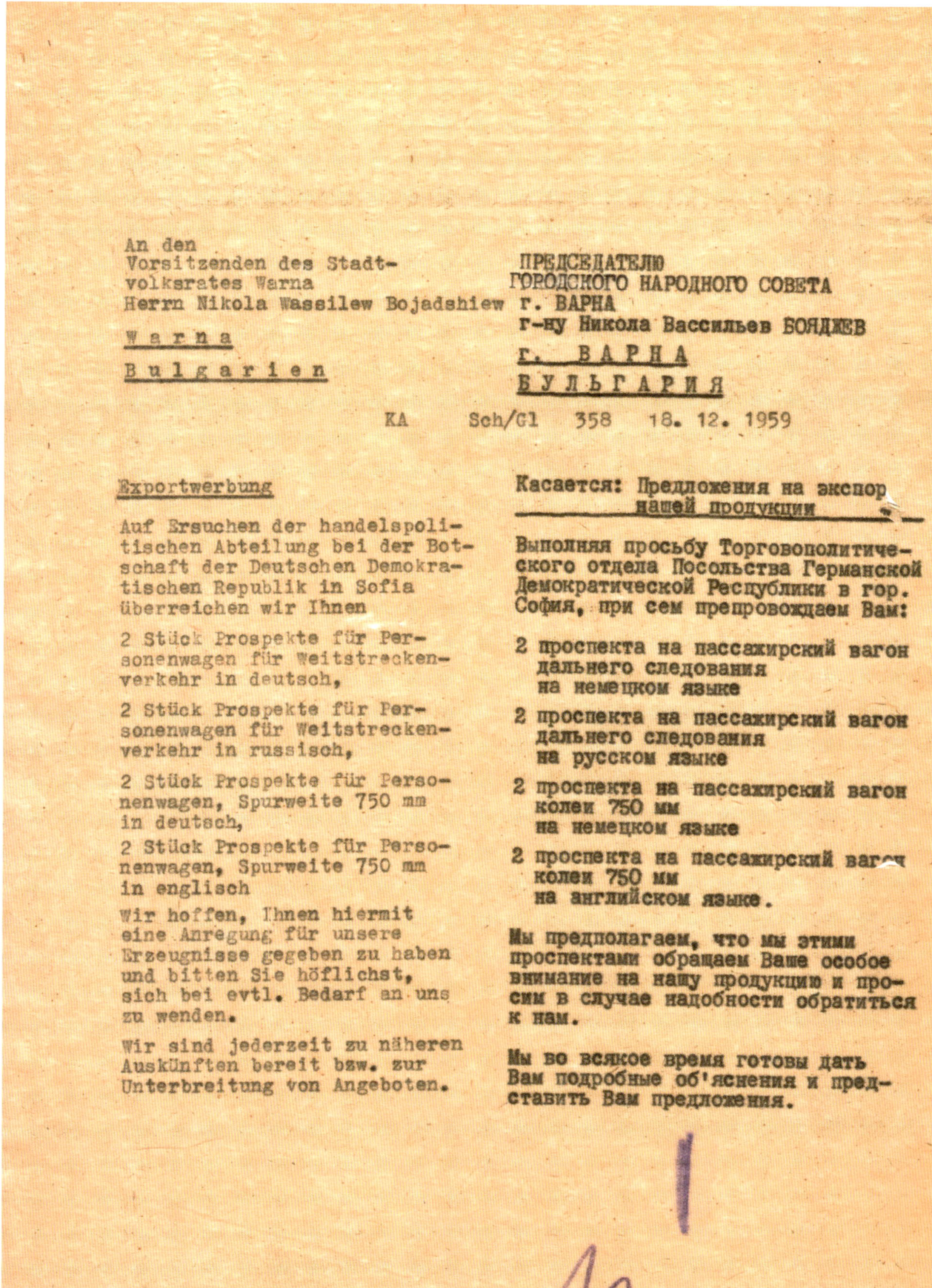

An den
Vorsitzenden des Stadtvolksrates Warna
Herrn Nikola Wassilew Bojadshiew
Warna
Bulgarien

ПРЕДСЕДАТЕЛЮ
ГОРОДСКОГО НАРОДНОГО СОВЕТА
г. ВАРНА
г-ну Никола Васcильев БОЯДЖЕВ
г. ВАРНА
БУЛЬГАРИЯ

KA Sch/Gl 358 18. 12. 1959

Exportwerbung

Auf Ersuchen der handelspolitischen Abteilung bei der Botschaft der Deutschen Demokratischen Republik in Sofia überreichen wir Ihnen

2 Stück Prospekte für Personenwagen für Weitstreckenverkehr in deutsch,

2 Stück Prospekte für Personenwagen für Weitstreckenverkehr in russisch,

2 Stück Prospekte für Personenwagen, Spurweite 750 mm in deutsch,

2 Stück Prospekte für Personenwagen, Spurweite 750 mm in englisch

Wir hoffen, Ihnen hiermit eine Anregung für unsere Erzeugnisse gegeben zu haben und bitten Sie höflichst, sich bei evtl. Bedarf an uns zu wenden.

Wir sind jederzeit zu näheren Auskünften bereit bzw. zur Unterbreitung von Angeboten.

Касается: Предложения на экспор нашей продукции

Выполняя просьбу Торговополитического отдела Посольства Германской Демократической Республики в гор. София, при сем препровождаем Вам:

2 проспекта на пассажирский вагон дальнего следования на немецком языке

2 проспекта на пассажирский вагон дальнего следования на русском языке

2 проспекта на пассажирский вагон колеи 750 мм на немецком языке

2 проспекта на пассажирский вагон колеи 750 мм на английском языке.

Мы предполагаем, что мы этими проспектами обращаем Ваше особое внимание на нашу продукцию и просим в случае надобности обратиться к нам.

Мы во всякое время готовы дать Вам подробные об'яснения и представить Вам предложения.

Abb. 106: Werbeaktion in Bulgarien 4, Ammendorf 1959.

528. LHASA, MER, VEB Waggonbau Ammendorf, Nr. 59399.

Was das wieder alles kostet!
Die Frage, ob der DIA die Bulgarien-Werbung nicht übernimmt, war nicht banal, es ging auch um Kosten. Der unten abgebildete Werbeplan zeigt deutlich, dass Ammendorf professionell für seine Produkte warb und zwar national wie international (Abb. 107).[529]

VVB
Schienenfahrzeuge
Absatz-Werbung/Messen
Berlin - Lichtenberg
Hirschbergerstr. 4

KA Schmidt 203 28.7.1958

Werbeplan für das Jahr 1959.

Nachstehend geben wir Ihnen unseren Werbeplan für das Jahr 1959 bekannt:

Drucksachen:

1.) Prospekt "Eierlegebatterie" 4 Seiten DIN A 5, 5000 Stck., deutsch	DM 7.500,00
2.) Typenblatt "Personenwagen für Weitstreckenverkehr, Leichtbauweise", neue Ausführung, 500 Stck. deutsch 500 Stck. russisch	DM 1.000,00
3.) Typenblatt "S-Bahnzug" 500 Stck. deutsch	DM 500,00
4.) Typenblatt "U-Bahn-Triebwagen" 500 Stck. deutsch	DM 500,00
5.) Mappen für Typenblätter 500 Stck.	DM 2.000,00
6.) Taschenkalender für 1960 500 Stck.	DM 3.000,00
7.) Glückwunschkarten 1000 Stck.	DM 500,00
	DM 15.000,00

Kataloge

1.) Ersatzteilkatalog "Personenwagen für Weitstreckenverkehr", Erweiterungen für Baujahr 1959	DM 2.000,00
2.) Ersatzteilkatalog "Obus-Triebwagen"	DM 3.000,00
3.) Ersatzteilkatalog "Spezialanhänger"	DM 1.000,00
	DM 6.000,00

Abb. 107: Werbeplan 1959, Ammendorf 1959.

529. LHASA, MER, VEB Waggonbau Ammendorf, Nr. 59399.

Werbeplan 1959 Teil 2
Interessant sind auf der zweiten Seite des Werbeplanes die internationalen Eintragungen, zum Beispiel als Anzeige im Welthandels-Adressbuch von Kelly oder in der russischen, chinesischen und englische Ausgabe der Zeitschrift »Leipziger Messe« (Abb. 108).[530]

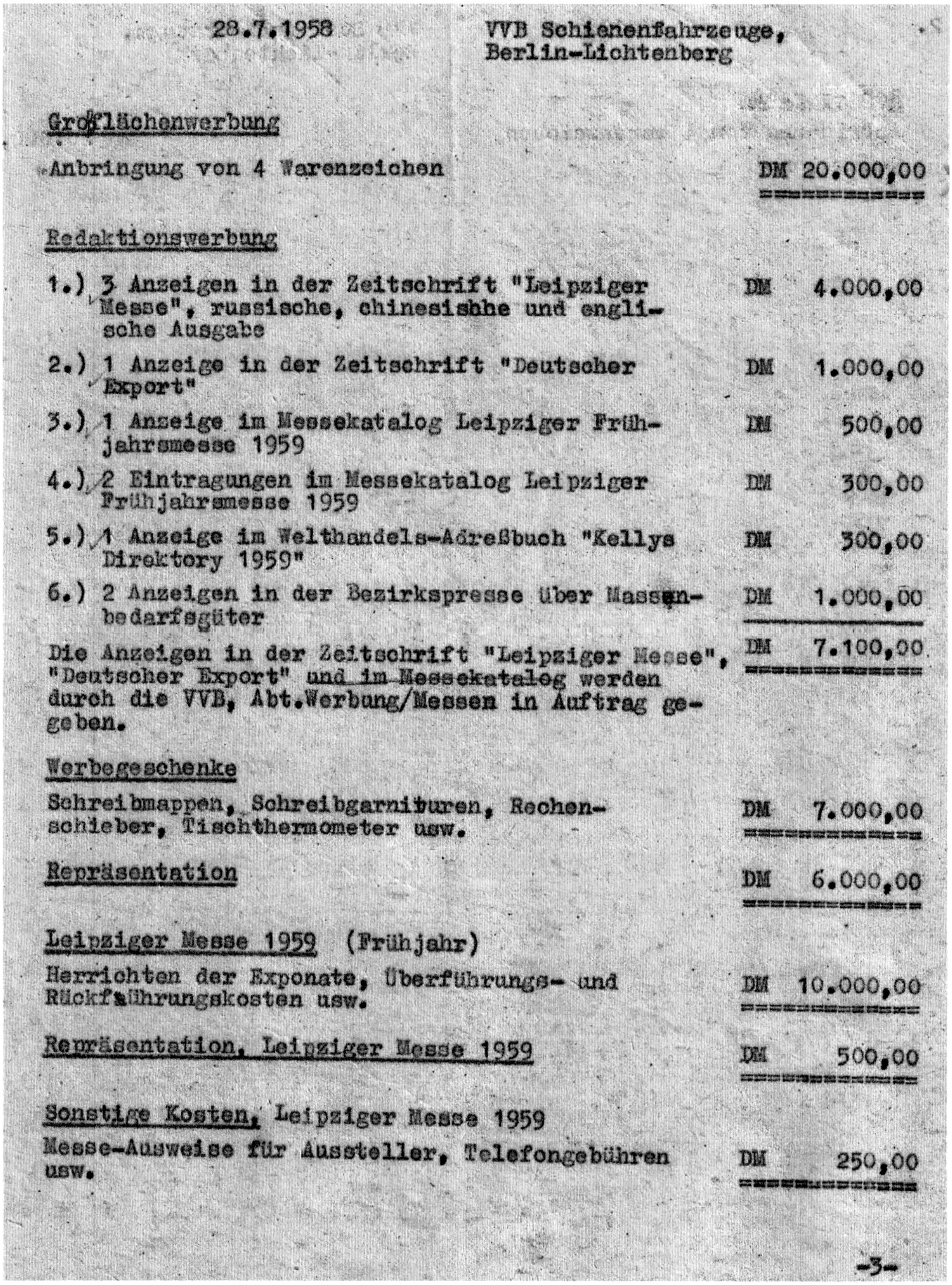

28.7.1958 | VVB Schienenfahrzeuge, Berlin-Lichtenberg

Großflächenwerbung

Anbringung von 4 Warenzeichen	DM 20.000,00

Redaktionswerbung

1.) 3 Anzeigen in der Zeitschrift "Leipziger Messe", russische, chinesishhe und englische Ausgabe	DM 4.000,00
2.) 1 Anzeige in der Zeitschrift "Deutscher Export"	DM 1.000,00
3.) 1 Anzeige im Messekatalog Leipziger Frühjahrsmesse 1959	DM 500,00
4.) 2 Eintragungen im Messekatalog Leipziger Frühjahrsmesse 1959	DM 300,00
5.) 1 Anzeige im Welthandels-Adreßbuch "Kellys Direktory 1959"	DM 300,00
6.) 2 Anzeigen in der Bezirkspresse über Massenbedarfsgüter	DM 1.000,00
Die Anzeigen in der Zeitschrift "Leipziger Messe", "Deutscher Export" ~~und im Messekatalog~~ werden durch die VVB, Abt.Werbung/Messen in Auftrag gegeben.	DM 7.100,00

Werbegeschenke

Schreibmappen, Schreibgarnituren, Rechenschieber, Tischthermometer usw.	DM 7.000,00
Repräsentation	DM 6.000,00

Leipziger Messe 1959 (Frühjahr)

Herrichten der Exponate, Überführungs- und Rückführungskosten usw.	DM 10.000,00
Repräsentation, Leipziger Messe 1959	DM 500,00

Sonstige Kosten, Leipziger Messe 1959

Messe-Ausweise für Aussteller, Telefongebühren usw.	DM 250,00

-3-

Abb. 108: Werbeplan 1959 Teil 2, Ammendorf 1959.

530. LHASA, MER, VEB Waggonbau Ammendorf, Nr. 59399.

Werbeplan 1959 Teil 3
Auch der Beitrag für die »Kammer für Außenhandel« waren stolze 6.000 DM. Gering erscheinen dagegen die Übersetzungeskosten angesetzt mit nur 1.000 DM. Insgesamt wurden so 89.850 DM für 1959 für Werbung geplant (Abb. 109).[531] Zwei Jahre später sah der Plan schon 132.900 DM vor.

28.7.1958

VVB Schienenfahrzeuge
Berlin-Lichtenberg

Sonderausstellungen, Bezirksebene	DM 6.000,00
Reparaturen	
Reparatur der Neon-Anlagen und Mo-delle	DM 5.000,00
Jahresbeitrag für die Kammer für Außenhandel	DM 6.000,00
Übersetzungsarbeiten	
Übersetzung von Angeboten usw.	DM 1.000,00
Gesamtbetrag für 1959:	DM 89.850,00

Abb. 109: Werbeplan 1959 Teil 3, Ammendorf 1959.

531. LHASA, MER, VEB Waggonbau Ammendorf, Nr. 59399.

Einführende Zusammenfassung 1960

1960 begann wie 1959 endete. Was bedeutet das? Es wird 1960 zunehmend bis zum Kulminationspunkt November sichtbar, dass die gegenwärtige Struktur nicht für den Übergang vom Handwerk zur Industriefertigung von Weitstreckenpersonenwagen geeignet war (Was für ein sperriges Wort, nach Aussagen des Fachlektors DIETER SCHULTZ ist es eine reine Übersetzung aus dem Russischen). Schauen wir uns die Monate im Schnelldurchlauf an:

Januar: Motor der Klimaanlage durchgeschmort, so ist das immer, wenn man etwas Neues einführt, Ammendorf war aber dafür bekannt, dass es sich nicht unter Wasser drücken lässt, die Klimageschichte ging erfolgreich weiter …

Februar: 4 Tage kein Gas, es bleibt einem auch nichts erspart an Steinen auf dem Weg. Auch der Krankenstand ist zu hoch. Dafür läuft es mit den S-Bahnen nach Plan.

März: Anhand einer Übersichtstabelle wird es auch dem Letzten klar: Aus Ammendorf werden die Besten abgezogen. Das geht so nicht weiter. Protest! Protest! Protest!

April: Moskau lehnt immer noch die Klimawagen ab. Später wird klar: Sie wollen viel stärkere Klimaanlagen. So was muss erstmal entwickelt werden in der DDR, später konnte aber niemand in der Welt bis -50°C liefern außer die Ammendorfer! (Selbst der ICE Sapsan Variante Russland, aktuell zugelassen für bis -40°C, hätte da Schwierigkeiten.)

Mai: Endlich: 30 Klimawagen kommen, die Probleme sind geklärt. Das ist Ammendorf: verhandeln, verhandeln, verhandeln mit allen Rafinessen bis das Ergebnis da ist. Am Ende sind die vielen Probleme auf dem Weg vergessen.

Juni: Es dreht der Wind: keine Leute!

Juli: Der Wagen wird immer leichter 47 t, 46 t, 42 t …

August: Auch das noch: NVA-Werbung!

September: Was verdient man als Ausbilder?

Oktober: Viele Rückstände aufzuholen!

November: Langes Kapitel wegen Strukturwandel, jetzt geht es los!

Dezember: Der Finanzplan ist endlich da und ermöglicht das Managen des Datenkranzes, das System beginnt zu funktionieren.

BETRIEBSZEITUNG

Bahn frei

Organ der Parteileitung der SED im VEB Waggonbau Ammendor

11. Jahrgang / Nr. 1 Erscheint wöchentlich / Preis 5 Pfg. Vom 7. bis 13. Jan. 1960

Planjahr 1960 gestartet

Zu Beginn des neuen Planjahres fanden in allen Abteilungen unseres Werkes Kurzversammlungen statt. Parteifunktionäre und Wirtschaftsfunktionäre unseres Betriebes sowie die Funktionäre der Gewerkschaft sprachen vor der Belegschaft. Unter ihnen befand sich auch der 2. Sekretär der Stadtleitung der SED, Genosse Bullert.

Ueberall kam der Wille zum Ausdruck, am großen Wettbewerb zu Ehren des 15. Jahrestages der Befreiung vom Hitlerfaschismus teilzunehmen und die bereits gestellten Verpflichtungen in Ehren zu erfüllen.

Dreherei

Hier sprach der Genossen Franz Gaida zu den Beschäftigten des PF 1. Er machte die Kolleginnen und Kollegen damit bekannt, daß der Plan für 1959 in der Warenproduktion mit 102,2 Prozent, in der Bruttoproduktion mit 101,9

gaben im Jahre 1960 ebenso erfolgreich zu lösen.

Abteilung Fm 8

In der Abteilung Fm 8 sprach der Genosse Bullert, 2. Sekretär der Stadtleitung der SED, zu den versammelten Arbeitern und Wirtschaftsfunktionären. Er würdigte

im Maschinenbau, Qualifizierung usw. Wir in unserer Brigade wollen unsere Verpflichtungen nochmals überarbeiten und ich denke, daß auch die anderen Brigaden unserem Beispiel folgen werden."

Verwaltung

Die Aufgaben für dieses Planjahr legte unser Kaufm. Direktor, Genosse Hilbenz, vor den Angestellten der Verwaltung im überfüllten Raum der mittleren Kantine dar. Nachdem auch er den Dank der Werkleitung für die gute Planerfüllung im Jahre 1959 ausgesprochen hatte, zeigte er auf,

Mit Rotem Treff zu neuen Erfo

Die Eröffnung des Planjahres 1960 in der Abteilung F alle Kolleginnen und Kollegen des Fertigungsbereiches 2 ein Erlebnis; denn mit ihr wurde gleichzeitig der Rote Treff eingeweiht. Mit diesem, durch die Initiative der Parteiorgan gerichteten Roten Treff hat die Fho allen Fertigungsbereiche Beispiel gegeben. Dieser Rote Treff soll den Kollegen Kampf um die Planerfüllung und den Wettbewerb zu 15. Jahrestages der Befreiung erfolgreich zu führen. Zu deutung sagte der Sekretär der APO 3, Genosse Paul Frie Rote Treff ist neben den Mitgliederversammlungen und P beratungen ein Mittelpunkt der Auseinandersetzungen der A allen rückständigen Auffassungen, die den Fortschritt und des sozialistischen Aufbaues hemmen. Hier setzt man si

Bremsern auseinander. Wer bremst, muß auch am Roten T und Antwort stehen.

Kurz gesagt, Roter Treff, auf jede Frage eine Antwort! I leiter zum Stand der Planerfüllung, der BGL-Vorsitzende z des sozialistischen Wettbewerbes zu Ehren des 15. Jahrestage

Abb. 110: Die Jugend ruft zu neuen Taten, Bahn frei, Ammendorf 1959.[532]

532. Bahn frei!, 8. Jahrgang Nr. 1, Ammendorf 1957.

Protokolle 1960
Protokoll über die Werkleitungssitzung am 21. Januar 1960
I. Produktion
II. Plan 1960

Maßnahmekontrolle

»Zu Beginn der Werkleitungssitzung erfolgte die Maßnahme- und Terminkontrolle durch Kollegen … (Assistent des Werkleiters, d. A.).«[533]

Wo klemmt es?
Wieder bei den Methoden!

»A und LZ waren beauftragt, bis zum 20. 1. 60 in einem Exposé konkret die bestehenden Möglichkeiten und erforderlichen Maßnahmen zur weiteren Durchsetzung und Einführung der Christoph/Wehner-Methode zusammenzufassen. Die L zugegangene Ausarbeitung trifft nicht die Aufgabenstellung, wie sie im Protokoll der Werkleitung einwandfrei formuliert ist.«[534]

Was tun?

»LZ und A wurden nochmals mündlich darauf hingewiesen, auf was es ankommt und werden bis zur nächsten Leitungssitzung … die Aufgabe ordnungsgmäß erfüllen.«[535]

I. Produktion
Strom- und Gasausfälle belasten …

»Einleitend führte … aus, daß die durch den plötzlichen Kälteeinbruch verursachten Strom- und Gasausfälle … sich spürbar auf die Produktionsentwicklung … ausgewirkt haben.«[536]

Wie sieht es bei den Massenbedarfsgütern aus?

»In den Positionen Liegebänke, Couch, Sessel, Kleiderschränke, Nachtschränke, Flurgarderoben, Dachrinneneisen, Laufbretthalter, Säurekörbe hat sich die Produktionssituation seit der letzten Leitungssitzung fast nicht verändert …«[537]

533–537. LHASA, MER, VEB Waggonbau Ammendorf, Nr. 55802.

Der Chef war im PF 4 und nicht erfreut!

»Im Anschluß an die Leitungssitzung hat sich L veranlaßt gesehen (auf Grund eines längeren Aufenthaltes in der Produktion), die Bereichsleitung des Fertigungsbereiches 4 zu beauftragen, am 2. 2. 60 vor der Werkleitung Stellung nehmen zu lassen. Die … haben in dieser Aussprache vor allem folgende Erklärung abzugeben:
a) Warum wird seit Wochen … das Taktsystem mißachtet …?
b) Welches sind die wirklichen Ursachen (nicht nur Material-Probleme), die in den letzten 14 Tagen Anlaß sind, immer mehr die Produktion in ihrem Endstadium nach der Friedenshalle zu verlagern?
c) Welche konkreten Vorschläge bringt die Bereichsleitung und Produktionsdirektion, um mit diesem Zustand Schluß zu machen?«[538]

Klimawagen

»Seitens T und P wird Bericht erstattet, daß … bei einer Erprobung ein Motor am Klimawagen durchgeschmort ist … Bei Abfassung des Protokolls war die Nachricht von FAGA da, daß der Einbau des neuen Motors innerhalb weniger Stunden vorgenommen werden kann.«[539]

S-Bahnzug

»Der vor einigen Wochen vorhandene Terminverzug ist im wesentlichen wieder aufgeholt worden.«[540]

Leichtbauwagen

»Die nach dem Fristenplan mögliche Gesamteinschätzung läßt die Feststellung zu, daß gegenwärtig keine größeren Terminverzögerungen vorhanden sind und alle Voraussetzungen … gegeben sind, weiterhin nach Plan zu arbeiten … Bisher ist nur die Kommission für einen Leichtbauwagen ausgeschrieben, K muß an KA Anweisung zur Kommissionierung für den Gesamtumfang vornehmen.«[541]

538–541. LHASA, MER, VEB Waggonbau Ammendorf, Nr. 55802.

Verzinkte Teile
143 Tonnen noch ungedeckt!

»Wegen des zur Zeit immer noch ungedeckten Kontingents von 143 t Verzinkungsteilen für das Jahr 1960 hat sich L brieflich an den Hauptdirektor … gewandt mit der Bitte um Entscheidung, daß zur Sicherstellung des Programms in Ammendorf diese Tonnage in Dessau oder einer anderen Verzinkerei untergebracht wird … Nach Auskunft des Kollegen … (Hauptdirektor VVB, d. A.) soll diese Frage anläßlich der Produktionsleitertagung am 22. 1. 60 positiv für Ammendorf entschieden werden.«[542]

II. Plan 1960
Es wird betont: über 5 Stunden Durchsprache …

»Nach über 5-stündiger Durchsprache des Betriebsplanes 1960 wurden im Ergebnis der Beratung folgende Festlegungen getroffen …«[543]

Brutto- und Warenproduktion

»Die ausgewiesene Höhe der Brutto- und Warenproduktion wird trotz der Überschreitung der VVB-Kennziffer anerkannt.«[544]

Drehgestelle: Görlitz und Kalinin

»8 Wagen für Görlitz werden in das Programm, wie vorgesehen, mit aufgenommen. P hat für die Umstellung von Normalbau auf Kalinin-Drehgestelle einen geeigneten Wirtschaftsfunktionär … mit dieser Spezialaufgabe zu betrauen, um die Umstellungszeit auf ein Mindestmaß zu reduzieren.«[545]

Wir brauchen mehr Schweißer!
Wie viele genau? Bitte berechnen!

»LZ hat mit TS bis zum Monatsende Januar eine gründliche Beratung durchzuführen, um den Schweißerbedarf beim Übergang von 2,7–2,8 Satz Drehgestelle auf 3,3 bis 3,6 Satz pro Tag sicherzustellen …«[546]

542–546. LHASA, MER, VEB Waggonbau Ammendorf, Nr. 55802.

Leichtbauwagen (47-t-Bauweise)
Versuchswagen oder Verkaufswagen?

»a) Entsprechend unserem Angebot muß versucht werden, den Abschluß dieser Wagen zwar als Null-Serie, aber verkaufsfähige Wagen zu erreichen, das heißt, daß sie sowohl in der Warenproduktion als auch im Absatzplan geplant werden können.
b) Sollte wider Erwarten Maschinoimport diese Wagen als Versuchswagen ansehen, dann ist zunächst nur ein Wagen bis zur weiteren Verhandlung vertragsmäßig als 47-t-Wagen abzuschließen, weil dann erneut beraten werden muß, ob wir es uns kostenmäßig erlauben können, 4 Wagen in die Versuchsserie zu geben – ohne Erlös zu erhalten …
Für die Beachtung dieser beiden Gesichtspunkte bei den laufenden Verhandlungen ist K voll verantwortlich.«[547]

U-Bahn

»Anschließend wurde noch durch T ein Bericht gegeben über die … in Berlin bei der VVB durchgeführte Besprechung betreffs Weiterentwicklung der 4-achsigen U-Bahntriebwagen. Anläßlich dieser Besprechung wurde protokollarisch durch den Hauptdirektor … entschieden …, daß Ammendorf weiterhin hauptverantwortlich für die Bearbeitung des Themas U-Bahnwagen ist.«[548]

Können wir das schultern? Nein, von den 20 Konstrukteuren und Zeichnern müssten 14 von uns kommen, das geht nicht!

»Auf Grund dieser eingetretenen Situation ist ganz eindeutig, daß … das technische Entwicklungsprogramm für das Haupterzeugnis Weitstreckenpersonenwagen … mit der jetzt … vorgesehenen Intensität nicht betrieben werden kann, das heißt die 30 1.Klasse-Wagen 1961 und der Konstruktionsabschluß des 42-t-Wagens wäre absolut in Frage gestellt. L wird gegen diese Entscheidung entschieden Einspruch erheben.«[549]

547–549. LHASA, MER, VEB Waggonbau Ammendorf, Nr. 55802.

1960

Protokoll über die Werkleitungsbesprechung am 2. Februar 1960
I. Technisch-ökonomische Konferenz
II. Produktion
III. Krankenstand und Unfälle

I. Technisch-ökonomische Konferenz
Arbeitsgemeinschaften für Konstruktion

»Die Reorganisation der Arbeitsgemeinschaften … ist … soweit gediehen, daß 7 Arbeitsgemeinschaften … Aufgaben für die direkte Konstruktionszielstellung bezüglich des Weitstreckenpersonenwagens und seiner Entwicklung erhalten haben.«[550]

Internationale Umschau

»Betrifft Internationale Umschau, das heißt in Verbindung mit der Kammer für Außenhandel und den anderen Organen des MAI eine zeitlich weitreichende Information über – besonders den Schienenfahrzeugbau betreffende – Messen, Tagungen und Konferenzen zu erhalten, ist noch nicht abgeschlossen.«[551]

Produktion
4 Tage kein Gas geht nicht spurlos vorüber!

»Die insgesamt 4 Tage betreffende Totalabschaltung des Gasbezuges im Verlaufe des Monats Januar, hat vor allem in der Schmiede Rückstände verursacht, die trotz Wettbewerb und anderer Initiativmaßnahmen nicht ohne weiteres aufgeholt werden können. Es wird deshalb zugestimmt, daß in 2 Sonntagsschichten mit Zustimmung der Kollegen eine normale Produktionslage wieder hergestellt werden soll.«[552]

Fertigungsbereich 2
Druckrahmen machen Probleme

»Schwierigkeit bildet gegenwärtig die termingerechte Herstellung der Druckrahmen … Das Bereich 2 organisiert eine Aufholung in dieser Position, um das Fertigungsbereich 4 fristgemäß ab sofort beliefern zu können.«[553]

550–553. LHASA, MER, VEB Waggonbau Ammendorf, Nr. 55802.

Fertigungsbereich 3

»Bis auf einige äußerst ernst zu nehmende Materialpositionen wie zum Beispiel Winkel und Ösen für Rücklaufbecken usw., ist gegenwärtig die Produktionsentwicklung im Fertigungsbereich 3 als zufriedenstellend zu betrachten …«[554]

Fertigungsbereich 5

»Die Massenbedarfsgüterfertigung Holz liegt bis auf Kleiderschränke normal im Fristenplan … Bei der Massenbedarfsgüterfertigung Eisen muß der erhebliche Rückstand von Dachrinneneisen, der durch die Verzinkungsengpässe entstanden ist, energisch aufgeholt werden …«[555]

Klimawagen
Moskau lehnt die Wagen ab

»Nachdem sich bis in die letzten Tage an einigen wenigen Aggregaten Funktionsmängel gezeigt haben, die behoben worden sind, wird … in Moskau zu erreichen sein, daß spätestens bis zum 6. 2. 60 der Klimawagen endgültig zur Erprobung in die SU geschickt wird. Da gegenwärtig … Maschinoimport die Übernahme des Wagens ablehnt, wird sich L direkt einschalten.«[556]

S-Bahn

»Nach der Einschätzung liegen die Reparaturarbeiten im Rahmen …«[557]

Leichtbauwagen

»Beim ersten Leichtbauwagen, der nach der Zielstellung des Werkes am 1. Mai 1960 fertiggestellt sein soll, ergeben sich heute schon klar abzusehende Terminschwierigkeiten, weil die dekapierten Bleche vom Walzwerk Thale nicht entsprechend der gegebenen Zusage angeliefert worden sind.«[558]

Krankenstand

»Für 1960 ist ein durchschnittlicher Krankenstand von 5,8% geplant. Das IST des Jahres 1959 liegt bei 6,2%.«[559]

554–559. LHASA, MER, VEB Waggonbau Ammendorf, Nr. 55802.

Protokoll über die Werkleitungssitzung am 10. 3. und 11. 3. 1960
I. Maßnahmekontrolle
II. Produktion und Material
III. Technisch-ökonomische Konferenz
IV. Leipziger Messe 1960
V. Rekonstruktion
VI. Entlohnungswidersprüche

I. Maßnahmekontrolle
Brain drain muss gestoppt werden!

»Im Leitungskollektiv erfolgte eine grundsätzliche Aussprache über den umfangreichen Abgang von technisch-wissenschaftlichen Kadern im letzten Jahr auf Grund von Anweisungen und Maßnahmen übergeordneter Partei- und Staatsorgane … Die Werkleitung ist mit den anwesenden Vertretern der BPO und BGL einstimmig der Auffassung, daß der Zeitpunkt gekommen ist, wo den übergeordneten Parteiorganen aufgezeigt werden muß, daß ein weiterer Abzug von Kadern ernste Auswirkungen auf das Niveau der eigenen betrieblichen Arbeit haben muß … (Abb. 109)«[560]

II. Produktion und Material

»In Zusammenfassung seines Berichtes wurde eingeschätzt, daß trotz der bestehenden Materialprobleme … die Kontinuität der Produktion soweit aufrecht erhalten werden kann, daß die Probefahrttermine
am 11. 3. 60 - 140. Wagen
am 16. 3. 60 - 150. Wagen
am 21. 3. 60 - 160. Wagen
am 25. 3. 60 - 170. Wagen
am 30. 3. 60 - 178. Wagen
gehalten werden können.«[561]

Hungerliste

»… Buchsen-Engpaß … Pufferfertigung und Federtöpfe … Fensterheber … Die Überwindung aller übrigen Engpässe wie: Grobbleche, Winkel, nahtlose Rohre, Birkenfurniere, Platten, Sicherheitsglas, Gesenkstähle, Alu-Fensterrahmen, Alu-Handgriffe, Beschlagteile …muß K … selbst überwinden. In besonders gefährdeten Positionen muß die Einschaltung von L erfolgen.«[562]

III. Technisch-ökonomische Konferenz

»Der beschrittene Weg, komplizierte und umfangreiche Probleme auf breiter kollektiver Basis zu beraten, vorzubereiten und durchzuführen hat sich als richtig erwiesen (es folgen Maßnahmen, d. A.)«[563]

IV. Leipziger Messe 1960

»1.) Auftrag über 434 Weitstreckenpersonenwagen 1960 …
2) 30 Klimawagen 1960 … Wesentliche Probleme sind nicht mehr zu klären …
3.) 4 Leichtbauwagen 1960 Als offenes Problem ist noch anzusehen, daß wir noch keinen Vertragsabschluß, das heißt EA mit dem DIA haben, obwohl … anläßlich der Messeverhandlungen unserem Werk einen EA-Auftrag zugesagt hat.
4.) Zusatzauftrag über 5 Weitstreckenwagen zur Abdeckung der vollen Planaufgabe 1960 Die sowjetische Delegation ist bei den Verhandlungen darauf aufmerksam gemacht worden, daß noch 5 Wagen zur Abdeckung der vollen Planaufgabe in Ammendorf fehlen …
5. 10 Wagen mit Wirtschaftsabteilen Seitens Maschinoimport besteht der Wunsch, von der Lieferung 1960 10 Wagen mit Wirtschaftsabteilen auszurüsten, um für den Mittelstreckenverkehr in der SU eine Kombination von Passagier- und Büfett-Wagen über diese Anzahl zu erhalten. Die Zusage ist gegeben worden, wenn die 1. Klassewagen auf Grund der zur Zeit noch ungeklärten konstruktiven Probleme nicht zum Tragen kommt.
6.) 30 1. Klasse-Wagen Anläßlich der Verhandlungen … wurde die Lieferung … abgelehnt, weil die Zusicherungen … nicht gehalten worden sind, wonach … ein … Spezialist … nach Ammendorf kommt, um … die Konstruktion der Innenausstattung zu beraten …«[564]

560–561. LHASA, MER, VEB Waggonbau Ammendorf, Nr. 55802.

562–564. LHASA, MER, VEB Waggonbau Ammendorf, Nr. 55802.

Brain drain in Ammendorf …
Wie stark der Abgang der technischen Intelligenz im Jahr 1959 war, belegt die abgebildete Tabelle. Namhafte DDR-Unternehmen und -Institutionen nahmen die Ammendorfer mit Kusshand (Abb. 111).[565]

a) Mitarbeiter, welche in andere Schwerpunkt-Industriebetriebe delegiert wurden:

	Name	Funktion	wann ausgeschieden	wohin
1.	[redacted], Herbert	Operativ-Technologe	4.7.59	Baukombinat
2.	[redacted], Richard	Prod. Lenker	31.10.59	Kompl. Chemie-Anlagen
3.	[redacted] Willi	Betriebsorg.	1.1.59	VEB Waggonbau Dessau
4.	[redacted], Franz	Normenbearb.	30.4.59	Starkstromanlagenbau
5.	[redacted], alter	"	14.6.59	Chemie-Baukombinat
6.	[redacted] Manfred	Techn. Sachbearbeiter	22.2.59	Dtsch. Warenabnahme Gesellsch.
7.	[redacted] Heinz	Teilkonstrukt.	31.1.59	Chem. Werke Buna
8.	[redacted], Jürgen	dto.	15.7.59	DR Entw. Blankenburg
9.	[redacted], Hans	Bau-Ingenieur	1.10.59	Leuna-Werke
0.	[redacted] Hubert	Technologe	18.1.60	Stadtbez.-Ltg. Süd
1.	[redacted], Gerhard	Prod. Lenker	14.6.59	Chemie-Baukombinat
2.	[redacted] Otto	Bauingenieur	30.4.59	Baukombinat
3.	[redacted] Heinz	Konstrukteur	14.6.59	Chemie-Baukombinat
4.	[redacted] Eberhard	Bereichsplaner	März 1960	Groß-LPG
5.	[redacted], Alfred	Brandschutzbeauftragter	März 1960	dto.
6.	[redacted], Hermann	Gruppenltr. TAN	März 1960	dto.
7.	[redacted], Hermann	dto.	dto.	dto.

	Name	Funktion	wann ausgeschieden	wohin
18.	[redacted], K.	Versuchsing.	März 1960	MAFA, Halle
19.	[redacted] Hans-G.	Assistent d. Werkdir.	vorgesehen f. andere Aufgaben	
20.	[redacted], Kurt	Sicherheits-Ing.	vorgesehen für einen anderen Betrieb der VVB	

Abb. 111: Delegierung Ammendorfer Kader, Ammendorf 1959.

565. LHASA, MER, VEB Waggonbau Ammendorf, Nr. 55802.

Leipziger Messe 1960 Teil 2

Was tun mit den 1. Klasse-Wagen?

»a) Bis zum 14. 3. 60 überreicht unser Betrieb dem DIA die Entwürfe, Zeichnungen und Muster, um diese sofort an MPS, Moskau, weiterzuleiten.
b) Bis zum 31. 3. 60 muß die Bestätigung dieser Entwürfe und Muster, sowie Zeichnungen erfolgt sein, um die erforderliche Zeit für die Bestellungen und Produktionsvorbereitungen für den Bau dieser Wagen zu haben.
c) Sollten bis zum 31. 3. 60 (wir geben allerhöchstens 8 Tage Terminverzug zu) die Bestätigung unserer eingereichten Unterlagen durch sowjetische Experten nicht erfolgt sein, wird der Auftrag abgelehnt.«[566]

Weiter im Text …

»7.) Angebot 1961 Das Angebot 1961 wurde dem DIA Transportmaschinen übergeben. Die technischen Unterlagen werden innerhalb von 8 Tagen durch uns zum DIA gereicht.
8.) 1 ZW-Wagen Bis zur Stunde liegt noch keine Genehmigung vor, um diesen Wagen endgültig zur Erprobung in die SU zu schicken. Genosse … hat zugesagt, die Genehmigung durch MPS zu erwirken.«[567]

V. Rekonstruktion

»Insgesamt ist einzuschätzen, daß keine einwandfreie Koordinierung vorhanden ist, obwohl gemäß Werkleitungsbeschluß hierfür die Abteilung Ti verantwortlich gemacht wurde. Die Ausführungen ergaben darüber hinaus, daß verschiedene Aufgaben, wie beispielsweise die Umorganisation des Fertigungsbereiches 4 nach Arbeitsgruppen, der gesamte Komplex der Qualifizierung, der Planung und Lenkung, der Produktionskontrolle, der Vereinfachung der Verwaltungsarbeit, der Aufgaben im Bereich der BBS usw. noch nicht zielstrebig in Angriff genommen wurden …«[568]

566–568. LHASA, MER, VEB Waggonbau Ammendorf, Nr. 55802.

VI. Entlohnungswidersprüche

»Entsprechend der Aufgabenstellung … an die Arbeitsdirektion ergangen war, sollten in den nachfolgenden Abteilungen Entlohnungswidersprüche untersucht und konkrete Vorschläge zu ihrer Beseitigung … vorgeschlagen werden. Dafür hat die Abteilung Arbeit eine Übersicht … geschaffen.«[569]

Worum geht es?

»Um das Wesen und den Kern des bestehenden Problems richtig herauszuarbeiten, wurde sehr richtig durch den Kollegen … die Tatsache herausgestellt, daß der Durchschnittslohn der Leistungslöhner durch die ständig ansteigende durchschnittliche Normerfüllung in den letzten Monaten unaufhörlich gewachsen ist und die übrigen Beschäftigten auf Grund der bestehenden gesetzlichen Beschränkungen auf ihrem Lohn-Niveau stehen geblieben sind, so daß sich die bestehende Diskrepanz … verschärft, was sich besonders bei der Entlohnung der Gütekontrolleure und des Lagerpersonals zeigt.«[570]

Was tun?

»Abteilung Hauptmechanik … Der Stück-Lohn wird vorerst in der Abteilung Hauptmechanik beibehalten.
Entlohnung der Gütekontrolleure Eine teilweise befriedigende Lösung … kann nur dadurch erreicht werden, indem durch Einsparung von Gütekontrolleuren ein Lohnvolumen freigesetzt wird, das zur Aufstockung der Löhne für die übrigen … Verwendung findet …
KMW-Lager Die Entlohnung erfolgt weiter im Prämien-Zeitlohn …
Treueprämie ingenieur-technisches Personal … Es wird festgelegt, daß … weiterhin die Treueprämie gezahlt wird …
Entlohnung Sekretärinnen und Stenotypistinnen … wird der Arbeitsdirektor beauftragt, … Vorschläge für die Einstufung … zu unterbreiten …«[571]

569–571. LHASA, MER, VEB Waggonbau Ammendorf, Nr. 55802.

1960

Protokoll über die Werkleitungsbesprechung am 6. April 1960
I. Produktion und Material
II. Lohnpolitische Maßnahmen
III. Auftragsdeckung 1960
IV. Verschiedenes

Maßnahmekontrolle: U-Bahn

»Die Beratung im Kollektiv ergab die einmütige Auffassung, daß es uns bei konsequenter Beibehaltung der Entwicklungsziele unserer Weitreckenwagen nicht möglich ist, technisches Personal freizumachen, um die Entwicklungsaufgaben am U-Bahnwagen in dem von der VVB beauflagten Umfange durchzuführen … T wird beauftragt, einen Werkleiterbrief an den Hauptdirektor … auszuarbeiten und innerhalb der nächsten 8 Tage L zur Unterschrift vorzulegen.«[572]

I. Produktion und Material

»Obwohl in der Einladung eindeutig darauf hingewiesen worden war, daß in umfassender und tiefgründiger Form vor allem folgende Probleme bei der Produktionsberichterstattung behandelt werden: Produktionsübergang 201. Wagen; Vorarbeit für Drehgestell-Umbau auf Typ Kalinin;
Leichtbauwagen;
S-Bahnwagen;
Verzinkungsteile … «[573]

Unbefriedigender Bericht!

»… konnte der in Anwesenheit der Bereichsleiter gegebene Bericht durch den Kollegen … nicht befriedigen, da er infolge mangelnder Vorbereitung zu oberflächlich war.«[574]

Was ist die Kernaufgabe der Produktionsberichterstattung? Übersicht schaffen!

»Die Produktionsleitung wird durch L ernstlich ermahnt, sich mehr Übersicht über die bestehenden Schwerpunktaufgaben zu verschaffen und vor allem perspektivischer zu arbeiten.«[575]

572–575. LHASA, MER, VEB Waggonbau Ammendorf, Nr. 55802.

II. Lohnpolitische Maßnahmen

»Die Vorlagen sind der Werkleitung im vollen Umfange zugegangen … Die von der Arbeitsdirektion gemachten Vorschläge werden im Prinzip anerkannt; allerdings mit der einen Einschränkung, daß einige Korrekturen bei der Höchstgrenze bei Stenosachbearbeiterinnen und Stenotypistinnen erforderlich sind. Es muß mehr interpoliert werden …«[576]

III. Auftragsdeckung 1960

»<u>1 ZW-Wagen</u> Nachdem von MPS die Übernahme des Wagens zur Probefahrt in die SU zunächst abgelehnt ist und ein poistiver Bescheid von Maschinoimport zur Zeit noch aussteht, hat K in Verbindung mit der Deutschen Reichsbahn sofort Verhandlungen aufzunehmen, um den Wagen auf DDR-Strecken maximal zu erproben.
<u>1. Klasse-Wagen</u> … Die Werkleitung gelangte zu der Einschätzung, daß die Rückäußerung von Maschinoimport und MPS auf Grund unserer … eingereichten Unterlagen sehr schnell vor sich gegangen ist und daß … alle nennenswerten Fragen klar sind. Die Entscheidung wird gefällt, daß sich unser Werk auf die Produktion der 1. Klassewagen zu den bekannten Terminen einrichtet.
<u>47-t-Wagen</u> … Die Verantwortung für den Bau der Großserie kann nur dann übernommen werden, wenn wir kurzfristig und in laufender Folge vor allem Berichte über das Verhalten des 1. Probewagens anläßlich der Versuchsfahrten erhalten …
<u>BW-Wagen</u> Der Bau der BW-Wagen entfällt. Es sind dafür keine weiteren Verhandlungen zu führen …«[577]

IV. Verschiedenes

»Abstellung von Arbeitskräften für Eisenplatz … P wird beauftragt …, daß
2 Schlosser und
4 Holzarbeiter als Zimmerer … abgestellt werden …«[578]

576–578. LHASA, MER, VEB Waggonbau Ammendorf, Nr. 55802.

1960

Protokoll über die außerordentliche Werkleitungssitzung am 14. Mai 1960
I. Verhandlung mit Moskau

I. Verhandlung mit Moskau

»Es ist erforderlich, daß die Mitglieder der Werkleitung sofort über die Verhandlungsergebnisse und über den Verhandlungsverlauf … informiert werden, um Kenntnis zu erhalten, welche Abmachungen getroffen worden sind.«[579]

30 Klimawagen

»Alle hier … noch offenen Fragen … konnten zufriedenstellend geklärt werden und es ergeben sich keine besonderen Maßnahmen.«[580]

30 gepolsterte Personenwagen

»Alle die vorgenannten, offenen Fragen wurden im Verlauf der Verhandlung geklärt, wobei besonders für die Innenausstattung Varianten der Abteile, Muster-Vorschläge anhand unseres Musterabteils unterbreitet wurden.«[581]

1 ZW-Wagen

»Die Entscheidung ist mit Zustimmung des Hauptdirektors der VVB dahingehend erfolgt, daß dieser Wagen an die SU verkauft wird. Die sowjetische Delegation ist mit der käuflichen Übernahme –auch der DIA – grundsätzlich einverstanden.«[582]

4 Leichtbauwagen 47 t

»Alle 4 Weitstreckenpersonenwagen werden einer umfassenden und harten Erprobung auf den Strecken der SU ausgesetzt sein …
1. Etappe
Fahrstrecke 20.000 km mit einer Geschwindigkeit von 80–120 km/h … Die SU gibt schriftliche Beurteilungen nach der augenscheinlichen Wahrnehmung.
2. Etappe
Bis 50.000 km Fahrstrecke. Die Besichtigung des Wagens erfolgt nach dieser Laufstrecke durch Vertreter von MPS Moskau und unserem Werk. An den höchstbeanspruchten Stellen werden Innenverkleidungen abgenommen, um vor allem die Punktschweißung zu überprüfen.
3. Etappe
Fahrstrecke bis 70.000 km bei einer Geschwindigkeit von 80–120 km/h …
4. Etappe
Fahrstrecke bis 100.000 km bei einer Geschwindigkeit von 80–120 km/h … Nach Abschluß der 4. Etappe erfolgt Überführung des Wagens nach dem Werk Ammendorf zur weiteren Befundaufnahme des Wagenzustandes.«[583]

Programm 1961

»Es werden nach jetziger Festlegung folgende Varianten gebaut:
a) 150 Weitstreckenpersonenwagen, 3. Klasse mit Radioausrüstung (alt);
b) 225 Weitstreckenpersonenwagen, 3. Klasse ohne Radioausrüstung (alt);
c) 218 Leichtbau-Personenwagen (47 t) mit Generator 7–18 kW
d) 30 Weitstreckenpersonenwagen, Polsterklasse
623 Weitstreckenpersonenwagen insgesamt 1961.«[584]

Was wünscht die SU noch?

»<u>Puffer</u> In diesem Jahr werden 34 Weitstreckenpersonenwagen ohne klassische Seitenpuffer geliefert … Die Gewichtseinsparung beträgt 770 kg pro Wagen …
<u>Dachpfetten</u> Durch die Forderung, weitgehend Dachpfetten beim 47 t Wagen zu verwenden, ergibt sich eine Gewichtszunahme von circa 220 kg pro Wagen …
<u>PAS-Batterie</u> Die SU wünscht mit Berechtigung eine Wintererprobung der PAS-Batterie …
<u>Wabenkernplatten</u> Bei der Verwendung von Wabenkernplatten ergibt sich eine Einsparung von 320 kg pro Wagen. Die Entscheidung der SU … fällt mit der Erprobung der 4 Leichtbauwagen …«[585]

579–582. LHASA, MER, VEB Waggonbau Ammendorf, Nr. 55802.

583–585. LHASA, MER, VEB Waggonbau Ammendorf, Nr. 55802.

Protokoll über die Sonderberatung der Werkleitung am 29. Juni 1960
I. Produktion
II. SU-Drehgestelle Kalinin
III. Einzelfragen

I. Produktion

»Der 347. Weitstreckenpersonenwagen wird trotz der großen Schwierigkeiten … planmäßig am 30. 6. 60, abends 23 Uhr, das Werk verlassen. Damit ist die Erfüllung des Planes der Warenproduktion gesichert. Die Erfüllung der Brutto-Produktion zum 30. 6. wird nicht ganz erreicht werden …«[586]

Woran liegt das? Keine Leute!

»Damit ist die Befürchtung eingetreten, die seit langem beobachtet und täglich nüchtern eingeschätzt worden ist, daß das Bereich 1 ohne Zurverfügungstellung von Arbeitskräften oder anderen Sondermaßnahmen, die operative Teile-Fertigung nicht mehr garantieren kann.«[587]

Woher nehmen?
Strafgefangene sollen es richten!

»Der Kaderleiter wurde aus der Sitzung heraus mit dem Kollegen … LO, beauftragt, mit den verantwortlichen VP-Dienststellen der Stadt Halle und des Bezirkes zu verhandeln, um circa 20 Strafgefangene aus den hiesigen Strafanstalten für circa 8 Wochen freizubekommen, um im geschlossenen Einsatz auf dem provisorischen Eisenplatz … eingesetzt zu werden …«[588]

Mehr Prämien!

»Um noch vorhandene Reserven in PF 1 freizumachen … wurde der Entwurf der Prämienvereinbarung zur Aufholung der Planrückstände … erörtert. Der Konzeption wird voll inhaltlich zugestimmt …«[589]

Unsere Leute aus Buna zurückholen!

»A wird beauftragt, die bis zum 30. 6. 60 in Buna abgestellte Brigade unseres Werkes zurückzuholen, mit den Kollegen zu sprechen und sie davon zu überzeugen, daß sie geschlossen zur Überwindung der Situation in PF 1 für circa 8 Wochen … gehen.«[590]

586–589. LHASA, MER, VEB Waggonbau Ammendorf, Nr. 55802.

Massenbedarfsgüter

»Zur Massenbedarfsgüter-Fertigung berichtete der Produktionsdirektor unter anderem, daß die Position Kleiderschränke zum 30. 6. 60 nicht erfüllt wird. Der Rückstau von 30 ist auf 50 Kleiderschränke wegen Furnierschwierigkeiten angewachsen …«[591]

II. SU-Drehgestelle Kalinin

»Die Berichterstattung ergab übereinstimmend, daß die von der Werkleitung eingeleiteten Operativ-Maßnahmen zur Umstellung … ohne nennenswerte Rückstände vorwärts geht.«[592]

III. Einzelfragen
Klimawagen: Ammendorf soll leiten

»Ammendorf ist auf Weisung des Hauptdirektors (L hat sich aus Gründen, die dem Kollektiv dargelegt worden sind, energisch gesträubt) die Leitung der Arbeitsgemeinschaft klimatisierte Waggons übertragen worden … 1962 sind keine Klimaanlagen der SU anzubieten. Ammendorf muß einen Weitstreckenpersonenwagen, Normalausführung bereitstellen, in dem dann die Versuchs-Klimaanlage 24.000 kcal/h eingebaut wird.«[593]

FAGA kann keine Radios liefern …

»Kollege … FAGA, wiederholte vor … (Hauptdirektor VVB, d. A.), daß FAGA nicht in der Lage ist, 150 Radioausrüstungen für Ammendorf im Jahre 1961 zu liefern. Von L wurde noch einmal betont, daß anläßlich der Verhandlungen in Ammendorf 2 kompetente Vertreter von FAGA zugegen waren und ihre Zustimmung damals gaben. Seitens der VVB wird Ammendorf keine Schuld in der Verhaltensweise gegeben …«[594]

590–594. LHASA, MER, VEB Waggonbau Ammendorf, Nr. 55802.

Gespräche mit Görlitz

»Im Extrakt der Besprechung in Görlitz ist folgende Tendenz herauszustellen, daß die VVB und der selbstverständlich daran interessierte Betrieb VEB Waggonbau Görlitz mit allen Mitteln versuchen wollen, trotz der Arbeitskräfte-Diskrepanz die Übernahme der Drehgestelle in unserem Werk unterzubringen …«[595]

Wie antwortet der Werkleiter? Er wehrt sich laut im Protokoll. Wie schreit man im schriftlichen Protokoll? Mit gesperrter Schrift (Abb. 112)[596]

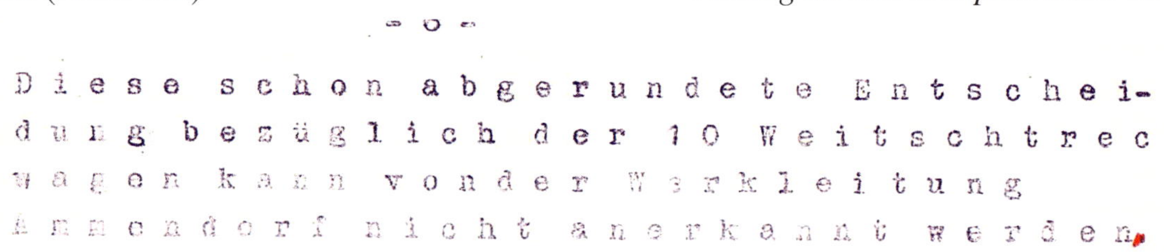
Diese schon abgerundete Entscheidung bezüglich der 10 Weitschtreckenwagen kann von der Werkleitung Ammendorf nicht anerkannt werden.

Abb. 112: Protokoll-Schrei, Ammendorf 1960.

46-t-Wagen-Leute prämiieren!

»Die Werkleitung kam überein, DM 4.000,00 für die aktivsten Kollegen der technischen Intelligenz bei der Entwicklung des 46-t-Wagens als Anerkennung als Prämie zur Auszahlung zu bringen und dem Kollektiv circa 5 Kollegen als Aktivisten auszuzeichnen …«[597]

FAGA soll 14 Elektriker delegieren …

»Kollege … (FAGA, d. A.) hat in Engelsdorf verhandelt, ist zu keinem Ergebnis gekommen und hat nicht die Anweisung gegeben, daß die FAGA unterstellten Arbeitskräfte in Höhe von 14 Elektrikern an Ammendorf abgestellt werden. Genosse … (Hauptdirektor VVB, d. A.) hat Genossen … (FAGA, d. A.) in Gegenwart von L noch einmal eindeutig angewiesen, den Abzug der 14 Kräfte vorzunehmen … Nach Meinung von … (Hauptdirektor, d. A.) geht der Export und die Klimawagen-Fertigung vor.«[598]

Neuer Technischer Direktor …

»Nach Bestätigung in der Parteileitung wird der Genosse … ab 1. 7. 60 offiziell als Technischer Direktor in unserem Werk eingesetzt … Da folgender Widerspruch besteht, daß der Genosse Max Hauschild als stellvertretender Chefkonstrukteur bisher J 5 = DM 1.555,00 Monatsgehalt gehabt hat und nun mit höherer Verantwortung – da J 5 Ende DM 1.555,00 die letzte Stufe vor Sondergehalt ist – unter gleichen Gehaltsbedingungen die Funktion ausüben müßte, muß eine Regelung angestrebt werden. Nach Aussprache … wurde festgelegt, daß L einen Antrag an den Hauptdirektor … über ein Sondergehalt in Höhe von DM 1.800 (1. Stufe) stellt …«[599]

Arbeitsdirektor erhält mehr Gehalt

»Es wurde festgelegt, daß das Gehalt des Arbeitsdirektors Kollege … ab 1. 7. 1960 auf Anfang J V = DM 1.420,00 erhöht wird … In Verbindung mit der Aussprache … über diese Gehaltserhöhung wurde dem Kollegen … in sachlicher und helfender Form von … kritische Hinweise zur weiteren Verbesserung seines Arbeitsstils und einer praxisverbundeneren Arbeitsweise gegeben …«[600]

Planungsleiter will in die Landwirtschaft: Bieten wir ihm ein höheres Gehalt!

»Der Kollege … übt seit 5 Jahren die Funktion des Planungsleiters in unserem Werk aus. Im Verlaufe dieser langjährigen Tätigkeit in dieser Funktion … hat er sich weitere theoretische und praktische … Kenntnisse angeeignet. Im Falle eines nicht einsetzenden Funktionswechsels steht die Berechtigung …, das Gehalt des Kollegen … zu erhöhen.«[601]

595–598. LHASA, MER, VEB Waggonbau Ammendorf, Nr. 55802.

599–601. LHASA, MER, VEB Waggonbau Ammendorf, Nr. 55802.

Protokoll über Werkleitungssitzung am 8. Juli 1960
I. Maßnahmekontrolle
II. BfE-Arbeit
III. Weiterentwicklung des Weitstrecken-personenwagens auf Weltniveau

I. Maßnahmekontrolle
ZW-Wagen

»Die Vorbereitungen (Änderungen am Vorbau und Drehgestell) sind noch nicht im genügenden Maße fortgeschritten, so daß der Abgang des 1 ZW-Wagens erfolgen kann.«[602]

46-t-Wagen

»Über die … erreichten Erprobungsergebnisse wurde durch T ein Zwischenbericht gegeben. Es wurde nach Übereinstimmung der Meinungen … festgelegt, daß keine weiteren Versuche zur Verbesserung der Laufgüte-Note durchgeführt werden und der Wagen zur Vermeidung von Zeitverlusten … sofort … an die SU zur Auslieferung gelangt.«[603]

Die Görlitzer wollen gucken, wie das geht

»Waggonbau Görlitz beabsichtigt, zum Studium der Fertigung der Weitstreckenpersonenwagen eine Gruppe nach Ammendorf zu entsenden, um sich von den Besonderheiten der Weitstreckewagen-Fertigung am Band zu überzeugen. Die Gruppe wird circa 30 Kollegen umfassen. Von L wird für den Studienaufenthalt die Genehmigung gegeben.«[604]

II. BfE-Arbeit (Büro für Erfindungen, d. A.)

»Aus der Vorlage … und dem erweiterten Bericht … geht in Zusammenfassung hervor, daß die gesamte Arbeit mit den Rationalisatoren und Erfindern in unserem Werk …nicht die Qualität aufweist, die zur Erfüllung der … Ziele auf dem Gebiet der Neuen Technik … erreicht sein müßte. Das Haupt-Kriterium ist, daß es bisher nicht gelungen ist, eine Breitenarbeit auf diesem Gebiet zu erreichen.«[605]

602–605. LHASA, MER, VEB Waggonbau Ammendorf, Nr. 55802.

III. Weiterentwicklung des Weitstreckenpersonenwagens auf Weltniveau

»Insgesamt ging aus der Berichterstattung hervor, daß wir in der Gesamtentwicklung des 42-t-Wagens einen Konstruktionsrückstand zwischen 4–6 Wochen haben, wobei noch hinzukommt, daß bestimmte Grundfragen, wie zum Beispiel Wasserkästen aus Polyester, Cudoscheiben bisher noch nicht gelöst sind. Wie bereits … ersichtlich, muß die Gewichtsverminderung von 3–4 t zur Erreichung eines 42-t-Wagens vornehmlich aus konstruktiven Best-Lösungen in der Inneneinrichtung und Innenausstattung herausgeholt werden. Das gesamte Kastengerippe hat … die zu verantwortende Grenze erreicht.«[606]

Zur Standardisierung

»Mit der Unterschätzung der Standardisierungsarbeit in unserem Werk, wie sie in der Vergangenheit bestand, muß eindeutig und energisch Schluß gemacht werden … Der Grundsatz, daß die Standardisierung beim Grund-Projekt und der Konstruktion beginnt, muß in unserem Werk … strenger befolgt werden.«[607]

Zulieferindustrie

»Die Einschätzung und Klärung dieser Zulieferungen in der heutigen Besprechung läßt deutlich erkennen, daß noch nicht konsequent und energisch genug (Chemie und Plaste) um die Bereitstellung von Werkstoffen einzelner Teile und Aggregate gekämpft worden ist, um tatsächlich fortgeschrittenes internationales Niveau bei der Konstruktion berücksichtigen zu können.«[608]

Ziel-Prämien sollen helfen

»In Anlehnung an M 13 … hat A … Ziel-Prämien … vorzuschlagen:
a) Für die Forschungs- und Arbeitsgemeinschaften;
b) für das übrige Kollektiv der Abteilung TK …«[609]

606–609. LHASA, MER, VEB Waggonbau Ammendorf, Nr. 55802.

Niederschrift über die Werkleitungssitzung am 15. August 1960
I. NVA-Werbung
II. Werkleiter-Konsultation
III. Letzte Beratung in der Werkleitung

Der erste Tagesordnungspunkt belegt die frühe Vorbereitung des Baues der Grenzanlagen der DDR (Mauer). Obwohl man kaum die Arbeit schaffte aus Mangel an Arbeitskräften, sollte Monat für Monat ein Delegierungs-Plan für die NVA erfüllt werden. Dies ist gleichzeitig ein Beweis für den Primat der Politik über die Wirtschaft bis in das Tagesgeschäft des Betriebes hinein.

I. NVA-Werbung

»Im Protokoll vom 1. 8. 60 sind bereits Maßnahmen festgelegt, wie die Werbung durchgeführt werden soll. Der derzeitige Stand ist so, daß wir
ein SOLL von 56 Jugendlichen und
ein IST von 55 Jugendlichen zu verzeichnen haben. Bei der Werbung für die inneren Streitkräfte ist ein Rückstand von 7 Jugendfreunden vorhanden.«[610]

II. Werkleiter-Konsultation
Doch Drehgestelle für Görlitz

»Ab August sind insgesamt für uns und Waggonbau Görlitz 463 Satz Drehgestelle bis Jahresschluß zu fertigen. Dazu sind ab 1. September 233 Weitstreckenpersonenwagen zu bauen. Nach der jetzigen Übersicht ist die Materialabdeckung vertragsmäßig gesichert. Bei Normalbau-Wagen bestehen materialversorgungsmäßig keine Schwierigkeiten.«[611]

Arbeitskräfte
100 Leute fehlen

»Zur Realisierung des vorgesehenen Programmes ist es notwendig, daß circa 100 Arbeitskräfte zusätzlich eingesetzt werden (PF 1 = 60 Personen (Dreher = 25), PF 3 = 49 Personen). Zur Sicherung der Planerfüllung sind bereits Sonderschichten eingeleitet …«[612]

610–612. LHASA, MER, VEB Waggonbau Ammendorf, Nr. 55802.

5 Wagen fehlen zum Plan

»K wird sich nochmals mit DIA in Verbindung setzen, nach welchen Bedingungen die restlichen 5 Wagen geliefert werden sollen …«[613]

Klimawagen

»Nach wie vor sind die Einbauteile von FAGA, Berlin (Ausrüstung der Wagen mit Zugbeleuchtungsbatterie 2x11 PAS 210) (ein Problem, d. A.). Laut Vertrag von AFO sollen wir
im September 6 Satz Batterien bis FZ 7 erhalten;
im Dezember 15 Satz Batterien;
7 Satz hängen noch in der Luft (Importantrag läuft, liegt noch bei VVB).
Die Auslieferung der Klimawagen ist von der Anlieferung der Batterien abhängig.«[614]

S-Bahnwagen-Fertigung

»Fertigstellung des Ablaufplanes am 25. 8. 60.«[615]

Vorbereitung 1961

»Im Plan haben wir insgesamt
643 Weitstreckenpersonenwagen,
davon:
215 Stück ohne Radio
150 Stück mit Radio
30 Stück 1. Klassewagen
248 Stück Leichtbauausführung
201 Drehgestelle für Waggonbau Görlitz, welche wie folgt zu liefern sind:
Januar = 40 Satz
Februar = 28 Satz
März = 30 Satz
April = 28 Satz
Mai = 28 Satz
Juni = 7 Satz …«[616]

Wo liegen die Probleme für 1961? Beim Radio! FAGA will Leute von Ammendorf!

»Ein Problem ist noch die Fertigung der 150 Wagen mit Radio-Abteil. FAGA fertigt nur mit Unterstützung von Ammendorf …«[617]

613–617. LHASA, MER, VEB Waggonbau Ammendorf, Nr. 55802.

Protokoll über Werkleitungssitzung am 2. September 1960
I. Maßnahmekontrolle
II. Produktion und Material
III. Rekonstruktionsplan
IV. Polytechnische Stützpunkte

Außerhalb der Tagesordnung
Die Partei (SED) greift ein!

»Am 31. 8. 60 fand … in der VVB unter Anwesenheit von Vertretern der Stadtleitung der SED Halle und des ZK der SED eine Aussprache mit dem Genossen … (Hauptdirektor, d. A.) und weiteren Mitgliedern der Leitung der VVB statt. In dieser Aussprache wurden parteimäßig falsche mündliche und protokollarische Darstellungen der VVB gegenüber unserem Werk, insbesondere gegenüber der Werkleitung korrigiert.«[618]

Die Kalinin-Lüge

»Es wurde protokollarisch nachgewiesen, daß der Werkleiter Kollege Schneider anläßlich der Verhandlungen in Moskau im vergangenen Jahr die Übernahme der Kalinin-Drehgstelle protokollarisch abgelehnt hat. Die Entscheidung der Hereinnahme der Kalinin-Drehgestelle fällte Genosse … (Hauptdirektor, d. A.) im Oktober 1959 in Moskau.«[619]

Die 5 fehlenden Aufräge für Wagen

»Es wurde eindeutig durch die Werkvertreter von Ammendorf erklärt, daß der DIA seit Mai des Jahres informiert ist, daß diese Wagen nur nach den Bedingungen 1960 gebaut werden können. Da sich das Werk außerstande sieht, die Fertigung ohne einen ordentlichen EA vorzunehmen, wurde unmißverständlich zum Ausdruck gebracht, daß bis zum 5. 9. 60 die Antwort des DIA bezüglich der technischen Bedingungen abgewartet wird.«[620]

30 Klimawagen

»Durch das Fehlen von 7 Elektrikern, die von der VVB seit April des Jahres in Verbindung mit der Ausgliederung der FAGA-Monatsgruppen aus den Werken unserem Werk schriftlich zugesagt wurden, ergibt sich eine ernste Situation bei der Fertigstellung der Klimawagen …«[621]

150 Radiowagen 1961

»Trotz der harten Konsequenzen, die Ammendorf bezüglich der umfangreichen Arbeitskräfte-Hilfe für FAGA eingehen mußte, wurde ein Übereinkommen … erzielt …«[622]

II. Produktion und Material

»Kollege … brachte … zum Ausdruck, daß es … durch Aufbietung aller Kräfte doch gelungen war, pro Tag 3 Satz Drehgestelle auszustoßen … Kollege brachte … zum Ausdruck, daß auf Grund der Arbeitskräfte-Situation in den … Bereichen … gegenwärtig nur mit Sonderschichten … die Belieferung des Drehgestellbaus mit 3 Wagen täglich (schleppend) eingehalten werden kann …«[623]

III. Rekonstruktionsplan

»Trotz des angespannten Produktionsprogrammes ist sich die Werkleitung darüber im Klaren, daß die übrigen Grundsatzaufgaben nicht vernachlässigt werden dürfen und befaßte sich in der Sitzung mit dem Stand der Erfüllung der Rekonstruktionsmaßnahmen 1960 …«[624]

IV. Polytechnische Stützpunkte

»Die in Vorschlag gekommenen Gehälter konnten von der Werkleitung nicht bestätigt werden … Durch die Werkleitung wurden … folgende Gehälter festgelegt:
…, … – Stützpunktleiter – DM 900,00…
…, … – Instrukteur – DM 640,00 …
…, … – Instrukteur – DM 640,00 …
…, … – Stützpunktleiter – DM 800,00 …
…, … – Instrukteur – DM 640,00 …
Über die Zurverfügungstellung von Arbeitsraum … konnte keine … Entscheidung … erfolgen …«[625]

618–620. LHASA, MER, VEB Waggonbau Ammendorf, Nr. 55802.

621–625. LHASA, MER, VEB Waggonbau Ammendorf, Nr. 55802.

1960

Protokoll – zusammengefasst: über die Werkleitungsbesprechungen am 5. Oktober 1960, am 14. Oktober 1960, am 19. Oktober 1960
I. Maßnahmekontrolle
II. Planerfüllung
III. Rekonstruktionsplan
IV. Winterfestmachung
V. Finanzpolitische Gesetze
VI. NVA-Werbung
VII. Besuch Vizepräsident MPS

I. Maßnahmekontrolle
Hier wurden eine ganze Reihe Maßnahmen aus verschiedenen früheren Protokollen behandelt. Interessant ist Mahagoni.

»Da die Sicherstellung des M a h a g o n i zu dem vorgesehenen Fertigungstermin der 1.-Klasse-Wagen nicht gegeben ist, wird folgendes festgelegt: … Der Bau der 1.-Klasse-Wagen wird von Januar/Februar 1961 auf März/April verschoben …K wird sofort dem DIA in einem offiziellen Schreiben diesen Entscheid der Verschiebung der 1.-Klasse-Wagen-Lieferung mitteilen mit der Begründung, daß durch die Maßnahmen der westdeutschen Stellen in Verbindung mit der Kündigung des Interzonenabkommens die Mahagoni-Lieferungen nicht terminlich gesichert sind … T wird innerhalb 8 Tagen Vorschläge unterbreiten, in welchem Ausmaß der Mahagonibedarf durch Einsatz anderer Hölzer verringert oder sogar ganz ersetzt werden kann … In der Terminierung … ist die Disposition so zu treffen, daß ein ausstellungswürdiger Wagen mindestens Ende Februar 1961 fertiggestellt ist, um auf der Leipziger Messe als Exponat geschickt werden zu können.«[626]

II. Planerfüllung: Viele Rückstände!
»Entsprechend der durch die Leitung des Werkes eingeleiteten Maßnahmen muß der Monat Oktober die entscheidende Wende herbeiführen und die Voraussetzungen zur Aufholung der Rückstände zum 31. 12. 1960 vorbereiten.«[627]

626–627. LHASA, MER, VEB Waggonbau Ammendorf, Nr. 55802.

III. Rekonstruktionsplan
»Für die Berichterstattung war eine Vorlage … eingereicht, die allgemein folgende Rekonstruktions-Objekte einschätzte: Friedenshalle; Schiebebühne mit Gleisbau; Eisenplatz; 2. Bockkran; technologische Veränderung PF 5; Abgangsgleis Friedenshalle; Zentraleingang. Die Vorlage wurde als zu wenig aussagekräftig kritisiert. Die Behandlung der Aufgabe, den Entwurf … durchzusprechen, konnte nicht in Angriff genommen werden, da hierfür keine Vorarbeiten seitens Ti geleistet worden waren.«[628]

IV. Winterfestmachung
»Die Einschätzung der Winterfestmachung zeigt, daß die Maßnahmen entsprechend der Terminstellung zu 80% erfüllt waren und die Aufgabe gestellt ist, bis zum 31. 10. 60 sämtliche Aufgaben abzuschließen.«[629]

V. Finanzpolitische Gesetze
»Es muß kritisch festgestellt werden, daß die in anderen Werken bereits erfolgte Erläuterung der wichtigsten finanzpolitischen Gesetze, die in diesem Jahr erschienen sind, bei uns noch nicht durchgeführt ist. Wir haben hier ein Versäumnis nachzuholen … «[630]

VI. NVA-Werbung
»Kollege … informierte …, daß am gleichen Tage 13 Uhr durch den Bezirksbürgermeister Süd … die Vereinbarungen über das Werbe-SOLL 1960/61 an die Betriebe … ausgehändigt werden. Danach haben wir 60 Jugendliche für die NVA zu werben und 25 Kollegen für die inneren Streitkräfte. Obwohl dieses SOLL außerordentlich hoch im Verhältnis zu dem noch vorhandenen Reservoir … ist, wurde übereinstimmend die Meinung geäußert, daß das Werk unter Einsatz aller Kräfte um die Erfüllung dieser politisch wichtigen Aufgabe kämpfen muß«[631]

628–631. LHASA, MER, VEB Waggonbau Ammendorf, Nr. 55802.

1960

VII. Besuch Vizepräsident MPS

»Am 17. 10. 60 besuchte uns der Genosse Melnikow mit Vertretern der Handelspolitischen Abteilung der Botschaft Berlin und dem Bezirks-Ingenieur … An der Besprechung nahm seitens der VVB … (Hauptdirektor, d. A.) teil. Es wurden in der mehrstündigen Beratung folgende Probleme behandelt …«[632]

1.-Klasse-Wagen

»Die Veränderung der Auslieferungstermine der 1.-Klasse-Wagen wegen fehlenden Mahagonilieferungen ist seitens K sofort über den DIA an Maschinoimport zu leiten …«[633]

Leichtbauwagen
Panne ausgerechnet bei den neuen Leichtbauwagen …

»Es wird energisch kritisiert, daß durch TK ohne vorherige Zustimmung der Werkleitung mit dem Institut für Schienenfahrzeuge vereinbart worden ist, den zur Prüfung im Institut befindlichen 4. Leichtbauwagen über die Stufen 1–4 für eine weitere Erprobung der Stufen 5–6 im Institut zu belassen, so daß damit die Tatsache geschaffen ist, daß dieser Wagen in diesem Jahr nicht mehr zur Auslieferung gelangen kann. Wir halten unsere Verpflichtung gegenüber der SU in diesem Punkte nicht ein.«[634]

Was tun?
Die Wagen bleiben in der DDR …
Die Sowjets kriegen einen Normalwagen.

»Nachdem die Entscheidung in dieser Richtung gelaufen ist, bleibt der Leichtbauwagen bis zur Enderprobung im Institut für Schienenfahrzeuge. Zur Planerfüllung wird ein Normalwagen 1961 vorgezogen.«[635]

Nur 50 Wagen 1961

»Es steht fest, daß von uns durch nicht genügende Konsequenz in unserer eigenen Arbeit alle 3 wichtigen Zusagemomente für die Erprobung der Leichtbauwagen gegenüber der SU nicht eingehalten worden sind und zwar handelt es sich um:
a) Die Auslieferung des 1. Wagens, der um 4 Wochen selbstverschuldet zu spät erfolgt ist;
b) Die statischen Berechnungen sind nicht, wie protokollarisch versprochen, am 1. 10. 60 nach Moskau gegangen;
c) Die Prüfergebnisse werden wahrscheinlich im Dezember und nicht am 1. 10. 60 zur Verfügung gestellt werden.
Genosse Melnikow wurde in Kenntnis gesetzt, daß … der Beginn der Fertigung im Jahre 1961 ins IV. Quartal verschoben werden muß und deshalb nur noch 50 Wagen zur Auslieferung gelangen können.«[636]

Was sagt der Vizepräsident?
Er bleibt erstaunlich gelassen …

»Genosse Melnikow war auf Grund der Umstände mit dieser Regelung einverstanden …«[637]

Was tun?
Sofort Stellungnahme an den DIA …

»K wird beauftragt, diese neue Lage zur vertragsrechtichen Regulierung im EA dem DIA eine schriftliche Stellungnahme zuzuleiten …«[638]

Klimawagen auf Eis

»Da die Frage des Angebotes mit Klimaanlagen vollkommen ungeklärt ist und in den letzten Wochen völlig widersprechende Anweisungen, Mitteilungen in alle Richtungen gegangen sind, wird K beauftragt bis spätestens 1. 11. 60 von der VVB eine schriftliche Stellungnahme zu verlangen, ob Klimaanlagen im erprobten Zustand zur Verfügung stehen oder nicht – wenn nicht, daß die VVB die Verantwortung trägt … Wenn diese schriftliche Stellungnahme vorliegt, kann je nach dem Inhalt entschieden werden …«[639]

632–635. LHASA, MER, VEB Waggonbau Ammendorf, Nr. 55802.

636–639. LHASA, MER, VEB Waggonbau Ammendorf, Nr. 55802.

Protokoll über die Werkleitungsbesprechungen am 2. 11. 60 und 9. 11. 1960 sowie über die Auswertung der Tagung des Technisch-Ökonomischen Rates und der Werkleiter des Industriezweiges am 15. 11. 1960

I. Maßnahmekontrolle
II. Planerfüllung
III. Stellenplan 1961
IV. Plan territorialer Abgrenzung
V. Krankenstand
VI. TÖR- und Werkleitertagung

I. Maßnahmekontrolle
Hier wurde auf mehreren Seiten Bezug auf zahlreiche Maßnahmen im Jahre 1960 genommen.

II. Planerfüllung
Endlich Licht am Ende des Tunnels!

»Die herausragendsten Merkmale der erreichten Ergebnisse Ende Oktober 1960 für unser Werk sind, daß wir auch in dem vergangenen Monat seit dem Einbruch im Juli/August d. J. weiter aufholen konnten, d. h., es gelang uns, in der Hauptproduktion 6 Weitstreckenpersonenwagen aufzuholen. Unter Aufbietung aller Kräfte und Überwindung unsäglicher Schwierigkeiten war es uns gelungen, die tägliche Produktion von 4,5 Satz Drehgestellen zu halten und damit die Sicherung für die Planaufholung im Waggonbau Görlitz und in unserem Werk zu ermöglichen.
Es wurden im Monat Oktober insgesamt 16 Satz Rückstand aufgeholt, so daß der Rückstand jetzt nur noch 14 Satz beträgt. Der Rückstand in der Brutto-Produktion ist von 5,8 Millionen auf 4,2 Millionen DM effektiv gesunken. In der Hauptproduktion Reisezugwagen haben wir zum 31. 10. 1960 noch einen Rückstand gegenüber dem Staatsplan von insgesamt 18 Wagen, davon:
6 Weitstreckenwagen, Normalausführung
3 Leichtbauwagen
9 Klimawagen.«[640]

640. LHASA, MER, VEB Waggonbau Ammendorf, Nr. 55802.

III. Stellenplan
Assistent des Werkleiters fehlt

»Im Ergebnis der mehrstündigen Aussprache in der Werkleitung wurden nach Direktionsbereichen folgende Festlegungen getroffen:
Direktionsbereich L
Vorgabe: 37 Planstellen für technisches Personal, Wirtschaftler und Verwaltungspersonal, Hilfs- und Betreuungspersonal und Betriebsschutz.
Die Vorgabe wird in der gleichen Höhe für den Plan 1961 eingehalten. Die in der Vorlage aufgezeigten offenen Stellen:
1 Assistent des Werkleiters;
1 Kaderinstrukteur;
1 Wirtschaftler für Betriebsorganisation werden zum 1. 1. 1961 spätestens wieder besetzt.«[641]

Direktionsbereich A
Antrag auf mehr Stellen abgelehnt!

»Vorgabe: 59 Planstellen für alle Beschäftigtenarten. Im Rücklauf des Stellenplanvorschlages für 1961 fordert A 61 Planstellen. Die Erhöhung um 2 Planstellen gegenüber der Vorgabe wird im technischen Personal gefordert. Der Erhöhung wird nicht stattgegeben. M 2 Die Zahl von 59 Planstellen für alle Beschäftigtenarten im A-Bereich gilt als Planvorlage 1961 und ist einzuhalten.«[642]

Ausgliederung der Schuster: ja
Ausgliederung der Schneider: nein
Im Zuge der Neu-Strukturierung betrieb man auch in der DDR das Outsourcing. In diesem Falle betraf es die Schuster- und Schneiderleistungen, die auf Produktionsgenossenschaften übertragen werden sollten:

»Die Werkleitung nimmt zur Kenntnis, daß die Ausgliederung der Schneider in unserem Werk in eine Produktionsgenossenschaft nicht möglich sein wird, da laut A die Übernahme durch eine PGH auf Schwierigkeiten gestoßen ist.
Die Ausgliederung der Schuster geht in Ordnung.«[643]

641–643. LHASA, MER, VEB Waggonbau Ammendorf, Nr. 55802.

Direktionsbereich B

»Es wurden 96 Planstellen für alle Beschäftigtenarten dem Hauptbuchhalterbereich vorgegeben … Zusätzliche Forderungen stehen nicht zur Diskussion.«[644]

Direktionsbereich T

Hier gab es Probleme, weil mehr Planstellen gefordert worden waren:

»Die Vorgabe an Planstellen aller Beschäftigtenarten im T-Bereich beträgt 317 Planstellen. Die Forderungen im Rücklauf der Stellenplanausarbeitung für 1961 von T beläuft sich auf 331 Planstellen. Dieser Forderung wird in dieser Höhe nicht stattgegeben - siehe dazu nachfolgende Festlegungen.«[645]

Kein zweiter Patentingenieur

»Der Forderung des Einsatzes eines 2. Patent-Ingenieurs wird vorläufig nicht zugestimmt. LO hat dazu bis spätestens 1. 12. eine eingehende Untersuchung über die Notwendigkeit des Einsatzes vorzunehmen und dazu L einen schriftlichen Bericht abzugeben. Der Bericht ist von T und dem Leiter des BfE, Kollegen Roßdorf, gegenzuzeichnen.«[646]

Rekonstruktions-Ingenieur: ja

»Die Stelle des Rekonstruktions-Ingenieurs … ist vorbehaltlich einer anderen Regelung im Jahre 1961 in den Plan aufzunehmen.«[647]

Elektro-thermischer Ingenieur: ja, aber …

»Die Forderung eines elektro-thermischen Ingenieurs (Klimaanlage) ist berechtigt und für die Perspektive des Werkes sogar unbedingt notwendig. Der Einrichtung einer neuen Planstelle wird aber nicht zugestimmt. Ein entsprechender Kader ist aus dem eigenen Stab der Ingenieure zu entwickeln.«[648]

2 neue Elektrokontrolleure: nein, aber …

»Der Beantragung von 2 Planstellen von Elektrokontrolleuren wird nicht zugestimmt. Der Tendenz, den Gütekontrolleur-Stamm zu erhöhen, kann auf keinen Fall stattgegeben werden. Die Notwendigkeit, insbesondere mit der Klimawagenfertigung 2 Elektro-Kontrolleure zu entwickeln, ist unbestritten. Diese Kollegen müssen aber aus dem eigenen Kontrolleur-Stamm entwickelt werden. Die Bezahlung nach T 4 wird von L genehmigt.«[649]

Standardisierungs-Ingenieur: ja

»Der Beantragung einer Planstelle für einen weiteren Standardisierungs-Ingenieur wird im Hinblick auf die umfangreichen Aufgaben, die von der Standardisierungsabteilung in den nächsten Jahren zu leisten sind, stattgegeben.
Der Einstufung J II wird zugestimmt.
Der weiteren Beantragung von 2 Planstellen für 1 Sachbearbeiter und 1 Technische Zeichnerin für die Abteilung Standardisierung wird abgelehnt. Der gegenwärtige Mitarbeiterstamm von 6 Kräften muß durch einen guten Arbeitsstil auf das produktivste angesetzt werden, da eine weitere Erhöhung der Planstellen einfach nicht verantwortet werden kann.«[650]

Sachbearbeiter TV: ja

»Die Planstelle des Sachbearbeiters für TV muß im Jahre 1961 in den Plan aufgenommen werden – insofern Kollege …
im Falle der Nichtbeschaffung von Dolmetschern für einen weiteren Zeitraum nicht im Dolmetscherbüro gebraucht wird. Dazu muß noch eine ausführliche Aussprache zwischen T und K erfolgen, die in der Werkleitersitzung nicht zu Ende geführt werden konnte.«[651]

Kein neuer Meister im Vorrichtungsbau

»Die beantragte Planstelle für einen Meister TVV wird abgelehnt. Die gegenwärtige Besetzung mit 2 Meistern … und als Hauptverantwortlicher für den Vorrichtungsbau Kollege …, reicht für die Leitung und Lenkung des Vorrichtungsbaues gegenwärtig absolut aus.«[652]

644–648. LHASA, MER, VEB Waggonbau Ammendorf, Nr. 55802.

649–652. LHASA, MER, VEB Waggonbau Ammendorf, Nr. 55802.

Jungingenieur wird eingestellt ...

»Der Planstellen-Beantragung für einen Jung-Ingenieur in der Abteilung TA wird zugestimmt, da dieser Kollege seine Assistentenzeit beendet und eine ordentliche Planstelle erhalten muß.«[653]

Schweißingenieur ebenso ...

»Der Planstelle eines Schweiß-Ingenieurs wird zugestimmt, da dieser Kollege ebenfalls die Assistentenzeit beendet und eine ordentliche Planstelle erhalten muss.«[654]

Umsetzung abgelehnt

»Der Umsetzung des Kollegen … vom Produktionshilfsarbeiter auf eine Meisterstelle wird nicht stattgegeben, da es dazu keine zwingenden Gründe gibt.«[655]

Schweißer immer willkommen ...

»Die beantragten 3 Planstellen für Schweißmeister mit einem Gehalt von 700 DM … werden genehmigt. Ferner wird die Einrichtung von 2 Planstellen à 620 DM … genehmigt. Die Planung des schweißtechnischen Personals ist mit der Arbeiterversorgung vorzunehmen.«[656]

Produktionshilfsarbeiter: nein und ja

»Die beantragte Erhöhung für TAz = 2 Kollegen wird nicht genehmigt.
Die Erhöhung der Gütekontrolleure mit 6 Kollegen wird nicht genehmigt. Dem begründeten Antrag von TAR 1 und 2 und TAb und TAj wird in Höhe von insgesamt 8 Kollegen Rechnung getragen. LZ wird von L angewiesen, diese Erhöhung vorzunehmen. LZ erhält ferner die Anweisung, über 10 Stellen in Verbindung mit den Sonderaufgaben Rekonstruktion«[657]

Direktionsbereich P: alles genehmigt ...

»Die Vorgabe beträgt 148 Planstellen. Im Rücklauf beantragt P 151, d. h. 3 Planstellen mehr. Die Erhöhung ergibt sich durch folgende Anträge: 1 Transport-Ingenieur … 1 Sachbearbeiter Kooperation … 1 Produktionsvorbereiter. Diese Anträge werden genehmigt.«[658]

Produktions-Statistiker: ja

»Außerdem werden die 2 Planstellen, die unbedingt für die Verbesserung der Leitung und Lenkung erforderlich sind, für 2 Produktions-Statistiker … genehmigt.«[659]

Sogar Kürzungen kommen vor ...

»Die von P selbst vorgeschlagene Kürzung von 4 Stellen im Kooperationslager ist vorzunehmen.«[660]

Kaffee-Küche wird geschlossen ...

»Die Kräfte, die die Kaffeeküche im PF 3 bisher unterhalten haben, sind aus dem P-Bereich herauszunehmen. Im erforderlichen Ausmaß sind diese Kräfte von KV in die Küche zu übernehmen und ab 1961 ist die Kaffeeküche besonders wegen hygienischer Gründe nach Absprache mit der AGL und BGL zu entfernen.
Die Einstellung bzw. Beseitigung der Kaffeeküche kann aber nur dann erfolgen, wenn die Versorgung durch die Zentralküche mittels Thermosbehälter in ausreichendem Maße abgesichert ist.«[661]

Einstufung der Rangiermeister genehmigt

»Die Einstufung der Rangiermeister mit M 2 = 620 DM …, wird nach Auswertung eines Betriebsvergleichs innerhalb unseres Industriezweiges zugestimmt.«[662]

Ps Forderungen abgelehnt ...

»Von P wird folgende Erhöhung der Produktionshilfsarbeiter gefordert:
PF 1 = 15 Kräfte
PF 2 = 2 Kräfte
PF 3 = 5 Kräfte
PF 4 = 2 Kräfte
24 Kräfte
Dieser Erhöhung wird nicht zugestimmt, insbesondere der Erhöhung in PF 1.
Die Planung hat die Erhöhung noch einmal exakt hinsichtlich ihrer Notwendigkeit zu überprüfen …«[663]

653–657. LHASA, MER, VEB Waggonbau Ammendorf, Nr. 55802.

658–663. LHASA, MER, VEB Waggonbau Ammendorf, Nr. 55802.

Direktionsbereich K: anerkannt

»Dem K-Bereich sind insgesamt 403 Planstellen vorgegeben worden … Die Forderung von K geht über die Vorgabe hinaus und zwar um 1 Sachbearbeiter KM 1, 1 Sachbearbeiter KM 2 und 2 Sachbearbeiter KM 3. M 7: Die Erhöhung wurde nach ausführlicher Diskussion hinreichend begründet und auch anerkannt. Es handelt sich um die Verstärkung der metallurgischen Abteilung, eines Sachbearbeiters für Holzbeschaffung …, Verstärkung für KM 3 - Elektroversorgung. Der Sachbearbeiter für Messen und Werbung kann nicht genehmigt werden. Die Mehranforderung von 2 zusätzlichen Kräften - Arbeiterversorgung - in Verbindung mit der Übernahme der Gärtnerei kann nicht genehmigt werden.«[664]

Direktionsbereich Lehrkombinat

Hier gab es naturgemäß keine Probleme, da es sich nicht um einen Produktionsbereich handelte. Allerdings war das Lehrkombinat mit 68 Stellen auch gut besetzt, wenn man es in Vergleich mit einem heutigen Gymnasium von 1.000 Schülern sieht, das etwa 40 Kollegen hat:

»Die Vorgabe lautet 68 Planstellen; der Rücklauf dieses Bereiches beträgt ebenfalls 68 Planstellen, so daß hier keine Probleme bestehen«[665]

Gehaltserhöhungen traditionell umgesetzt

»Offen geblieben ist in der Aussprache über den Stellenplan 1961 das konkret vorgegebene Volumen für Gehaltserhöhungen nach einzelnen Direktionsbereichen. Es wird an das bewährte Beispiel des Vorjahres angeschlossen und LZ beauftragt, bis zum 25. 11. 60 L einen schriftlichen Vorschlag über das gesamte Erhöhungsvolumen 1961 - aufgeschlüsselt auf die einzelnen Bereiche - zur Diskussion und Bestätigung mitzuteilen.«[666]

Territoriale Abgrenzung notwendig …

Eine interessante Lösung für die Tragik der Allmende war die sogenannte territoriale Abgrenzung. Ordnung, Sauberkeit und Sicherheit ließen zu wünschen übrig, weil sich niemand verantwortlich fühlte - die Tragik der Allmende eben. Die territoriale Abgrenzung sollte Abhilfe schaffen:

»Ziel der Aussprache und der Anweisung des Werkleiters nach diesem Plan zu arbeiten ist, eine bisher offene Lücke zu schließen, die darin bestand, daß sich niemand für Produktionsflächen, Transportstraßen und übrige Flächen verantwortlich fühlte. Zu einem sozialistischen Betrieb gehört auch, daß wir uns auch neben der übrigen, wichtigen Aufgaben darum kümmern, daß das Aussehen, d. h. die Ordnung, Sicherheit und Sauberkeit einem sozialistischen Betrieb entspricht. Der Leiter … erläuterte … die territoriale Abgrenzung und die Aufgaben für die einzelnen … Wirtschaftsfunktionäre, die klar abgegrenzt sind, d. h., daß ab sofort jeder weiß, für welches Gebiet innerhalb des Werkes wer verantwortlich ist.«[667]

Tragik der Allmende soll in der Bahn frei veröffentlicht werden …

»LO wird beauftragt, die Werkleitungsvorlage in noch ausführlicherer Form zu einem redaktionellen Artikel zu verarbeiten und diesen nach vorheriger Bestätigung durch den Werkleiter in der ‚Bahn frei!' am 1. 12. 1960 zu veröffentlichen. In diesem Artikel muß besonders die Verantwortlichkeit der Wirtschaftsfunktionäre und das Sich-Mit-Verantwortlich-Fühlen von jedem einzelnen Werktätigen besonders hervorgehoben werden.«[668]

V. Krankenstand

»Bei Beratungen, zu der unser Chefarzt und anderes ärztliches Personal, sowie andere leitende Genossen und Kollegen der Gewerkschaft anwesend sind, müssen in der Regel die betreffenden Fachdirektoren zugegen sein, im Verhinderungsfalle mindestens jedoch die Stellvertreter.«[669]

664–666. LHASA, MER, VEB Waggonbau Ammendorf, Nr. 55802.

667–669. LHASA, MER, VEB Waggonbau Ammendorf, Nr. 55802.

VI. TÖR- und Werkleitertagung
(TÖR = Technisch-Ökonomischer Rat VVB)

»Zu Beginn der Besprechung unterrichtete der Werkleiter über die Planerfüllung der Betriebe im VVB-Maßstab und über die Erfüllung der VVB insgesamt.
L brachte zum Ausdruck, daß er für unser Werk in der Vorschau zum 31. 12. 60 in der Besprechung in Berlin erklärt hat, daß trotz aller Schwierigkeiten, die sich vor allem auf dem Gebiete der Klimawagenfertigung und der Leichtbaufertigung wegen völlig ungenügender Zulieferung durch FAGA, Berlin, ergeben und der anderen – dem Werkleitungskollektiv bekannten Schwierigkeiten – Ammendorf alle Kräfte anstrengen wird, den Plan der Warenproduktion und den Plan der Bruttoproduktion bis zum 31. 12. 1960 zu erfüllen … «[670]

Konstrukteure freistellen für U-Bahn
Innerhalb der VVB Schienenfahrzeugbau wurden mitunter für größere Projekte Konstrukteure von verschiedenen Betrieben der VVB zusammengezogen:

»Die Anweisung des Hauptdirektors … über die Freistellung der Konstrukteure für die Konstruktion der U-Bahnwagen ist unbedingt durchzuführen. … T wird beauftragt, unter Bezugnahme auf diese eindeutige Festlegung L bis zum 25. 1. 60 zu berichten, aus welchen Betrieben, wieviel Konstrukteure nunmehr endgültig eingetroffen sind.«[671]

Prämien für Klimazug-Lieferung
1.000 DM für jede Woche früher!

»Zur Information aller Direktionsmitglieder werden aus dem Protokoll folgende wichtige Ausschnitte für unser Werk wörtlich zur Kenntnis gegeben:«[672]

Es geht um die Klimazüge, die eine Marktnische der DDR auf dem Weltmarkt für Schienenfahrzeuge darstellten:

»Die Fertigstellung des ersten Weitstreckenwagens mit der neuen Klimaanlage ist von der Arbeitsgruppe ‚Klimaanlagen' mit dem 5. 6. 1961 terminisiert. Vom VEB Waggonbau Ammendorf ist mit allen Beteiligten ein Vorschlag auszuarbeiten und vorzulegen, wie der erste Wagen vorfristig fertiggestellt werden kann. Für die Einhaltung der Auslieferung des ersten Wagens bis zum 5. 6. 1961 wird eine Zielprämie in Höhe von 5.000 DM vom DIA Transportmaschinen zur Verfügung gestellt. Für jede Woche einer früheren Fertigstellung werden weitere 1.000 DM maximal 5.000 DM aus dem Fonds der VVB gezahlt. Auf dieser Grundlage ist vom VEB Waggonbau Ammendorf ein Prämienvertrag auszuarbeiten.«[673]

Hauptverwaltung gibt Klimazüge frei …

»Die VVB Schienenfahrzeuge gibt hiermit ab sofort eine vorläufige Fertigungsfreigabe für 50 Klimaanlagen an den VEB Waggonbau Görlitz zur Lieferung an die SU im 2. Halbjahr 1962 bekannt. Ferner für den Vorlauf 1963 eine Fertigungsfreigabe über 15 Klimaanlagen an den VEB Waggonbau Ammendorf und 10 Klimaanlagen an VEB Waggonbau Görlitz.«[674]

Kritik an der Werkleitung Ammendorf
Kritik wurde aus dem Schreiben des Hauptdirektors vorgelesen:

»Gemäß der Weisung des Hauptdirektors auf Seite 7 seines Schreibens vom 2. 11. 60 ist dieses Schreiben in der Werkleitungsbesprechung zur Vorlesung gelangt und ausgewertet worden. Die vom Hauptdirektor zum Schluß seines Schreibens verlangte selbstkritische (aber nach unserem Dafürhalten auch erforderliche kritische) Einschätzung der Arbeit unseres Werkleitungskollektivs ist erfolgt. Von einer Wiedergabe der Auswertung im Detail und einem Maßnahmeplan mit protokollarischer Festlegung wird Abstand genommen, da in unserem Antwortschreiben an den Hauptdirektor Genossen … die Werkleitung auf insgesamt 20 Seiten zu den einzelnen Details und Problemen Stellung genommen hat.«[675]

670–672. LHASA, MER, VEB Waggonbau Ammendorf, Nr. 55802.

673–675. LHASA, MER, VEB Waggonbau Ammendorf, Nr. 55802.

Protokoll über die Besprechung der Werkleitung am 7. Dezember 1960
I. Maßnahmekontrolle
II. Finanzplan 1960
III. BfE – Büro für Erfindungen

Zusätzliche Beratungspunkte

»Entsprechend der Weisung des Werkdirektors … in der Kampfstabbesprechung hatten die verantwortlichen Funktionäre der Produktionsdirektion und der Fertigungsbereichsleitung 4 sowie der Sonderbeauftragte für das Leichtbauwagen-Programm … über folgende … berichtet:
a) Klimawagen-Produktion …
b) Ausstoß des 3. Leichtbauwagens …
Eine Sonderberatung machte sich erforderlich, weil eindeutig abzusehen war, daß der Operative Fristenplan für den Monat Dezember in diesen beiden Objekten durch die eingetretenen Rückstände überholt war …«[676]

Was tun?

»Hauptgefahrenpunkt in der Fertigstellung der Klimawagen-Produktion ist das fehlende 30. Klimagerät …
K wird persönlich dafür verantwortlich gemacht, daß das Klimagerät bis spätestens 12. 12. 60 zur Verfügung steht …
Für die Terminstellung 15. 12. 60 des Leichtbauwagens wurde von L eine Zielprämie von DM 250,00 festgelegt …«[677]

Bremstraversen aus Babelsberg

»Da die ungenügende Erfüllung der Lieferverpflichtungen seitens Babelsberg die weitere Aufrechterhaltung des Drehgestell-Programms für Schlafwagen/Görlitz auf das höchste gefährdet, wurde auf Anweisung im Kampfstab die Besprechung in Babelsberg festgelegt.
Beide Kollegen berichteten über das erreichte Ergebnis.«[678]

Was war das Ergebnis?

»Extrakt der Berichterstattung war, daß keine andere Möglichkeit mehr bestand – wenn nicht das Programm für Görlitz völlig zusammenbrechen soll – zu entscheiden, daß wir die Stoß- und Hobelarbeiten selbst übernehmen müssen.
Bei der Überlastung unserer vorbereitenden Werkstätten kann dieses Ergebnis auf keinen Fall befriedigen. Mit Babelsberg ist über die volle Arbeitsoperation ein eindeutiger Vertrag abgeschlossen. Es wurde von L kritisiert, daß es P in den vorangegangenen Wochen nicht fertiggebracht hat, trotz eines seit vielen Wochen in Babelsberg befindlichen Beauftragten der Produktionsleitung, unsere vertraglichen Leistungen im vollen Umfang durchzusetzen. Die Babelsberg von L zugesagte Prämienhöhe von DM 3.000,00 für gute sozialistische Unterstützung in der Sicherung unseres Drehgestell-Programms kann auf keinen Fall verantwortet werden, wenn Babelsberg einfach Leistungen nicht durchführt …«[679]

I. Maßnahmekontrolle

21 Maßnahmen wurden besprochen.

II. Finanzplan 1960

»Wenn der der VVB zugegangene schriftliche Antrag auf Fortschreibung auf Grund der sachlich eindeutigen Feststellung genehmigt wird, muß trotzdem zum Jahresende mit einer Untererfüllung des Gewinnes in Höhe von circa 375 TDM gerechnet werden. Die von B vorgeschlagenen Maßnahmen zu Überbrückung dieses Betrages in Anlehnung an Gesetzblatt I/32/59 werden gebilligt. Die in dieser Richtung mit der VVB, … und der Deutschen Notenbank … geführten Verhandlungen durch B werden als in Ordnung befunden …«[680]

III. BfE – Büro für Erfindungen

»Die in der Tagesordnung weiter vorgesehene Berichterstattung zur Arbeit des BfE wurde infolge Erkrankung des Leiters des BfE Kollegen … abgesetzt.«[681]

676–678. LHASA, MER, VEB Waggonbau Ammendorf, Nr. 55802.

679–681. LHASA, MER, VEB Waggonbau Ammendorf, Nr. 55802.

Einführende Zusammenfassung 1961

1961 war ein Jahr grundlegender Neu-Ausrichtung. Deren Notwendigkeit kam nicht nur von den übergeordneten Organen der Wirtschaftslenkung. Auch die Sowjetunion verlangte bessere Produkte und mehr Zuverlässigkeit. Monat für Monat gab es Veränderungen. Es begann im Januar mit einem »neuen Gewand« für die Bahn frei, weg von politischer Agitation im Titel und hin zum luftigen Layout-Stil der Magazine. (Abb. 113).[682]

Abb. 113: Ab heute im neuen Gewand, Bahn frei, Ammendorf 1961.

682. Bahn frei, 12. Jahrgang Nr. 1, Ammendorf 1961.

Protokoll über die Sonderberatung der Werkleitung am 30. 1. 1961 und die Werkleitungsbesprechung am 1. 2. 1961
I. a) Werkleiterkonsultation
b) Sowjetische Expertenkommission
II. Maßnahmekontrolle
III. Produktionslage
IV. Kultur- und Sozialfonds
V. Reko-Plan 1961
Sonderberatung: Prämien für die Leitung

I. a) Werkleiterkonsultation

» Auf der Tagesordnung standen folgende Punkte:

1.) Vorstellung des Genossen Lindemann als neuer Hauptdirektor der VVB Schienenfahrzeuge;

2.) Beratung über die künftige Zusammenarbeit zwischen der VVB Schienenfahrzeuge und den Betrieben des Industriezweiges;

3.) Auswertung des 11. Plenums des ZK der SED …«[683]

I. b) Sowjetische Expertenkommission
Sowjetische Experten sagen JA …

»Herausragendstes Ergebnis der Verhandlung war, daß die sowjetische Experten-Delegation den von uns entwickelten 46 t Wagen für die Serienfertigung freigegeben hat. Die über 80.000 Laufkilometer, die der Probewagen hinter sich hat, ließen erkennen, daß der Wagen allen Fahransprüchen genügt. Kleinere Mängel, die aufgetreten sind, sind völlig unerheblich und können durch das Werk sofort beseitigt werden. Der Versuchswagen, 46 t Nr. 3031 kann durch Werkspezialisten in Anwesenheit des Genossen …, sowjetischer Abnahme-Ingenieur, noch einmal selbst begutachtet werden, was an der bereits getroffenen Entscheidung der sowjetischen Expertendelegation nichts mehr ändert.«[684]

41-t-Wagen

Auch für den neuen 41-t-Wagen wurde die Zustimmung der SU erreicht.

683–684. LHASA, MER, VEB Waggonbau Ammendorf, Nr. 52766.

Keine Klärung bei Kühlwagen-Erprobung

»Keine Klärung konnte in den Verhandlungen erzielt werden über:

a) den Abschluß eines Erprobungsvertrages für den Musterwagen 24.000 kcal-Anlage und

b) über eine Entscheidung bzw. Klärung der gegenwärtig bestehenden Liefersituation wegen der aufgetretenen Mängel an den Kardanantrieben.«[685]

II. Maßnahmekontrolle

Hier wurden zahlreiche Einzelmaßnahmen behandelt.

III. Produktionslage

In der Schmiede gab es folgende Ausfälle:

»8-t-Hammer	*17 Schichten*
6-t-Hammer	*20 Schichten*
1000-t-Presse	*19 Schichten*
Lufthammer 57 kg	*18 Schichten*
übrige Lufthämmer	*32 Schichten*
Kurbelpresse	*11 Schichten*
Spindelpresse	*11 Schichten*
Spriegelfertigung	*10 Wagen.«*[686]

Wie aufholen?

»Trotzdem unsere Schmiedearbeiter im vergangenen Jahr fast ausnahmslos 30 Sonntage gearbeitet haben, besteht an bestimmten Maschinen keine andere Möglichkeit als in Sonderschichten am Wochenende diese Kapazitätsverluste wieder aufzuholen.«[687]

IV. Kultur- und Sozialfonds

1,7% plus Prämien für Kultur und Soziales:

»Entsprechend der von der Abteilung Planung laut Produktionsplan angegebenen … Lohnsumme für 1961 in Höhe von TDM 28.100,00 ist eine … Zuführung bei 1,7% in Höhe von TDM 477,7 möglich. Der Prozentsatz von 1,7 ist … von der VVB zu beantragen … Außerdem werden vom Prämienfonds TDM 100,00 dem Kultur- und Sozialfonds zur Verfügung gestellt, so daß insgesamt TDM 577,7 verausgabt werden können.«[688]

685–688. LHASA, MER, VEB Waggonbau Ammendorf, Nr. 52766.

Detail-Ausgaben für Kultur und Soziales

Wofür wurde diese etwas über eine halbe Million Mark ausgegeben?

»Klubhaus (Kulturelle Veranstaltungen, Kulturgruppen, Zirkel und Vortragswesen, Schalmeienkapelle, Amateurfilmstudio und Modelleisenbahn) 50.000 DM
Werkbücherei 4.000 DM
Werkfunk 8.000 DM
Jugendweihe 3.000 DM
Kindergarten 19.000 DM
Kinderkrippe 7.000 DM
Kinderhort 1.500 DM
Kinderweihnachtsfeier 30.000 DM
Tag des Kindes 2.000 DM
Kinderferienlager 42.000 DM
Kinderwinterferienlager 5.000 DM
Werkküche 50.000 DM
Besondere Unterstützung 5.000 DM
SV-Unterstützungen 6.000 DM
Hochzeiten 10.000 DM
Namensgebung 6.000 DM
Zuschüsse an Studierende und Büchergeld 2.000 DM
Weihnachtsfeier für Rentner 7.000 DM
Essen für Veteranen 4.500 DM
BPO (Betriebsparteiorganisation der SED, d. A.) 11.000 DM
FDJ (ohne Auslandsreisen) 13.000 DM
GST (Gesellschaft für Sport und Technik, d. A.) 8.000 DM
ADMV (Allgemeiner Deutscher Motorsport Verband, d. A.) 1.000 DM
BSG (Betriebs-Sport-Gruppe, d. A.) 20.000 DM
DSF (Deutsch-Sowjetische-Freundschaft, d. A.) 2.000 DM
Frauenausschuß 2.000 DM
Friedensrat 250 DM
DRK 1.000 DM
Betreuung von Armee- und VP-Angehörigen 5.000 DM
Studiengebühren 11.000 DM
Unterhaltung Ferienlager Kipsdorf 15.000 DM
Fahrzeugeinsätze 7.000 DM
Patenverträge 1.000 DM
Technisches Kabinett 3.000 DM
Realisierung von Verbesserungsvorschlägen 12.000 DM
Anschaffung Kinderferienlager Kipsdorf 5.000 DM
KdT (Kammer der Technik, d. A.) 2.000 DM
Arbeitsschutz 45.000 DM
Sonstiges 30.000 DM
Theaterbesuche 6.000 DM
Sportlerheim 3.000 DM
Arbeitsjubiläum 10.000 DM
AWG (Arbeiter-Wohn-Genossenschaft) 70.000 DM
1000-Jahr-Feier 15.000 DM
Reserve 13.950 DM
Lehrbücher Betriebsakademie 2.500 DM
Summe 577.700 DM«[689]

V. Rekos 1961

»Kollege … wurde beauflagt, bis zum 4. 2. 61 den Rekonstruktionsplan entsprechend der Hinweise und teilweisen Abänderungen zu einem Gesamtplan neu zu überarbeiten …«[690]

Sonderberatung: Prämien für die Leitung

Ein Problem bedeutete die Prämierung der Werkleitung. Was heute in der Aktiengesellschaft der Aufsichtsrat bestimmt, war in der DDR der Werkleitung selbst überlassen. Wie sah das im Detail aus?

»Nachstehende Prämienfestlegung fand die Zustimmung des Kollektivs:
L Kollege Schneider 2.000 DM
T Kollege … 1.500 DM
K Kollege … 1.400 DM
A Kollege … 1.300 DM
P Kollege … 1.100 DM
B Kollege … 1 200 DM (handschriftlich korrigiert auf 1.300 DM wohl aufgrund der Diskussion)
LZ Kollege … 1.000 DM
LP Kollege … 600 DM
LO Kollege … 300 DM.«[691]

689–691. LHASA, MER, VEB Waggonbau Ammendorf, Nr. 52766.

Protokoll über die Werkleitungssitzung vom 29. 3. 1961
I. Maßnahmekontrolle
II. Produktion
III. Reko-Plan (nicht behandelt)
IV. Plan 1962 (nicht behandelt)

I. Maßnahmekontrolle

Der Produktions-Rhythmus in Ammendorf wurde vor allem von den Zulieferern gestört. Dem Werkleiter brannte das Problem unter den Nägeln:

»*Trotz der Weisung im vorgenannten Protokoll ist eine umfassende und zufriedenstellende Programmbesprechung mit den wichtigsten Betrieben der Zulieferindustrie durch –K– bisher nicht organisiert worden. Es wird seitens L noch einmal angewiesen, daß diese Aufgabe alle 4 Wochen … zu erfüllen ist.*«[692]

Schweißportal-Vertragsabschluss

Endlich ging es voran. Der Vertrag war geschlossen, das Schweißportal kam:

»*Der Vertrag ist abgeschlossen – mit Termin 30. 6. 61.*
a) In 14-tägigen Abständen hat der Kollege … als Hauptverantwortlicher für die Sicherstellung der Schweißportale der Werkleitung über den Stand der Fertigstellung der Portale … zu berichten.«[693]

II. Produktion

»*Zur Gesamteinschätzung der Produktion zum 31. 3. 1961 und der weiteren Entwicklung siehe beiliegendes Exposé, das als Bestandteil des Protokolls gilt.*«[694]

2,5 Rohbauten pro Tag … unerreichbar

Letztlich kam es immer auf den Ausstoß und die Zahlen pro Tag an. Das war das Maß aller Dinge für die Arbeitsproduktivität. 2,5 Rohbauten waren zum Beispiel der Staatsplan für Ammendorf. Die Statistik zeigte, dass der Plan zu ambitioniert war:

»*Die Aufholung dieser Rückstände von 20 Rohbauten stellt uns vor eine fast unlösbare Aufgabe, weil:*
a) Die Staatsplanzahlen an Rohbauten vom Monat April bis September 1961 außerordentlich hoch sind und konkret einen Tagesschnitt von 2,5 Rohbauten pro Tag beinhalten. Das ist ein Schnitt, der über einen langen Zeitraum von mehreren Monaten nur unter den äußersten Anstrengungen bisher gehalten werden konnte und auch zu halten sein wird;
b) bis zum 4. 10. 61 muß der letzte Rohbau alter Bauweise (55-t-Wagen) fertiggestellt sein, weil dann die Umstellung im Fertigungsbereich 3 auf den Leichtbauwagen, 46 t, vollzogen werden muß, d. h. bis zu diesem Zeitpunkt müßten die 20 Rohbauten aufgeholt werden.«[695]

Welche Alternativen gab es?

Dieses Protokoll widerlegt die Auffassung, dass man in der DDR die Probleme nicht kannte oder vielleicht zu dumm war, eine ordentliche Produktion zu organisieren. Dem Werkleiter und auch der VVB war das Hauptproblem, die Struktur des Wirtschaftszweiges, bekannt. Die Lösung konnte jedoch aufgrund der Zentralen Planwirtschaft nicht von unten kommen. Delegation der Aufgaben und freie Entscheidungsspielräume waren kein Markenzeichen der DDR-Wirtschaft. Der Werkleiter stand vor einem Dilemma:

»*1.) Aufhebung der normalen Leitungsmethoden und unter Leitung des Werkdirektors zu den täglichen Kampfstabbesprechungen wieder überzugehen …; Überstunden, Sonntagsschicht und Springerschichten … einzuführen.*
(Diese Erwägung ist aus folgenden Gründen abzulehnen:
a) Die überzentralisierte Leitung kann nicht als normaler Leitungsstil über Monate hinaus im Werk verantwortet werden, was zur Vernachlässigung der gesamten Betriebsarbeit führen muss;
b) Ein Ausmaß von Überstunden und Sonntagsarbeit, wie im 2. Halbjahr 1960, kann politisch nicht mehr verantwortet werden.«[696]

692–694. LHASA, MER, VEB Waggonbau Ammendorf, Nr. 52766.

695–696. LHASA, MER, VEB Waggonbau Ammendorf, Nr. 52766.

1961

Protokoll über die Werkleitungsbesprechungen am 5. 4. 1961 und 12. 4. 1961
I. Durchsprache Exposé
II. Maßnahmekontrolle
III. Reko-Plan 1961 (nicht behandelt)
Tagesordnung 12. 4. 1961:
I. Produktionslage
II. Bericht VVB-Besprechung

I. Durchsprache Exposé
Hier ging es um die Probleme der Planerfüllung bei gleichzeitigem Übergang zur Leichtbaufertigung.

II. Maßnahmekontrolle
Es wurden 23 Maßnahmen behandelt, darunter: die Republikflucht. Bei Flucht musste nun binnen 24 Stunden detailliert berichtet werden.

I. Produktionslage
Schneider machte hier wahr, was er schon angekündigt hatte – analog einem militärischen Kampf nahm er kurzfristige direkte Eingriffe in Personal und Plan vor, da es noch immer planerfüllungsseitig lichterloh brannte mit den Sonderklassewagen.

II. VVB-Besprechung
Hier wurde über eine Besprechung in Penig berichtet und seitenweise die Lieferung der Kardan-Getriebe dargestellt. Von Penig kamen Getriebe, die in Ammendorf weiterverarbeitet und dann zur Kontrolle an das IfS geliefert und später an die SU endausgeliefert wurden. Dafür mussten nach Penig Arbeitskräfte von Ammendorf ausgeliehen werden, weil Penig es sonst nicht schaffte.

Protokoll über die Werkleitungssitzungen am 31. Mai 1961 und 7. Juni 1961
Hier handelt es sich um ein Doppelprotokoll zweier Sitzungen.
Tagesordnung 31. Mai 1961
I. Maßnahmekontrolle
II. Reko
III. Feintechnologie
IV. Trennung Fertigungsbereich 4
Tagesordnung 7. Juni 1961
I. Maßnahmekontrolle (nicht behandelt)
II. Plan 1961/62

I. Maßnahmekontrolle
NVA-Werbung
Hier war neu, das es vier Ziel-Organe gab:
1. NVA
2. Deutsche Grenzpolizei
3. Bereitschaftspolizei
4. VPKA.

Offenbar ging es weiter in Richtung Grenz-Sicherung. Um besser rekrutieren zu können, wurde ein Betreuer-System aufgebaut.

II. Reko
Die vier Hauptobjekte der Rekonstruktion waren:
1. Eisenplatz mit 2. Bockkran;
2. Friedenshalle;
3. Umbau Fertigungsbereich V;
4. Zentraleingang.

III. Feintechnologie 46-t-Wagen
Hier ging es zunächst um die Pressenarbeit. 1.000 Minuten Pressenkapazität mussten zusätzlich eingearbeitet werden. Weitere Arbeitsstudien sollten folgen.

IV. Trennung Fertigungsbereich IV

> *»Die Vorlage wurde den Werkleitungsmitgliedern rechtzeitig durch den Beauftragten Kollegen ..., TV, überreicht. Kollege Wolf sprach zu den Varianten ... L wird dazu ein Kollektiv mit einer Werkleiteranweisung beauftragen.«*[697]

II. Plan 1961/62

> *»Es ist bekannt, daß seit dem 18. 4. 61 ... unser Werk in Verbindung mit der VVB und den anderen Staatlichen Organen auf eine Entscheidung in dieser Frage drängt und, daß seit April bis heute keine Klarheit darüber geschaffen worden ist. Es ist unbestritten, daß die Werkleitung seit diesem Zeitpunkt unaufhörlich versucht, mit der VVB in dieser Angelegenheit eine Klarheit zu erreichen ...«*[698]

697–698. LHASA, MER, VEB Waggonbau Ammendorf, Nr. 52766.

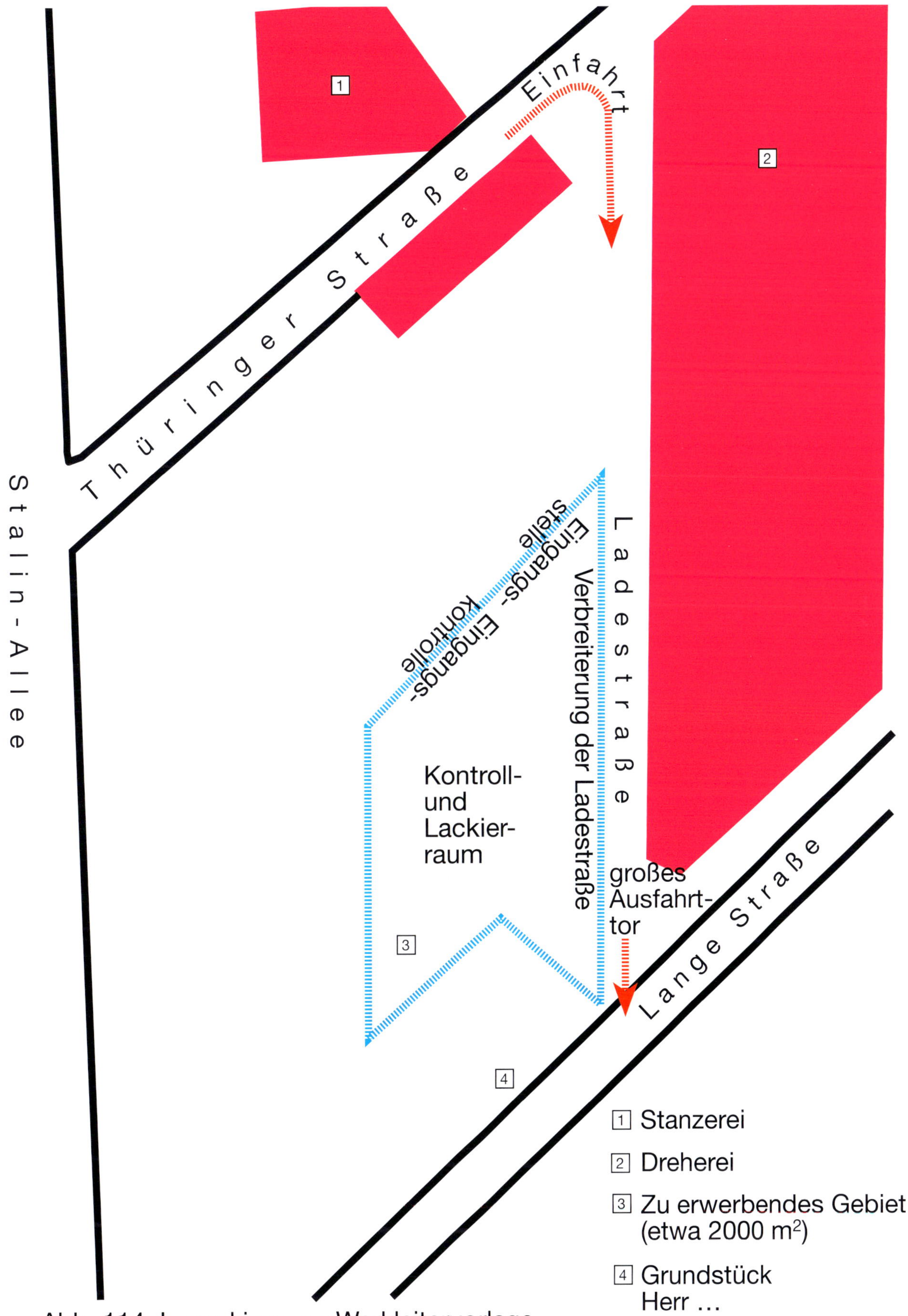

Abb. 114: Lageskizze zur Werkleitervorlage, Einrichtung einer neuen Eingangsstelle, Ammendorf 28. März 1961.[699]

699. Frotscher-Archiv, Halle.

Protokoll über die Werkleitungsbesprechung am 2. Augsut 1961

Die Protokolle wurden im Zuge der schweren Umstellungskrise kürzer, was man so nicht erwartet hätte. Dieses Protokoll hat neun Seiten. Auch hatte der politische Eingriff in das operative Geschäft auf die Disziplin im Werk negative Auswirkungen:

»Zum Schluß der eigentlichen Produktionsberichterstattung wurde vom Produktionsdirektor und weiteren Mitgliedern der Werkleitung eingeschätzt, daß in den letzten Tagen und Wochen die Disziplin im Werk schlechter geworden ist, was sich u. a. darin zeigt, daß es mehrere Auseinandersetzungen mit angetrunkenen Kollegen in den letzten Tagen in unserem Werk gegeben hat und daß die Einhaltung der Schichten, d. h. das frühzeitige Verlassen des Arbeitsplatzes immer mehr einreißt«[700]

Kein Bier mehr im Betrieb …

»Entsprechend der Ankündigung der Werkleitung in der letzten ‚Bahn frei'-Ausgabe hat die Arbeitsdirektion unbedingt dafür Sorge zu tragen, daß im Monat August der Bier-Verkauf in unserem Werk absolut eingestellt wird.«[701]

Protokoll über die gemeinsame Sitzung der Partei- und Werkleitung am 16. 8. 1961
I. Maßnahmekontrolle
II. Rekonstruktionsplan

Es war zum ersten Mal, dass es eine gemeinsame Sitzung von SED-Führung und Werkleitung im Betrieb gab. Dies hatte mit den Umständen des Mauerbaus zu tun. Ein Punkt waren Sicherheitsmaßnahmen.

Sicherheitsmaßnahmen

Der Volkswirtschaftsrat der DDR erließ folgende Anweisungen:

»a) Erhöhter Schutz aller wichtigen Anlagen im Werk;
b) Erhöhte Anstrengungen zur Störfreimachung von Westdeutschland und dem übrigen kapitalistischen Ausland;
c) Einführung eines ständigen Bereitschaftsdienstes für Tag und Nacht …
Die Leitung der VVB ist ab sofort auch nachts besetzt. Es sind auch Mitarbeiter der VVB sonntags anzutreffen.«[702]

Fluchtgefahr: Auslandsreisen untersagt!

»Kollege … unterrichtete das Kollektiv, daß Auslandsreisen in das kapitalistische Ausland zur Zeit generell untersagt sind. Bei Auslandsreisen in das sozialistische Ausland sind von den Werken klare Verhandlungs- bzw. Beratungsdirektiven festzulegen, die vom Werkleiter unterschrieben und von der VVB bestätigt sein müssen. Für die Einhaltung dieser Anweisung ist der Kaderleiter Kollege … verantwortlich.«[703]

II. Reko-Plan

Hier wurden mehrere Vorlagen besprochen. Schwerpunkt des Reko-Planes war nach wie vor die Rekonstruktion des Eisenplatzes. Nach langem hin und her wurde die Entscheidung getroffen, für die Gebläse- und Profilhalle eine Infrarotheizung anzuschaffen, was neu war für Ammendorf:

»Da bis jetzt wenig Erfahrungen beim Einsatz einer Infrarotgasheizungsanlage vorliegen, hat bis zum 1. 9. Ti an den Werkdirektor ein fachliches Gutachten von Herstellerfirmen und Projektierungsbüros für dieses Objekt vorzulegen.«[704]

Friedenshalle wird 1961 nicht mehr fertig

»Die Berichterstattung zum Objekt Friedenshalle ließ deutlich erkennen, daß keine Gewähr besteht, das Objekt vor Einbruch des Winters bzw. noch in diesem Jahr restlos zum Abschluß zu bringen, wenn die Arbeiten wie in den vergangenen Wochen und Monaten weiterhin so zögernd bzw. schleppend vorangehen.
Es ist einfach unverantwortlich, wenn man den Baufortschritt vom November des vergangenen Jahres bis heute, d. h. in den letzten 10 Monaten einschätzt.«[705]

700–701. LHASA, MER, VEB Waggonbau Ammendorf, Nr. 52766.

702–705. LHASA, MER, VEB Waggonbau Ammendorf, Nr. 52766.

Protokoll über die Werkleitungssitzung am 13. September 1961
I. Maßnahmekontrolle
II. Analyse Produktionsleitung
III. Besuch sowjetische Delegation

I. Maßnahmekontrolle
Es ging um 15 Maßnahmen.

II. Analyse Produktionsleitung
Immer wieder ging es um die Struktur und die Arbeitsproduktivität. Ein Kollege wurde … beauftragt, 3 Monate lang in der Produktionsleitung diese … zu analysieren.

III. Besuch aus der Sowjetunion
Der Besuch zeigt, wie kritisch die SU war:

> »*Das Verhandlungsergebnis wurde vom Werkdirektor wie folgt zusammengefaßt:*
> *1.) Genosse Jegorow gab die Zustimmung, daß im Jahre 1961 die letzten 50 Weitstreckenpersonenwagen in der Ausführung 53 t, nach den … Bedingungen 1961 entgegen den bestehenden Verträgen und technischen Bedingungen gefertigt werden dürfen. Die Wagen enthalten in Abänderung der Normalausführung:*
> *a) Wabenkernplatten*
> *b) Die Puffer kommen in Fortfall … Übergang nach der Bauart Kalinin.*
> *c) In die Wagen werden PAS-Batterien eingebaut.*
> *d) Die Wagen erhalten einen roten Anstrich.*«[706]

Was kam anstelle der Puffer?

> »*Für die Überführung der Wagen ohne Puffer … wurden dem Genossen Jegorow Konstruktionsvorschläge für die Abstützung der Pufferkräfte zeichnerisch vorgelegt, indem auf die Dämpferstangen Gummielemente aufgesetzt werden, die in Brest abmontiert und nach unserem Werk zurück geführt werden sollen. Im Prinzip wird dieser Ausführung zugestimmt …*«[707]

Was ist mit der Produktion 1962?

> »*Über die Entscheidung der technischen Ausführung der Weitstreckenpersonenwagen der Lieferung 1962 wurde in der Verhandlung nicht beraten. Diese Entscheidung ist auf der Ebene VVB und Volkswirtschaftsrat mit den sowjetischen Stellen endgültig zu klären.*«[708]

Qualitäts-Mängel

> »*1.) Ein Teil der Wagen ist im letzten Winter in den Abteilen kalt geworden, weil die Isolierung nicht in Ordnung gewesen ist. Bei Besichtigung von Rohbauten mußten sich die Genossen unserer Werkleitung durch den Genossen Jegorow überzeugen lassen, daß keine einwandfreie Arbeit geleistet wird. Das bezieht sich insbesondere auf das Zurechtmachen der Isolierpakete und das Einlegen der Pakete und Schlangen (Fensterpartie!).*
> *2.) Die Handschweißungen an den Seitenwänden und Dächern sind nicht in Ordnung. Die Schweißstöße stimmen nicht im vollen Maße überein.*
> *3.) Die Schweißarbeit an den Drehgestellen insbesondere an den Bremsteilen ist nicht in Ordnung. Es wurde festgestellt, daß die Schweißnähte … verbrannt sind.*
> *4.) Bei höheren Geschwindigkeiten halten die Faltenbälge nicht dicht und es dringt Staub ein. Unser Konstruktionsbüro hat Varianten für eine bessere Konstruktion der Faltenbalg-Ausführung auszuarbeiten.*
> *5.) Die Dichtigkeit der Einstiegsräume ist ebenfalls nicht besonders gut.*«[709]

Ästhetische Details verbessern

> »*Genosse Jegorow äußerte in Verbindung mit der Besichtigung der Wagen die Bitte, nach Möglichkeit durch Kleinigkeiten eine bessere Gesamt-Ästhetik in der Innenausstattung der Wagen zu erreichen. Er wies dabei unter anderem daraufhin, die Zeitungsnetze über den Sitzbänken mit Perlonnetzen zu versehen, die Abortdeckel in Plastausführung herzustellen, den Fenstertisch nicht mit dem gleichen Linoleum zu belegen wie den Fußboden usw. …*«[710]

706–707. LHASA, MER, VEB Waggonbau Ammendorf, Nr. 52766.

708–710. LHASA, MER, VEB Waggonbau Ammendorf, Nr. 52766.

Protokoll über die Werkleitungssitzung am 25. Oktober 1961
I. Maßnahmekontrolle
II. Hauptprobleme
III. Kennziffern
IV. Produktionsaufgebot

Neu war die Erarbeitung von Hauptproblemen. Offenbar war sich SCHNEIDER des Problems der Verzettelung bewusst. Durch eine einfache Liste mit den Hauptproblemen für die nächsten Wochen fokussierte er sich auf die Prozess-Störungen. Kontrolle braucht eben Übersicht und Fokussierung!

I. Maßnahmekontrolle

Hier gab es 13 Maßnahmen.

II. Hauptprobleme

»Entwurf einer Übersicht über die in den nächsten Wochen in der Werkleitung zu behandelnden Hauptprobleme.«[711]

Die Reduzierung auf die Hauptprobleme und die Verteilung auf einen Zeit-Verlauf beseitigte das Problem des Durchlaufens immer gleicher Maßnahmen, die doch nicht abgeschlossen werden konnten und so nur unnötig Zeit verbrauchten. Es handelte sich um 14 Hauptprobleme, an deren Zeilenende mit Bleistift ein Termin der Werkleitungssitzung geschrieben wurde, in der dieses Problem behandelt werden soll.

III. Kennziffern

Hier ging es um die Überprüfung der Realisierbarkeit der Kennziffern für 1962. Haben wir ausreichend Material? Was ist mit den 250 Zulieferern? Liefern sie fristgemäß und qualitätsvoll? Passt der VVB-Plan auf die Realitätsmöglichkeiten?

VVB will mehr … geht das gut?

»Nach der Vorlage gibt es für die 2 Millionen Erhöhung der Brutto-Produktion durch die VVB gegenüber unseren eigenen Vorschlägen eine ausreichende Begründung nur über rund 1 Millionen DM. Bevor … zugestimmt wird, muß durch die Planungsabteilung in Verbindung mit den zuständigen Fachabteilungen eingehend geprüft und nachgewiesen werden, ob diese Entwicklung vertretbar ist.«[712]

711. LHASA, MER, VEB Waggonbau Ammendorf, Nr. 52766.

Arbeitskräfteplan

Man kann die Produktivität entweder durch eine höhere Produktion bei gleichbleibendem Personal erhöhen oder das Personal abbauen bei gleichbleibender Produktion. Die VVB wollte von Ammendorf beides (Tabelle).

Arbeitskräfte	1961	IV. Quartal	1962	Differenz
Produktionsarbeiter	3270	3300	3250	-50
Sonstiges Personal	1150	1160	1100	-60
Gesamt	4420	4460	4350	-110

Dazu heißt es im Protokoll:

»Die Werkleitung wurde über die Senkungsauflage für das Jahr 1962 durch die Vorlage und den mündlichen Vortrag von … informiert. Es steht jetzt schon fest, daß die Senkung von 60 Arbeitskräften im Sonstigen Personal zu hoch ist und nicht realisiert werden kann. Darüber werden weitere Diskussionen mit der VVB … geführt.«[713]

Investitionen werden vernachlässigt …

Ein Grundfehler der DDR-Wirtschaft war die Fehl-Allokation der Gewinne. Hier sollte zum Beispiel die Grundstoffindustrie gegenüber dem Schienenfahrzeugbau bevorzugt werden:

»Im Plan der Erweiterung erhält das Werk für 1962 nicht eine DM. Die rund 300 TDM im Plan der Erhaltung stellen nicht einmal die Hälfte des Amortisationsfonds unseres Werkes und damit des Wertumfanges der einfachen Reproduktion dar. Obwohl es keine Diskussion darüber gibt …, daß diese Änderung der Siebenjahresplan-Kennziffer mit wirtschaftspolitischen Maßnahmen der Regierung in Verbindung steht – zur Stärkung der Grundstoffindustrie – wird bei der Aussprache mit leitenden Funktionären der VVB versucht wenigstens den Teil des Planes der Erhaltung erhöht zu bekommen …«[714]

712–714. LHASA, MER, VEB Waggonbau Ammendorf, Nr. 52766.

Protokoll über die Werkleitungssitzung am 1. November 1961
I. Maßnahmekontrolle (nicht behandelt)
II. Besprechung mit VVB
III. Planerfüllung
IV. Störfreimachung

II. Besprechung mit VVB
Dies war ein interessanter Punkt. Am Vortag war SCHNEIDER in Berlin-Lichtenberg bei der VVB. Er wollte endlich den Perspektiv-Plan für den Leichtbau klären und wissen, was bis 1965 zu produzieren sei. In dem Bericht über die Besprechung wird die Hierarchie der Macht in der Wirtschaft der DDR deutlich. Oberstes Gremium war der Volkswirtschaftsrat, der die Außenwirtschaftsbeziehungen koordinierte und die langfristige Perspektive festlegte. Er war jedoch auf Vorarbeiten anderer angewiesen:

> *»In der Besprechung ging es um die Ursachenklärung wegen der Nichterfüllung einer Reihe von Perspektivaufgaben im Rahmen des Industriezweiges auf Anweisung des Volkswirtschaftsrates. Dabei steht die Überprüfung der Realisierung des technischen Protokolls (Szymanek-Protokoll, Moskau) im Mittelpunkt. Ferner sollte … erreicht werden, eine neue technische und Lieferperspektive bis zum Jahre 1965 festzulegen, wobei folgende Hauptprobleme zu besprechen waren:*
> *Leichtbau – 46-t-;*
> *Leichtbau – 42-t-;*
> *Klimawagen;*
> *21-er-Züge – betrifft VEB Waggonbau Dessau;*
> *Irak-Auftrag;*
> *Kardanentwicklung.«*[715]

III. Planerfüllung

> *»Der Bericht konnte mündlich nicht gegeben werden. Es lag erst gegen Mittag die Übersicht der Planungsabteilung vor. … Der Rückstand beträgt effektiv 123 TDM. Ursachen der Rückstände: Furnierpressenausfall, Lackierungsschwierigkeiten.«*[716]

715–716. LHASA, MER, VEB Waggonbau Ammendorf, Nr. 52766.

IV. Struktur der Produktionsleitung
Eigentlich sollte an vierter Stelle die Störfreimachung besprochen werden. Es gab jedoch des öfteren Umstellungen während der Werkleitungssitzungen. Die Struktur der Produktionsleitung stand im Rahmen der ständigen Verbesserung der Prozesse im Betrieb zur Debatte. Die neue Struktur wurde bestätigt und sollte ab dem 1. Januar 1962 in Kraft treten. Insbesondere änderten sich die Bezeichnungen. So hieß der Stellvertreter des Produktionsdirektors für Planung und Vorbereitung der Produktion nun anders; die neue offizielle Bezeichnung:
1. Stellvertreter des Produktionsdirektors.
Der Stellvertreter für Ablauf und Kontrolle der erhält die offizielle Bezeichnung:
2. Stellvertreter des Produktionsdirektors.
Die skurril anmutende Änderung hatte wohl Macht-Gründe. 1 und 2 waren Macht-Ebenen einer Hierarchie, die so effizienter funktionieren sollte als die vorherige verbale Kategorisierung mit Gleichrangigkeit und damit erhöhten Reibungsverlusten bei Konflikten und im täglichen Verhandlungs-Alltag. Außerdem wurde die Säule der Schichtleiter dem 2. Stellvertreter untergeordnet (Abb. 115–117).

Fristenplanung
Wesentlich für jede Arbeit in Takten ist die Fristenplanung. Einer der wichtigsten Gründe für die 2008er große Finanzkrise war die Fristen-Inkongruenz neuer und alter Schulden sowie ein Mangel an Fristenkongruenz zwischen Leihungen und Entleihungen von Kapital. Dies ist beim Takten im Waggonbau nicht wesentlich anders:

> *»Das Problem der Fristenplanung bei konstruktiven Teilveränderungen ist in unserem Werk noch nicht gelöst und findet auch in der Vorlage keine entsprechende Berücksichtigung.«*[717]

V. Störfreimachung
Diese Vorlage konnte aufgrund des umfassenden Berichtes über das VVB-Gespräch nicht behandelt werden.

717. LHASA, MER, VEB Waggonbau Ammendorf, Nr. 52766.

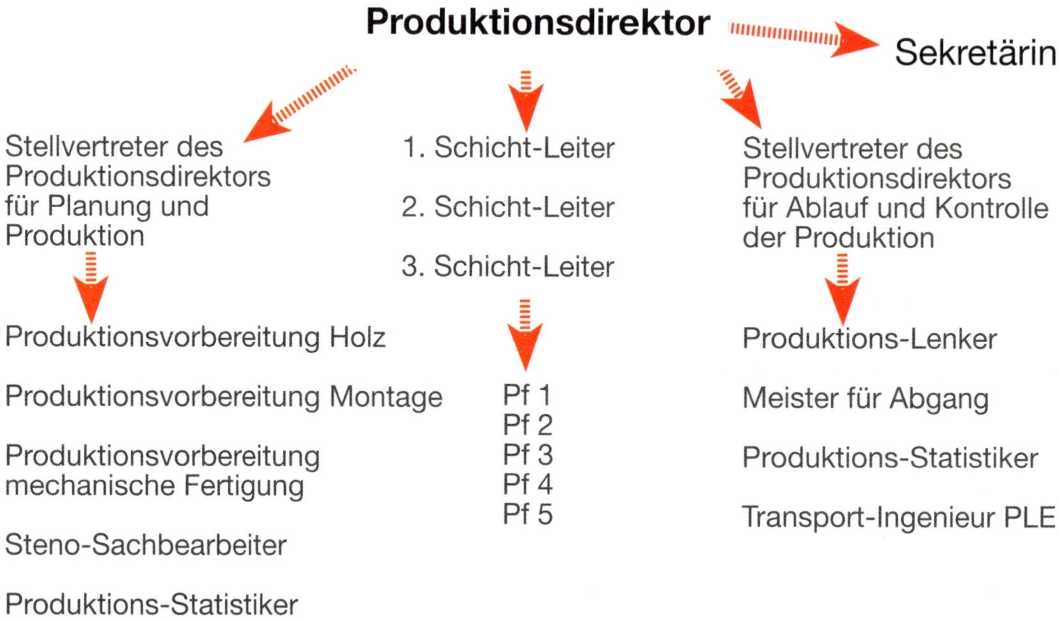

Abb. 115: Schematische Darstellung der Leitungsstruktur des Bereiches P **vor** der Änderung 1961.[718]

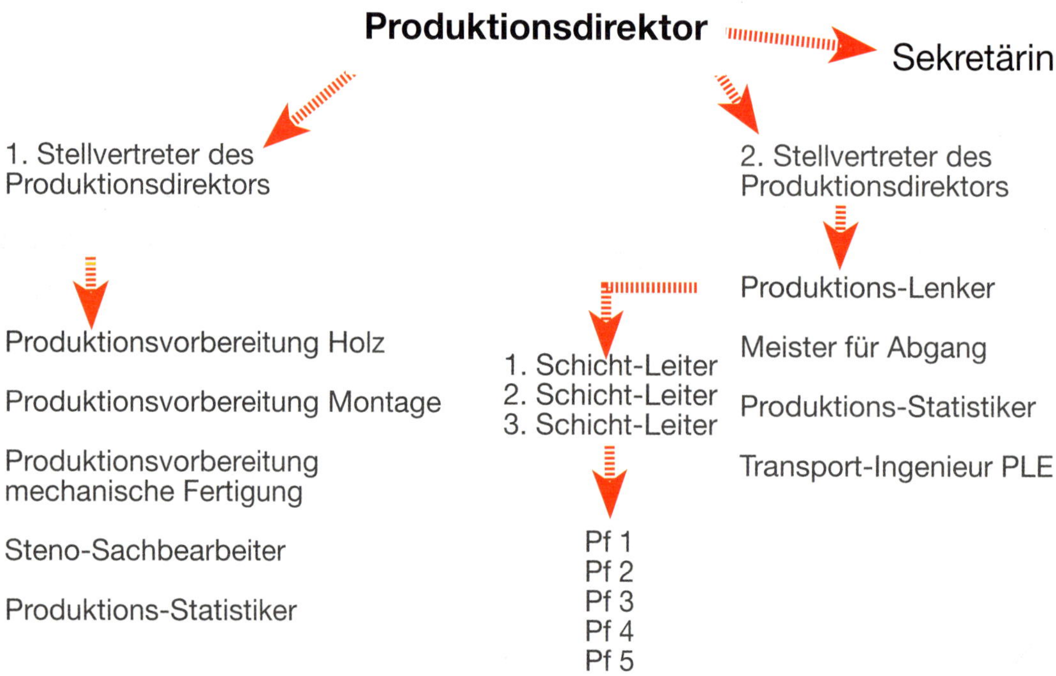

Abb. 116: Schematische Darstellung der Leitungsstruktur des Bereiches P **nach** der Änderung 1961.[719]

Nr.	Funktion	Gehalts-Gruppe	Gehalt	bisherige Tätigkeit
1	Gruppenleiter und Vorbereiter Holz	I 3	855–1045 DM	Gruppenleiter AN
2	Produktionsvorbereiter Fertigung	I 2	780–855 DM	Sachbearbeiter As
3	Produktionsvorbereiter Montage	I 2	780–855 DM	Produktionslenker Pf 3
4	Steno-Sachbearb.	T 3	450 DM	
5	Prod.-Statistiker	K 2	357 DM	

Abb. 117: Beispiele für die Bezahlung verschiedener Funktionen, Ammendorf 1961.[720]

718–720. LHASA, MER, VEB Waggonbau Ammendorf, Nr. 55802.

Entwicklung des Betriebes und ökonomische Kennziffern des VEB Waggonbau Ammendorf 1823–1962 [721]

Im Dezember 1961 wurde von der VVB eine Statistik-Sammlung mit diesem Titel verlangt, um eine bessere Übersicht über die Daten der einzelnen Betriebe zu bekommen. Im folgenden wird aus dieser Statistik zitiert, da sie für die Geschichte des Waggonbau Ammendorf interessante Übersichts-Zahlen liefert:

Grundflächen

Für den Betrieb verfügbare Grundflächen: 362.867 qm

bebaute Grundfläche	87.644 qm
für Produktion genutzte Fläche	73.940 qm
Produktionsfläche in Gebäuden	61.934 qm
Produktionsfläche Hilfsabteilungen	8.210 qm
für soziale Zwecke genutzte Fläche	14.301 qm
Lagerfläche in Gebäuden	19.624 qm

Fluktuationen 1961

Im Februar 1962 sollte die Kaderabteilung eine Übersicht über die Fluktuationen des Gesamtjahres 1961 erstellen.

Entlassungen und Einstellungen

Insgesamt wurden 558 Mitarbeiter 1961 entlassen, davon 193 Facharbeiter. 436 Mitarbeiter wurden eingestellt. Interessant sind nun differenzierte Aufschlüsselungen der 558 entlassenen Mitarbeiter:

Zugehörigkeit der 558

Abteilung	Anzahl	Facharbeiter
PF 1	114	13
PF 2	47	14
PF 3	92	56
PF 4	91	55
PF 5	21	8
Verwaltung	61	-
TA	30	22
Sonstige	82	22
BBS	20	3

721. LHASA, MER, VEB Waggonbau Ammendorf, Nr. 52766.

Gründe für das Ausscheiden

Grund	Anzahl
Arbeitsmäßige Veränderung	39
Finanzielle Verbesserung	45
Versorgung der Angehörigen	61
Gesundheit/Alter/Invalidität	126
davon Invalidität	18
Wohnungswechsel	36
Tod	19
NVA/Volkspolizei	50
Arbeitsbummelei	16
RF (Rückführung Leihe, d. A.)	60
Fristlose Entlassung	4
Inhaftiert	18
Studium	19
Sonstige Gründe	65

Gliederung nach Status

Entlassung:

Produktionsarbeiter	443
Sonstiges Personal	115

Einstellung:

Produktionsarbeiter	334
Sonstiges Personal	102

Devisenrentabilität – wie vergleicht man?

Ein weiteres interessantes Dokument nennt sich »Einschätzung der Devisenrentabilität bei Klimawagen Typ 24.000/1962«. Hier wurden Vergleiche mit den Weltmarktpreisen anderer führender Hersteller ähnlicher Produkte angestellt, die auf Konkurrenzangeboten basierten:

> *»Nachstehend werden einige Preisvergleiche durchgeführt. Die entsprechenden Preise für westdeutsche Erzeugnisse und Erzeugnisse aus dem kapitalistischen Ausland sind Konkurrenzangeboten entnommen und lassen keinen umfassenden Vergleich zu. Es ist daher notwendig, daß die vorliegenden Konkurrenzangebote weiter ausgewertet und auf der Grundlage eines Baugruppenvergleiches wirklich echte Ergebnisse erreicht werden.«* [722]

722. LHASA, MER, VEB Waggonbau Ammendorf, Nr. 52766.

Normalwagen ohne Klimaanlage
Waggonbau Ammendorf
Verglichen wird ein vierachsiger Personenwagen für Weitstreckenverkehr normal, ohne Klimaanlage, mit Druckbelüftung, ohne Radio.

Rubel	55.600.–
DM-Gegenwert	253.234.–

Vierachsiger Personenwagen mit Radio

Rubel	55.600.–
DM-Gegenwert	253.234.–

La Brugiose et Nivilles, Belgien
Vierachsiger Liegewagen mit Druckbelüftung (Serie 100 Stück).

Belgische Francs	3.813.700.–
Rubel	69.100.–
DM-Gegenwert	322.000.–

Waggonfabrik Talbot, Aachen
Vierachsiger D-Zugwagen (Serie etwa 100 Stück).

DM-West	circa 200.000.–
DM-Gegenwert	210.000.-

»Bei diesem Erzeugnis, wofür ein Angebot … mit einer Klimaanlage Typ Tettair vorliegt, … wurde die Klimaanlage schätzungsweise mit 50 TDM … beziffert und abgesetzt.«[723]

Klimawagen
Waggonbau Ammendorf
Verglichen wird ein vierachsiger Personenwagen für Weitstreckenverkehr mit Klimaanlage, Typ 24.000/62, der 1962 von Ammendorf gebaut und verkauft werden sollte.

Rubel	70.650.–
DM-Gegenwert	329.935,50

Erzeugnisse Westdeutschlands
Vierachsiger Personenwagen von MAN Augsburg-Nürnberg, ausgerüstet mit einem System der Firma Lahmeyer, Frankfurt für Raumklimatisierung für das ganze Jahr, mit Jettair-Körpern unter den Fenstern, die an eine Warmwasserheizung angeschlossen sind (Serie etwa 300 Stück).

DM-West	220.920.–
DM-Gegenwert	231.966.–

Waggonfabrik Talbot, Aachen
Vierachsiger D-Zugwagen mit Klimaanlage wie im Angebot MAN (Serie 100 Stück).

DM-West	251.670.–
DM-Gegenwert	264.253.–

Waggonfabrik Talbot, Aachen
Vierachsiger D-Zugwagen mit Klimaanlage der Firma Pintsch Bamag AG (Serie 100 Stück).

DM-West	254.070.–
DM-Gegenwert	266.773.–

Was bedeutet das?

»Dieser Preisvergleich ist – wie eingangs schon erwähnt – nicht vollständig, da die technischen Details zum Teil nicht übereinstimmen und zum Teil nicht geprüft werden können, so daß eine weitere Durcharbeitung der gesamten Unterlagen mit dem Ziel eines richtigen Preisvergleichs notwendig ist. Jedoch ist erkennbar, daß gegenüber den Preisen westdeutscher Firmen wir … im Preis noch zu hoch liegen. Bei dieser Darstellung muß jedoch der Anteil des gesellschaftlichen Reineinkommens, des Durchschnittslohnes bzw. der bereinigten Selbstkosten mit eingeschätzt werden.«[724]

Was ist zu tun?

»Die Betrachtung der Devisenrentabilität für den Weitstreckenpersonenwagen mit Klimaanlage läßt trotz aller noch vorhandenen Mängel bezüglich eines richtigen und exakten Vergleiches erkennen, daß in den Jahren bis 1964 und darüber hinaus eine Devisenrentabilität bei diesem Fahrzeug gegeben ist. Es gilt jedoch, ganz besonders grundsätzliche Maßnahmen zur Veränderung der ungerechtfertigten Preisgestaltung bei verschiedenen Erzeugnissen der Zulieferindustrie einzuleiten, insbesondere im Zusammenhang mit der weiteren serienmäßigen Produktion der Klimaanlage im Hinblick auf Gewicht und Leistung derselben erzielt werden. Auch im wagenbaulichen Teil muß eine weitere Senkung der Selbstkosten, wie im Punkt 3 dargestellt wurde, erfolgen …«[725]

723. LHASA, MER, VEB Waggonbau Ammendorf, Nr. 52766.

724–725. LHASA, MER, VEB Waggonbau Ammendorf, Nr. 52766.

1961

1961: Bilder

Die Betriebszeitung Bahn frei ist eine gute Quelle für die Geschichte des Waggonbau Ammendorf (Abb. 118–121).[726] In der ersten Abbildung sieht man eine Neu-Gliederung der Baustähle. Interessant ist, dass man sowohl die USA-Standards als auch die sowjetischen GOST-Standards diskutiert.

TGL „Allgemeine Baustähle" verbindlich

Neue Stahlbezeichnungen ab 1. April 1961

Für den Stahlverbraucher genügt heute nicht mehr, daß der Metallurge für einen bestimmten Stahl lediglich die Zugfestigkeit und die Dehnung garantiert, ihn interessieren auch die Verarbeitungseigenschaften des Materials, seine Schweißbarkeit, seine Abkantbarkeit usw. Alle diese Eigenschaften werden von der Erschmelzungs- und Vergießungsart wesentlich beeinflußt, so daß bei der Normung dieser Stähle in allen Ländern Bestrebungen bestehen, von den früher bestehenden technischen Lieferbedingungen abzugehen, die vorzugsweise Angaben über Beschaffenheit, Prüfung und Abnahme der Materialien machten.

An ihre Stelle treten Gütenormen mit Vorschriften für die Erschmelzung und Vergießung, für die chemische Zusammensetzung mit Angaben über Wärmebehandlung und Verarbeitung sowie mit detaillierten Angaben über die chemischen Eigenschaften.

Der Mangel in DIN 1611, 1612, 1621 und 1622 sind das Fehlen der Vergießungsart, die in vielen Fällen fehlenden Angaben über die Zusammensetzung sowie das vollständige Fehlen von gewährleisteten Streckgrenzwerten.

Die USA-Stähle nach ASTM A 131-55 sind in drei Güteklassen eingeteilt, die zwar in den gewährleisteten mechanischen Eigenschaften übereinstimmen, aber eine unterschiedliche Vergießungsart aufweisen.

Die technischen Forderungen der allgemeinen Baustähle in der Sowjetunion sind in den Standards GOST 380-50, 380-57 und 380-60 festgelegt. Nach dem am 1. 10. 1950 in Kraft getretenen Standard GOST 380-50 sind die Baustähle in zwei Gütegruppen eingeteilt.

Seit dem 1. 1. 1961 ist GOST 380-60 verbindlich, wobei die Stähle in drei Stahlgruppen A, B und C geliefert werden. Für die DDR wurde am 1. 10. 1953 die „Standardliste Eisen und Stahl" herausgegeben, die sich inhaltlich an die sowjetischen Normen anlehnt. In dieser SES waren 571 Stahlmarken für die Erschmelzung und Verwendung zugelassen. Nachdem schon eine Reihe verbindlicher DDR-Standards (TGL) für Güte- und Lieferbedingungen in Kraft getreten sind, wird ab 1. April 1961 die TGL 7960 „Allgemeine Baustähle" verbindlich.

Grundlage der TGL 7960 ist die Empfehlung zur Vereinheitlichung R 38 58 der Standardisierungsämter der sozialistischen Länder. Die DIN 17 100, Ausgabe 10.57, wurde bei der Ausarbeitung des Standards berücksichtigt. Durch die TGL 7960 werden folgende DIN-Normen ersetzt:

DIN 1611, Ausgabe 12.35, Abschnitt A, B und D
DIN 1612, Ausgabe 3.43 Abschnitt A, B, C2 und D
DIN 1613, Blatt 1, Ausgabe 9.43, Abschnitt A, B und D
DIN 1620, Ausgabe 9.24
DIN 1621, Ausgabe 9.24
DIN 1622, Ausgabe 12.33

Die TGL 7960 gilt für unlegierte und niedriglegierte warmverformte Stähle. In Anlehnung an DIN 17 100 sind die Stähle in vier Gütegruppen eingeteilt.

Gütegruppe 1

Die Stähle sind im Konverter erschmolzen, sie werden unberuhigt (u) oder beruhigt (b) vergossen.

Gütegruppe 2

Die Stähle sind im SM-Ofen oder nach Sonderverfahren erschmolzen, sie werden unberuhigt (u) oder beruhigt (b) vergossen.

Diese Stähle werden die Mehrzahl der Fälle zur Verwendung kommender Stähle sein. Nach Ermessen des Herstellers können an Stelle der beruhigten Stähle St 34b – 2, St 38b – 2 und St 42b – 2 bis zu Dicken von 20 mm halbberuhigte (hb) Stähle geliefert werden.

Diese Stähle müssen aber dieselben mechanischen Gütewerte, dieselbe Schweißeigenschaft und dasselbe Steigerungsverhalten gewährleisten wie für beruhigte Stähle.

Gütegruppe 3

Diese Stähle sind im SM-Ofen erschmolzen und besonders beruhigt (z. B. mit Aluminium) und als Feinformstähle vergossen.

Gütegruppe 4

Diese Stähle sind im SM-Ofen oder Elektroofen erschmolzen und zur Erzielung der zu gewährleistenden Alterungsbeständigkeit besonders beruhigt (z. B. mit Aluminium) vergossen.

Für Gütegruppe 1 und 2 ist die Vergießungsart (unberuhigt oder beruhigt) anzugeben, sonst wird nur unberuhigter Stahl geliefert.

Jeder Konstrukteur, Technologe und Materialversorger hat sich mit der TGL 7960 „Allgemeine Baustähle" vertraut zu machen. Wie die Werkstoffe sich weiterentwickeln, so muß auch jeder damit Beschäftigte seine Werkstoffkenntnisse weiterentwickeln, damit der technisch richtige Materialeinsatz gewährleistet ist.

Eine Gegenüberstellung der Stahlsortenbezeichnung für „Allgemeine Baustähle" DIN-GOST, SES und TGL wird gegenwärtig ausgearbeitet und erscheint nach Fertigstellung als Werkstandard AWN 210.01.

Büro für Standardisierung (TN)

Abb. 118: TGL »Allgemeine Baustähle« verbindlich, Bahn frei, Jg. 12, Nr. 15, Ammendorf 1961.

Die zweite Abbildung zeigt angebotene Gesellschaftsfahrten. Bekam ein Mitarbeiter keine Ferienreise von der Gewerkschaft, gab es die Möglichkeit zu betrieblichen Bus-Reisen.

Gesellschaftsfahrten mit unserem Werkbus

Auch in diesem Jahr führt die Klubhausleitung in den Sommermonaten Juni bis September, und zwar an jedem Donnerstag, wieder die beliebten Gesellschaftsfahrten in die schönsten Gegenden unserer Republik durch.

Teilnehmen können alle Werkangehörigen, vor allem die Kolleginnen und Kollegen nebst Angehörigen, die in ihrem Urlaub keinen Ferienplatz haben. Anmeldungen nimmt die Klubhausleitung ab sofort entgegen. Wir bitten zu beachten, daß Kinder in jedem Fall, soweit sie an den Fahrten teilnehmen, im Besitz einer Platzkarte sein müssen

Die Teilnehmergebühr ist bis spätestens 14 Tage vor Beginn der jeweiligen Fahrt bei der Klubhausleitung zu entrichten, und jeder Teilnehmer erhält dafür die entsprechende Platzkarte.

Folgende Fahrten sind vorgesehen:

Donnerstag, den 1. 6. 1961:	Nach Potsdam – Sanssouci	DM 10,–
Donnerstag, den 8. 6. 1961:	Nach Erfurt – Gartenbauausstellung	DM 8,–
Donnerstag, den 15. 6. 1961:	Nach der Dübener Heide – Wörlitzer Park	DM 7,–
Donnerstag, den 22. 6. 1961:	Nach Saalfeld (Feengrotten) – Saaletalsperre	DM 8,–
Donnerstag, den 29. 6. 1961:	Nach Thale – Rübeland – Kyffhäuser	DM 9,–
Donnerstag, den 6. 7. 1961:	Nach Inselsberg – Tabarz	DM 12,–
Donnerstag, den 13. 7. 1961:	Nach Schwarzburg	DM 10,–
Donnerstag, den 20. 7. 1961:	Nach Erfurt – Gartenbauausstellung	DM 8,–
Donnerstag, den 27. 7. 1961:	Nach Eisenach – Wartburg	DM 12,–
Donnerstag, den 3. 8. 1961:	Nach dem Spreewald	DM 12,–
Donnerstag, den 10. 8. 1961:	Nach Meißen – Moritzburg	DM 10,–
Donnerstag, den 17. 8. 1961:	Nach Potsdam – Sanssouci	DM 10,–
Donnerstag, den 24. 8. 1961:	Nach Erfurt – Gartenbauausstellung	DM 8,–
Donnerstag, den 31. 8. 1961:	Nach Schwarzburg	DM 10,–
Donnerstag, den 7. 9. 1961:	Nach der Sächsischen Schweiz – Rathen	DM 12,–
Donnerstag, den 14. 9. 1961:	Nach Thale – Rübeland – Kyffhäuser	DM 9,–
Donnerstag, den 21. 9. 1961:	Nach Dresden – Zwinger – Gemäldegalerie	DM 11,–
Donnerstag, den 28. 9. 1961:	Nach [illegible] – Spielzeugmuseum	DM 12,–

„Bahn frei" Seite 6

Abb. 119: Gesellschaftsfahrten mit dem Werksbus, Bahn frei, Jg. 12, Nr. 15, Ammendorf 1961.

Die dritte Abbildung dieser Seite zeigt die neue Titelgestaltung der Bahn frei. Wie bereits in der Einführung geschrieben, war der Titel nun neutraler und einfacher gestalte-

BAHN FREI

ORGAN DER PARTEILEITUNG DER SED IM VEB WAGGONBAU AMMENDORF

12. Jahrgang / Nr. 16 — Erscheint wöchentlich / Preis 5 Pf — 20. April 1961

Unter Führung des ZK einer lichten Zukunft entgegen

Von Genossen Reinhold Zöllner, Sekretär der BPO

Die Gründung der Sozialistischen Einheitspartei Deutschlands wird als ein historischer Sieg des Marxismus-Leninismus in der deutschen Arbeiterbewegung bezeichnet. Welch große Bedeutung dieses Ereignis hat, kann derjenige am besten ermessen, der selbst jahrzehntelang den Kampf um die Einheit der deutschen Arbeiterklasse geführt und sie herbeigesehnt hat.

Warum stelle ich diese Frage in den Mittelpunkt meiner Betrachtung anläßlich der 15jährigen Wiederkehr dieses historischen Tages?

Weil die Einheit der Arbeiterklasse die Kraft darstellt, die in der Lage ist, einerseits unter kapitalistischen Bedingungen erfolgreich den Kampf gegen die monopolistischen Unterdrücker zu führen, und andererseits bei bereits von ihr vollzogener Machtübernahme die Kraft ist, die alles Hemmende beiseitewirft und stürmisch an den Aufbau einer neuen Gesellschaftsordnung herangeht.

Wir brauchen uns nur einmal den gegenwärtigen Zustand im Westen unseres Vaterlandes zu betrachten, oder besser gesagt, die Entwicklung seit 1945/46, wie sie sich in beiden Teilen Deutschlands in entgegengesetzter Richtung vollzog.

Wir in der heutigen Deutschen Demokratischen Republik kämpfen gegenwärtig um den Sieg des Sozialismus in einem Teil Deutschlands und sind uns gewiß, daß unser Sieg unausbleiblich ist. Keine noch so krampfhaften Bemühungen des Imperialismus können dem Fortschritt der Geschichte Einhalt gebieten. Wir gehören der Völkerfamilie an, die erfolgreich den Sozialismus und Kommunismus aufbaut, und unsere Epoche, als die Epoche des Triumphes des Sozialismus und Kommunismus im Weltmaßstab mitgestaltet. Somit sind feste Voraussetzungen für weitere entscheidende Siege des Sozialismus geschaffen.

Auch in Deutschland vollzieht sich dieser unaufhaltsame historische Prozeß. Auch Westdeutschland wird im Ergebnis des Kampfes gegen den Imperialismus und Militarismus unvermeidlich vom Fortschritt der Geschichte erfaßt werden und den Weg des Sozialismus einschlagen.

So begehen wir den 15. Jahrestag der Gründung der Sozialistischen Einheitspartei Deutschlands im Zeichen des Vormarsches und weiteren Sieges der Kräfte des Sozialismus und des Friedens. Betrachten wir am heutigen Tag nur die Arbeit der letzten 15 Jahre, so ist das eine stolze Bilanz. Demgegenüber steht die Entwicklung in Westdeutschland, wo die rechten SPD-Führer immer wieder im Auftrag der Monopolisten ihre Spaltungstätigkeit fortsetzen, die Arbeiterklasse in ihrer Kampfkraft lähmen und damit schließlich die Gefahr einer neuen Faschisierung und eines imperialistischen Krieges heraufbeschwören.

Das war es, was die kommunistischen und sozialdemokratischen Genossen nach dem zweiten Weltkrieg im Osten Deutschlands be-

(Fortsetzung Seite 3)

HIRN DER KLASSE,
SINN DER KLASSE,
KRAFT DER KLASSE,
RUHM DER KLASSE –
DAS IST DIE PARTEI!

MAJAKOWSKI

Abb. 120: Bahn frei-Titel, Jg. 12, Nr. 16, Ammendorf 1961.

Die vierte Abbildung zeigt einen Cartoon. Es ging um FREDI FRISCH (gut) und PETER PENN (böse). FREDI zeigt PETER, dass man nicht so viel krank machen soll.

Abb. 121: Was euch Fredi Frisch zu sagen hat, Bahn frei, Jg. 12, Nr. 17, Ammendorf 1961.

726. Bahn frei, Jahrgang 12, Ammendorf 1961.

1961: Bilder, Teil 2 [727]

Die oft zitierten Entscheider sieht man hier: LINDEMANN und MEIER-ROUDEN, außerdem der Festwagen zum Leichtbau und die Arbeiter-Ausleihe (Abb. 122–126).[727]

Sehr ausführlich ...

. . . erläuterte der Hauptdirektor, Genosse Lindemann, auf der Tagung der FDJ-Kontrollposten am vergangenen Freitag in unserem Klubhaus die Lage in unserer VVB. Eine Auswertung dieser Konferenz werden wir in einer der nächsten Ausgaben vornehmen.

Abb. 122: VVB-Hautptdirektor Lindemann, Bahn frei, Jg. 12, Nr. 22, Ammendorf 1961.

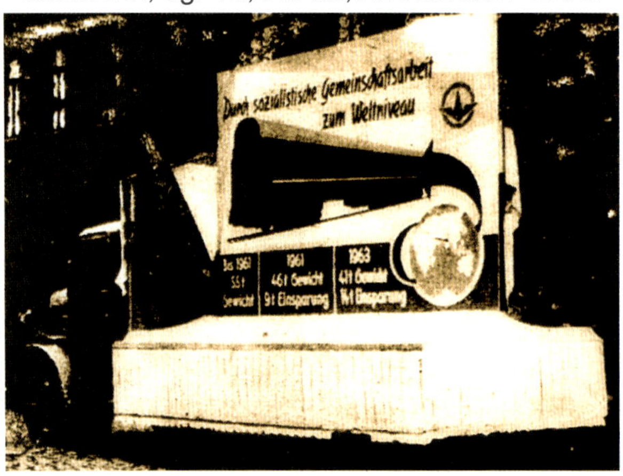

Abb. 123: Festwagen für den DDR-Geburtstag, Bahn frei, Jg. 12, Nr. 18, Ammendorf 1961.

Abb. 124: Arbeitsdirektor Meier-Rouden, Bahn frei, Jg. 12, Nr. 19, Ammendorf 1961.

An diesem Kabel hängen Millionen

Rote Brigade leistet sozialistische Hilfe im Kabelwerk Oberspree

Jedem von uns ist bekannt, daß 1,5er Kabel notwendig ist, um unsere D-Zugwagen mit der elektrischen Zugbeleuchtung zu versehen. Dieses Kabel, bisher aus Westdeutschland importiert, wird infolge der Störmanöver an unserem sozialistischen Aufbau nicht mehr geliefert. Das führte zu Stockungen in unserem Produktionsablauf, da die Kollegen im Kabelwerk Oberspree nicht in der Lage sind, die Waggonbaubetriebe der DDR entsprechend zu beliefern.

Die 12 Genossen und Kollegen aus ver- Westberlin diese schwierige Situation im KWO entstand. Deshalb beweisen wir, daß wir uns durch derartige Störmanöver nicht unterdrücken lassen und gemeinsam an unserem Ziel, dem Aufbau des Sozialismus in der Deutschen Demokratischen Republik, arbeiten." Genosse Theinert sprach den Kollegen besonders den Dank dafür aus, daß sie sich in kürzester Zeit bereit erklärt haben, am Einsatz teilzunehmen, so daß dadurch der Einsatz ab Dienstag gesichert war. Er rief die Kollegen auf, in Berlin als gutes Kollektiv

Abb. 125: Arbeitskräfte-Verleih nach Berlin, Bahn frei, Jg. 12, Nr. 20, Ammendorf 1961.

Abb. 126: Anstrich mit Mennige, Bahn frei, Jg. 12, Nr. 23, Ammendorf 1961.

727. Bahn frei, Jahrgang 12, Ammendorf 1961.

Von der HV zur DWA
In der Zeit von Mai 1958 und 1961 gab es in der Hauptverwaltung große Strukturveränderungen. Es ist deshalb an dieser Stelle Zeit für einen Überblick über die übergeordnete Einheit des Waggonbau Ammendorf im Zeitverlauf: von der Hauptverwaltung LOWA über die VVB und das Kombinat bis hin zur Deutschen Waggonbau AG DWA. Ziel war der Versuch, die Struktur zwischen Zulieferern und Finalproduzenten zu optimieren. Wie wir auf den vorigen Seiten lesen konnten, war die Devisenrentabilität die alles überragende Kennziffer: man wollte – auch in Dollar gerechnet – keine Verluste machen.

Hauptverwaltung LOWA
Am 2. Juli 1948 wurde die HV Lowa im Ministerium für Allgemeinen Maschinenbau gebildet, zu der der überwiegende Teil der Transmasch-SAG gehörte. Dampfloks, Dieselloks, Elektroloks, Personenwagen, Straßenbahnen, Schnellzugwagen, Güterwaggons und Spezialwaggons wurden gefertigt.

VVB Schienenfahrzeuge
Die Vereinigung Volkseigener Betriebe (VVB) Schienenfahrzeuge wurde am 1. Mai 1958 gegründet. Es gehörten die Waggonbaubetriebe in Görlitz, Bautzen, Niesky, Ammendorf, Dessau und Gotha sowie der Lokomotivbau Potsdam, das Berliner Bremsenwerk und die Fahrzeugausrüstung Berlin dazu. Die Zentrale der VVB Schienenfahrzeuge hatte ihren Sitz im Gebäude des VEB Berliner Bremsenwerk, der ehemaligen Knorr-Bremse AG.

Institut für Schienenfahrzeuge
Außerdem war das Institut für Schienenfahrzeuge Bestandteil des VVB Schienenfahrzeuge. Die Besonderheit eines eigenen Forschungsinstitutes war der Geschichte dieser Einrichtung geschuldet. Anfang der 1920er Jahre wurde sie analog den Vereinen der Waggonindustrie gegründet, um für die 1920 aus den Länderbahnen hervorgegangene Deutsche Reichsbahn den Fuhrpark von zahlreichen verschiedenen Lokomotivtypen auf wenige normierte Einheitslokomotiven mit untereinander austauschbaren Teilen (Austauschbau) zu vereinheitlichen. Der erste Name war »Vereinheitlichungsbüro des Deutschen Lokomotivbauverbandes«. Die Mitarbeiter dieses Büros wurden von den großen Lokomotivbauern wie zum Beispiel A. Borsig oder Henschel & Sohn bezahlt. 1949 wurde es in »Konstruktionsbüro für den Lokomotivbau« umbenannt und verstaatlicht. Mit der Gründung der VVB Schienenfahrzeugbau benannte man es in »Institut für Schienenfahrzeuge« um.

VEB Kombinat Schienenfahrzeugbau Berlin
Die VVB Schienenfahrzeuge bestand bis zum Dezember 1978. Am 1. Januar 1979 nahm der Nachfolger – VEB Kombinat Schienenfahrzeugbau – die Arbeit auf.

Deutsche Waggonbau-Aktiengesellschaft
Im Juli 1990 formte Günter Groß im Auftrag der Kohl-Regierung (Treuhand) die DWA (Abb. 127).[728]

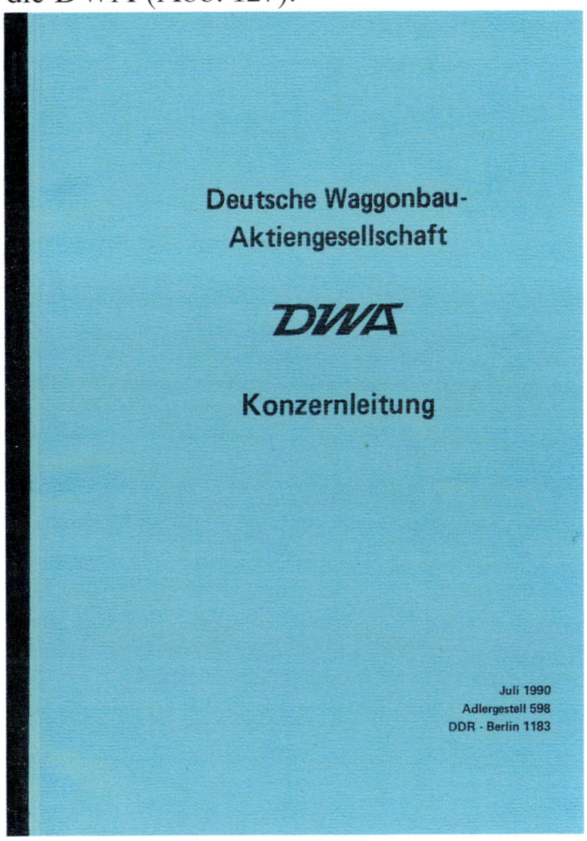

Abb. 127: DWA-Konzernstruktur, Berlin 1990.

728. Archiv Ammendorfer Heimatfreunde.

Schienenfahrzeugbau in der DDR 1961

Das 1961 erschienene Buch »Moderne Schienenfahrzeuge« diente in erster Linie als Werbe-Broschüre. Jedoch wird darin auch die Rolle klar, in der man in der DDR den Schienenfahrzeugbau sah:

»Hat die Eisenbahn eine Zukunft? Wird den Schienenfahrzeugen in den nächsten Jahren auch weiterhin die Bedeutung beigemessen werden können, die sie jetzt noch haben?«[729]

Diese Fragen wurden zu Beginn im Vorwort des Buches gestellt. Nach der Darstellung der Innovationen wie Düsenflugzeuge und Raketen werden sie so beantwortet:

»Und trotzdem: Diese stürmische Entwicklung auf vielen Gebieten des Verkehrswesens kann und wird die Eisenbahn nie verdrängen. Verkehrsexperten aus allen Ländern sind sich längst darüber einig, daß auch beim heutigen Stand der Technik kein anderer Verkehrsträger in der Lage ist, größte Verkehrsleistungen so rasch, so sicher, vor allem aber so wirtschaftlich, zu bewältigen, wie die Eisenbahn.«[730]

DDR will Stück vom Kuchen ...
Export, Export, Export!

Die DDR wies auf die Rolle der Rationalisierung der Bahnanlagen und des Wagenparks hin und bot sich selbst als guter, zunehmend gefragter Anbieter an:

»Der Erfolg dieser Bemühungen zeigt sich darin, daß immer mehr Bahnverwaltungen dazu übergehen, ihren Bedarf an modernen Schienenfahrzeugen in der Deutschen Demokratischen Republik zu decken. So konnte sich der volkseigene Schienenfahrzeugbau unseres Arbeiter-und-Bauern-Staates in wenigen Jahren zu einem bedeutenden Industriezweig entwickeln, der heute bereits mehr als 60% seiner Gesamt-Produktion für den Export liefert.«[731]

Insgesamt entnimmt man den Texten dieses Buches eine große Selbstsicherheit bezüglich der Eisenbahn-Zukunft.

729. Moderne Schienenfahrzeuge, Berlin 1961, S. 4.
730. Moderne Schienenfahrzeuge, Berlin 1961, S. 4.
731. Moderne Schienenfahrzeuge, Berlin 1961, S. 4.

Elektrifizierung, Elektrifizierung!

Gegenüber den Dampflokomotiven sah man in der Elektrifizierung den entscheidenden Fortschritt hinsichtlich des Wirkungsgrades:

»Die Elektrifizierung von Voll- und Industriebahnen ist im vollen Gange. Dies ist im wesentlichen in den vielseitigen Vorteilen des elektrischen Betriebes gegenüber dem Dampfbetrieb begründet, wie:
Sofortige Betriebsbereitschaft,
Fortfall des Bereitschaftsverbrauches,
einfach in der Bedienung und Wartung,
Sauberkeit des Betriebes,
große Betriebssicherheit,
geringerer Verschleiß und damit geringere Abschreibungskosten,
wirtschaftliche Überlegenheit auf stark belasteten Strecken,
ruhiger Fahrzeuglauf und damit geringe Beanspruchung der Fahrbahn,
hohe Anfahrbeschleunigung,
Steigerung der Reisegeschwindigkeit,
große Überlastbarkeit,
großer Aktionsradius,
geringeres Leistungsgewicht,
Anwendung von Nutzbremsung bei Talfahrten, Verwendung von minderwertiger Kohle in wirtschaftlich arbeitenden Großkraftwerken.«[732]

All diese Argumente erscheinen plausibel. Auch heute soll die Energie-Wende durch die Elektrifizierung des Auto-Verkehrs unterstützt werden.

Weltweite Sonderstellung –
deshalb keine Gothawagen mehr ...

»Auf einem Spezialgebiet nimmt die Waggonbauindustrie der Deutschen Demokratischen Republik eine weltweite Sonderstellung ein: – Im Bau von Kühlwagen und Kühlzügen. Die Dessauer Kühlzüge sind als 5-, 11-, 12- und 23teilige Einheiten auf den Strecken fast aller sozialistischen Länder – sogar im entfernten China und Korea – bei Tag und Nacht im Einsatz … Dies beweisen auch … die Zahlen der Exportabschlüsse …«[733]

732. Moderne Schienenfahrzeuge, Berlin 1961, S. 6.
733. Moderne Schienenfahrzeuge, Berlin 1961, S. 8.

Moderne Schienenfahrzeuge

Das Buch »Moderne Schienenfahrzeuge« wurde umfangreich farbig illustriert, was hier belegt werden soll (Abb. 128–131).[734] Dieses Buch enthält viele Illustrationen von ADELHELM DIETZEL zu den Zukunftsvisionen des Schienenverkehrs und des Schienenfahrzeugbaus sowie die neuen Logos der beteiligten Betriebe und weitere Bilder von der Produktion und den Produkten der damaligen VVB Schienenfahrzeugbau der DDR.

Abb. 128: Moderne Schienenfahrzeuge, Titelbild, Berlin 1961.

Abb. 129: Moderne Schienenfahrzeuge, Illustration von Adelhelm Dietzel, Berlin 1961.

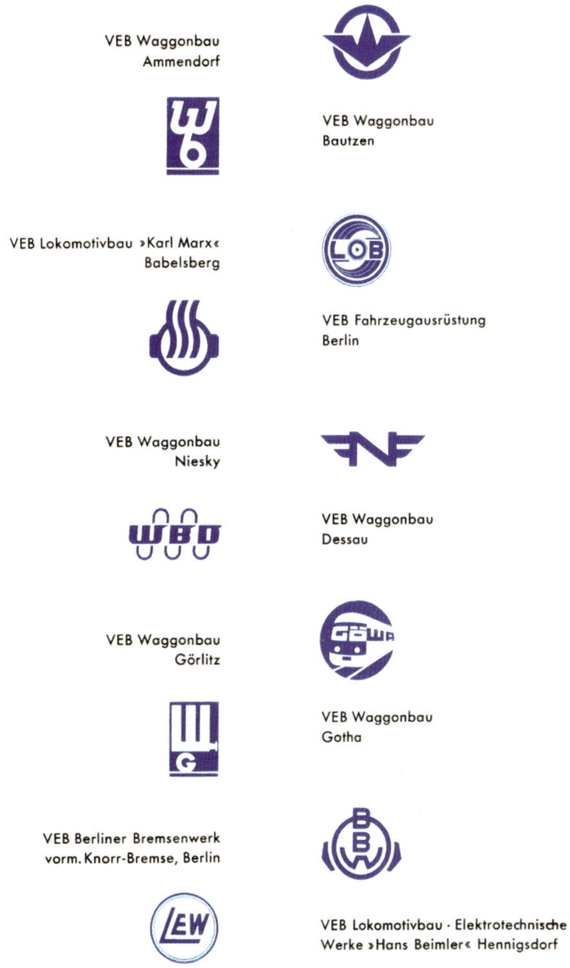

Abb. 130: Moderne Schienenfahrzeuge, zur VVB Schienenfahrzeuge gehörende Betriebe und ihre Logos, Berlin 1961.

Abb. 131: Moderne Schienenfahrzeuge, Werkhalle des VEB Lokomotivbau Elektrotechnische Werke »Hans Beimler« Hennigsdorf, Berlin 1961.

734. Moderne Schienenfahrzeuge, Berlin 1961.

Moderne Schienenfahrzeuge Teil 2

1961 stellte sich der Illustrator vor, dass es Leit-Türme mit Lotsen ähnlich den heutigen Fluglotsen geben würde (Abb. 132).[735]

Abb. 132: Moderne Schienenfahrzeuge, Illustration von Adelhelm Dietzel, Berlin 1961.

Der VEB Lokomotivbau Elektrotechnische Werke »Hans Beimler« war der einzige Hersteller von Elektro-Lokomotiven in der DDR. Hervorgegangen war dieser Teil des VVB Schienenfahrzeugbau aus dem Henningsdorfer Betrieb der AEG. Vor allem die Industrielokomotiven aus Henningsdorf waren gefragt (Abb. 133).[736]

Abb. 133: Moderne Schienenfahrzeuge, 4achsige Drehgestell-Industrielokomotive EL 2 VEB Lokomotivbau Elektrotechnische Werke »Hans Beimler« Henningsdorf, Berlin 1961.

VEB Waggonbau Gotha

1883 gründete der Schlosser Fritz Bothmann eine Schlosserei, die später immer weiter ausgebaut wurde. 1910 erfolgte die Umbenennung in Gothaer Waggonfabrik AG. Damals arbeiteten etwa 900 Menschen in der Fabrik. Ab 1954 ist der nunmehrige VEB Waggonbau Gotha der einzige Hersteller von Straßenbahnwagen in der DDR. Die Gothawagen waren DDR-weit bekannt (Abb. 134).[737] Interessant ist das Bild mit dem Schaffnerplatz (Abb. 135).[738] 1967 endete die Produktion von Straßenbahnwagen in der DDR.

Abb. 134: Moderne Schienenfahrzeuge, 2achsiger Zweirichtungsstraßenbahnzug, VEB Waggonbau Gotha, Berlin 1961.

Abb. 135: Moderne Schienenfahrzeuge, Schaffnerplatz im Straßenbahngelenkwagen, VEB Waggonbau Gotha, Berlin 1961.

735. Moderne Schienenfahrzeuge, Berlin 1961.
736. Moderne Schienenfahrzeuge, Berlin 1961.
737. Moderne Schienenfahrzeuge, Berlin 1961.
738. Moderne Schienenfahrzeuge, Berlin 1961.

Moderne Schienenfahrzeuge Teil 3
Die in der DDR gebauten Waggons wurden als international in Fähren einsatzfähig illustriert (Abb. 136).[739]

Abb. 136: Moderne Schienenfahrzeuge, Illustration von Adelhelm Dietzel, Berlin 1961.

Speisewagen
Über die Speisewagen heißt es:

»*Unser neuer vierachsiger Speisewagen bietet 42 Fahrgästen Platz. Mit seiner komfortablen Inneneinrichtung und der nach modernsten Grundsätzen ausgestatteten Küche und Anrichte wird er den höchsten Ansprüchen gerecht* (Abb. 137).[740]

Abb. 137: Moderne Schienenfahrzeuge, Speisewagen RIC in Leichtbau (Speiseraum), VEB Waggonbau Görlitz, Berlin 1961.

Abb. 138: Moderne Schienenfahrzeuge, Weitstreckenspeisewagen mit Klimaanlage (Speiseraum), VEB Waggonbau Görlitz, Berlin 1961.

Salonwagen für den koreanischen Diktator
2011 starb der koreanische Diktator Kim Jong-il. Viel wurde über seine Atom-Ambitionen und seine Brutalität berichtet. Selten hörte man jedoch darüber, wo sein Salon-Zug gebaut worden war: in Görlitz in der DDR, von seinem Vater in Auftrag gegeben, (Abb. 138–139).[741]

Abb. 139: Moderne Schienenfahrzeuge, 15teiliger komfortabler Salonzug, VEB Waggonbau Görlitz, Berlin 1961.

Abb. 139: Moderne Schienenfahrzeuge, 15teiliger komfortabler Salonzug (Aufenthaltsraum),

739. Moderne Schienenfahrzeuge, Berlin 1961.
740. Moderne Schienenfahrzeuge, Berlin 1961.
741. Moderne Schienenfahrzeuge, Berlin 1961.

Moderne Schienenfahrzeuge Teil 4

Salonwagen für Kim in Korea

Über den Salonwagen hieß es:

»Die umfangreichen Erfahrungen und hervorragenden Fachkenntnisse unserer Ingenieure und Konstrukteure, die gediegenen handwerklichen Fertigkeiten unserer Facharbeiter und die Leistungsfähigkeit unseres Industriezweiges dokumentieren sich in besonders überzeugen der Weise in einem Salonzug, den wir vor der Auslieferung an unseren ausländischen Auftraggeber zur Frühjahrsmesse 1957 in Leipzig ausstellten. Dieser Salonzug besteht aus komfortablen Salonwagen verschiedener Ausstattung, Speisewagen, Gepäck- und Begleiterwagen. Die Innenausstattung der Salonwagen und die formschönen Möbel wurden nach modernsten Gesichtspunkten gestaltet und aus Edelhölzern gefertigt. Die Muster und Farbtöne der Möbelbezugsstoffe und handgewebten Teppiche wurden individuell auf die Ausstattung der einzelnen Räume abgestimmt (Abb. 140–142).[742]

Abb. 140: Moderne Schienenfahrzeuge, 15teiliger komfortabler Salonzug (Baderaum), VEB Waggonbau Görlitz, Berlin 1961.

742. Moderne Schienenfahrzeuge, Berlin 1961.

Abb. 141: Moderne Schienenfahrzeuge, 15teiliger komfortabler Salonzug (Passagierabteil),

Abb. 142: Moderne Schienenfahrzeuge, 15teiliger komfortabler Salonzug (Speisesaal), VEB Waggonbau Görlitz, Berlin 1961.

Vereinigte Arabische Emirate

Der VEB Waggonbau Ammendorf baute auch Personenwagen für die Vereinigte Arabische Republik (Ägypten, Abb. 143).[743]

Abb. 143: Moderne Schienenfahrzeuge, Personenwagen 750 mm Spurweite für die Vereinigte Arabische Republik, VEB Waggonbau Ammendorf, Berlin 1961.

743. Moderne Schienenfahrzeuge, Berlin 1961.

Moderne Schienenfahrzeuge Teil 5
Über die Personenwagen, die unter anderem aus Ammendorf kamen, heißt es:

> »*Den neuartigen Konstruktionsprinzipien und Fertigungsmethoden blieb der Erfolg nicht versagt: Wir erreichten bei diesem Zug das erstaunlich niedrige Sitzplatzgewicht von etwa 200 kg, bei gesteigerter Bequemlichkeit durch breitere Sitze, eine Spitzenleistung im Leichtbau …*
> *Die Gesamtzahl der Schlafplätze richtet sich nach der Klasseneinteilung der Wagen:*
> *1. Klasse = 22,*
> *2. Klasse = 33 Schlafgelegenheiten …*
> (Abb. 144–147).[744]

Abb. 144: Personenwagen für Weitstreckenverkehr für die Sowjetunion, Berlin 1961.

Abb. 145: Dienstabteil mit Bedienungszentrale TWK 10, Berlin 1961.

Abb. 146: Weitstreckenwagen in Tagesstellung, Berlin 1961.

Abb. 147: Samowar mit Kohlen- und elektrischer Heizung, Berlin 1961.

744. Moderne Schienenfahrzeuge, Berlin 1961.

RGW-Monopol für Kühlwagen an DDR

Der VEB Waggonbau Dessau gehörte zu der VVB Schienenfahrzeugbau der DDR. Seit 1951 baute er Kühlfahrzeuge, für die Dessau das alleinige Herstellungsrecht für maschinengekühlte Schienenfahrzeuge für die sozialistischen Länder (RGW) hatte (Abb. 148–152). [745]

Im Werbebuch heißt es:

> *»Alle Wagen dieses Zuges haben eine Länge von 17 m. Einer der Kühlwagen enthält die zentrale Kraftanlage, ein anderer den Dienstraum für das Begleitpersonal. Einer der Endwagen ist mit dem Bremserhaus versehen. Bei einer durchschnittlichen Außentemperatur von +35°C ist die Laderaumtemperatur in den Grenzen von +14°C bis -15°C automatisch regelbar. Das Ladevermögen beträgt rund 180 t«*[746]

Abb. 148: Kühlzug Typ ZA 23, VEB Waggonbau Dessau, vor 1961

Abb. 149: Eiskühlwagen Typ EK 2 für die Volksrepublik Ungarn, VEB Waggonbau Dessau, vor 1961

745. Moderne Schienenfahrzeuge, Berlin 1961.
746. Moderne Schienenfahrzeuge, Berlin 1961.

Abb. 150: Eiskühlwagen Typ EK 4 für die Tschechoslowakische Sozialistische Republik, VEB Waggonbau Dessau, vor 1961

Abb. 151: Eiskühlwagen Typ EK 2 für die Volksrepublik Ungarn, Laderaum, VEB Waggonbau Dessau, vor 1961

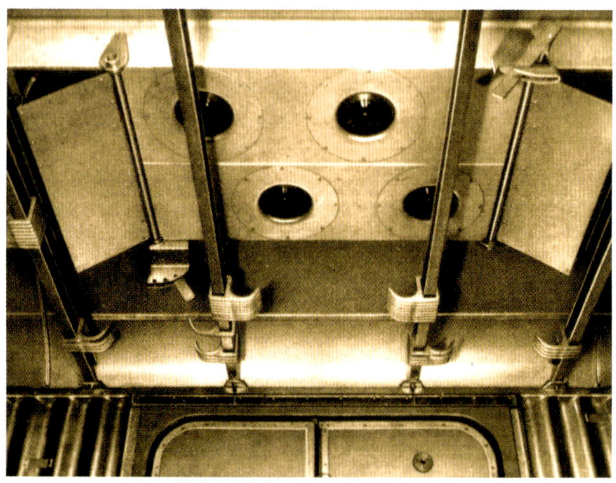

Abb. 152: Eiskühlwagen Typ EK 2 für die Volksrepublik Ungarn, Deckenlüfter, VEB Waggonbau Dessau, vor 1961

Einsatzmöglichkeiten des Mkw 60/1

1961 wurde ein Einzelkühlwagen entwickelt:

> *»1. als Einzelkühlwagen*
> *2. in Zugeinheiten bis 20 Wagen*
> *3. als stehender Kühl- und Lagerraum.«*[747]

747. Moderne Schienenfahrzeuge, Berlin 1961.

Montage eines Maschinenkühlwagens

Die Abbildungen zeigen den Bau eines Maschinenkühlwagens vom Typ Mkw 60/1. Das Werbebuch des VEB Transportmaschinen wurde in drei Sprachen veröffentlicht: deutsch, englisch und russisch. Diese Reihenfolge zeigt, dass man wohl auch gern in das sogenannte NSW, das nichtsozialistische Wirtschaftsgebiet exportierte, um Devisen für den Import von nicht selbst erzeugbaren Waren oder Dienstleistungen einzutauschen (Abb. 153–156).[748]

Abb. 153: Standard-Maschinenkühlwagen Typ Mkw 60/1, Montage des Türrahmens aus glasfaserverstärktem Polyester, VEB Waggonbau Dessau, vor 1961

Abb. 154: Standard-Maschinenkühlwagen Typ Mkw 60/1, Montage des Diesel-Elektro-Aggregats VEB Waggonbau Dessau, vor 1961

Abb. 155: Standard-Maschinenkühlwagen Typ Mkw 60/1, Montage der Inneneinrichtung, VEB Waggonbau Dessau, vor 1961

Abb. 156: Standard-Maschinenkühlwagen Typ Mkw 60/1, Einbau des Kälteaggregats, VEB Waggonbau Dessau, vor 1961

TM: der staatliche Exporteur

Produktion und internationaler Handel waren in allen sozialistischen Ländern strikt getrennt. Internationaler Handel war Staatsmonopol! In der DDR durfte nur der VEB Transportmaschinen Export-Import dieses Monopol ausüben (Abb. 157).[749]

EXPORTEUR:
TRANSPORTMASCHINEN EXPORT-IMPORT
DEUTSCHER INNEN- UND AUSSENHANDEL · BERLIN W8
DEUTSCHE DEMOKRATISCHE REPUBLIK

Abb. 157: Transportmaschinen Export-Import, Logo, Berlin 1961

748. Moderne Schienenfahrzeuge, Berlin 1961.
749. Moderne Schienenfahrzeuge, Berlin 1961.

Waggonbau im Westen
»Vereinigung Deutscher Waggonfabriken«

Nach der Konsolidierung der Waggonindustrie in der BRD 1955 und 1956 war eine Umorientierung des Fachverbandes Waggonbau notwendig geworden. Die neue Satzung trat am 1. 1. 1957 in Kraft. Gleichzeitig einigte man sich auf einen neuen Namen: »*Vereinigung Deutscher Waggonfabriken*«.[750]

Zweck der Vereinigung

Die neu orientierte Vereinigung sollte die ideellen und unternehmerischen Interessen der angeschlossenen Firmen sicherstellen. Die Aufgaben wurden detailliert aufgeführt:

1. die Beschäftigung mit allen wirtschaftspolitischen und verkehrspolitischen Problemen der Schienenfahrzeugindustrie;
2. die kontinuierliche Erfassung des notwendigen statistischen Materials und dessen Auswertung;
3. die Klärung wirtschaftlicher, zivil- und schutzrechtlicher sowie technischer Einzelfragen von allgemeiner Bedeutung;
4. die Durchführung von Kosten- und Leistungsvergleichen;
5. die Förderung der kaufmännischen, betriebswirtschaftlichen und technischen Rationalisierung bei den Mitgliedern;
6. die Mitwirkung an der Ausgestaltung von Bau- und Entwicklungsverträgen;
7. die Förderung des Waggonexports durch
   a) Behandlung aller im Zusammenhang mit der europäischen Integration stehender Fragen, insbesondere die Schaffung einheitlicher Verkaufsbedingungen bei Beschaffungen übernationaler Institutionen,
   b) Wahrnehmung der Interessen der Waggonindustrie gegenüber internationalen staatlichen und privaten Organisationen und beim Auf- und Ausbau der Eisenbahnen, insbesondere in noch nicht voll entwickelten Ländern,
   c) Vertretung der Waggonindustrie bei Zoll- und Handelsvertragsverhandlungen, in Fragen der Exportförderung und bei Kreditverhandlungen,
   d) Bereitstellung von Marktanalysen und Unterhaltung eines Informationsdienstes,
8. Die Betätigung auf technischem Gebiet durch
   a) Förderung der technischen Weiterentwicklung bei Waggons aller Verwendungsarten,
   b) Förderung des Austauschbaus und Beteiligung an allen Normungs- und Typisierungsbestrebungen im In- und Ausland,
   c) Mitarbeit an den technischen Lieferbedingungen im In- und Ausland.

Mitglieder

Während im Fachverband Waggonbau in der Fachgruppe A 15 Mitglieder und in der Fachgruppe B 12 Mitglieder organisiert waren, gab es nun in der umgegründeten Vereinigung Deutscher Waggonfabriken nur 12 Mitglieder (Tabelle). Dies lag daran, dass einige Waggonfabriken bereits aufgegeben hatten. Andere wollten nicht wieder in einem Syndikat mit seinen Zwängen vereinigt werden.
Bereits zwei Jahre später, ab dem 1. 1. 1959 sollte es bereits einen weiteren Versuch für eine neue Organisationsform geben, den deutschen Waggonbau zu vereinen.

Firma	Ort
Düsseldorfer Waggonfabrik Aktiengesellschaft	Düsseldorf
Gebrüder Credé & Co. Waggonfabrik und Fahrzeugbau	Kassel-Niederzwehren
Hans Waggonbau GmbH	Bremen
Maschinenfabrik Esslingen	Esslingen/Neckar
Niedersächsischer Wagonfabrik Joseph Graaff GmbH	Elze/Hannover
Orenstein-Koppel und Lübecker Maschinenbau Aktiengesellschaft	Dortmund-Dorstfeld/Berlin-Spandau
Siegener Eisenbahnbedarf AG	Dreis-Tiefenbach
Vereinigte Westdeutsche Waggonfabriken Aktiengesellschaft	Köln-Deutz
Waggonfabrik Aktiengesellschaft	Rastatt/Baden
Waggonfabrik Jos. Rathgeber Aktiengesellschaft	München
Waggonfabrik Uerdingen AG	Krefeld-Uerdingen
Wegmann & Co. Waggonfabrik und Fahrzeugbau	Kassel

750. Störiko, A.: Geschichte der deutschen Waggonindustrie und ihrer Verbände, Frankfurt am Main 1977, S. 49–52.

20.000 Leute sind zu viel …

Störiko beschreibt die Situation nach 1955:

»Es zeigte sich aber bald, daß die Kapazität dieser Firmen, die über 20.000 Leute beschäftigten, zu groß geworden war, wozu Maßnahmen der Besatzungsmächte, Städte, Länder und des Bundes beigetragen hatten. Sie waren durch Erwägungen politischer, sozialpolitischer und regionalpolitischer Art veranlaßt und von dem Gedanken getragen, den bei Kriegsende außerordentlich dezimierten Bestand an Schienenfahrzeugen so schnell wie möglich wieder aufzufüllen, ohne daß aber die Finanzierung des Bedarfes langfristig abgesichert gewesen wäre. Erschwerend kam hinzu, daß auch international Überkapazitäten bestanden, die noch durch die Gründung von neuen Werken in früheren Abnehmerländern vergrößert wurden. Die Folgen dieser Entwicklung waren naturgemäß schärfster Kampf um jeden Auftrag, Preisdruck auf der ganzen Linie und Substanzverluste, deren Folgen angesichts der rückläufigen Bundesbahn nicht abzusehen waren.«[751]

Bundesbahn-Umsatz sinkt

Obwohl der Gesamtumsatz dank der Straßenbahnwagen und des Exports einigermaßen stabil blieb zwischen 1956 und 1957, sank der Bundesbahn-Auftragsanteil am Gesamtumsatz (Tabelle).

Jahr	Prozentsatz Bundesbahn am Gesamtumsatz
1956	53%
1957	35%

Spezialwagen statt Regelbauarten

Der Rückgang der Bundesbahnaufträge ging einher mit geringeren Stückzahlen bei den Regelbauarten. Der Standardauftrag – zweiachsige offene oder geschlossene Güterwagen – wurde ersetzt durch Spezialwagen und vierachsige Fahrzeuge. Die Bundesbahn forcierte außerdem den Eigenbau und die Eigenreparatur von Eisenbahnwagen, was das Auftragsvolumen an Fremdhersteller zusätzlich verminderte.

751. Störiko, A.: Geschichte der deutschen Waggonindustrie und ihrer Verbände, Frankfurt am Main 1977, S. 49–52.

Ein Kartell-Vertrag soll die Lösung bringen

Die Situation spitzte so zu, dass die Waggonindustrie einen neuen Kartell-Vertrag anstrebte:

»In Erinnerung an eine ähnliche Lage dreißig Jahre zuvor legte sie erneut einen Antrag auf Genehmigung eines Kartell-Vertrages vor, der im wesentlichen eine Rationalisierung der Fabrikation und des Vertriebs – auch durch Verminderung der Kapazitäten – und eine Regelung des Geschäftsverkehrs mit den inländischen Großabnehmern (Bahn, Post, Schlaf- und Speisewagengesellschaft) sowie des Exportes vorsah, dagegen den mit den privaten inländischen Kunden völlig frei ließ«[752]

Ähnlich war es in dem DWV-Vertrag von 1926 vorgesehen. Es war ebenso wie dort vorgesehen, dass es einen internen Wettbewerb hinsichtlich der Angebotspreise und gab mit der Folge der Ausscheidung leistungsschwacher Betriebe aus dem Markt.

Die Politik lehnt den Vorschlag ab …

Der Verband versuchte mehrmals in Gesprächen mit dem Bundeswirtschaftsministerium, der Deutschen Bundesbahn und einzelnen Waggonfabriken, die dem Verband nicht ehr angehörten, den Kartell-Vertrag voranzubringen. Nachdem der Bundesbahn-Vorstand entgegen früherer Bekundungen später Bedenken hatte, das Kartellreferat des Bundeswirtschaftsministerium allenfalls eine Teilgenehmigung in Erwägung zog und die verbandsfremden Waggonfabriken sich zurück hielten, entschloss sich der Vorstand der Vereinigung, den Genehmigungs-Antrag zurückzuziehen.

Waggonbauer geben auf oder treten aus

1956 beendete die H. Fuchs-Waggonfabrik ihre Waggonproduktion. Zwei weitere Hersteller kündigten die Mitgliedschaft in der Vereinigung zum 31. 12. 1956. Ihnen folgten 1958 zwei weitere Fabriken. Der Industriezweig der Waggonbauer war gespalten und die Vereinigung konnte die Waggonbauer nicht mehr einheitlich vertreten.

752. Störiko, A.: Geschichte der deutschen Waggonindustrie und ihrer Verbände, Frankfurt am Main 1977, S. 53–53.

Alphabetisches Verzeichnis der Abkürzungen 1956–1961

A Arbeitsdirektor, Abteilungsmonatspläne
AK Arbeitskräfteplanung, -lenkung, Statistik, Löhne und Prämien
AN Arbeitsnormung, Normen-Kataloge, Zeitnormativ-Kataloge
AS Sozial- und Kulturwesen, BKV-Kontrolle
B Hauptbuchhalter, Sekretariat
BB Buchhaltung
BBb Finanzbuchhaltung
BBk Kontokorrent
BBl Lohnbuchhaltung
BBr Rechnungsprüfung
BfE Büro für Erfindungswesen
BGL Betriebsgewerkschaftsleitung
BH Hollerith
BKV Betriebskollektivvertrag
BW Wirtschaftskontrolle und Büffet-Waggon (zweimal vergeben)
BWb Kostenstellenrechnung
BWf Auswertung – Analysen
BWk Kostenträgerrechnung
BWr Permanente Inventur
EA Export-Auftrag
FAGA VEB Fahrzeugausrüstung Berlin
Feb Bohrerei
Fed Dreherei
Fef Fräsen und Hobeln
Fez Stahlzuschneiderei
Fg Galvanik
Fho Holzzuschneiderei
Fm 1 Drehgestellmontage
Fm 2 Untergestellmontage
Fm 3 Seitenwandmontage
Fm 4 Stirnwandmontage
Fm 5 Dach- und Fußbodenmontage
Fm 6 Teilmontage
Fm 7 Innenausbau Stellmacher
Fm 8 Innenausbau Tischler
Fm 9 Heizungsmontage
Fm 10 Lackiererei
Fm 11 Elektromontage
Fs Schmiede
Fsa Sattlerei
Fti Tischlerei
FW 1 Tischlerei und Sattlerei
FW 2 Schlosserei
FZ Fortschrittszahl
Gabarit 0 Lichtraumprofil
HV Hauptverwaltung im Ministerium
K Kaufmännischer Direktor, Sekretariat
KA Absatzleiter
KAdo Dolmetscherbüro
KAku Kundendienst-Ingenieur
KAO Offertkalkulation
KAV Versandabteilung
KF Finanzabteilung, Kasse und Zahlungsverkehr
KM 1 Materialbeschaffung Schwarzmetalle
KM 2 Materialbeschaffung Holz
KM 3 Materialbeschaffung sonstige Teile
KM Materialwirtschaftsleiter
KMP Materialplanung
KMSr Schrottbeauftragter
KMW Lagerverwaltung
KMWe Stahlplatz-Lager
KMWf Farbenlager
KMWh Holzplatz-Lager
KMWi Sonderlager
KMWk Werkzeuglager
KMWl Büromateriallager (Kürzel zweifach vergeben)
KMWl Elektroteilelager
KMWm Eingangsstelle
KMWs Elektrodenlager
KMWs Sattlerlager
KMWw Waggonbauteilelager
KMWz Betriebsmittellager
KRV Vertragswesen
KT Transportleiter, Transportplanung und Fahrdienst
KTR Fuhrpark (PKW und LKW)
KTT Be- und Entladung
KTW Kfz-Werkstatt, Garagen
KV Allgemeine Verwaltung, Post, Registratur, Verschlusssachen, Hausverwaltung
KVAr Archivar
KVFe Fernsprechvermittlung
KVRe Reinigung der Verwaltung
L Werkdirektor, Assistent, Sekretärin
LBr Brandschutz
LE Hauptabteilung Energieversorgung direkt dem Werkleiter (L) unterstellt
LG Leiter der technischen Kontrolle
LGE Eingangskontrolle
LGF Fertigungskontrolle
LGL Labor und Gütenorm
LGM Montagekontrolle
LJ Justitiar
LL Luftschutz
LO Betriebsorganisation
LP Leiter Kaderabteilung
LPe Kaderabteilung, Einstellungsbüro
LPi Kaderabteilung, Kaderinstrukteure
LS Leiter Sicherheitsinspektion
LSa Arbeitsschutz
LSt Technische Sicherheit
LW Betriebsschutzleitung
LWP Volkspolizei
LZ Zentrale Planung, Leiter Plankalkulation
LZb Plankontrolle, Statistik, Betriebspass
NSW Nicht-Sozialistisches-Wirtschaftsgebiet
P Produktionsdirektor, Sekretariat
PF 1 Mechanische Werkstätten Stahl, Bereichsleiter, Obermeister, Meister, Planer, Operativtechnologe u. a.
PF 2 Mechanische Werkstätten Holz, Bereichsleiter, Obermeister, Meister, Planer, Produktionsdisponent u. a.
PF 3 Rohbaumontage, Bereichsleiter, Obermeister, Meister, Planer, Arbeitsnormer, Produktionstransport u. a.
PF 4 Innenausbaumontage, Bereichsleiter, Obermeister, Meister, Planer, Arbeitsnormer u. a.
PF 5 Massenbedarf, Bereichsleiter, Meister, Operativtechnologe u. a.
PK Kooperation, Kooperationsplanung, Auftragswesen
PL Produktionslenkung, Maschinenbelegung, Produktionskontrolle, Plananalysen, Bereitstellung der Arbeitspapiere der Auslieferungsläger
PP Operative Produktionsplanung, Fristen- und Durchlaufplanung Abteilungsmonatspläne
S Direktor Betriebsakademie, Sekretariat
SED Sozialistische Einheitspartei Deutschlands
SL Lehrlinge in der Produktion
SW Wirtschaft und Verwaltung
T Technischer Direktor und Sekretariat
TA Hauptmechaniker Generalreparaturen
TAB I Bauhof
TAB II Straßenreinigung
TAB Werkerhaltung Gebäude und Straßen
TAE I Elektrowerkstatt
TAE II Dampferzeugung
TAE III Elektrische Energieerzeugung
TAE IV Pressluftererzeugung
TAE V Acetylen- und Sauerstofferzeugung
TAE VI Unterhaltungswerkstatt
TAE Werkerhaltung Energie
TAen Energiebeauftragter
TAM I Werkstatt I
TAM II Werkstatt II
TAM III Kfz.-Werkstatt
TAM Werkerhaltung Maschinen
TAR I Reparaturwerkstatt
TAR Werkerhaltung Rohranlagen
TB Technisches Büro, Abteilungsleiter
TBi Abteilung Technische Information
TBN Abteilung Neuererwesen
TBP Abteilung Plan Neue Technik
TBS Abteilung Standardisierung
TI Invest-Abteilung
TK Hauptkonstrukteur
TKE Forschung und Entwicklung
TKF Statik
TKK Konstruktion
TKS Sonderwerkstatt und ursprünglich Technische Kontroll-Station (Abnahmebereich für Waggons), später Standort für Pressen im Werk 1
TKW Trinkwasser Kühler
TN Technische Normung
TS Schweißüberwachung
TV Haupttechnologe
TVB Betriebsmitteltechnologie
TVBk Betriebsmittelkonstruktion
TVBm Betriebsmittelplanung
TVBv Betriebsmittelbau
TVF Technologische Fertigungsvorbereitung
TVFh Einzelteil- und Montagetechnologie Holz
TVFn Fertigungszeiten
TVFs Einzelteil- und Montagetechnologie Stahl
TVFu Fertigungsunterlagen
TVP Technologische Planung
TVPb Betriebsmittelplanung
TVPf Technische Forschung
TVPv Technische Vorplanung
VVB Vereinigung Volkseigener Betriebe (Vorläufer der Kombinate)

Bildnachweis und Literatur

Für die Abbildungen wurden Bildnachweise auf der jeweiligen Seite angebracht. Sofern nicht extra vermerkt, stammen die Abbildungen aus dem Frotscher-Archivs. Es war nicht in allen Fällen möglich, die Rechteinhaber ausfindig zu machen und um Abdruckgenehmigung zu bitten. Berechtigte Ansprüche werden selbstverständlich im Rahmen der üblichen Konditionen abgegolten. Die Literaturhinweise finden sich im 1. und 2. Band.